Ricerche

L'Italia contemporanea e la storiografia internazionale

a cura di Filippo Mazzonis

Marsilio

Questo volume è stato pubblicato con il contributo
del Consiglio Nazionale delle Ricerche,
dell'Università degli Studi di Teramo
e MURST 60%

ISBN 88-317-6207-9

Prima edizione: ottobre 1995

INDICE

FILIPPO MAZZONIS

LETTERE DALLA PERSIA

> C'è una cosa che mi ha spesso stupito: cioè vedere questi Persiani talvolta informati al pari di me dei costumi e delle abitudini del nostro paese, fino a conoscerne le più sottili circostanze e a notare cose che, ne sono certo, sono sfuggite a molti.
>
> MONTESQUIEU, dalla *Prefazione* alle *Lettere Persiane* (1721)

SIGNIFICATO DI UNA PROPOSTA

Molti ricorderanno quel passo iniziale della *Certosa di Parma*, in cui Stendhal prepara il lettore a che cosa lo attende, avvertendolo che «a Milano, paese assai diverso dalla Francia, c'è ancora gente che per amore si dispera». E a disperarsi, a Milano come a Parma, non sono solamente le giovani generazioni imbevute di romanticismo (dall'«intrepido e appassionato» Fabrizio, alla «delicata giovinetta» Clelia); anche il maturo conte Mosca (il potentissimo «ministro della guerra, della polizia e delle finanze del famoso principe di Parma, [...] che passava pel primo diplomatico d'Italia») è «disperato», sì che Stendhal si sente in dovere di intervenire di persona a sottolineare la gravità del fenomeno: «questo è un punto sul quale bisogna insistere perché fuori d'Italia simili casi sono addirittura improbabili». Si può ben dire che allora (siamo nel 1839) trovò definitiva sanzione, a livello letterariamente più alto, l'immagine mitica di un popolo (quello italiano, e della sua mentalità, della sua cultura e, in definitiva, della sua storia), tutto sentimento, passione, fantasia e spontaneità (e, pertanto, poco attendibile, privo di *self-control*, approssimativo e incostante); un'immagine e un mito, che dai francesi si trasmisero ad altri, inglesi e americani in primo luogo, e si radicarono a tal punto nelle loro convinzioni, da condizionarle lungo tutto l'Ottocento e ben oltre (chi ha dimenticato lo Hemingway di *Addio alle armi?*), fino ad arrivare ai giorni nostri[1].

Ora, come l'Italia sia stata vista o *giudicata* negli ultimi due secoli *fuori d'Italia*, da letterati, intellettuali, politici e, più in generale, dall'opinione pubblica, è stato già puntualmente ed egregiamente ricostruito per un verso da Franco Venturi e Robert Paris nella einaudiana *Storia d'Italia*[2] e, per altro verso, da Ernesto Ragionieri[3], sì che tornarci sopra, più che di presunzione, mi parrebbe atto di non molto senso e utilità. È mancata, invece, finora una riflessione complessiva sull'immagine scientifica (o meglio, sulle sue relative rappresentazioni e interpretazioni) che, delle vicende italiane dall'Unità ai nostri giorni, è stata offerta, nello stesso periodo, da parte degli studiosi di storia e di scienze sociali degli altri paesi[4]: l'intenzione sottesa a questo volume è appunto quella di offrirne l'occasione[5].

Se l'intento finale trae ispirazione dallo straordinario modello delle *Lettres persanes* (gli occhi degli altri devono soprattutto insegnarci la tolleranza, ma possono anche aiutarci a conoscerci e comprenderci meglio: e non credo che vi sia chi non veda quanto i due aspetti siano strettamente collegati), la prospettiva concreta, di per sé assai impegnativa, si muove nell'ottica di una seria e reale comparazione storico-storiografica.

Altrimenti detto, obiettivo immediato dell'iniziativa è, se non altro, di pervenire, innanzitutto, a una sorta di censimento dei periodi e delle tematiche della storia contemporanea italiana maggiormente indagati e studiati da parte delle storiografie *altre*, di confrontarsi, quindi, con le proposte metodologiche e interpretative che hanno sorretto tale attività di ricerca e ne hanno caratterizzato i risultati, e di ricostruire, infine, la misura e le modalità in cui, e con cui, termini e significato del dibattito storiografico italiano sono stati percepiti e intesi e, pertanto, hanno potuto esercitare una qualche influenza sul formarsi e l'evolversi della ricerca storica sull'Italia contemporanea negli altri paesi. Il risultato che se ne attende è un panorama il più completo e articolato delle *opinioni della comunità scientifica* internazionale, tale da consentire l'avvio di un processo non solo di riflessione sulle stesse, ma anche di rilettura più approfondita, e al contempo più distaccata, delle immagini e dei miti (luoghi comuni?) presenti nell'*opinione pubblica* straniera a proposito del nostro presente e di quel passato prossimo dal quale, sia pure attraverso non pochi né piccoli mutamenti, esso direttamente deriva.

Intrinseca al significato più ambizioso dell'intera iniziativa c'è poi un'ulteriore prospettiva: è, infatti, nella natura stessa della proposta e dei contributi, in cui si concreta, la possibilità di inserirsi in un contesto *a suo modo* di storia comparata. *A suo modo*: dal momento che, pur senza volere, in questa sede, entrare più di tanto in una questione così complessa e delicata anche per le sue implicazioni teorico-metodologiche[6] e per rifarci a una distinzione cara agli storici positivisti (ma ancora a Cantimori o a Miccoli, per fare due esempi più recenti), il potenziale confronto-riflessione non verte sulle *res gestae*, bensì sulla *historia rerum gestarum*, cioè, su differenti e talvolta assai distanti progetti storiografici qui oggettivamente chiamati a confrontarsi su di un comune terreno di analisi. Tanto più che alla sua realizzazione sono stati invitati gli studiosi stranieri, specialisti, nei rispettivi paesi, della storia dell'Italia contemporanea: cosicché, sia l'autore stesso a offrire una prima rappresentazione dell'opera propria o di cui è, comunque, partecipe[7].

Anche per questo insieme di motivi, allora, pare legittimo ritenere (e auspicare) che l'iniziativa possa rappresentare un punto di riferimento e di stimolo all'interno dell'attuale dibattito storiografico contemporaneistico italiano, teso come esso è al tentativo di fissare e recuperare, individuare e definire contenuti e limiti (metodologici, progettual-programmatici e, perfino, cronologici) della stessa attività scientifico-disciplinare nel cui ambito esso agisce e di cui vuole farsi espressione[8]: considerato, altresì, che al dinamismo che pervade e caratterizza questa fase della storiografia contemporaneistica italiana si accompagna un'inquietudine, o meglio, per dirla con Gabriele Turi, un'irrequietezza, che nasce dalle minacce di strumentalizzazione contingente dovute (non solo, ma soprattutto) all'«estrema violenza e superficialità di modi – non di obiettivi –», con cui, «negli ultimi anni, il vento della politica ha spazzato [...] il terreno della storia»[9].

PRIME IMPRESSIONI, «A CALDO», E PRIME CONSIDERAZIONI

> Seguire le vicende italiane da fuori è un poco come descrivere la Terra guardandola da Marte. Non è detto che i marziani ragionino meglio di noi. Talora mi sembra di fare dei ragionamenti ispirati al buonsenso, poi leggo che in Italia sono stati letti in chiave diversa, e debbo concludere che la distanza cambia il senso del buonsenso.
>
> U. ECO, da *La bustina di Minerva*, in «L'Espresso», 18 aprile 1993, 15

A lettura ultimata le impressioni che più immediatamente, a mio avviso, si impongono sono di due tipi.

Innanzitutto, si osserva che, malgrado le dichiarazioni avanzate in apertura da parte di tutti (o quasi) i singoli relatori stranieri riguardo al limitato interesse dimostrato dalla storiografia loro propria per la storia dell'Italia contemporanea, appare indubbio come tale interesse sia comunque (e, non di rado, di gran lunga) maggiore di quello di cui ha dato prova la contemporaneistica italiana per la storia degli altri paesi.

In secondo luogo, si rileva che i periodi della nostra storia contemporanea più studiati da parte della storiografia internazionale sono e rimangono il Risorgimento e il fascismo (ed è pertanto su questi argomenti che è maggiormente avvertita l'interazione con il dibattito storiografico italiano), mentre altri nodi, che nell'attività di studio e di riflessione che ha luogo in Italia sono ritenuti decisivi (non solo a livello scientifico, ma anche politico: sia nel senso alto del termine, sia nel suo senso più lato), risultano qui niente affatto, o solo marginalmente, considerati[10].

Detto così, si tratta, poco più poco meno, di conferme di ciò che si immaginava o ci si aspettava che fosse: peraltro, soprattutto nel secondo caso[11], sarebbe di nessuna utilità limitarsi ad accettarle come tali, non foss'altro per rispetto al puntuale e approfondito lavoro di ricostruzione e riflessione che, nella quasi totalità delle relazioni, ad esse è sotteso. Sarà opportuno, allora, procedere per parte nostra ad alcune distinzioni che consentano di restituire all'intera questione il senso della sua complessità.

Incominciamo ricordando il quadro del contesto di riferimento. Vengono qui pubblicate quattordici rassegne relative alla storiografia sull'Italia contemporanea di tredici paesi, dal momento che, forse per caso o forse in omaggio ai due numi tutelari dell'iniziativa (Montesquieu e Stendhal), alla Francia è toccato l'onore/onere di avere due relatori (oltre a quello dell'apertura dei lavori). Ci troviamo per lo più di fronte a realtà scientifiche consolidate, di cui alcune (Francia e Gran Bretagna, in primo luogo, ma anche Germania e Stati Uniti) vantano una consistente tradizione di studi e di ricerche sulla storia italiana, resa possibile già da tempo e costantemente alimentata dall'esistenza di istituzioni dedite a tale scopo[12], altre (ad esempio, l'Australia) si rivelano più incostanti e altre ancora (per esempio il Giappone, ma anche l'Ungheria) potrebbero considerarsi «emergenti», nella misura in cui dimostrano un'attenzione crescente per l'argomento.

Il quadro storiografico, già così variegato all'origine, risulta ulteriormente complicato da altri fattori (oggettivi e soggettivi), tra i quali vorrei ora ricordarne schematicamente alcuni.

Iniziamo da quelli oggettivi: in generale, è possibile riscontrare come sullo studio della storia italiana (soprattutto da parte di quelle storiografie a più alta capacità di riflessione teorico-scientifica e soprattutto per quanto concerne la scelta degli argomenti) abbia esercitato una larga influenza l'evoluzione delle tendenze e degli orientamenti metodologico-interpretativi, sì da contribuire in maniera non di rado decisiva al progressivo venir meno di alcuni settori di studio, ovvero alla nascita o al rilancio di altri[13]; in qualche caso (ciò vale soprattutto per la Spagna, ma, per certi versi, si adatta anche alla Germania), l'interesse per l'Italia contemporanea è stato pesantemente condizionato dall'esistenza di una vera e propria *cesura* di carattere politico-ideologico che ha finito per determinare gravi ritardi nell'attività di ricerca e in quella culturale, che gli studiosi si stanno faticosamente adoperando a colmare.

Passiamo ai fattori soggettivi. L'assenza di omogeneità tra le varie relazioni è dovuta, oltre che alla diseguaglianza di risultati che è solitamente peculiare delle opere collettanee, essenzialmente all'aver scelto per relatori degli specialisti di storia italiana: essi, infatti, avendo quasi tutti scartato l'ipotesi di cimentarsi in una completa panoramica bibliografica (non richiesta né, d'altro canto, nella maggioranza dei casi, realisticamente possibile), hanno evidentemente optato per affrontare l'argomento alla luce della propria sensibilità di storici di professione[14], in modo tale che, oltre a un tracciato essenziale dello specifico processo storiografico e degli esempi principali che lo hanno caratterizzato, abbiamo già una prima interpretazione della risposta ai quesiti che erano all'origine della presente occasione di comparazione.

Un discorso a parte, infine, va fatto per le rassegne relative alla storiografia dei paesi che siamo soliti definire «dell'Europa Orientale» e della Russia-URSS: al di là dell'interesse che possono suscitare sul piano dell'informazione (e a eccezione, dovuta fondamentalmente a motivi anagrafici, di quella di Tóth, in particolare, e anche di quella di Sierpowski), mi pare che esse derivino la propria intrinseca validità soprattutto dal fatto di essere l'espressione e la testimonianza di un sincero, quanto confuso, intreccio di sentimenti (in cui l'eco di un passato di dolore e sofferenze si fonde con un senso di smarrimento e di disagio per il presente inevitabilmente difficile e talvolta ambiguo, nonché, tra le righe, con una sorta di sfiduciato distacco per il futuro) fortemente radicati in chi (l'autore certamente, ma insieme a lui l'intera *lunga generazione*, per dirla con Marc Bloch, alla quale egli appartiene) ripercorre l'evolversi quasi sempre drammatico, non di rado tragico, di una transizione da tempi indubbiamente terribili, ma (dogmaticamente) contrassegnati da una serie di punti di riferimento (apparentemente) destinati a durare per sempre, al presente certamente ricco di speranze di rinnovamento, ma al tempo stesso condizionato da grandi incertezze e instabilità[15].

Prima di concludere queste mie note intoduttive, vorrei fare tre ordini di considerazioni strettamente correlati fra di loro.

Il primo, di carattere generale, attiene ai grandi temi della storia comparata. Se noi risaliamo ai fondamenti epistemologici della questione storiografica – contenuti, com'è noto, in un famoso saggio degli anni venti in cui Marc Bloch «distingueva tra un confronto di singoli fenomeni che si manifestano in società diverse, separati nel tempo e nello spazio, ed una comparazione tra formazioni sociali che esistono contemporaneamente e che sono prossime tra loro»[16] – e se, d'altro canto, ci rifacciamo alle critiche mosse da una parte consistente della cosiddetta storiografia di genere o di quella di appartenenza – fatte proprie ancora più efficacemente da Edward Said, per il quale, come ricorda Davis, «non è dato mai conseguire una vera conoscenza di realtà diverse o straniere, dal momento che la ricerca ritorna sempre e inevitabilmente ad ampliare e ad approfondire il mondo culturale e le esperienze dell'osservatore e non quelli del popolo osservato»[17] – e se, alla luce di tutto ciò (e di quant'altro, tra i due estremi, è stato prodotto sull'argomento), valutiamo le perplessità che permeano l'intervento dello stesso John Davis o quelle avanzate da Victoria de Grazia e da Roslyn Pesman Cooper, assieme alle riserve espresse con garbo tutto orientale da Atsushi Kitahara e agli interrogativi e ai dubbi posti da (quasi) tutti gli altri, ebbene allora ci si renderà conto di come queste rassegne, considerate complessivamente, si pongano al centro del dibattito, ne colgano i nodi principali e rappresentino un contributo importante al suo sviluppo successivo.

Tenuto conto di questo punto di carattere generale, passiamo agli altri due ordini di considerazioni, che ci consentono di entrare più nel concreto e nel merito specifico.

Si tratta in primo luogo di analizzare (limitandoci ad alcune situazioni esemplari) le motivazioni e le spinte reali che sono sottese all'interesse storiografico di volta in volta dimostrato dalle diverse realtà culturali per la storia dell'Italia contemporanea. Talvolta, soprattutto nei confronti dell'Italia postunitaria e da parte della storiografia fino alla prima guerra mondiale, ci troviamo di fronte a motivazioni che definirei di carattere ideologico-politico forte: è il caso della Francia, il cui atteggiamento è tipico della sorella maggiore verso quella minore che prima l'ha illusa e poi delusa; o dell'Inghilterra, ove il peso di una tradizione storiografica di grande prestigio (nazionale e imperiale) si esercita nell'intento di dimostrare che «il miracolo italiano dell'Ottocento fu essenzialmente un prodotto "made in Britain", un fenomeno che offriva un'ulteriore e universale conferma dei valori del liberalismo anglosassone». Talaltra, il carattere ideologico-politico delle motivazioni è più sfumato, meno evidente, quasi disperso tra le esigenze di ordine scientifico: è il caso della storiografia tedesca (ma, prima o poi, anche di quella giapponese) a proposito del fascismo. Altre volte ancora, l'attività di ricerca assume valenze e obiettivi più palesemente, benché non dichiaratamente, strumentali: è il caso delle storiografie dei paesi dell'Europa orientale e dell'URSS per le quali lo studio delle vicende del movimento operaio italiano, di Gramsci e dell'«eresia» berlingueriana viene spesso finalizzato al dibattito politico interno, ovvero, può accadere che l'analisi critica del fascismo sia utilizzata per rafforzare e legittimare le posizioni di dissenso. Infine, non va dimenticata l'influenza avuta dall'emigrazione: probabile per quanto riguarda la storiografia americana e francese[18], si è rivelata determinante e decisiva nel caso dell'Australia.

Da ultimo, poche parole riguardo all'atteggiamento della storiografia internazionale sulla storia d'Italia dal dopoguerra in poi. Pur con le dovute cautele e senza sottovalutare affatto la validità e la portata dei contributi di studiosi stranieri su aspetti e problemi importanti e nei cui confronti non di rado la nostra storiografia si è mossa con preoccupante ritardo (la mafia, ad esempio, o il terrorismo degli anni Settanta-Ottanta: a quest'ultimo proposito, mi pare che meriti richiamare l'attenzione sull'originalità dell'approccio metodologico e del taglio interpretativo che caratterizzano il saggio di David Moss citato da Pesman Cooper), mi pare che si possa dire che tale atteggiamento rappresenta un'ulteriore conferma sia della posizione che il nostro paese occupa nel quadro delle relazioni internazionali (a mio parere, una posizione abbastanza marginale, o meglio, di una certa importanza, dovuta sostanzialmente al suo essere *di frontiera*: di frontiera soprattutto tra Est e Ovest per il passato, e soprattutto tra Nord e Sud successivamente e per l'avvenire), sia di una certa immagine fatta propria, all'estero, dai mass media e più in generale dall'opinione pubblica (e da questo punto di vista le ricerche su mafia e terrorismo potrebbero anche essere interpretate come un sintomo): infatti, se escludiamo l'intelligente sintesi di Paul Ginsborg, che viene così a consolidare la tradizione debitoria da noi contratta rispetto alla storiografia inglese[19], e alcune interessanti novità della storiografia russa, mancano opere significative sui principali momenti e sugli aspetti decisivi della nostra storia politica. Né l'abbondanza di studi sul comunismo italiano deve trarre in inganno: l'interesse per l'eterodossia ideologica di Gramsci e per quella politica del PCI non è in rapporto alla storia della politica italiana, bensì si lega alle speranze di rinnovare una concezione del mondo e della rivoluzione che hanno accompagnato l'impegno scientifico-militante di tanti intellettuali, o è determinato dal desiderio di veder messa in crisi la strategia centralistica dell'«Impero del Male», ovvero, infine, si risolve, come si è già detto, nell'intento di portare acqua al mulino del dissenso interno ai paesi socialisti. Mentre, l'ho anticipato in una precedente nota, mancano quasi del tutto[20] interventi di rilievo riguardanti la DC e il ruolo svolto dal Vaticano e dalle organizzazioni di massa del movimento cattolico, la cui storia, in definitiva, rappresenta l'autentica peculiarità della politica italiana all'interno del sistema occidentale: tale mancanza di attenzione per l'argomento non può certo trovare spiegazione sufficiente nel tradizionale «anti-papismo» dei britannici, nell'altrettanto tradizionale «agnosticismo» americano in materia di rapporti tra religione(i) e politica, nella lontananza dell'Australia o nell'estraneità del Giappone (tralascio i paesi socialisti per ovvi motivi e la Spagna per quelli esaurientemente indicati da Saz), bensì ritengo che debba indurci a riflettere sui termini con cui viene inteso e valutato il significato (storico e politico) del ruolo mondiale del papato e della chiesa di Roma.

A questo punto non mi resterebbe altro che prendere in considerazione la parte finale della citazione di Eco riportata all'inizio del paragrafo (quella, per intenderci, che si riferisce a come vengono recepite in patria le riflessioni degli *altri*): ma credo proprio che sia un compito che spetta ai lettori e, grazie al loro contributo, alla discussione che ne potrà seguire.

«A seconda dell'intelligenza del lettore ha ogni libro il proprio destino», affermava (in versi) l'antico maestro di retorica[21]: e io, modestamente (e in prosa), mi associo.

[1] Tralasciando le più recenti versioni letterarie e cinematografiche dell'antropologia e sociologia del Mezzogiorno (della mafia, in particolare), di cui tacere è bello, vorrei segnalare di J. Jones & W. Wilson, *An incomplete education*, New York, 1987. Nel ponderoso volume (656 pagine), pubblicato dall'autorevole Ballantine Books, è indicato puntigliosamente tutto ciò che è utile e opportuno a ciascuno apprendere e conoscere in ogni campo della cultura universale (dalla politica all'economia, dalla filosofia alla teologia e alla psicologia, dalla letteratura alle arti ecc.) al fine di essere in grado di affrontare la realtà e la vita nella maniera più responsabile: or bene, l'Italia è citata per alcuni capolavori delle arti figurative (es.: la cappella Sistina) e numerosi campioni di opere liriche (es.: ben sei delle «undici arie da cantare sotto la doccia» sono italiane). È certamente facile irriderlo o sorriderne, ma non sarebbe sbagliato farci su una qualche riflessione (come ha fatto, da par suo, B. Placido, *E l'Italia che cos'è? Una gelida manina*, «la Repubblica», 4 marzo 1989).

[2] Cfr.: F. Venturi, *L'Italia fuori d'Italia*, in *Storia d'Italia*, III, *Dal primo Settecento all'Unità*, Torino, 1973, pp. 987-1478; R. Paris, *L'Italia fuori d'Italia*, in *Storia d'Italia*, IV/1, *Dall'Unità a oggi*, Torino, 1975, pp. 507-818.

[3] E. Ragionieri, *Italia giudicata. 1861-1945, ovvero la storia degli italiani scritta dagli altri*, con la collaborazione di L.E. Funaro, M.G. Rossi, C. Pinzani, Bari, 1969. Per quanto riguarda come gli inglesi giudicano la nostra politica, ancora recentemente (primi di giugno 1993) presso la facoltà di Studi sociali di Oxford si è tenuto uno «Special Seminar on Italian Politics», al quale hanno preso parte D. Mack Smith, P. Allum, A. Lyttelton, D. Hine, D. Gambetta e Ch. Seton Watson (cfr. A. Papuzzi, *Che sorpresa i professori al potere*, «La Stampa», 9 giugno 1993).

[4] Un esempio di come e quanto se ne avverta il bisogno è offerto dalla polemica aperta e conclusa da Rosario Villari (*Ma l'Italia esiste ancora?*, «la Repubblica», 1° dicembre 1992 – *Caro Woolf, la Storia è un'altra*, ivi, 7 gennaio 1993), alla quale hanno partecipato anche Stuart Woolf (*L'Europa e i suoi inventori*, ivi, 23 dicembre 1992) e Antonio Gambino (*Le radici lontane dei nostri mali*, ivi, 6 gennaio 1993).

[5] Nel volume vengono pubblicate le relazioni presentate al Seminario internazionale di studi che si è tenuto, con cadenza settimanale, presso l'Aula magna della facoltà di Scienze politiche dell'Università «G. D'Annunzio» (sede di Teramo), nell'ambito dell'attività didattica della cattedra di Storia contemporanea durante il I semestre dell'a.a. 1992-93. La scelta seminariale, al posto del tradizionale e accademico Convegno, ancorché più onerosa e difficile sul piano organizzativo, ha sortito risultati nel complesso positivi, sia da un punto di vista intrinseco (possibilità di una più ampia discussione nel merito delle singole situazioni), che sul piano didattico e di un corretto rapporto con il territorio (nel senso del coinvolgimento degli studenti e della partecipazione della cittadinanza).

[6] Neppure è possibile, per evidenti motivi di spazio, offrire (come, invece, mi sarebbe piaciuto fare) un panorama ragionato del dibattito sul tema della comparazione, nei cui confronti la storiografia italiana si è dimostrata negli ultimi tempi viepiù sensibile. Mi limito, pertanto, qui a segnalare pochi titoli (e qualche altro lo indicherò, all'occasione, in seguito) che mi sembrano più adatti a un'utilizzazione aggiornata del presente volume, rinviando ad essi per ulteriori e specifici riferimenti bibliografici: oltre a P. Rossi (a cura di), *La storia comparata. Approcci e prospettive*, Milano, 1990, si vedano M. Salvati, *Storia contemporanea e storia comparata oggi: il caso dell'Italia*, in «Rivista di storia contemporanea», 2-3, 1992, pp. 486-510; *La storia comparata*, in «Passato e Presente», 28, 1993 (interventi di H.-G. Haupt, *La Francia: una tradizione persa*, pp. 20-9, G. Crossick, *E che cosa si può sapere dell'Inghilterra? La storia comparata in Gran Bretagna*, pp. 30-41, J. Kocka, *I nuovi interrogativi della storiografia tedesca*, pp. 42-51), e, soprattutto per le loro connessioni con la tematica della modernizzazione

(anch'essa recente oggetto di grande attenzione storiografica), i contributi di C. Fumian, *Le virtù della comparazione*, in «Meridiana», 4, 1988, pp. 197-221, e di L. Cafagna, *La comparazione e la storia contemporanea*, *ibid.*, 6, 1989, pp. 15-28. Sul tema della modernizzazione nella storia d'Italia, vista in un'ottica comparativa, mi pare d'obbligo ricordare il saggio di T. Mason, *Moderno, modernità, modernizzazione: un montaggio,* in «Movimento operaio e socialista», 1-2, 1987, pp. 46-61 (cfr. anche: Id., *Italy and Modernisation. A Montage*, in «History Workshop Journal», 25, 1988, pp. 110-47). Spunti di riflessione di un qualche interesse per il nostro discorso vengono pure dal confronto tra le esperienze di studio condotte da B. Bailyn, L.A. Tilly, C. Ginzburg e ora riproposte in «Passato e presente» (33, 1994, pp. 81-103) con il titolo *Percorsi di storici tra Europa e America.*

[7] L'occasione per un primo immediato riscontro è costituita, in sede di svolgimento del Seminario, dalla presenza interattiva dell'*alter-ego* speculare del relatore straniero (uno studioso italiano conoscitore della storia e/o della storiografia del paese di volta in volta in questione), chiamato a disegnare sinteticamente le coordinate fondamentali della contemporaneistica *altra* e di introdurre-stimolare la discussione successiva; sono rispettivamente: Giuseppe Giarrizzo per la Francia, Nicola Tranfaglia per il Giappone, Bianca Valota per l'Europa Orientale, Giuliano Procacci per la Russia, Paolo Simoncelli per l'Australia, Gabriele Ranzato per la Spagna, Nicola Gallerano per gli Stati Uniti, Paolo Pombeni per la Gran Bretagna ed Enzo Collotti per la Germania. Le relazioni di Tranfaglia, Valota e Collotti, assieme ad altri interventi, sono state pubblicate, con il titolo *La storia degli altri* (a cura di F. Mazzonis), in «Trimestre», 4, 1993, pp. 313-67.

[8] Una significativa conferma in proposito è rappresentata, mi sembra, dalla nascita nel 1990 della «Società Italiana per lo Studio della Storia Contemporanea» (SISSCO): tramite essa, infatti, si legge nella *Premessa* allo Statuto, «un gruppo di studiosi» ha inteso offrire la sede idonea in cui poter «confrontare i diversi interessi di ricerca con lo statuto scientifico della disciplina, i suoi confini, i suoi rapporti con le scienze sociali e con le tematiche che nascono dal confronto con altre epoche ed altri paesi». Anche qui, vale quanto si è osservato alla precedente nota 6 riguardo alle problematiche connesse alla comparazione: la complessità del dibattito promosso da alcuni contributi monografici e, soprattutto, da quelli più numerosi apparsi sulle riviste di storia contemporanea (due soli esempi: *Dove va la storiografia?* in «il Mulino», 306, 1986, e *Storia contemporanea oggi. Per una discussione*, a cura di T. Detti, N. Gallerano, T. Mason, in «Movimento operaio e socialista», 1-2, 1987) non consente, in questa sede, di affrontare compiutamente la questione. Per un primo approccio ai suoi termini generali, mi limito, pertanto, a rinviare – oltre a G.G. Iggers, *Nuove tendenze della storiografia contemporanea*, introduzione di M. Mazza, Catania, 1981 (ma è annunciata una nuova edizione) e P. Rossi (a cura di), *La storiografia contemporanea. Indirizzi e problemi*, Milano, 1989 – a P. Macry, *La società contemporanea. Una introduzione storica*, Bologna, 1992 e, per l'affinità tematica con questo volume, a *La storiografia sull'Italia contemporanea. Atti del convegno in onore di Giorgio Candeloro. Pisa, 9-10 novembre 1989*, a cura di C. Cassina, Pisa, [1991]. Cfr., inoltre, la successiva nota 9.

[9] Al riguardo si rinvia alle equilibrate osservazioni di G. Turi, *Ricerca e pubblico nelle riviste di storia contemporanea*, in «Passato e Presente», 28, 1993, pp. 9-15 (le citazioni sono tratte da pp. 12-3). Il giudizio di *irrequietezza* relativo alla contemporaneistica mi sembra condiviso, sia pure in un'ottica di carattere più generale, anche da L. Cafagna, *La storiografia e le scienze sociali. Sollecitazioni del secondo dopoguerra*, in *La storiografia sull'Italia contemporanea*, cit., pp. 171-82. Per quanto riguarda, infine, il problema adombrato anche da Turi (e oggi più che mai motivo di preoccupazione) del non facile rapporto tra ricerca storica e mezzi di comunicazione di massa, mi limito a rinviare alle suggestive riflessioni svolte già nel 1982 da Jacques Le Goff nel corso della sua ben nota *Intervista sulla storia* (a cura di F. Maiello, Roma-Bari, 1982. Cfr., in particolare, pp. 12 ss. dell'edizione *Oscar Mondadori*, Milano, 1993).

[10] Mi limito ai due esempi che mi paiono più evidenti e significativi. Il primo è rappresentato da quella che siamo soliti chiamare «l'età giolittiana», sulla quale esistono, complessivamente, solo due monografie specifiche di notevole rilievo storiografico (Salomone e Bosworth; tre, includendo anche *Italy today* di Bolton King e Okey, se non altro per l'attenzione dedicatagli da Croce), e, anche volendo tener conto di tutti gli studi prodotti, si

arriva a superare a stento le dita di una mano. Il secondo esempio è offerto dalle vicende del cattolicesimo politico italiano, e mi pare tanto più clamoroso se si ha presente il ruolo svolto dalla chiesa di Roma nella storia unitaria e il fatto che l'Italia è stata l'unico paese democratico dell'Occidente capitalistico a essere governato ininterrottamente, dal secondo dopoguerra in poi, da un partito in cui si è espressa l'unità politica dei cattolici: visti nell'insieme delle varie storiografie, i contributi in proposito appaiono per lo più occasionali, se non del tutto marginali. Data l'importanza dell'argomento, intendo ritornare in seguito sui possibili motivi di tale scarsa attenzione; va detto subito che un'attenuante (se così si può dire) è data dal fatto che si tratta di un tema che anche *in patria* è stato oggetto di studio prevalentemente (quasi esclusivamente) da parte di una storiografia di «tendenza».

[11] In merito al primo caso mi sembra che ci sia solo da prendere atto, ancora una volta, di una situazione ben nota: già più di venti anni fa Rosario Romeo aveva denunciato in maniera assai autorevole le carenze della storiografia italiana in questo campo (escluso, ovviamente, il settore della storia delle relazioni internazionali), né, dopo di allora, si è verificata una significativa inversione di tendenza (cfr. M. Salvati, *Storia contemporanea e storia comparata oggi*, cit., in particolare pp. 495 ss.). È dunque questione da dibattere *intra moenia* (forse, sarebbe meglio dire *in camera caritatis*), allargando il discorso dall'organizzazione del nostro sistema universitario (ben al di là, o al di qua, delle considerazioni generali svolte da Haupt nella sua premessa a *La storia comparata*, cit., p. 19) a quella delle nostre istituzioni culturali all'estero: il tutto *comparato* con quanto si dice appresso nel testo e con gli esempi della nota successiva.

[12] È quanto, con tutta evidenza, emerge (in positivo e in negativo) dai contributi di Aymard e Milza, di Davis e di de Grazia. Basti pensare, per la Francia, al ruolo assolutamente decisivo svolto, tra gli altri, dall'*Ecole française* di Roma e, per gli USA, alla determinante influenza esercitata dal sistema universitario: a quest'ultimo proposito, una significativa conferma è data dal fatto che i titoli citati da de Grazia, tranne uno o due, sono tutti pubblicati dalle varie *University Press*.

[13] Mi limiterò a pochi esempi: per il primo caso, si veda la caduta di interesse per gli aspetti politici del Risorgimento e dell'Italia postunitaria negli USA, o, in Francia, lo stesso fenomeno denunciato da Milza a proposito di certe tematiche relative al fascismo; per il secondo caso, si veda la (ri)scoperta delle grandi questioni di storia sociale in Gran Bretagna e in Francia (tanto nella relazione di Aymard, quanto in quella di Milza) o la nascita di una «nuova» storiografia sul fascismo italiano in Germania.

[14] Sicché il *taglio* che caratterizza le singole relazioni può assumere di volta in volta una valenza metodologica (interamente imperniata, ad esempio, sul tema della comparazione storiografica, come fa John Davis), o interpretativa (esemplare, da questo punto di vista, il contributo di Victoria de Grazia) e perfino cronologica (particolarmente evidente nell'intervento di Wolfgang Schieder). Originale (benché, a mio avviso, solo parzialmente riuscito), il tentativo di Istvan Tóth di proporre una rilettura della storiografia ungherese in chiave *plutarchiana*.

[15] Da questo punto di vista, la parte conclusiva dell'intervento di Dimitrov risulta affatto emblematica.

[16] M. Bloch, *Pour une Histoire comparée des sociétés européennes*, in «Revue de synthèse historique», 46, 1925, pp. 15-50 [trad. it. in Id., *Lavoro e tecnica nel Medioevo*, Bari, 1959, pp. 3-47]: in proposito, oltre ai titoli citati alla precedente nota 6, cfr. M. Aymard, *Histoire et comparaison*, in H. Atsma-A. Burguière (a cura di), *Marc Bloch aujourd'hui. Histoire comparée et sciences sociales*, Paris, 1990, pp. 271-78. La frase citata nel testo è di H.-G. Haupt, *La Francia*, cit., p. 20.

[17] Cfr. E. Said, *Culture and Imperialism*, London, 1991; l'autore, inoltre, è recentemente ritornato sull'argomento nel corso delle prestigiose «Reith Lectures» tenute nel 1993 per conto della britannica BBC.

[18] Per gli USA si tratta di un'impressione fondata sul *buon senso*, data la consistenza e l'importanza della comunità italo-americana (e suffragata anche, verrebbe da aggiungere, dalla presenza di tanti cognomi dal suono così familiare tra i maggiori studiosi di storia italiana): solo che la complessità e contraddittorietà del fenomeno del *melting pot*, unitamente alle

caratteristiche affatto particolari dell'organizzazione della ricerca (non ultimo il condizionamento che su di essa esercitano le regole del mercato), non consentono di trarre conclusioni affrettate, bensì richiedono una più approfondita riflessione. Per quanto riguarda la storiografia francese, vi è un dato (anzi, una data) che richiama la nostra attenzione: la grande ripresa di studi e ricerche a partire dai primi anni settanta, che interrompe improvvisamente il lungo periodo di *stanca* successivo al dopoguerra (ripresa, sulla cui importanza concordano sia Aymard che Milza), non rappresenta solamente il risultato delle sollecitazioni e degli stimoli provenienti dai processi di innovazione metodologica e di rinnovamento istituzionale allora in atto, ma andava anche incontro, a mio avviso, all'esigenza di offrire una risposta alla richiesta di conoscenza e approfondimento delle proprie origini che veniva dai figli dei protagonisti dell'ondata migratoria del periodo 1951-70 (com'è noto, furono circa 800 mila gli italiani che emigrarono in Francia in quegli anni e, per la maggior parte di loro, si trattò di un esodo definitivo).

[19] Il debito che la storia italiana contemporanea ha verso la storiografia inglese è (almeno) triplice: la prima sintesi, in assoluto, della storia dell'Italia unita è di Bolton King (1899: e nella traduzione ci siamo fatti largamente precedere dai francesi), a Mack Smith si deve la prima sintesi fatta nel secondo dopoguerra (1959) e con Ginsborg, che ha scritto la prima storia dell'Italia repubblicana, chiudiamo (per ora) il conto.

[20] Le eccezioni riguardano soprattutto la storiografia francese (della «cattolicissima» Francia, «figlia prediletta della Chiesa»: peraltro non mi pare che Milza attribuisca ad esse grande importanza nel panorama scientifico, quasi a sottolinearne il carattere storiografico di «tendenza»), quella belga (la cui relazione, ancorché inizialmente richiesta, qui purtroppo manca) e quella tedesca, il cui contributo più significativo si concentra prevalentemente nelle iniziative promosse dall'Istituto italo-germanico in Trento.

[21] *Pro captu lectoris habent sua fata libelli*, Terenziano Mauro (2, 1286).

L'ITALIA CONTEMPORANEA
E LA STORIOGRAFIA INTERNAZIONALE

Tabula gratulatoria. Al momento di consegnare alle stampe il libro, è per me un dovere, pure gradito, esprimere la più sincera e sentita gratitudine:
– a tutti i relatori stranieri, per la serietà e la puntualità che hanno caratterizzato l'impegno loro richiesto;
– agli studiosi italiani che mi hanno aiutato nella preparazione dell'iniziativa (oltre a quelli nominati nella nota 7 dell'Introduzione, voglio ricordare Franco Della Peruta, Giuseppe Garritano, Claudio Pavone, Armando Pitassio, Luigi Ponziani e Alessandro Valota);
– all'Amministrazione Provinciale di Teramo (in particolare il Presidente Osvaldo Scrivani, il personale dell'Ufficio e della Segreteria di Presidenza e dell'Ufficio Affari generali), per aver creduto, da subito, nell'iniziativa proposta e per averla sostenuta sul piano finanziario e organizzativo;
– all'Amministrazione Comunale di Teramo;
– all'Università degli studi «G. D'Annunzio» (in particolare il Magnifico Rettore Uberto Crescenti e il Direttore Amministrativo Marco Napoleone), per aver assicurato il patrocinio;
– agli altri enti e istituzioni che hanno dato un contributo finanziario (Cassa di Risparmio di Teramo, Banco di Napoli, Banca Popolare Abruzzese Marchigiana, Consorzio Universitario Teramano);
– agli amici e colleghi e al personale non docente del Dipartimento di Storia e critica della politica (per tutti: il Direttore dell'epoca e attuale Rettore Magnifico, Luciano Russi) e dell'intera facoltà di Scienze Politiche, per la partecipazione e la solidarietà con cui hanno seguito l'iniziativa;
– alla cooperativa CORIDA di Teramo.

Senza la loro collaborazione, fattiva e non di rado generosa, l'iniziativa non sarebbe potuta riuscire.

F. M.

MAURICE AYMARD

DALLA FRANCIA

Parlare della storiografia francese sul Risorgimento e, in modo più generale, sull'Italia fra Illuminismo e Unità, porta inevitabilmente a interrogarsi sul perché della fin troppo evidente scarsità di ricerche di prima mano su questo periodo chiave per la storia e la storiografia italiane: incomprensione o indifferenza?

Non che gli avvenimenti fondamentali dell'Ottocento italiano venissero sistematicamente ignorati: anzi, l'unificazione dell'Italia, così come quella della Germania, ha sempre costituito e costituisce ancora un capitolo obbligato dei programmi scolastici francesi, e non soltanto in relazione con la politica estera di Napoleone III. La carboneria, Silvio Pellico, i vari sollevamenti interni e gli interventi militari stranieri, il 1848, Mazzini e Garibaldi, Cavour e Vittorio Emanuele II, le riforme piemontesi e la questione di Roma, Magenta e Mentana, sono così diventati almeno dei nomi, e forse anche delle realtà, familiari agli allievi dei licei francesi. Le conseguenze sullo sviluppo della ricerca recente sono però rimaste molto limitate: una società per lo studio del Risorgimento poco dinamica, una rivista interrotta dopo qualche anno di vita, pochi nomi di storici di assoluto rilievo.

Questa prima osservazione ci rimanda a un'altra: la polarizzazione in senso opposto delle due storiografie. La prima, da parte italiana, intorno al Risorgimento proposto come chiave unica di lettura della storia della penisola durante questo periodo: in collegamento col ritardo dell'industrializzazione, dello sviluppo economico e della democratizzazione della vita politica, questa focalizzazione della storiografia italiana ha contribuito a far vedere alla stragrande maggioranza degli storici francesi le ricerche dei loro colleghi italiani come «introverse» e centrate sul caso singolare dell'Italia, senza possibilità né vera utilità di un confronto tra le rispettive esperienze nazionali.

Per gli storici francesi, infatti, l'unità della Francia, elaborata lungo i secoli dalla monarchia e profondamente radicata e accettata, non si discuteva neppure, e i problemi principali della sua storia, fra il 1815 e il 1880, erano prevalentemente tre: il consolidarsi, attraverso una serie di rivoluzioni e di regimi politici successivi (di cui François Furet ha giustamente osservato che ripetevano nel corso di sessant'anni le tappe fondamentali degli anni 1789-1815: monarchia costituzionale, repubblica nata da una nuova rivoluzione e incapace di stabilizzarsi, governo autoritario) della democrazia politica che si organizza – caso unico fra i grandi paesi europei dell'Ottocento – nel quadro di una Repubblica ormai accettata dalla maggioranza delle élites e dei contadini; una industrializzazione e un progresso economico senz'altro significativi, però sempre insufficienti e troppo lenti, prima per colmare il ritardo anteriore di fronte all'Inghilterra, poi per uguagliare il decollo rapido della Germania; un ridimensionamento del suo peso politico e militare che costringe i suoi governi, dopo il fallimento delle ambizioni rivoluzionarie e imperiali, a ricercare alleanze contro le potenze, vecchie o nuove, che cercano di controllare il continente europeo e che, pertanto, sono viste come una minaccia.

Ciò spiega che per gli stessi storici francesi la storia si articola intorno al grande momento della Rivoluzione e dell'Impero. Una Rivoluzione che aveva, come il Risorgimento per l'Italia, segnato (o sembrava segnare) una rottura fondamentale nella continuità della storia nazionale, ma che aveva anche permesso alla Francia di presentarsi come la principale interprete o, meglio ancora, il punto d'arrivo dell'Illuminismo europeo e di sistematizzarne le proposte per imporle al resto del continente. E che aveva fatto, dopo il 1815, della propria esperienza e del proprio esempio un punto di riferimento obbligato per tutto l'Ottocento, segnato dal lento smantellamento dell'*Ancien Régime* che si conclude soltanto colla prima guerra mondiale e colla Rivoluzione sovietica, il cui modello, idealizzato o rifiutato, avrebbe dominato la storia del Novecento.

In questa prospettiva, l'Italia importava meno per se stessa che per il ruolo che aveva giocato nel dialogo, il più spesso disuguale, aperto dalla Rivoluzione con una Francia che fissava i modelli da imitare o da rifiutare, e avrebbe voluto non lasciare altra scelta che quella, quasi manichea, di cui i giacobini italiani avevano fatto la dura esperienza, fin dal triennio, fra rivoluzione e contro-rivoluzione. Pure trovando le proprie radici più profonde nell'Illuminismo, il Risorgimento sarà perciò, per gli storici francesi (di cui César Vidal presenterà in modo sistematico al pubblico italiano le ricerche nella «Rassegna Storica del Risorgimento» fra il 1935 e il 1938), il figlio diretto della Rivoluzione. Riferendosi, nell'introduzione del suo libro *La Formation de l'Unité Italienne* (1929), ai vari tagli cronologici possibili (1748, 1789 o 1814 per l'inizio, 1848 o 1860 per la fine) per un Risorgimento, da lui definito come «il punto di partenza di tendenze e di serie di fatti tramite i quali viene portata al compimento l'Unità italiana», Georges Bourgin, pur conoscendo perfettamente sia la bibliografia sia gli archivi italiani, scrive così in modo quasi emblematico:

> limitandomi al periodo che inizia nel 1796 e si conclude nel 1919, ho pensato di fornire il quadro migliore per lo sviluppo di questa storia. Ho ritenuto necessario, senza insistere sui grandi movimenti politici e ideologici del Settecento, ai quali l'Italia ha partecipato, esporre brevemente la situazione generale della penisola quando cominciarono gli avvenimenti rivoluzionari. È infatti la campagna militare di Bonaparte nel 1796, conclusa colla formazione di uno Stato già nazionale, che segna l'inizio delle profonde modifiche della struttura politica, economica e giuridica dell'Italia.

Il secondo dopoguerra non porta con sé, da questo punto di vista alcun cambiamento nella scelta dei temi e nel modo di affrontarli. Fino almeno agli anni sessanta, gli storici francesi continuano a guardare l'Italia soprattutto attraverso il prisma della Rivoluzione e dell'Impero, in merito ai quali possono sfruttare un abbondante materiale d'archivio conservato a Parigi: corrispondenze diplomatiche o amministrative, archivi privati dei vari responsabili militari e civili, inchieste statistiche ecc., la cui sistemazione archivistica rispecchia le nuove frontiere interne e la nuova organizzazione dell'Italia napoleonica – dipartimenti, Repubblica Cisalpina poi Regno d'Italia, Regno d'Etruria, Principato di Lucca e Guastalla, Regno di Napoli – e ignora evidentemente le isole (Sardegna e Sicilia) rimaste sotto il controllo dei sovrani in esilio e delle truppe inglesi.

Tre nomi di storici dominano il periodo e monopolizzano la funzione di *go-between* fra i due paesi e le due storiografie. Un *chartiste* storico dell'Otto e del Novecento, che dedica all'Italia una parte importante della propria opera e della propria attività di studioso, iniziata avanti la prima guerra mondiale: il già citato Georges Bourgin, direttore generale degli archivi francesi a partire dal 1944, storico delle rivoluzioni del 1789 e del 1848 e della Comune di Parigi, però anche traduttore nel 1925 dei libri di Prezzolini sulla *Cultura italiana* e sul *Fascismo*, e autore dell'*Etat corporatif en Italie* (1935). Un giornalista colto, specialista bene informato dei problemi italiani: Maurice Vaussard, i cui interessi vanno dal Settecento fino al fascismo. Un professore universitario, a lungo preside della facoltà di Lettere dell'Università di Tolosa, una città alla quale rimarrà fedele fino alla morte: Jacques Godechot, il cui interesse per l'Italia si afferma fin dagli anni trenta in occasione dei suoi primi viaggi in Italia, in collegamento colle sue ricerche sugli eserciti del Direttorio (*Les Commissaires aux Armées sous le Directoire*, 1941).

Tutti e tre occupano così a lungo, ciascuno a suo modo, una posizione privilegiata di mediatore fra un mondo accademico italiano e una produzione storiografica che, a differenza dei loro colleghi, essi leggono in modo sistematico e conoscono bene, e il pubblico francese sia degli studiosi, sia dei lettori colti per i quali scrivono le principali opere di sintesi, senza dedicarsi però loro stessi, tranne qualche eccezione casuale, a ricerche di prima mano negli archivi, soprattutto italiani.

Dopo la morte di Bourgin, sarà Godechot a esercitare, dall'interno dell'Università francese (da dove può orientare le ricerche di un gruppo di allievi a livello di tesi di laurea o di dottorato di ricerca: a titolo esemplificativo cfr. nella bibliografia i saggi di Guillaume e Mallet-Luscan), l'influenza più significativa, attraverso i numerosi interventi nei convegni organizzati in Francia e in Italia sul periodo rivoluzionario e imperiale e sul Risorgimento, attraverso i legami personali stabiliti con molti storici italiani fra i più prestigiosi (la sua *Histoire de l'Italie moderne* viene così dedicata «a tutti gli amici italiani, e soprattutto ai professori Alberto Maria Ghisalberti e Franco Valsecchi»), e soprattutto attraverso l'allargamento del dibattito sulla Rivoluzione, da lui stesso iniziato nel 1956 nella *Grande Nation* (tradotta in italiano nel 1962 da Laterza) ed esteso cinque anni dopo all'analisi della contro-rivoluzione: l'una e l'altra vanno, nella prospettiva da lui proposta, studiate non più solo da un punto di vista francese, ma nella loro dimensione europea (e anche, almeno per la prima, «atlantica»). Viene così delimitata la cornice adatta per un confronto delle ricerche condotte nei vari paesi, che possono servire alla costruzione di una visione nello stesso tempo più complessa, più ampia e più coerente, dove il caso francese viene ridimensionato a quello di una sorta di *primus inter pares*.

Una migliore conoscenza della produzione storiografica italiana e la presa di coscienza della dimensione europea, e non più soltanto francese o francocentrica, della Rivoluzione portano Godechot a sfumare l'affermazione precedentemente citata di Bourgin. Dopo avere ricordato le principali interpretazioni del Risorgimento – «fenomeno specificamente italiano» e figlio dell'Illuminismo, come l'avevano definito, dopo Chiala, Bianchi e Castelli, «Benedetto Croce e Gioacchino Volpe, Ettore Rota, Nino Cortese, Carlo Morandi», o invece figlio della Rivoluzione, come affermano «altri storici, e soprattutto i pochi francesi [fra i quali Bourgin] che si sono interessati alla storia dell'Italia moderna e gli storici marxisti italiani»? –, e prendendo spunto dalla posizione di compromesso di Franco Valsecchi – l'Illuminismo che, dappertutto, prepara «l'accettazione delle riforme rivoluzioni», e la Rivoluzione che «propone all'Italia il modello dello Stato-nazione, uno e indivisibile» –, Godechot può così interrogarsi, nella sua introduzione al primo volume de l'*Histoire de l'Italie moderne* (1971), sul carattere «unicamente francese» della Rivoluzione (pp. 6-7): anticipata da vari movimenti che «si sono manifestati in tutto il mondo occidentale, da una parte e dall'altra dell'Atlantico» (America, Inghilterra e Irlanda, Province-Unite, Ginevra, Brabante, Polonia),

> la Rivoluzione francese, senz'altro molto più ampia e più profonda delle precedenti, va inserita in questo movimento, «rilancia» gli altri e provoca nuove agitazioni nei paesi che non erano stati ancora toccati: Germania, Svizzera e Italia. Ora, non hanno tutte queste rivoluzioni, di cui il Risorgimento sarebbe quindi solo un aspetto, delle cause comuni? L'Illuminismo si è senz'altro diffuso in tutti i paesi che sono stati toccati dalle rivoluzioni. Si può però ammettere che delle correnti d'idee abbiano potuto essere abbastanza potenti da sollevare le masse? Queste rivoluzioni non potrebbero avere altre cause, più profonde e più generali? [...] Il Risorgimento sarebbe allora soltanto l'aspetto specificamente italiano della «rivoluzione atlantica», così come la Rivoluzione francese ne costituisce l'aspetto specificamente francese.

L'importanza centrale degli anni 1789-1815 (confermata da vari altri saggi, più o meno innovativi, come quelli di André Fugier su *Napoleone e l'Italia*, di J. Bertaut sulla *coppia* Murat o di F. Boyer sul *mondo delle arti in Italia* nel suo rapporto con la Francia durante questo periodo) viene però controbilanciata da due gruppi di ricerche d'importanza quasi uguale, ma di impostazione fondamentalmente diversa: uno sul Settecento, l'altro sul Risorgimento.

Il primo, da inserire nella tradizione più letteraria degli studi sull'Illuminismo (spesso dovuti a degli italianisti francesi o a degli specialisti della cosiddetta «littérature comparée»), segue la strada tracciata da P. Hazard e da H. Bédarida, alla quale si riferiscono *Gênes et la France dans la deuxième moitié du XVIIIe siècle* di R. Bourdard, *La vie napolitaine au XVIIIe siècle* di R. Bouvier e A. Laffargue, *Le siècle des Lumières en Italie* di N. Jonard, il contributo di Godechot su Beccaria (sotto il titolo emblematico di *Beccaria et la France*), il primo volume di H. Tuzet sull'immagine della Sicilia elaborata dai viaggiatori stranieri nel Settecento (che segue una prima ricerca sui soli viaggiatori francesi nel periodo romantico), e perfino *La fin de la République de Venise: aspects et reflets littéraires* di G. Dumas. Al di là della raccolta e dell'analisi di testi letterari per la maggior parte editi (però anche di corrispondenze private), la proposta di questi saggi è sempre, almeno potenzialmente, a doppia faccia, come suggerisce Tuzet nell'introduzione del suo libro: nel suo caso, da una parte un lavoro di ricostruzione storica («ridare vita alla società siciliana nel periodo dove la sua originalità e il suo sapore furono forse più forti»), e, dall'altra, l'individuazione di un modello, quello del «modo di pensare e di sentire proprio del Settecento europeo» («la Sicilia ci rivela questi uomini [i viaggiatori stranieri] così come essi ci rivelano la Sicilia»). Che si tratti di contatti letterari o della scoperta delle sue città, dei suoi paesaggi o dei suoi uomini, l'Italia viene studiata non soltanto per se stessa, ma come rivelatore dell'Europa dell'Illuminismo, di cui costituisce, con tutte le sue contraddizioni interne, fra modernità e conservazione, fra anticipi e ritardi, una componente particolarmente ricca di significati.

Il secondo orientamento rappresenta piuttosto l'espressione del desiderio, da parte dei vari studiosi interessati alla storia italiana, di partecipare (tramite la presentazione e l'analisi di fonti soprattutto francesi o almeno conservate in Francia: e quindi in un modo sempre marginale) ai dibattiti e alle ricerche che si svolgevano in Italia intorno al Risorgimento. Si inseriscono in questa prospettiva vari articoli sulle origini della carboneria e sul ruolo che vi ebbe Briot (dopo A. Mathiez, M. Dayet e lo stesso J. Godechot), i numerosi contributi di Bourgin e di Godechot, e anche di P. Guiral e di Ph. Gut (Mazzini, la Repubblica romana del 1849, le relazioni commerciali fra Marsiglia e il Regno delle Due Sicilie, il Congresso di Parigi del 1856 ecc.), gli studi di P. Guichonnet (un geografo passato alla storia) sulla Savoia prima del 1860 e, infine, la raccolta di testi curata da F. Ley sulla Repubblica romana. Quasi eccezionale sembra invece la riflessione del Godechot (scritta, in verità, in data più recente, 1981, e per un pubblico soprattutto non italiano) sull'articolazione fra centralizzazione e regionalismo nella storia dell'Italia dei due ultimi secoli.

Questo quadro equilibrato si modifica lentamente a partire dall'inizio degli anni settanta, e per molte ragioni di varia natura. Ragioni istituzionali: la creazione, nel 1972, presso l'*Ecole française* di Roma di una sezione di storia moderna e contemporanea, che mette fine alla regola non scritta che tendeva a imporre ai giovani studiosi francesi, chiamati a far parte di questa istituzione e avviati successivamente a una carriera accademica senza (cattive) sorprese, il limite cronologico del 1598 (Editto di Nantes: termine ufficiale del Medioevo nei programmi delle scuole francesi dall'inizio di questo secolo). Gérard Delille, Alain Dewerpe, Philippe Boutry, Jean Boutier, Olivier Faron, François Gasnault, Brigitte Marin ebbero così libertà di orientare le indagini verso problemi e periodi cronologici che prima sarebbero stati almeno sconsigliati, se non del tutto vietati, così come i loro colleghi che scelsero di dedicarsi allo studio dell'Italia postunitaria: Catherine Brice, Didier Musiedlak, Jean-Luc Pouthier, Marie-Anne Matard ecc.

Questa novità istituzionale non avrebbe avuto, però, le stesse conseguenze, se non fosse stata accompagnata da un mutamento storiografico altrettanto profondo. Al ridimensionamento, iniziato fin dai primi anni sessanta, della posizione centrale della Rivoluzione all'interno della storiografia francese (e di cui François Furet farà uno degli argomenti chiave del suo *Penser la Révolution française*, dopo averlo lui stesso illustrato, in collaborazione con Denis Richet, nel lavoro a quattro mani *Histoire de la Révolution française*), corrisponde un rinnovamento degli interrogativi, dei problemi, dei campi d'indagine, dei metodi di lavoro. Tale rinnovamento deve relativamente poco all'influenza del *Mediterraneo* e delle *Annales* di Braudel, che aveva condotto in Italia, da Jean Delumeau in poi, studiosi del Medioevo e della prima età moderna (cioè dei periodi centrali della nuova storia economica: le poche eccezioni di rilievo essendo rappresentate da Jean Georgelin e Jean Nicolas, con le loro ricerche rispettivamente su Venezia e il Veneto e sulla Savoia nel Settecento, e da Delille «prima maniera», con il suo dottorato di ricerca sulle campagne di Montesarchio dopo la peste del 1656); deve molto di più, invece, alle *Annales* e alla cosiddetta «*Nouvelle Histoire*» del dopo 1968, dove l'antropologia, la sociologia e la semiotica sostituiscono l'economia nel dialogo interdisciplinare e dove lo studio della «mentalità» viene proposto come settore di punta della ricerca e terreno di riunificazione di una storia minacciata di frantumarsi per seguire varie strade opposte o contraddittorie.

Basta infatti guardare ai temi trattati da questa nuova leva di storici per cogliere la misura del riorientamento realizzato nello spazio di pochi anni. Storia e antropologia: Delille, dopo la sua ricerca appena citata su Montesarchio fra Sei e Settecento, si dedica allo studio dei sistemi familiari, delle alleanze matrimoniali e della trasmissione ereditaria e dotale dei beni nel Regno di Napoli fra Cinque e Ottocento. La fonte eccezionale da lui scoperta durante la preparazione di *Famille et propriété dans le Royaume de Naples* – il «Libro Magno delle famiglie» di Manduria che permette di ricostituire, dalla fine del Quattrocento fino all'Ottocento, e con l'aiuto dell'anagrafe fino a oggi, la catena completa dei matrimoni in questa cittadina della Puglia – è stato, in questi ultimi anni, oggetto di un'analisi sistematica (di prossima pubblicazione), che ha rappresentato senz'altro il più grande «cantiere» di antropologia storica della parentela. Un cantiere, i cui risultati, in una zona colpita dalla talassemia, una malattia che si trasmette per via ereditaria, trovano anche pratica applicazione nel campo della previsione e della prevenzione.

Questo approfondimento metodologico, portato avanti nel quadro di una ricerca monografica, apre nuove possibilità alla storia comparata su scala europea: una storia, dove l'Italia, con la ricchezza e la precocità da molti punti di vista eccezionale dei propri archivi, costituisce un esempio privilegiato per ridimensionare vecchi e spesso falsi dibattiti e per riformulare nuove domande. Lo stesso tema, famiglia e proprietà, si ritrova così al centro di vari incontri organizzati dallo stesso Delille, il più spesso in collaborazione con i suoi colleghi italiani, e di cui verranno successivamente pubblicati gli atti: *Le modèle familial européen* (1984), *Les noblesses européennes au XIX*[e] *siècle* (1985), o *Il mercato della terra* (1986), i cui contributi costituiscono il fascicolo 65 di «Quaderni storici» (agosto 1987). Da parte sua, la ricerca condotta da Olivier Faron sull'anagrafe di

Milano, che permette di analizzare fin dall'inizio della Restaurazione i percorsi individuali e familiari, professionali e giudiziari, residenziali e sociali della popolazione di una grande metropoli, verrà vista come l'applicazione a una società urbana (sempre più difficile da seguire, perché più mobile, di una società rurale, normalmente più stabile) dello stesso tipo di problematiche e di metodologie.

Con la questione della cosiddetta «protoindustrializzazione» (termine proposto, come è noto, all'inizio degli anni settanta da Franklin Mendels per definire una tappa della storia delle manifatture di varie regioni dell'Europa occidentale, dove si registra fra Cinquecento e Ottocento uno spostamento dalle città verso le campagne delle stesse attività, soprattutto nel settore tessile), Alain Dewerpe viene a toccare un punto dolente della storia italiana, come dimostrano certe reazioni critiche (fondate, peraltro, su un'incomprensione) suscitate dal suo libro: il «ritardo» dell'industrializzazione del paese, identificata coll'apparizione del sistema della grande fabbrica che inizia soltanto durante gli ultimi due decenni dell'Ottocento, a suo avviso, va compreso all'interno di un processo di lunga durata, caratterizzato, a partire dalla metà del Settecento (per altri studiosi, come Domenico Sella, anche prima), dallo sviluppo, nelle campagne dell'Italia settentrionale, dal Piemonte al Veneto, di un tessuto articolato di manifatture tessili e anche metallurgiche. Un processo che, studiato di per sé, fondandosi su ciò che esiste positivamente, e non come uno «stato imperfetto» (nella misura in cui esso non «ritarda», ma prepara l'industrializzazione ulteriore), consente al Dewerpe, al termine di uno studio dettagliato della distribuzione geografica delle varie componenti di queste attività (lino, lana, cotone, seta ecc.) e della loro integrazione colle strutture familiari della società rurale, di proporre ulteriori approfondimenti e arricchimenti del modello protoindustriale elaborato da Mendels e teorizzato da Hans Medick e dai suoi colleghi del Max-Planck Institut für Geschichte di Göttingen.

Questa periodizzazione, a cavallo fra Sette e Ottocento, si può paragonare con quella, quasi identica, proposta da Marie-Lucie Rossi nelle sue ricerche (in corso) sull'affermarsi di un nuovo ceto di proprietari fondiari emiliani, i quali, arricchiti nel commercio (soprattutto della seta), comprano le grandi proprietà private o ducali messe in vendita dal 1770 in poi e, mediante una politica sistematica di bonifiche e di acquisti, rimodellano il paesaggio rurale e il sistema di aziende agricole intorno alla figura nuova della grande tenuta a gestione capitalista.

Pure un campo come quello della storia religiosa viene rinnovato dall'interno, tramite un incontro felice e quasi emblematico fra i nuovi orientamenti della storiografia italiana (facenti capo, in particolare, a Gabriele De Rosa) e quelli della storiografia francese (illustrati per esempio da Boulard o da Emile Poulat, il quale partecipa regolarmente alle attività del Centro di studi socio-religiosi di Vicenza), di cui Philippe Boutry appare, quando arriva in Italia, come uno dei migliori «giovani» rappresentanti. Una storia fin qui caratterizzata, per le sue pubblicazioni in lingua francese, dalla impostazione tradizionale, centrata sulla personalità dei papi secondo il taglio abituale della vecchia storia politica (si vedano i volumi di monsignor Leflon su Pio VII e quello di Roger Aubert su Pio IX nella grande *Histoire de l'Eglise* curata da Fliche e Martin), che si apre ora a tematiche e problematiche nuove, situate alla frontiera della storia culturale e della storia sociale: reclutamento e formazione del personale ecclesiastico, rapporto fra Chiesa e società, apparizione e codificazione di nuove forme di pietà, indagini regionali, funzionamento e trasformazione delle istituzioni, visite pastorali. Argomenti che richiedono l'accesso a fonti fin qui poco usate, come gli archivi vescovili e parrocchiali, e che permettono nuovi confronti con gli studi portati avanti in altri paesi, come testimoniano le ricerche personali di Gasnault sull'organizzazione e sulle riforme (progettate o realizzate) delle Università dello Stato pontificio.

Confermati dal moltiplicarsi degli incontri (non soltanto in Italia o in Francia), dei contatti personali, dei viaggi di studio di studiosi più o meno giovani, delle ricerche condotte nell'altro paese, spesso sotto la supervisione di un *tutor* locale, della circolazione delle pubblicazioni e dei dattiloscritti, questi mutamenti registrati nei settori più vari della ricerca, hanno profondamente modificato la posizione relativa dell'Italia e della Francia in un dibattito storiografico in cui non ci si limita più a sottolineare l'eccezionalità di ogni caso nazionale o ad affermare la superiorità del proprio metodo. Sono finiti i monopoli e le pretese più o meno imperialistiche; la tradizione delle *Annales*, la microstoria, la *social history* anglosassone, l'*Alltagsgeschichte* tedesca non funzionano più come scuole ermeticamente chiuse su se stesse: gli storici hanno imparato a comunicare fra di loro, si conoscono e si rispettano, mentre le tendenze storiografiche vengono via via trasformate o stimolate dai suggerimenti ricevuti da fuori. Lo stesso vale per i temi trattati: non si identificano più con un solo paese, e richiedono tutti un confronto sistematico coll'esperienza di altri paesi. Inoltre, nella maggior parte dei casi, la periodizzazione tradizionale, elaborata a partire dai grandi avvenimenti politici, come la Rivoluzione o l'Unità d'Italia, si verifica di scarsa utilità: gli storici si muovono ormai su una pluralità di fasi temporali spesso più lunghe, a volte anche più brevi, così come si muovono all'interno di una pluralità di dimensioni spaziali (locali, nazionali, internazionali). Le ricerche francesi sull'Italia degli anni 1700-1860 illustrano abbastanza bene questo stato nuovo di una storiografia in via di internazionalizzazione rapida, così come lo potrebbero illustrare senz'altro, le ricerche italiane sulla Francia.

Una conferma è offerta dalla recente celebrazione del secondo centenario della Rivoluzione, occasione di una sovrabbondanza di convegni e di pubblicazioni collettive o monografiche. Alla moltiplicazione di incontri (settantotto secondo la recensione analitica fatta da Michel Vovelle e Danielle Le Monnier) organizzati in Italia nel 1988-89 su una larga rosa di temi, di cui parte è ancora tradizionale («la Rivoluzione e...»), parte invece rispecchia il rinnovamento in corso degli interessi (teatro e musica, scienza e filosofia, stampa e immagini, cultura e politica, casi regionali ecc.) e il modo nuovo di rapportarsi all'avvenimento rivoluzionario, risponde, da parte francese, un'attenzione molto minore dedicata all'Italia: quattro convegni, di cui due sulla Rivoluzione e l'Italia, uno sullo statuto dello scrittore, e un ultimo sulla stampa. Sempre da parte francese (nell'attesa del libro di Christian-Marc Bosséno sul triennio) un solo libro, le *Immagini della Libertà* di Michel Vovelle, in collaborazione con lo stesso Bosséno e Ch. Dhoyen.

Pochissimi sono in effetti gli storici francesi – quasi sempre gli stessi da un convegno all'altro – in grado di presentare un contributo originale sul periodo rivoluzionario e su quello napoleonico in Italia: un «vuoto» significativo del *recentrage* storiografico sulla Francia, che ha caratterizzato la celebrazione del bicentenario e va confrontato sia coll'affermarsi in primo piano di una nuova leva di studiosi italiani della Rivoluzione (Haim Burstin, Anna Maria Rao, Paolo Viola ecc.), sia colla diversità dei loro interessi e colla loro partecipazione attiva ai dibattiti principali in corso nella stessa Francia. Una situazione nuova che sottolinea il parallelismo, per gli anni della Rivoluzione, fra l'italianizzazione necessaria della ricerca sull'Italia (ormai studiata per se stessa, e non solo per l'eco della Rivoluzione o l'influenza, positiva o negativa, della Francia, però anche non solo in una chiave di lettura «risorgimentale») e l'internazionalizzazione (con una notevole presenza italiana) della ricerca sulla Francia medesima: infatti la reinterpretazione in chiave di cultura politica della Rivoluzione e delle sue conseguenze chiama in causa gli storici di tutti i paesi che hanno affrontato, fra Settecento e Ottocento, la transizione difficile da un sistema politico a un altro del tutto diverso. Pure su questo piano vediamo delinearsi il quadro nuovo di una storiografia internazionale dove il caso individuale di ogni paese conta meno dei problemi che lo stesso caso pone con maggiore forza ed evidenza, e dove l'illusione teleologica viene sistematicamente denunciata come la forma moderna di ciò che secondo Lucien Febvre è il «peccato dei peccati dello storico» (l'anacronismo) e come una trappola tesa allo storico medesimo dal rapporto tradizionale fra storia e racconto: l'eccezione – quella francese della Rivoluzione, quella italiana del Risorgimento – viene così ridimensionata a vantaggio di un modo nuovo di fare storia.

Senz'altro questo modo nuovo non è di per sé superiore ai modi anteriori: però rispecchia i nostri interrogativi sul presente e il futuro delle nostre società.

BIBLIOGRAFIA

AA.VV., *Les Fondations nationales dans la Rome pontificale*, Roma, 1981.

R. Aubert, *Le Pontificat de Pie IX*, in *Histoire de l'Église* diretta da A. Fliche e V. Martin, XXI, Paris, 1952 [trad. it.: *Il Pontificato di Pio IX (1846-1878), ibid.*, ed. italiana a cura di G. Martina, XXI-1/2, Torino, 1970]. Id., *Vatican I*, in *Histore des Conciles Oecuméniques* diretta da G. Dumeige S.J., 12, Paris, 1964.

H. Bédarida, *Parme et la France de 1748 à 1789*, Paris, 1928 [trad. it.: A. Calzolari e A. Marchi (a cura di), *Parma e la Francia, 1748-1789*, introduzione di G. Cusatelli, 2 voll., Milano, 1985]. Id., *Parme dans la politique française au XVIIIe siècle*, Paris, 1930.

J. Bertaut, *Le ménage Murat*, Paris, 1958.

J. Borel, *Gênes sous Napoléon Ier*, Paris, 1929.

Ch.-M. Bosséno, *Recherches sur la Révolution. L'Italie*, in A. de Baecque (a cura di), *Recherches sur la Révolution. Un bilan des travaux scientifiques du Bicentenaire*, sotto la direzione di M. Vovelle, Paris, 1991, pp. 391-96.

R. Boudard, *Gênes et la France dans la deuxième moitié du XVIIIe siècle, 1748-1797*, Paris, 1951. Id., *L'organisation de l'Université et de l'enseignement secondaire dans l'Académie impériale de Gênes entre 1805 et 1814*, Paris, 1962.

G. Bourgin, *Santa Rosa et la France*, in «Revue Historique», 1910. Id., *Les Etudes relatives à la période du Risorgimento en Italie*, Paris, 1921. Id., *Italie*, in *Histoire et Historiens depuis cinquante ans*, 2 voll., Paris, 1928. Id., *La Formation de l'unité italienne*, Paris, 1929 [trad. it.: *La formazione dell'Unità italiana*, prefazione di R. Michels, Perugia-Venezia, 1930 (nuova ed. Firenze, 1974)]. Id., *Histoire de l'Italie*, Paris (PUF, «Que sais-je?»). Id., *L'Oeuvre sociale de la république romaine de 1849*, in *Actes du Congrès historique du centenaire de la Révolution de 1848*, Paris, 1948. Id., (in collaborazione con M. Dell'Isola), *Mazzini promoteur de la République italienne et pionnier de la fédération européenne*, Paris, 1956. [cfr. anche: G. Bourgin - C. Vidal, *Napoleone III*, in *Questioni di storia contemporanea*, III, Milano, 1953, pp. 597-644, e Id., *Il Risorgimento e l'Unità d'Italia nella storiografia francese*, in *Questioni di storia del Risorgimento e dell'Unità d'Italia*, Milano, 1951, pp. 1023-63].

Ph. Boutry, *Les Saints des catacombes. Itinéraires français d'une piété ultramontaine. 1800-1881*, in «Mélanges de l'Ecole française de Rome. Moyen âge et Temps Modernes», 91, 1979, pp. 875-930. Id., *Restauration de l'Eglise romaine et renouveau du catholicisme italien durant le premier XIXe siècle, à travers la récente historiographie italienne*, ivi, 98, 1986, pp. 805-35.

F. Bouvier, *Bonaparte en Italie*, Paris, 1899.

R. Bouvier - A. Laffargue, *La Vie napolitaine au XVIIIe siècle*, Paris, 1956 [trad. it.: *Vita napoletana nel XVIII secolo*, Bologna, 1960].

F. Boyer, *Le Monde des arts en Italie et la France de la Révolution et de l'Empire*, Torino, 1970.

J.-D. Candaux, *La Bibliographie des voyages en Italie. Etat présent et perspectives d'avenir*, in «Bulletin du Centre International de Recherche sur le voyage en Italie», 1, 1980, pp. 3-12.

P. Carles, *L'Organisation militaire du royaume de Naples sous les rois français Joseph et Joachim (1806-1815)*, Paris, 1969 (manoscritto).

Ch.-A. Costa de Beauregard, *Prologue d'un règne. La jeunesse du roi Charles-Albert*, Paris, 1888. Id., *Les dernières années du Roi Charles-Albert*, Paris, 1898.

J. de Crozal, *L'Unité italienne (1815 à 1870)*, Paris, 1898.

M. Dayet, *P.-J. Briot, les carbonari et Lucien Bonaparte*, in «Annales Historiques de la Révolution Française», 1953, pp. 4-32; Id., *P.-J. Briot et l'organisation de l'île d'Elbe*, ivi, 1954, pp. 140-57. Id., *Caroline Murat e i carbonari*, in «Calabria nobilissima», 1957, pp. 1-9.

Ch. Dejob, *L'Instruction publique en France et en Italie au XIXe siècle*, Paris, 1894. Id., *Les Femmes dans la comédie française et italienne au XVIIIe siècle*, Paris, 1894.

G. Delille, *Cadastres napoléoniens et structures économiques et sociales dans le Royaume de Naples*, in «Annuario dell'Istituto Italiano per l'età

Moderna e Contemporanea», 1971-72, pp. 87-104. Id., *Croissance d'une société rurale. Montesarchio et la Vallée Vaudine au XVIIe et XVIIIe siècles*, Napoli, 1973. Id., *Famille et propriété dans le Royaume de Naples (XVe e XIXe siècles)*, Roma, 1985 [trad. it.: *Famiglia e proprietà nel Regno di Napoli. XV-XIX secolo*, Torino, 1988].

A. Dewerpe, *L'Industrie aux champs*, Roma, 1985.

A. Dufourcq, *Le Régime jacobin en Italie, étude sur la République romaine. 1798-1799*, Paris, 1900.

G. Dumas, *La Fin de la République de Venise, aspects et reflets litéraires*, Paris, 1964.

M. Dupont, (pseudonimo di Marcel Ernest Béchu), *Murat: cavalier, maréchal de France, prince et roi*, Paris, 1934.

A. Espitalier, *Napoléon et le roi Murat*, Paris, 1910.

A. Falcionelli, *Les Sociétés secrètes italiennes*, Paris, 1969.

Florence et la France. Rapports sous la Révolution et l'Empire, Atti del convegno di Firenze, 2-4 giugno 1977, Firenze-Paris, 1979.

A. Fugier, *Napoléon et l'Italie*, Paris, 1947 [trad. it.: *Napoleone e l'Italia*, introduzione a cura di R. Ciampini, 2 voll., Roma, 1970].

J.-P. Garnier, *Le Dernier Roi de Naples*, Paris, 1961 [trad. it.: *L'ultimo re di Napoli, con numerosi documenti inediti*, prefazione di G. Doria, Napoli, 1971].

F. Gasnault, *La Congrégation des études de 1824 à 1870*, in «Archivum historiae pontificiae», XXII, 1984, pp. 153-225. Id., *La Règlementation des universités pontificales au XIXe siècle. I. Reformes et restaurations: les avatars du grand projet «zelante» (1815-1834). II. Pie IX et le monopole universitaire*, in «Mélanges de l'Ecole française de Rome. Moyen âge et Temps Modernes», 96, 1984, (1), pp. 177-237 e (2) pp. 1105-68. Id., *Le Milieu universitaire à Bologne au XIXe siècle. Les aléas de l'enquête documentaire prosopographique*, ivi, 100, 1988, (1), pp. 155-73.

J. Georgelin, *Venise au siècle des Lumières*, Paris, 1978. Id., *L'Italie à la fin du XVIIIe siècle*, Paris, 1989.

L.F. Gignoux, *L'Abbe Galiani et la querelle des grains au XVIIIe siècle*, in «Revue d'Histoire économique et sociale», 1922.

J. Godechot, *Les Français et l'unité italienne sous le Directoir*, in «Revue politique et constitutionelle», 1952, pp. 96-110 e 193-204. Id., *Actions et réactions sur l'Italie de la politique française au temps du premier Empire*, in «Bollettino storico livornese», 1954, pp. 1-20. Id., *La Grande Nation. L'expansion révolutionnaire de la France dans le monde de 1789 à 1799*, Paris, 1956 (2[a] ed. interamente rivista, 1983) [trad. it.: *La grande nazione. L'espansione rivoluzionaria della Francia nel mondo. 1789-1799*, Bari, 1962]. Id., *P.-J. Briot et la «Carboneria» dans le Royaume de Naples*, in «Calabria nobilissima», 1958, pp. 1-14. Id., *La Consulta italienne de Lyon, jujée par les diplomates autrichiens et prussiens, 1801-1802*, in «Cahiers d'histoir», 1960, pp. 177-90. Id., *La France et les événements italiens de 1860*, in *Atti del XXXIX Congresso di Storia del Risorgimento italiano*, (Palermo-Napoli, 17-23 ottobre 1960), Roma, 1961. Id., *La Contre-Révolution. Doctrine et action. 1789-1804*, Paris, 1961 [trad. it.: *La controrivoluzione: dottrina e azione. 1789-1804*, Milano, 1988]. Id., *Beccaria et la France*, in *Atti del Convegno internazionale su Beccaria*, in «Memorie dell'Accademia delle Scienze di Torino. Classe di Scienze morali, storiche e filologiche», s. IV, 9, 1966, pp. 67-84. Id., *La Pensée révolutionnaire en France et en Europe*, Paris, 1964 (1970²). Id., *Histoire de l'Italie moderne, 1770-1870*, I, Paris, 1971. Id., *Risorgimento et régionalisme en Italie*, in «Risorgimento. Revue Européenne d'Histoire Italienne contemporaine», 1981, pp. 63-79. Id., (in collaborazione con F. Pernot), *L'Action des représentants de la France à Turin et l'intervention sarde dans la guerre de Crimée*, in «Rassegna storica del Risorgimento», 1958, pp. 39-56.

P. Guichonnet, *Le Faucigny en 1848*, Genève, 1949. Id., *La Savoie*, Paris, 1956. Id., *Histoire de la Savoie*, Toulouse, 1973. Id., *La Savoie de 1815 à 1860*, in *Le Centenaire de la Savoie Française*, Paris, 1960. [di Id. cfr. anche: *La Savoie et le Royaume de Sardaigne (1815-1860)*, Grenoble, 1957 e *Cavour agronomo e uomo d'affari*, Milano, 1961].

M. Guillaume, *Les Jacobins romains de 1789 à 1798*, diploma di studi superiori, Toulouse, 1962 (manoscritto).

P. Guiral, *Les Relations commerciales de Marseille. Naples et la Sicile de 1830 à 1848*, in AA.VV., *La presenza della Sicilia nella cultura degli ultimi cento anni*, I, Palermo, 1977, pp. 129-143.

Ph. Gut, *La Presse parisienne et la question italienne pendant le Congrès de Paris (1856)*, in «Revue d'Histoire diplomatique», 1970 (3). Id., *La Presse parisienne et les affaires de Naples au lendemain du Congrès de Paris (1856)*, in «Risorgimento. Revue Européenne d'Histoire Italienne contemporaine», 1, 1980, pp. 129-50.

F. Hayward, *Le dernier siècle de la Rome pontificale*, I, *1769-1814*, Paris, 1927, II, *1814-1870*, Paris, 1928 [cfr. anche: Id., *Storia della casa di Savoia*, 2 voll., Bologna, 1955].

P. Hazard, *La Révolution française et les lettres italiennes (1769-1815)*, Paris, 1910.

N. Jonard, *Le Siècle des Lumières en Italie*, Lyon, 1980 [cfr. anche: Id., *La vita a Venezia nel XVIII secolo*, Milano, 1967].

A. Latreille, *Les dernières années du cardinal Fesch à Rome*, in «Revue des études italiennes», 1, 1954, pp. 95-113.

J. Leflon, *Pie VII*, I, *Des abbayes bénédictines à la papauté*, Paris, 1958. Id., *La Crise révolutionnaire*, in *Histoire de l'Eglise*, cit., XX, Paris, 1966 (nuova ed.) [trad. it.: *La crisi rivoluzionaria (1789-1815)*, in *Storia della chiesa dalle origini ai giorni nostri*, cit., XX/1, a cura di G. Zaccaria, Torino, 1971]. Id., *Les Missions diplomatiques du futur Leon XII Annibale della Genga*, in «Revue d'histoire diplomatique», 81, 1967, pp. 18-40.

F. Ley (a cura di), *La Révolution romaine et l'intervention française vues par le Prince Volkonsky (1846-1849)*, prefazione di L. Noel, introduzione di M. Schakhovskoy, postfazione di J. Godechot, Paris, 1981.

J. Lovie, *Chemins de Savoie: la route d'Italie à l'époque romantique (1815-1860)*, in *104ᵉ Congrès des Sociétés Savantes. Section Histoire Moderne (Bordeaux, 1979)*, s.l., 1979, pp. 71-81.

J. Luchaire, *Essai sur l'évolution intellectuelle de l'Italie de 1815 à 1830*, Paris, 1906.

L. Madelin, *La Rome de Napoléon. La domination française à Rome de 1809 à 1814*, Paris, 1906.

M.me Mallet-Luscan, *Saliceti, ministre de la Police de Naples*, diploma di studi superiori, Toulouse, 1960 (manoscritto).

P. Mariel, *Les Carbonari*, Paris, 1970.

P. Marmottan, *Les Arts en Toscane sous Napoléon. La princesse Elisa*, Paris, 1901.

P. Matter, *Cavour et l'unité italienne*, 3 voll., Paris, 1922-1927. Id., *Les Origines du Risorgimento*, in «Revue des Sciences Politiques», 1926, pp. 352-78; 1928, pp. 5-9; 1931, pp. 5-33.

Le Modèle familial européen. Normes, déviances, contrôle du pouvoir, Atti dei Seminari organizzati dall'Ecole française di Roma e dall'Università degli Studi di Roma (1984), Roma, 1986.

B. Neveu, *Juje suprême et docteur infaillible: le Pontificat romain de la bulle In eminenti (1643) à la bulle Auctorem fidei (1794)*, in «Mélanges de l'Ecole française de Rome. Moyen âge et Temps Modernes», 93, 1981, pp. 215-75.

J. Nicolas, *La Savoie au XVIIIᵉ siècle. Noblesse et bourgeoisie*, I, *Situation au temps de Victor-Amédée II*, II, *Inflexion. Au siècle des Lumières*, Paris, 1978. Id., *La Fin du régime seigneurial en Savoie, 1791-92*, in *L'abolition de la féodalité* (Convegno internazionale), Toulouse, 1978. Id., *La vie quotidienne en Savoie aux XVIIᵉ et XVIIIᵉ siècles*, Paris, 1979.

Les Noblesses européennes au XIXᵉ siècle, Atti del Convegno dell'Ecole française di Roma (2-4 ottobre 1985), Roma, 1988.

R. Noli, *Les Romantiques français en Italie, essai sur la vogue et l'influence de l'Italie en France de 1825 à 1850*, tesi di dottorato presso l'Università di Dijon, Dijon, 1928.

A. Pingaud, *La Domination française dans l'Italie du Nord (1796-1805). Bonaparte, président de la République italienne*, 2 voll., Paris, 1914. Id., *Les Hommes d'Etat de la République italienne, 1802-1805, notices et documents biographiques*, Paris, 1914. Id., *Le premier royaume d'Italie*, in «Revue des études napoléoniennes», 1923, 1925, 1926-1930, 1932-1934. Id., *Les Débuts de l'armée italienne*, in «Revue militaire générale», 1924. Id., *Le premier royaume d'Italie, l'oeuvre intellectuelle*, in «Revue d'histoire diplomatique», 1932, pp. 227-45 e 292-309. Id., *Le premier royaume d'Italie en 1812*, ivi, 1933, pp. 336-67 e 1934, pp. 74-98.

P. Pinon - F.X. Amprimoz, *Les Envois de Rome (1778-1969). Architecture et archéologie*, Roma, 1988.

J. Rambaud, *Le Roi Murat et sa cour, d'après la correspondance du roi*, Paris, 1909. Id., *Naples sous Joseph Bonaparte, 1806-1808*, Paris, 1911. Id., *Lettres inédites et éparses de Joseph Bonaparte*, Paris, 1911.

M.-A. Rubat du Merac, *Lamennais et l'Italie*, Lyon, 1979.

A. Troisier, *Emile Ollivier et l'Italie*, in «Souvenir Napoléonien», 304, 1979, pp. 35-40.

H. Tuzet, *Voyageurs français en Sicile au temps du Romantisme*, Paris, 1946. Id., *La Sicile au XVIIIe siècle vue par les voyageurs étrangers*, Strasbourg, 1955.

Université des Sciences Sociales de Grenoble, *Piémont et Alpes françaises au milieu du XIXe siècle*, Atti delle giornate franco-italiane di storia (Briançon, 4-5 giugno 1977), Grenoble, 1979. Id., *Savoie, Dauphiné, Piémont. Aspects d'histoire économique et sociale au XIXe siècle*, Atti delle giornate franco-italiane di storia (Grenoble, 19-21 ottobre 1979), Grenoble, 1980.

H. de Vaulchier, *Nodier et Manzoni. Position sur le problème de la langue*, in «Revue des études italiennes», 1, 1981, pp. 69-83.

C. Vidal, *Charles-Albert et le Risorgimento italien, 1831-1848*, Paris, 1927. Id., *Mazzini et les tentatives révolutionnaires de la Jeune Italie dans les Etats sardes, 1832-1834*, Paris, 1927. Id., *Louis-Philippe, Metternich, et la crise italienne de 1831-1832*, Paris, 1931. Id., *Louis-Philippe, Mazzini et la Jeune Italie, 1832-1834*, Paris, 1934. Id., *Gli studi sul Risorgimento in Francia*, in «Rassegna storica del Risorgimento», 1935-1938 (11 fascicoli) e 1953-1955 (3 fascicoli) [cfr. inoltre, *antea*: G. Bourgin e C. Vidal].

Villes et Territoire pendant la période napoléonienne (France et Italie), Atti del Convegno dell'Ecole française di Roma (3-5 maggio 1984), Roma, 1987.

M. Vovelle, Ch. Dhoyen, Ch.-M. Bosséno, *Immagini della libertà. L'Italia in Rivoluzione. 1789-1799*, Roma, 1988.

M. Vovelle (con la collaborazione di D. Le Monnier), *Les Colloques du bicentenaire. Répertoire des rencontres nationales et internationales*, Paris, 1991.

M.H. Weil, *Joachim Murat, roi de Naples. La dernière année du règne (mai 1814-mai 1815)*, Paris, 1909.

J.C. Widman, *Le Déclin et l'abolition de la féodalité dans le Royaume de Naples*, diploma di studi superiori, Toulouse, 1958 (manoscritto).

PIERRE MILZA

DALLA FRANCIA

Prima di entrare nel vivo dell'argomento – cioè la storia dell'Italia contemporanea vista dalla Francia, o più precisamente così come è stata pensata e scritta dagli storici francesi – vorrei fare due osservazioni preliminari.

La prima riguarda lo spazio effettivo che occupa la Francia nella produzione storiografica internazionale sull'argomento medesimo. Almeno fino a una data recente, mi sembra che gli storici tedeschi, britannici e americani, abbiano dedicato all'Italia del XIX e XX secolo una quantità di lavori infinitamente più densa e più strettamente collegata alla storiografia italiana di quanto abbiano fatto gli storici dell'esagono. Tenuto conto della vicinanza delle lingue e delle culture tra i nostri due paesi, sull'argomento sarebbe interessante indagare a fondo, dal momento che esso è rilevatore di una problematica più vasta: quella delle relazioni culturali, nel senso ampio della parola, e delle immagini incrociate dell'Italia e della Francia da, diciamo, centocinquant'anni.

La seconda osservazione si riferisce alla periodizzazione dell'argomento che mi è stato chiesto di trattare. Non parlerò qui di storia «contemporanea» nel senso che gli storici francesi danno a questo aggettivo, applicato, come noto, – è uno degli aspetti del nostro gallocentrismo messianico – al periodo che inizia con la Rivoluzione del 1789. In altre parole tralascerò gran parte del XIX secolo, cioè il periodo del Risorgimento e di formazione dello Stato unitario italiano: periodo che ha per molto tempo costituito il campo di interesse privilegiato, per non dire esclusivo, della storiografia francese e che si trova oggi, quantomeno nell'ambito della storia politica, ampiamente abbandonato. È la storia italiana dalla fine del processo di unificazione (diciamo 1870 per assumere un riferimento di comodo), che tratterà questa esposizione rapida e inevitabilmente incompleta della nostra produzione editoriale e universitaria.

I TERRENI INCOLTI DELLA STORIOGRAFIA D'INIZIO SECOLO

Chi frequenta con assiduità le sale dei cataloghi delle grandi biblioteche francesi specializzate nell'epoca contemporanea[1], riesce, per quanto attiene alla storia dell'Italia postrisorgimentale, a scorrere rapidamente le liste di opere anteriori al 1950. Infatti, malgrado la prossimità geografica, l'importanza degli avvenimenti vissuti in comune e la relativa facilità a penetrare un universo linguistico e culturale che non presenta le stesse difficoltà di altri, gli storici francesi e il loro pubblico hanno per lungo tempo manifestato un disinteresse evidente per la storia contemporanea della penisola. È chiaro che, senza parlare della storia antica e dell'archeologia classica (che, pur situandosi sullo stesso territorio, non costituiscono una storia specificamente «italiana»), i ricercatori e gli autori di storia si sono essenzialmente cimentati su un fronte che va dall'alto Medioevo al Risorgimento, passando dalla storia delle città medievali, al Rinascimento e al periodo «moderno»[2], curandosi poco degli avvenimenti posteriori alla fondazione del Regno d'Italia, salvo quando essi si ricollegavano direttamente alla loro propria storia nazionale.

Le ragioni di questa mancanza di interesse sono note. Esse derivano dal complesso di superiorità che i francesi hanno nutrito – e che un certo numero di loro nutre ancora – nei confronti di un paese di cui ammirano il patrimonio artistico e culturale e di cui apprezzano i «fattori naturali», così come il carattere «gentile» delle popolazioni che vi abitano, ma al quale negano lo stato di autentica potenza[3]. Apparsa tardi nella competizione internazionale, l'Italia vi fa un po' la parte dell'intrusa, e il suo lento emergere nel corso degli ultimi decenni del XIX secolo infastidisce tanto più la Francia, che, fino ad allora, l'aveva considerata una cliente naturale della «Grande Nazione»: l'autoaffermazione dell'Italia come attore autonomo sulla scena europea e il suo riavvicinamento verso le Potenze Centrali per sottrarsi all'influenza francese rimettono in causa un rapporto plurisecolare di dominazione da parte della Francia, nel campo economico, politico e culturale.

Esaminato nell'ottica della produzione storiografica, questo rapporto diseguale, durevolmente intrattenuto dagli abitanti dell'esagono e dalle loro élites, ha fortemente pesato sulla scelta dei periodi studiati o tralasciati, nello stesso modo in cui ha orientato sino all'indomani del secondo conflitto mondiale il discorso dei manuali scolastici[4]. Dal momento che l'Italia postrisorgimentale veniva considerata e studiata, non in funzione della propria storia e della propria cultura, ma in relazione alla storia e alla cultura della sorella latina, i giudizi positivi o negativi, sono stati distribuiti in funzione della maggiore o minore conformità al «modello francese» e le sequenze privilegiate sono state (coscientemente o no) scelte in una prospettiva di valorizzazione dell'influenza esercitata dalla Francia. Oltre al fatto di coincidere con fasi particolarmente dinamiche della nostra storia tradizionale – l'espansione rivoluzionaria, l'epopea napoleonica, il Secondo Impero – i periodi studiati sono quelli durante i quali questa influenza è stata più forte; ovviamente, è il decennio dell'unificazione che ha dato luogo ai lavori più numerosi, essendo l'accento posto non solo sul peso delle armate francesi nella realizzazione dell'Unità italiana, ma anche sul fatto che l'idea unitaria e il sentimento nazionale italiano sono stati ampiamente tributari dell'influenza francese: influenza del giacobinismo al di là delle Alpi, della parola d'ordine della «liberazione» dei popoli oppressi dai «tiranni stranieri», del modello amministrativo napoleonico, ma, anche, più in generale, dell'attrazione ideologica e culturale della Francia del XIX secolo. L'Italia non interessa quindi i francesi se non per ciò che essa dice loro di loro stessi. Il discorso sul Risorgimento e sul processo di unificazione risponde all'idea che essi si fanno dei rapporti «naturali» con la sorella latina, così mantenuta in uno stato di cliente e di protetta. Eppure, è in tutt'altra direzione che si orienta il Regno d'Italia dopo il 1870, e soprattutto dopo la conclusione della Triplice. Avvicinandosi all'imperialismo più lontano – geograficamente e culturalmente – e avversando quello più vicino (discostandosi, cioè, dal modello francese, giudicato inefficace e «decadente», per mettersi sulla scia della Germania), l'Italia dimostra di voler conseguire un peso comparabile a quello delle principali potenze europee: quest'ambizione, da parte di un paese verso il quale si è sempre tenuto un rapporto da dominante a dominato, accentua tra i francesi la tendenza a non interessarsi ad esso, se non in quanto detentore di un'eredità prestigiosa di cui le popolazioni e le élites del periodo postrisorgimentale non sono ritenute degne[5].

Fino a poco tempo fa, la storiografia francese sull'Italia contemporanea ha subito il contraccolpo di questi pregiudizi. Il periodo compreso tra la proclamazione di Roma capitale e l'entrata dell'Italia nel primo conflitto mondiale ha rappresentato quasi un deserto dal quale non emergevano, tra un decennio e l'altro, che rari lavori, prevalentemente opere di sintesi ogni tanto riprese da libri di storici italiani. Certo, esisteva una scuola di grandi italianisti, erede dei Maugain, Mézières, Hazard, Hauvette, Dejob ecc., che s'interessava agli scrittori dell'Italia liberale e, attraverso di loro, alla società da cui essi provenivano[6], ma i loro lavori, peraltro minoritari, non erano considerati veri e propri lavori storici. I pochi nomi del periodo fino all'indomani della seconda guerra mondiale che meritano di essere ricordati non superano di molto la decina: sono quelli di J. de Crozal e Paul Matter, la cui opera è soprattutto orientata alla storia del processo di unificazione[7], di Albert Pingaud e G. André-Fribourg, storici della politica estera dell'Italia liberale[8], di Ernest Lémonon, autore di una delle rare opere di storia economica e sociale dedicata in Francia all'Italia postunitaria[9], di Louis Hautecour, che ha pubblicato nel 1919 una storia del ministero Orlando[10], di Jacques Bainville[11] e soprattutto di Georges Bourgin, al quale si devono diversi lavori sull'Italia contemporanea editi tra le due guerre e il primo «Que sais-je?» sull'Italia pubblicato nelle Presses universitaires de France[12].

1945-1975: I DECENNI PIONIERISTICI

Con Georges Bourgin, ex *chartiste* divenuto nel 1944 direttore degli Archivi Nazionali, si affrontano una fase della storiografia e una categoria di studiosi che, per comune considerazione, segnano l'inizio della vera storiografia scientifica sull'Italia contemporanea. Non perché abbiano loro stessi prodotto molti lavori di prima mano: le opere che essi pubblicano sono essenzialmente delle sintesi destinate a un pubblico di studenti e di *amateurs* «illuminati», ma sono sintesi fondate su ricerche erudite e su lavori di grande autorità scientifica in Italia e altrove. D'altra parte, essi sono in stretto rapporto con la realtà italiana e con l'ambiente storico transalpino: leggono con attenzione le principali riviste pubblicate in Italia e recensiscono nelle riviste omologhe francesi («Revue historique», «Revue d'Histoire moderne et contemporaine» ecc.) alcune delle migliori produzioni della storiografia italiana. Frequentano i grandi convegni della storia del Risorgimento: alcuni perché direttamente interessati alla storia contemporanea della penisola, altri – è il caso per esempio di Charles H. Pouthas, di Maurice Baumont, di Jacques Godechot, di Pierre Renouvin o di Jean-Baptiste Duroselle – perché devono questo privilegio alla propria notorietà di storici o al carattere comparativo dei propri lavori. Si realizza così un ambiente che, lo ripetiamo, produce poco in termini di storia specifica dell'Italia del XIX e XX secolo, ma che si impregna delle problematiche dibattute dall'altro lato delle Alpi, familiarizza con le fonti disponibili e si troverà, quindi, nella posizione di dare impulso, presso le nuove generazioni di storici, a ricerche mirate, che implicano il ricorso agli archivi. Tuttavia resta il fatto che sono ancora opere di sintesi quelle che costituiscono, nel corso degli anni cinquanta-sessanta e fino alla metà del decennio seguente, l'essenziale della produzione storiografica dedicata all'Italia contemporanea. Fino a questa data le rare opere che trattavano di questo argomento erano o agili sintesi, come il «Que sais-je?» di Georges Bourgin, ovvero traduzioni in francese di classici italiani: *L'Italia moderna. Storia degli ultimi 150 anni* (Milano, 1901) di Pietro Orsi, tradotta da H. Bergmann e pubblicata nel 1911[13] e, soprattutto, *Storia d'Italia dal 1871 al 1915* (Bari, 1928) di Benedetto Croce, pubblicata da Payot nel 1929 in una traduzione di Henri Bédarida[14]. E dire che queste opere erano ormai superate e certamente non corrispondevano, la seconda soprattutto, alle attese di un pubblico francese poco abituato al fatto che si mescolassero tra loro filosofia e storia. Il piccolo libro di Federico Chabod, pubblicato nel 1950 a conclusione delle lezioni tenute dallo storico valdostano a l'Institut d'Etudes Politiques de Paris[15], disturbava molto meno le abitudini culturali dei francesi, ma, lanciato sul mercato da un editore giuridico, non ebbe, almeno sembra, che un riscontro limitato.

Invece, senza costituire, propriamente parlando, un *best seller*, l'*Histoire de l'Italie contemporaine* di Maurice Vaussard, pubblicata anch'essa nel 1950 ma per i tipi di Hachette[16], ha occupato per una ventina d'anni un posto eccezionale come opera di riferimento quasi unica per coloro i quali, non avendo accesso alla produzione italiana, desiderassero familiarizzare con i diversi aspetti (economici, sociali, culturali, politici e diplomatici) della storia contemporanea di questo paese, dall'inizio del Risorgimento alla fondazione della Repubblica. Vaussard, italianista di formazione e insegnante in scuole private, ha poi fatto carriera come giornalista specializzato nelle questioni italiane[17]: la sua opera, quindi, è allo stesso tempo quella di un testimone (ha trascorso lunghi periodi di soggiorno in Italia all'epoca del fascismo) e di un dilettante colto e preparato, che ha saputo ben assimilare la storiografia transalpina. Il suo libro manca forse un po' di respiro e di idee generali, soprattutto quando affronta il fascismo e le sue interpretazioni; ma, pur con questi limiti, esso ha avuto il merito di presentare al pubblico francese non specializzato gli elementi di una conoscenza di base fino ad allora scollegata tra opere diverse e non tutte della stessa qualità.

Parimenti dicasi per la produzione di Paul Guichonnet, altro «divulgatore» in Francia della storia dell'Italia contemporanea e anch'egli iniziatore di una generazione di giovani storici alla ricerca di un proprio campo di indagine. A differenza di Vaussard, Guichonnet è di formazione universitaria: un geografo passato alla storia, diventato, a cavallo degli anni cinquanta-sessanta, uno specialista riconosciuto della storia della Savoia e del Risorgimento. Oltre alle opere e ai lavori di prima mano che egli ha dedicato alla propria provincia di origine[18] e all'Unità italiana[19], gli si devono tre piccole sintesi, pubblicate nella collana di «Que sais-je?» e diventate in seguito dei classici (*Histoire de l'Italie, Unité italienne* e *Mussolini et le fascisme* pubblicati rispettivamente nel 1961, 1969 e 1967), e un libro molto più elaborato incentrato sulla storia dell'Italia liberale[20]. Primo tomo di un'opera in più volumi, di cui sfortunatamente non è più uscito il seguito, è la dimostrazione di come in Francia non basti trovare un autore per pubblicare un libro che tratta dell'Italia contemporanea (e questa è una delle cause della debolezza persistente della nostra storiografia): ma è necessario innanzitutto trovare un pubblico, specialmente quando il periodo studiato non è quello del ventennio fascista.

A fianco di queste opere di sintesi, che ebbero, lo ripetiamo, la funzione non trascurabile di assuefare il pubblico francese ai grandi temi della storia italiana, c'è da chiedersi quali siano stati, durante i due o tre decenni che hanno seguito la caduta del fascismo, i campi di analisi o di ricerca che hanno più particolarmente richiamato l'attenzione degli storici dell'esagono: sono poco numerosi e non hanno dato luogo che a una produzione marginale, soprattutto se comparata a quella degli storici italiani e, in minor misura, a quella degli anglosassoni[21].

Nel settore della storia economica dell'Italia liberale, a parte le poche tesi di geografia e di diritto che ad esso si collegano più o meno direttamente, bisogna citare il libro di Bertrand Gille sugli investimenti francesi in Italia: un'opera di prima mano, fondata su un ricco materiale documentario, in particolare sugli archivi di casa Rothschild[22].

Una seconda categoria di studi ha riguardato il nazionalismo e l'imperialismo italiani prima del 1914, analizzati in una prospettiva molto tradizionale e sensibilmente diversa da quella che svilupperà agli inizi degli anni settanta l'americano Richard Webster[23]. Di questo fanno senz'altro parte il libro di Maurice Vaussard, *De Pétrarque à Mussolini*[24], uno studio dall'impianto molto solido sull'evoluzione del sentimento nazionale italiano dal Quattrocento alla guerra d'Etiopia, l'agile sintesi di Jean-Louis Miège, frutto di un insieme di lezioni universitarie fatte alla fine degli anni sessanta[25], e anche due grosse tesi di Stato, entrambe nel campo della storia della colonizzazione francese, ma nelle quali l'Italia è presente continuamente: cosa che ha portato gli autori – e sono stati tra i primi a farlo – a effettuare delle ricerche approfondite negli archivi italiani. Si tratta della tesi di Jean Ganiage sulle origini del protettorato francese in Tunisia[26], nella quale è minuziosamente analizzata la rivalità italo-francese dalla Reggenza alla fine del secolo, e della tesi che André Martel ha elaborato sui confini saharo-tripolitani della Tunisia tra il 1881 e il 1911[27]. Le rivalità coloniali tra le due potenze situate sulle rive del Mediterraneo avevano dato luogo a una letteratura abbondante già all'inizio del secolo[28]: ma si trattava essenzialmente di opere di circostanza, scritte da giornalisti, uomini politici, rappresentanti del mondo degli affari e militari, i quali intervenivano a caldo sugli avvenimenti, forzando per lo più la storia dei vari contenziosi a sostegno delle proprie tesi, al contrario delle due ricerche ora citate, che si fondano su un materiale archivistico ineccepibile.

La terza parte della produzione storiografica francese per questo periodo riguarda l'Italia fascista ed è di gran lunga quella che comporta il maggior numero di titoli. Non c'è di che meravigliarsi; fin dal suo arrivo al potere, il fascismo italiano ha interessato i francesi, sia per condannarlo e combatterlo, o, al contrario, per sottolinearne gli aspetti «positivi», a seconda delle scelte e delle posizioni ideologiche: un cambiamento radicale dunque, rispetto al periodo precedente, durante il quale, come abbiamo detto, l'Italia non richiamava l'interesse del pubblico francese, se non in funzione delle sue preoccupazioni interne e internazionali. Con l'avvento di Mussolini e, soprattutto, con l'instaurazione, a cavallo tra gli anni venti e trenta, di un sistema politico e sociale considerato da molti come meglio rispondente della democrazia liberale alle necessità dei tempi di crisi e di minaccia rivoluzionaria, l'Italia ha cessato di essere tenuta in poco conto sulla scena internazionale. Che faccia paura o che seduca, essa non è più la parente povera dell'Europa: e così diventa oggetto di analisi e di paragone per numerosi osservatori (che fino ad allora si erano poco preoccupati di esaminare la realtà italiana) e, quindi, oggetto di ciò che oggi chiamiamo la storia del tempo presente.

La storiografia del secondo dopoguerra ha ereditato questa inversione di tendenza: ha anche approfittato, se così posso dire (con tutti i difetti che derivano dall'applicare l'impegno politico alla conoscenza storica), del rigetto generale che ha provocato il fascismo dopo il crollo dell'Asse e della mobilitazione che suscita in modo ricorrente ogni ricomparsa apparente del fenomeno. Nella Francia dell'immediato dopoguerra, non c'è nessuno che dica come Croce: «io odio talmente il fascismo che rifiuto di scriverne la storia». Al contrario, per impedire che la «bestia immonda» rinasca dalle proprie ceneri – e si fa un po' presto, talvolta, ad annunciarne la resurrezione –, ci si impegna ad analizzare i meccanismi che ne hanno consentito la nascita. Non bisogna, però, dedurne che la maggior parte delle opere che trattano del «ventennio» (e trattandosi di opere propriamente storiche, non sono comunque innumerevoli) diano del fascismo un'immagine negativa, né che forniscano della sua storia un'interpretazione molto diversa da quelle che ci sono state offerte tra le due guerre. È così per la letteratura storica sul fascismo, come per i manuali di insegnamento della storia negli istituti superiori, pubblicati durante lo stesso periodo[29].

Tenuto conto di quanto accaduto nel passato immediato ci si poteva aspettare, all'indomani della guerra, che il fascismo fosse universalmente considerato come il male assoluto e che affrontarne lo studio desse luogo a un'analisi interpretativa fortemente critica. Invece nulla di tutto questo. Probabilmente gli autori dei libri destinati ai giovani formati dalle scuole della Repubblica, sono unanimi nel condannare il fascismo. Ma questa condanna riveste raramente un carattere globale: ciò che si giudica soprattutto negativamente del fascismo, sono le sue deviazioni, i suoi eccessi e, in misura più accentuata, le conseguenze della sua politica estera.

Una politica estera che nessuno è disposto a riconoscere come la risultante quasi ineluttabile delle scelte interne: anche uno studioso del movimento comunista, come Emile Tersen, si accontenta, su questo punto, di dire che «assai disponibile alla belligeranza, il fascismo non avrebbe tardato a diventare per la pace un temibile pericolo»[30]. Per tutti gli altri, le iniziative internazionali del fascismo sono legate all'impegno personale del duce e non sono affatto considerate come irreversibili, ovvero inerenti al regime.

Gli autori di manuali scolastici sono tanto più portati a simili conclusioni, quanto più l'editoria sembra non voler prendere ancora le distanze in modo radicale da una interpretazione così rassicurante. Si sottraggono a tutto ciò gli storici appartenenti, in diversa misura, al movimento marxista o a una sinistra che ha fatto propria la tesi «radicale» del «fascismo-rivelazione»: Robert Paris, ad esempio, autore di un'opera pubblicata nel 1962 dall'editore progressista François Maspero e dedicata (sulla scia del famoso libro di Angelo Tasca, *Nascita e avvento del fascismo*, edito per la prima volta in versione francese nel 1938) alle origini e all'avvento del fascismo[31], o Max Gallo, al quale si deve, quali che ne siano i limiti (Gallo è storico di professione ma ha scelto di scrivere per il «grande pubblico», in uno stile giornalistico che molto concede al soggettivismo), la prima sintesi un po' consistente del ventennio fascista[32], o, per finire, io stesso nei primi libri che ho pubblicato sul medesimo argomento, in collaborazione con Serge Berstein[33].

Ciò che domina quantitativamente durante questo periodo, che va dalla guerra all'inizio degli anni settanta, sono i libri che tendono se non a fare l'apologia del fascismo e del suo capo, quantomeno a minimizzarne gli aspetti repressivi e totalitari e a considerare che c'è stato un atteggiamento filonazista del fascismo che ne ha modificato i tratti originari ma che non era iscritto, se così posso dire, nel suo patrimonio genetico. Questi libri sono generalmente scritti da storici di destra, per i quali Mussolini ha rappresentato, per un certo periodo, il salvatore dell'ordine europeo e della civiltà occidentale minacciati dal bolscevismo e che si è poi lasciato trascinare dalla follia megalomane del Führer. È la tesi che sviluppa Georges Roux nel suo *Mussolini*[34], André Brissaud nella sua *Tragédie de Vérone*[35] o Paul Gentizon nei suoi *Souvenirs* del duce[36]. Anche ad autori (per lo più storici non universitari) non sospetti di simpatia per il regime mussoliniano interessano gli ultimi anni del fascismo e la fine tragica del suo principale dirigente, che vengono presentati a un pubblico ghiotto di tutto quello che si riferisce alla seconda guerra mondiale e alla fine delle dittature: *Les Derniers jours du fascisme* di Jacques de Launay[37], *La Conjuration du Grand Conseil fasciste contre Mussolini* di Maurice Vaussard[38] e il *Ciano contre Mussolini* di Maxime Mourin[39] fanno parte di questa categoria, nella quale entrano pure numerosi titoli inglesi o americani tradotti in francese.

Nulla di molto scientifico in tutto ciò. Gli autori di queste brevi opere destinate al grande pubblico hanno, nel migliore dei casi, sfogliato alcuni documenti d'archivio e, nel peggiore, hanno plagiato i lavori più seri pubblicati in Italia. La storiografia francese si riduce, così, a un ruolo di diffusione e di volgarizzazione, che certo non è inutile, ma che rimane molto indietro rispetto a ciò che si fa dall'altro lato delle Alpi, e anche in Gran Bretagna o negli Stati Uniti. Per affrontare un terreno autenticamente scientifico, ad essa mancano ancora, oltre agli indispensabili poli istituzionali intorno ai quali organizzare le ricerche, alcuni studiosi che, formatisi nel «serraglio» universitario e avendo frequentato gli archivi italiani, si impegnino seriamente a risvegliare l'ambiente.

PROGRESSI RECENTI E LAVORI IN CORSO

In una quindicina d'anni, all'incirca dalla metà degli anni settanta, il panorama storiografico si è radicalmente modificato, e ciò è avvenuto nel verso giusto. Si osserva infatti un rallentamento della produzione storico-giornalistica, quella in particolare dedicata al duce e agli ultimi anni del fascismo[40], e, al contrario, una crescita della storia scientifica di produzione universitaria, rafforzata dalla discussione di un certo numero di tesi, dall'organizzazione di numerosi convegni inerenti alla storia dell'Italia contemporanea e dalla pubblicazione di opere collettanee su problematiche comuni agli storici francesi e italiani.

Questo progresso è avvenuto in quattro direzioni principali: la storia del fascismo e del regime mussoliniano, la politica estera dell'Italia esaminata in particolare dal punto di vista dei suoi rapporti con la Francia, lo studio a lungo termine dell'emigrazione transalpina e, infine, l'analisi delle forze politiche e religiose prima e dopo il fascismo. In tre casi almeno, l'evoluzione è stata agevolata dall'aiuto di piccole équipes di ricercatori collegate a una o più istituzioni e comprendenti studiosi francesi e italiani.

Forse è il caso di iniziare dalla politica estera, e in particolare dalle relazioni franco-italiane, dal momento che è da qui, mi sembra, che ha preso avvio, intorno alla metà degli anni settanta, il processo di svolta nella storiografia francese. Nel 1974 è stato creato, per iniziativa di Enrico Serra, un Comitato franco-italiano di studi storici, dipendente dai due Ministeri degli affari esteri: è stato presieduto fino al 1988 dai professori Serra e Jean-Baptiste Duroselle, e, a partire da questa data, dal professor Enrico Decleva, dell'Università di Milano, e da me. Fin dall'inizio è stato chiaramente definito l'obiettivo del Comitato, che riunisce permanentemente una dozzina di storici specialisti a vari livelli delle relazioni tra i due paesi, ai quali altri se ne uniscono in occasione dei singoli incontri: si trattava, mediante una serie di convegni annuali – organizzati alternativamente in Italia e in Francia – e di pubblicazioni comuni, di stimolare e di sviluppare la ricerca storica, in una prospettiva più ampia possibile, sui rapporti franco italiani in epoca contemporanea.

Questa iniziativa non era la prima. L'anno precedente si era tenuto a Grenoble, su sollecitazione di Pierre Guillen, un convegno dedicato alle relazioni tra Italia e Francia durante il primo conflitto mondiale: il convegno, che aveva riunito una trentina di storici dei due paesi[41], era servito in qualche modo da modello epistemologico ai lavori del Comitato[42].

Da allora a oggi, gli incontri franco italiani sono proseguiti con grande puntualità e sono serviti da base per una vasta produzione editoriale: otto volumi pubblicati dall'ISPI di Milano e dall'editore Franco Angeli, che riguardano talvolta alcune sequenze temporali della storia delle relazioni franco-italiane nel ventesimo secolo[43], talaltra dei temi «trasversali» come l'emigrazione italiana in Francia[44] o le relazioni culturali[45], le questioni militari e religiose, il Mediterraneo, i nazionalismi e altro ancora. In totale quasi duecento contributi scientifici, opera di specialisti che offrono ai giovani studiosi alla ricerca di un argomento di tesi, un vasto panorama dei percorsi di studio e delle fonti disponibili. Io credo che un'esperienza di questo tipo sia unica in Europa: in Francia in ogni caso, trattandosi dello studio delle relazioni con altri attori della vita internazionale, essa è tuttora senza equivalente.

I lavori relativi alla politica estera dell'Italia e ai suoi rapporti con la Francia non si limitano alle attività del Comitato. Gli storici che lo compongono hanno infatti pubblicato molto su questo argomento in varie riviste scientifiche, italiane e francesi. Si devono in particolare a Pierre Guillen, professore all'Università di Grenoble, decine di articoli riguardanti i rapporti tra Italia e Francia prima e dopo la seconda guerra mondiale. Dal 1977 sono state discusse due tesi di Stato: la prima è quella che io stesso ho dedicato alle relazioni franco-italiane dal 1870 al 1914, esaminate in una prospettiva di storia globale che collega l'economia e la politica ai fenomeni culturali e a quelli istituzionali[46]; l'altra è la tesi di Danile Grange: un lavoro indubbiamente molto importante (di prossima pubblicazione da parte della Ecole française di Roma), che analizza, in modo minuzioso e intellettualmente assai stimolante, l'evoluzione dell'imperialismo italiano nel Mediterraneo prima del 1914 e, al contempo, sottopone a critica serrata la problematica di Richard Webster (contigua al modello interpretativo marxista e discretamente semplificatrice) e l'abuso che si è fatto del termine «pre-fascista» applicato al nazionalismo italiano dell'inizio del secolo.

Infine, tutta una serie di iniziative è stata intrapresa dalla Ecole française di Roma, con particolare riferimento ai rapporti tra politica estera e opinione pubblica. Pur trattandosi di un'operazione internazionale alla quale sono stati associati altri paesi, il fatto che essa sia stata posta sotto il doppio patrocinio della Ecole française di Roma e del Centro per gli studi di politica estera e opinione pubblica dell'Università di Milano, diretto da Brunello Vigezzi, ha determinato, inevitabilmente direi, una posizione centrale dell'Italia e della Francia. Dagli incontri, organizzati a Roma nel 1981, '82 e '83 dalle istituzioni coinvolte, sono stati tratti tre volumi sull'insieme del periodo contemporaneo[47]. Sempre sotto l'egida della Ecole française, ma questa volta con il concorso del Centro di storia dell'Europa del ventesimo secolo della *Fondation nationale des Sciences politiques*, un altro convegno, con la partecipazione di storici dei due paesi, ha avuto luogo a Roma nel 1990 sul tema «De Gaulle e l'Italia»: anche gli atti di questa iniziativa saranno pubblicati prossimamente.

Il secondo campo ampiamente approfondito dalla storiografia francese è quello dell'emigrazione italiana in Francia nel XIX e XX secolo. A ben guardare, anche qui, il tema, più che rapportarsi specificamente alla storia dell'Italia propriamente detta, riguarda un rapporto privilegiato tra due paesi che si affacciano sul Mediterraneo e, nel lungo periodo, esso rientra ampiamente nel campo della storia sociale, politica e culturale della Francia contemporanea. Per molti aspetti, è proprio l'emergere, da una quindicina d'anni, dei problemi posti alla società francese dall'emigrazione dai paesi del Maghreb e dell'Africa Nera e dall'integrazione degli immigrati, con i noti riflessi sulla vita politica interna, che ha destato l'interesse per il cosiddetto «modello italiano» d'integrazione e, di conseguenza, per la storia dell'emigrazione italiana in Francia.

Il terreno era stato preparato da molto tempo dai geografi. Fin dall'inizio degli anni trenta, in un saggio che ha fatto epoca, Georges Mauco aveva studiato, in una prospettiva al tempo stesso demografica ed economica, la presenza straniera in Francia all'apice della seconda ondata migratoria[48]: gli italiani, che costituivano allora il gruppo di gran lunga più numeroso (circa un terzo dell'effettivo degli immigrati), avevano occupato ovviamente un posto privilegiato all'interno della ricerca. Molti altri lavori ne erano seguiti, prima e dopo la guerra, ma la maggior parte di essi prendeva in esame il problema dell'immigrazione italiana in un'ottica regionale[49], in un'ottica, cioè, che rimaneva strettamente quella del geografo: nessuno affrontava il problema di una prospettiva storica.

La vena storiografica si è sviluppata lungo tre direttrici d'interesse, che presero a funzionare pressappoco nello stesso tempo: la storia delle relazioni internazionali, quella dell'emigrazione politica nella Francia del primo dopoguerra e quella di una storia sociale, per più versi collegata alla sociologia. Per quanto riguarda le relazioni internazionali, non posso che rimandare il lettore a ciò che è stato detto prima: il Comitato franco-italiano di studi storici ha dedicato un volume intero alla questione e io stesso sono pervenuto allo studio dell'immigrazione italiana tramite la mia tesi sulle relazioni franco italiane prima del 1914. La storia dell'esilio politico italiano nella Francia del primo dopoguerra deve i propri progressi in parte allo stesso programma di attività[50] e per altra parte a un'iniziativa italiana: quella del centro Gobetti di Torino, ispiratore e organizzatore, con la *Maison des Sciences de l'Homme* e l'Istituto italiano di cultura, di un convegno su «Piero Gobetti e la Francia», che si è tenuto a Parigi nel febbraio 1983[51]. Dopo questo incontro, che ebbe un grande successo, si decise di creare un *Centre d'Etudes et de Documentation sur l'Emigration italienne*: il CEDEI, di cui il presidente Sandro Pertini accettò di essere il primo membro d'onore e che ha potuto sviluppare le proprie attività, lungo questi dieci anni, grazie all'aiuto assicurato dal Ministero degli affari esteri italiano.

Le iniziative degli storici delle relazioni internazionali e quelle del CEDEI – queste ultime focalizzate in un primo tempo sulla storia del «fuoriuscitismo» – si sono incrociate con quelle di alcuni specialisti di storia sociale, i quali, studiando la realtà operaia nell'età contemporanea, hanno anch'essi «incontrato» gli emigranti italiani. Le ricerche più stimolanti sono quelle che hanno preso in esame le comunità italiane della Lorena, analizzate prima da Serge Bonnet[52] e poi da Gerard Noiriel, autore di un saggio di prim'ordine sul rapporto tra immigrazione e proletariato locale a Longwy[53]. Il grande interesse da parte degli studiosi francesi per l'emigrazione italiana contemporanea è dunque il punto dell'incontro realizzatosi ormai da alcuni anni tra queste tre categorie di attività di ricerca. Il CEDEI, in tutto ciò, ha svolto un ruolo importante dal momento che ha scelto di non disertare la storia dell'antifascismo, ma di integrarla in una storia generale dell'emigrazione italiana, collegando l'emigrazione del lavoro a quella degli esiliati politici. Grazie al proprio ruolo di coordinatore delle ricerche, sia in Francia che in Italia, e grazie ai rapporti stretti con altre istituzioni (come la *Fondation nationale des Sciences politiques*, l'Ecole française di Roma, il Comitato franco-italiano di studi storici, l'*Ecole des Hautes études en sciences sociales*, l'*Institut d'Histoire du temps présent* ecc.), il CEDEI ha sviluppato una sinergia che ha consentito alla ricerca sull'argomento di conseguire risultati di notevole rilievo e di vasta portata.

In dieci anni, la produzione storiografica è stata in questo campo particolarmente importante. Oltre ai convegni e alle tavole rotonde riguardanti la storia del «fuoriuscitismo» – *Silvio Trentin e la Francia* nel 1985[54], *Pietro Nenni e la Francia* nel 1987, *Luigi Campolonghi e la Francia* nel 1988[55] – il CEDEI ha organizzato nel 1987 a Parigi un incontro su *L'immigrazione italiana in Francia negli anni '20*, incontro concepito in una prospettiva di storia globale: esso ha apportato un ulteriore specifico contributo alla ricerca di cui avevo assunto la direzione sotto l'egida della Ecole française di Roma[56]. Il CEDEI si è anche associato, con il *Centre d'Histoire de l'Europe du XXe siècle* della FNSP e con l'*Institut d'Histoire du temps présent*, all'impresa che ha portato nell'autunno 1991 a un convegno internazionale a Parigi su *Italiani e spagnoli in Francia dal 1938 al 1946*[57]. Infine il CEDEI pubblica due volte l'anno un bollettino, «La Trace», che è diventato un luogo di incontri, di scambio di informazioni e di dibattiti per tutti coloro che studiano l'immigrazione italiana in Francia. Tra le tesi di dottorato che sono state dedicate a questo argomento, bisogna citare gli studi di Eric Vial sulla LIDU[58], di Laurent Couder sugli immigrati italiani nella regione parigina durante gli anni venti[59], di Loris Castellani sull'esilio comunista italiano alla stessa epoca[60], di Pierre Pasquini (storico e linguista al tempo stesso) sul linguaggio degli emigranti italiani in Provenza[61], e anche il recentissimo lavoro di Gerard Claude sull'immigrazione italiana e spagnola in Provenza dalla metà dell'Ottocento alla vigilia della seconda guerra mondiale[62]. Altri lavori sono in corso di completamento[63].

Un altro importante settore di ricerca è quello che abbiamo avviato, quattro o cinque anni fa, presso l'Ecole française di Roma, in stretta collaborazione con l'Archivio Centrale dello Stato. Si tratta della computerizzazione del casellario politico centrale per tutto ciò che riguarda gli esiliati politici, che, in un qualunque momento del loro percorso fuori della penisola, sono passati dalla Francia: i primi risultati (ottenuti a partire da un sondaggio del 5%, poi da un esame esauriente dei *dossiers* effettuato su una decina di province) hanno permesso alla piccola équipe, animata da Eric Vial e che comprende alcuni dei miei migliori studenti di dottorato, la stesura di una prima mappa dell'emigrazione politica italiana in Francia durante il fascismo, sulla base di una raccolta incrociata di dati relativi ai luoghi di partenza, alla classe sociale di appartenenza, al «colore politico», al percorso migratorio ecc. La ricerca intrapresa permette, in particolare, di circoscrivere meglio la natura di ciò che si è convenuto chiamare, in modo talvolta un po' sommario «emigrazione politica», e di vedere quali legami essa mantenga con la grande emigrazione di massa. Un volume pubblicato dalla Ecole française di Roma, in collaborazione con Mario Serio e l'Archivio Centrale dello Stato, metterà quanto prima i risultati di questa indagine a disposizione di tutti i ricercatori[64].

Il terzo settore di ricerca è quello della storia del movimento e del regime fascisti: e dico settore di *ricerca*, perché è oggi a un livello scientifico e universitario che la storiografia francese si muove su questo argomento. Non è sempre stato così. All'indomani del '68 e fino alla metà del decennio seguente, la storia del fascismo ha subito con forza «l'aria del tempo»: essa tendeva meno all'esame degli archivi e all'esposizione dei fatti, che alle interpretazioni generalizzanti e «demonologiche» (per riprendere l'espressione di De Felice). La moda e l'ideologia dominanti tendevano alla spiegazione, quasi univoca, della lotta di classe e dell'azione del «grande capitale». È il momento in cui l'editore François Maspero pubblica nuovamente l'opera (comunque un po' semplificatrice) di Daniel Guérin[65] e in cui il politologo Poulantzas ne dà una versione (appena meno dogmatica) incentrata anch'essa sul paragone tra fascismo e nazismo[66]. Io stesso, nei libri che pubblicai a quell'epoca e su questo argomento[67], non ho sempre saputo evitare la trappole della reificazione dei concetti e della schematizzazione legata alla chiave di lettura marxista, sia pure d'ispirazione gramsciana.

La svolta si ebbe nella seconda metà degli anni settanta, per effetto del clima di riflusso ideologico e di crisi del marxismo e anche per effetto dell'eco (molto affievolita, bisogna pur dirlo) dei dibattiti che in Italia fecero seguito alla pubblicazione dei testi più provocatori (all'epoca) di Renzo De Felice: dalla *Intervista sul fascismo*[68], ai due volumi della sua monumentale biografia di Mussolini rispettivamente dedicati agli anni del «consenso»[69] e al «totalitarismo all'italiana»[70].

Dopo la lunga deviazione nel campo delle scienze sociali e dopo le interpretazioni «demonologiche», si ritornava così, in qualche modo, all'indirizzo proposto, mezzo secolo prima, da Angelo Tasca: «definire il fascismo è, prima di tutto, scriverne la storia». Un piccolo numero di storici dell'età contemporanea non aveva aspettato la proclamazione di questa rivoluzione epistemologica per «scrivere» la storia del fascismo, o quantomeno per avviare la grande impresa di ricerca e di riflessione che avrebbe caratterizzato gli ultimi quindici anni. Tra quanti si erano impegnati su questa via della ricerca «pesante», fondata su un importante *corpus* archivistico, il primo a dare al proprio lavoro uno sbocco universitario, poi editoriale, è stato Michel Ostenc, autore, prima, di una tesi di Stato sull'educazione in Italia sotto il fascismo, che è stata discussa nel 1977 e pubblicata nel 1980[71], e, successivamente, di uno studio sugli intellettuali italiani e il fascismo[72].

L'accento veniva posto sugli aspetti culturali del fascismo (nel senso lato del termine: includendovi, cioè, sia la cultura delle *élites*, che la cultura di massa), ed è in questa sorta di sottosettore di studio che i ricercatori francesi sono intervenuti prioritariamente, talvolta uscendo un po' fuori (a monte) dal periodo fascista, ma collegandosi pur sempre all'oggetto della propria ricerca. Così è stato, ad esempio, per i lavori di Fanette Roche-Pézard e di Catherine Brice: la prima ha dedicato la propria tesi di Stato, pubblicata nel 1983 dalla Ecole française di Roma, al movimento futurista[73]; la seconda ha discusso nel 1984 presso l'*Institut d'Etudes politiques* di Parigi una tesi di dottorato sulla monumentalità pubblica a Roma dal 1870 al 1921, prendendo il Vittoriano ad esempio delle scelte politiche che guidarono i promotori della ristrutturazione urbanistica della capitale e dimostrando, in altri lavori, come questo monumento alla gloria del «Padre della Patria» venisse poi strumentalizzato dal regime[74].

Sulla cultura fascista propriamente detta, o sulla cultura italiana «sotto il fascismo» – la distinzione ha fatto nascere, come si sa, numerosi dibattiti –, i due settori, che hanno attirato l'attenzione degli storici francesi, sono la cinematografia e le arti figurative. Il primo settore è stato, ed è ancora, il campo di ricerca prioritario di Jean Gili, autore di numerosi libri e saggi dedicati non solo al contenuto ideologico e alla strumentalizzazione da parte del regime della cinematografia italiana del periodo, ma anche agli aspetti economici e sociali del fenomeno e agli uomini che hanno «fatto» il cinema italiano: registi, attori, e pure i «tecnocrati» fascisti, come Luigi Freddi o Etel Monaco[75]. Il secondo settore, quello delle arti figurative, è stato studiato più recentemente in una prospettiva che ha inteso distinguersi dalla storia dell'arte tradizionale, per ricercare come la specificità del fascismo avesse potuto manifestarsi in questo campo, e suscitare allo stesso tempo delle reazioni evidenti, che segnavano i limiti della pratica totalitaria. Questo è stato l'oggetto del convegno tenutosi a Parigi nel maggio del 1988, sotto l'egida del *Centre d'Histoire de l'Europe du XXe siècle* e del *Centre de Recherche sur l'Histoire de l'art contemporain* dell'Università di Parigi-I, sotto il titolo *Totalitarisme et résistance au totalitarisme dans les arts en Italie, Allemagne et France des années 30 à la défaite de l'Axe*: grazie alla partecipazione, soprattutto, di storici francesi e italiani (gli uni specialisti della storia dell'arte, gli altri della storia politica e sociale), il convegno ha costituito una sorta di *première* in questo campo ancora poco studiato dalle due scuole storiografiche[76].

Trattandosi dell'indirizzo del quale stiamo parlando, mi permetterò di includere fra le citazioni Laura Malvano-Bechelloni (benché si tratti di una studiosa italiana e benché abbia pubblicato soprattutto in Italia), la cui tesi su *Fascismo e politica dell'immagine*, che rientra in questa problematica, è stata discussa in Francia nel 1988[77].

Tra gli argomenti studiati dagli storici francesi, oltre alla cultura, troviamo, o meglio ritroviamo la politica estera e l'imperialismo fascisti, a cui si può collegare lo studio delle rappresentazioni offerte dagli altri attori del sistema internazionale. Per quanto concerne la politica mediterranea e africana del regime mussoliniano, due contributi meritano di essere menzionati: la tesi di Stato che Juliette Bessis ha dedicato all'azione del fascismo italiano in Tunisia[78] e la tesi di dottorato che Fabienne Le Houérou ha discusso nel 1984 presso l'*Institut d'Etudes politiques* di Parigi sull'impresa etiopica[79]. Quanto allo studio dell'opinione pubblica francese sull'Italia fascista e delle rappresentazioni che sono state date in Francia della sua politica, esso ha pure prodotto una importante serie di lavori. Oltre a quelli che rientrano nell'attività scientifica del comitato franco-italiano di studi storici dei quali si è già riferito, se ne possono citare altri tre: la tesi di terzo ciclo di Max Gallo sui metodi e i risultati della propaganda fascista (la cui stesura, al pari del suo libro sull'*affaire* etiopica vista da parte francese, risale a un periodo antecedente a quello del quale qui si tratta)[80], la tesi di terzo ciclo di Jean-Luc Pouthier sui cattolici sociali e i democristiani di fronte al fascismo[81] e, infine, il libro che io stesso ho dedicato all'immagine del fascismo italiano diffusa dalla stampa francese tra il 1920 e il 1940[82].

L'ultima serie di lavori sul fascismo e sulla sua «preistoria», è quella che si collega più direttamente alla storia politica e sociale del ventennio. Non sono i lavori più numerosi, ma sono quelli che, forse, interagiscono meglio con la storiografia italiana. Oltre agli studi di Denise Detragiache sulle donne fasciste e sui fasci femminili[83], prenderemo in considerazione due opere di alto livello: la tesi di Didier Musiedlak sull'Università Bocconi, luogo di formazione della nuova classe dirigente italiana prima e durante il fascismo[84], e il saggio di grande originalità metodologica che Marie-Anne Matard ha dedicato alla Sicilia sud-orientale[85]. L'uno e l'altra sono impegnati attualmente in ricerche che si annunciano assai stimolanti e che riguardano, per Musiedlak il Senato all'epoca fascista – luogo di incontro e confronto tra vecchie e nuove élites – e per Marie-Anne Matard il partito nazionale fascista.

Più eterogenea probabilmente è l'ultima categoria di studi sull'Italia contemporanea. Le attribuirò per chiarezza di esposizione un'etichetta di comodo, che è quella delle forze politiche e religiose, ma riconosco che essa non corrisponde perfettamente all'oggetto della classificazione. Tra l'altro la mole dei lavori non è considerevole ed è probabilmente questo il settore di ricerca in cui ci si attende il maggiore impegno nel corso del decennio a venire. Portata dalla corrente postsessantottina, la vena di studi quantitativamente più feconda – quella in cui, insieme, si possono trovare il meglio e il peggio – riguarda Gramsci e il comunismo italiano. Questa vena è stata soprattutto sfruttata dai politologi[86] e dagli specialisti della filosofia politica, ma gli storici non ne sono stati completamente esclusi: è a uno specialista della storia del movimento operaio internazionale, Robert Paris, che è toccato l'immane compito dell'edizione critica in francese delle opere complete di Antonio Gramsci ed è a Marc Lazar, storico dell'età contemporanea e al tempo stesso politologo, che si deve il miglior studio comparativo sui partiti comunisti italiano e francese dopo la fine della seconda guerra mondiale[87]. Quanto ai rapporti tra comunismo e fascismo nella prima metà degli anni venti, è da segnalare la tesi di dottorato elaborata a quattro mani da Daniela Verdura e René Leyral[88].

Infine, pur dedicate ad argomenti molto diversi tra loro, ma che possono tutti ricondursi alla categoria delle forze politiche e religiose e al loro insediamento nella società italiana, quattro tesi recenti, di grande interesse, meritano di essere citate per completare questo panorama (non del tutto privo di lacune) della storiografia francese: quella di Jean-Dominique Durand sul ruolo e l'influenza della chiesa durante il secondo dopoguerra[89], l'ampio saggio sull'anticlericalismo italiano prima del 1914 di Jean-Pierre Viallet[90], il bel lavoro di Gilles Pécout sulla politicizzazione delle campagne toscane[91] e la tesi di Didier Francfort sulla sociabilità politica a Udine alla fine del XIX secolo.

Rileggendo questo testo, per concludere mi chiedo se non sono stato un po' troppo pessimista nelle mie osservazioni preliminari: dopo un lungo periodo di gestazione e di maturazione, caratterizzato, va detto, dalla scarsità e dalla genericità della propria produzione editoriale e universitaria, la storiografia francese sull'Italia contemporanea ha, da quindici anni, cambiato marcia e ha affrontato lo studio di campi di ricerca finora sconosciuti. Nel mio intervento del 1978 per il volume dei *Mélanges de l'Ecole française de Rome*, avevo notato che, solo una decina d'anni prima, si potevano «contare sulle dita delle due mani» gli storici dell'età contemporanea i cui contributi scientifici, in un modo o nell'altro, e talvolta indirettamente, potessero ricollegarsi al tema che stiamo esaminando. In vent'anni, il loro numero è cresciuto di tre o quattro volte, e i lavori sull'Italia contemporanea si sono moltiplicati in misura ancora maggiore. Le due generazioni di storici che dalla metà degli anni settanta hanno completato e discusso una tesi sull'Italia contemporanea, sono oggi inseriti nelle Università francesi e contribuiscono, a loro volta, a formare allievi che ampliano il campo della ricerca e aprono nuove prospettive. Rimane però ancora molto da fare, in particolare per quanto riguarda la storia sociale, la storia della cultura e quella dell'economia[92].

Il compito del direttore di tesi e dell'animatore di équipes di ricerca è tanto più arduo dal momento che la storiografia italiana e i nostri colleghi storici degli altri paesi non rimangono inattivi. Non possiamo che rallegrarci. L'emulazione e la concorrenza, soprattutto quando sono accompagnate da una volontà di cooperazione su scala internazionale (come avviene oggi con il moltiplicarsi di programmi europei), rappresentano sempre una garanzia di arricchimento e di progresso scientifico e intellettuale: sono convinto che il presente volume ne offrirà la conferma.

[1] In particolare la *Bibliothèque de documentation internationale contemporaine* (BDIC) di Nanterre e quella della *Fondation Nationale des Sciences politiques* (FNSP).

[2] Cfr. J. Gili, *Etat des travaux en histoire*, in *Recherches sur l'Italie contemporaine*, «Mélanges dell'Ecole française de Rome», 1980.

[3] P. Milza, *Français et Italiens à la fin du XIXe siècle*, 2 voll., Ecole française de Rome, 1980.

[4] Cfr. Id., *L'Italie dans les manuels français de l'après-guerre*, in J.B. Duroselle - E. Serra (a cura di), *Italia e Francia, 1946-1954*, Milano, 1988, pp. 204-27.

[5] Su questa questione, in particolare sul discorso che si esprime nei racconti di viaggio fino alla prima guerra mondiale, mi permetto di rimandare il lettore alla mia tesi: *Français et Italiens*, cit.

[6] C. Pellegrini, *Les Etudes françaises sur la littérature italienne*, in «Rassegna storica toscana», gennaio-giugno 1967, pp. 5-12.

[7] Cfr.: J. de Crozal, *L'Unité italienne de 1815 à 1870*, Paris, 1898; P. Matter, *Cavour et l'Unité italienne*, 3 voll., Paris, 1922-1927.

[8] A. Pingaud, *L'Italie depuis 1870*, Paris, 1915; G. André-Fribourg, *L'Italie et nous*, Paris, 1947.

[9] E. Lemonon, *L'Italie économique et sociale, 1861-1912*, Paris, 1913.

[10] L. Hautecour, *L'Italie sous le ministère Orlando (1917-1919)*, Paris, 1919.

[11] J. Bainville, *La Guerre et l'Italie*, Paris, 1916.

[12] G. Bourgin, *La Formation de l'Unité italienne*, Paris, 1929; Id., *L'Etat corporatif en Italie*, Paris, 1929; Id., *Histoire de l'Italie*, Paris, PUF, «Que sais-je?».

[13] P. Orsi, *Histoire de l'Italie moderne (1750-1910)*, Paris, 1911.

[14] B. Croce, *Histoire de l'Italie contemporaine, 1871-1915*, Paris, 1929.

[15] F. Chabod, *L'Italie contemporaine*, Paris, 1950 [trad. it.: *L'Italia contemporanea (1918-1948)*, Torino, 1961].

[16] M. Vaussard, *Histoire de l'Italie contemporaine, 1870-1946*, Paris, 1950.

[17] In particolare è stato redattore di «Le Monde».

18 P. Guichonnet, *Le Faucigny en 1848*, Genève, 1949; Id., *La Savoie*, Paris, 1956; Id., *Histoire de la Savoie*, Toulouse, 1973; Id., *La Savoie de 1815 à 1860*, in *Le Centenaire de la Savoie française,* Paris, 1960.

19 Id., *Cavour agronomo e uomo d'affari*, Milano, 1961.

20 Id., *L'Italie. 1, La Monarchie libérale, 1870-1922*, Paris, 1969.

93 21 Bisogna ricordare che, almeno fino alla fine degli anni sessanta, le due sintesi di storia dell'Italia contemporanea più utilizzate nel mondo universitario transalpino erano le traduzioni italiane dei libri di D. Mack Smith (*Storia d'Italia dal 1861 al 1958*, Bari, 1960) e di Ch. Seton-Watson (*Storia d'Italia dal 1870 al 1925*, Bari, 1967).

22 B. Gille, *Les Investissements français en Italie, 1815-1914*, Torino, 1968.

23 Mi riferisco al ben noto saggio di R.A. Webster, *L'Imperialismo industriale italiano. Studio sul prefascismo, 1908-1915*, Torino, 1974.

24 M. Vaussard, *De Pétrarque à Mussolini. Evolution du sentiment national italien*, Paris, 1961.

25 J.L. Miège, *L'Impérialisme colonial italien de 1870 à nos jours*, Paris, 1968.

26 J. Ganiage, *Les Origines du protectorat français en Tunisie, 1861-1881*, Paris, 1959.

27 A. Martel, *Les Confins saharo-tripolitains de la Tunisie, 1881-1911*, 2 voll., Paris, 1965.

28 Citiamo, in particolare: P. Denis, *Italiens de Tunisie*, Paris, 1908; C. Fidel, *Les Intérêts tunisiens en Italie*, Paris, 1911; G. Guyot, *L'Italie devant le problème colonial*, Paris, 1927; E. Lemonon, *La Politique coloniale de l'Italie*, Paris, 1919; H. Leroux, *Ménelik et nous*, Paris, 1925; R. Pinon, *L'Empire de la Méditerranée: l'entente franco-italienne, la question marocaine*, Paris, 1904. L'elenco è ben lontano dall'essere esaustivo.

29 Cfr. Milza, *L'Italie dans les manuels français*, cit., pp. 220-221.

30 E. Tersen, *L'Epoque contemporaine (1848-1939)*, Cours A. Huby, Classe de Philosophie, Paris, 1946, p. 703.

31 R. Paris, *Histoire du fascisme en Italie*, I, *Des origines à la prise du pouvoir*, Paris, 1962. Dello stesso autore si veda anche *Les Origines du fascisme*, Paris, 1968.

32 M. Gallo, *L'Italie de Mussolini. Vingt ans d'ère fasciste*, Paris, 1964 [trad. it.: *Vita di Mussolini,* adattamento per l'edizione italiana di P. Spriano, Bari, 1967].

33 P. Milza - S. Berstein, *L'Italie fasciste*, Paris, 1970 e degli stessi autori, *L'Italie contemporaine. Des nationalistes aux Européens*, Paris, 1972; *Le fascisme italien, 1919-1945*, Paris, 1980 [trad. it.: *Storia del fascismo*, Milano, 1982].

34 G. Roux, *Mussolini*, Paris, 1960.

35 Paris, 1972 [trad. it.: *La tragedia di Verona. Grandi e Ciano contro Mussolini. 1943-1944*, 2 voll., Ginevra, 1973].

36 P. Gentizon, *Souvenirs sur Mussolini*, présentation de J.V. Borghese, Roma, 1958.

37 Paris, 1968.

38 Paris, 1965.

39 Paris, 1960.

40 L'ultima delle opere dedicate al duce è quella di A. Brissaud, *Mussolini*, 2 voll., Paris, 1975-1976.

41 Tra i quali si possono citare i professori Renouvin, Duroselle, Ghisalberti, Valiani, Castronovo, Decleva, Vigezzi, Gadille, Poidevin, Guiral, Guichonnet, Miège, Milza, Kaspe, Mosca, Pedroncini, Petricioli, Soutou e Viallet.

42 Il convegno ha dato pure luogo a una ponderosa pubblicazione: *La France et l'Italie pendant la Première guerre mondiale*, Grenoble, 1976.

43 Cfr. per esempio, *Italia e Francia dal 1919 al 1939*, Milano, 1981; *Italia e Francia, 1946-1954*, Milano, 1988.

44 *L'emigrazione italiana in Francia prima del 1914*, Milano, 1978.

45 *Il vincolo culturale tra Italia e Francia negli anni '30 e '40*, Milano, 1986.

46 P. Milza, *Français et Italiens*, cit.

47 *Opinion publique et politique extérieure*, 3 voll., Ecole française de Rome, 1981-1985.

48 G. Mauco, *Les étrangers en France*, Paris, 1932.

49 Cfr., in particolare la ricerca di A.M. Faidutti-Rudolph, *L'Immigration italienne dans le Sud-Est de la France*, 2 voll., Gap, 1964.

[50] In proposito si rinvia ai lavori di Pierre Guillen, precedentemente ricordati.

[51] Cfr. *Piero Gobetti e la Francia*, Milano, 1985.

[52] Cfr. S. Bonnet, C. Santini, H. Barthelemy, *Les Italiens dans l'arrondissement de Briey*, in «Annales de l'Est», 1962; degli stessi autori: *Appartenance politique et attitude religieuse dans l'emigration italienne en Lorraine sidérurgique*, in «Archives de sociologie des religions», 1962; e S. Bonnet - R. Humbert, *La Ligne rouge des hauts forneaux*, Paris, 1981.

[53] G. Noiriel, *Longwy, immigrés et prolétaires, 1880-1980*, Paris, 1984.

[54] *Silvio Trentin e la Francia*, Venezia, 1991.

[55] *Luigi Campolonghi e la Francia*, Paris, 1989.

[56] Cfr. *Les Italiens en France de 1914 à 1940*, sotto la direzione di P. Milza, Ecole française de Rome, 1986.

[57] *Italiens et Espagnols en France, 1938-1946*, sotto la direzione di P. Milza e D. Peschanski, Paris, 1991.

[58] *La LIDU, 1924-1934. Une Organisation antifasciste en exil*, dottorato dell'EHESS, 2 voll., 1986.

[59] L. Couder, *Les Immigrés italiens dans la région parisienne pendant les années vingt*, tesi di dottorato dell'IEP, 3 voll., Paris, 1987.

[60] O.L. Castellani, *L'Emigration communiste italienne en France, 1921-1928*, tesi di dottorato dell'IEP, 2 voll., Paris, 1988.

[61] P. Pasquini, *Des Parlers à la langue. Etude des effets de l'institution d'une langue nationale sur les parlers*, tesi di dottorato dell'Università di Aix, 3 voll., Marseille, 1991.

[62] G. Claude, *Un Siècle d'immigration italienne et espagnole en Provence, 1850-1940*, tesi di dottorato dell'Università di Aix, Marseille, 1992.

[63] [Mentre la presente rassegna era in corso di stampa è apparso l'ampio volume di P. Milza, *Voyage en Ritalie*, Paris, 1993, un documentato studio sulla cultura e sulle condizioni di vita degli italiani di «seconda generazione» in Francia].

[64] Intanto, si veda l'intervento di E. Vial, *Les Fonds du Casellario politico centrale à l'Archivio Centrale dello Stato*, in *L'Immigration italienne en France dans les années 20*, Paris, 1988, pp. 29-46.

[65] D. Guerin, *Fascisme et grand capital*, Paris, 1969 (nuova edizione dell'opera pubblicata nel 1936 [trad. it.: *Fascismo e grande capitale*, Milano, 1957]).

[66] N. Poulantzas, *Fascisme et dictature. La III Internationale face au fascisme*, Paris, 1970.

[67] Oltre ai titoli citati alla precedente nota 33, cfr.: P. Milza - M. Benteli, *Le fascisme au XXe siècle*, Paris, 1973.

[68] R. De Felice, *Intervista sul fascismo*, a cura di M.A. Ledeen, Bari, 1975.

[69] R. De Felice, *Mussolini*, III, *Il Duce*, I, *Gli anni del consenso (1929-1936)*, Torino, 1974.

[70] Id., II, *Lo Stato totalitario (1936-1940)*, Torino, 1981. Da notare che è solo nel 1988 che sarà pubblicata per le edizioni della *Fondation Nationale des Sciences politiques*, una versione francese della prima parte di quest'opera sotto il titolo: *Le Fascisme, un totalitarisme à l'italienne?*

[71] M. Ostenc, *L'éducation en Italie pendant le fascisme*, Paris, 1980 [trad. it.: *La scuola italiana durante il fascismo*, Roma-Bari, 1985].

[72] Id., *Intellectuels italiens et fascisme, 1915-1929*, Ecole française de Rome, 1983 [trad. it.: *Intellettuali e fascismo in Italia (1915-1929)*, Ravenna, 1989].

[73] F. Roche-Pezard, *L'Aventure futuriste, 1909-1916*, Ecole française de Rome, 1983.

[74] C. Brice, *Le Monument dans tous ses états. Monumentalité publique et politique à Rome, 1870-1921*, 2 voll., Paris, 1984.

[75] Non posso citare qui tutti i lavori di Gili; mi limito pertanto a: *Stato fascista e cinematografia. Repressione e promozione*, Roma, 1981; *L'Italie de Mussolini et son cinéma*, Paris, 1985; *Le Cinéma italien à l'ombre des faisceaux*, Perpignan, 1990.

[76] *Art et fascisme*, sotto la direzione di P. Milza e F. Roche-Pézard, Bruxelles, 1989.

[77] L. Malvano-Bechelloni, *Fascismo e politica dell'immagine*, Torino, 1988.

[78] J. Bessis, *La Méditerranée fasciste*, Paris, 1982.

[79] F. Le Houérou, *L'Aventure fasciste en Ethiopie*, tesi di dottorato dell'IEP, 2 voll., Paris, 1984.

[80] Cfr. M. Gallo, *Contribution à l'étude des méthodes et des résultats de la propagande fasciste dans l'immédiat avant guerre (1930-1940)*, tesi di terzo ciclo, Nizza, 1968 (Max Gallo ha presentato le principali conclusioni della propria tesi in: *Cinquième Colonne: 1930-1940*, Paris, 1970); Id., *L'Affaire d'Ethiopie aux origines de la guerre mondiale*, Paris, 1967.

[81] J.L. Pouthier, *Les catholiques sociaux et les démocrates-chrétiens devant l'Italie fasciste, 1922-1935*, tesi di terzo ciclo dell'IEP, Paris, 1981.

[82] P. Milza, *Le fascisme italien et la presse française, 1920-1940*, Bruxelles, 1987: riedizione dell'opera pubblicata dalle edizioni A. Colin nel 1967, sotto il titolo *L'Italie fasciste devant l'opinion française, 1920-1940.*

[83] Cfr., in particolare, il suo contributo all'opera diretta da Rita Thalman, *Femmes et fascismes*, Paris, 1986, e il suo articolo nel numero speciale che la «Revue d'Histoire moderne et contemporaine» ha dedicato nel 1983 all'Italia contemporanea: *Le fascisme féminin de San Sepolcro à l'affaire Matteotti, 1919-1925*, in «RHMC», 3, 1983, pp. 366-400.

[84] D. Musiedlak, *Université privée et formation de la classe dirigeante: l'exemple de l'Université L. Bocconi de Milan. 1902-1925*, Ecole française de Rome, 1990.

[85] M.A. Matard, *La Sicile Sud-orientale. De l'avènement du fascisme au débarquement allié, 1920-1943*, tesi di dottorato dell'IEP, 3 voll., Paris, 1990.

[86] Mi riferisco, in particolare, ai numerosi lavori di Hugues Portelli su Gramsci, sul PCI, sul sindacalismo italiano ecc. Benché si tratti dell'opera di un giurista più che di un politologo, bisogna anche citare il libro di T. Godechot sulla DC: T. Godechot, *Le Parti démocrate-chrétien italien*, Paris, 1964.

[87] M. Lazar, *Maison Rouge. Les partis communistes français et italien de la Libération à nos jours*, Paris, 1992.

[88] D. Verdura-Rechenman - R. Leyral, *Les Communistes et le fascisme italien, 1919-1926. Introduction à une lecture politique de Gramsci*, tesi di dottorato dell'IEP, 2 voll., Paris, 1984.

[89] J.D. Durand, *L'Eglise dans la crise italienne, 1943-1948*, Ecole française de Rome, 1991.

[90] J.P. Viallet, *L'anticléricalisme en Italie (1867-1914)*, tesi di Stato, Università di Parigi X, 8 voll., Nanterre, 1991. In corso di pubblicazione presso l'Ecole française di Roma.

[91] G. Pécout, *L'Entrée en politique des campagnes toscanes de l'Unité au début du XXe siècle*, tesi di dottorato dell'IEP, 3 voll., Paris, 1991. In corso di pubblicazione presso l'Ecole française di Roma.

[92] In quest'ultimo settore è già stato dato avvio a un consistente numero di lavori. Cfr., in particolare, gli studi di Michèle Merger sulle Ferrovie dello Stato in Italia alla fine del secolo XIX.

WOLFGANG SCHIEDER

DALLA GERMANIA

I.

L'interesse per l'Italia da parte tedesca ha sempre rivestito un carattere sostanzialmente retrospettivo. I grandi viaggiatori del XIX secolo, profondi conoscitori della cultura italiana, da Goethe in poi hanno dimostrato infatti un notevole interesse per l'antichità o per il Rinascimento, restando al contempo insensibili nei confronti della realtà loro contemporanea. Sulle loro tracce si sono mossi in seguito, nel XX secolo, milioni di turisti tedeschi, i quali, al di là della ovvietà vacanziera, hanno dimostrato e continuano a dimostrare un ampio interesse più per l'imponente passato che il per il presente altrettanto palese.

Molto più sottesi nella conoscenza generale tedesca, si attestano invece i ricordi riconducibili a esperienze collettive comuni in occasione delle due guerre mondiali. In ambedue i casi ebbe a trattarsi di alleanze – la Triplice e l'Asse – dissolte in seguito agli eventi bellici. Sia nel 1915 che nel 1943 il governo italiano riportò la denuncia dei patti alla loro inosservanza da parte dell'alleato tedesco, cioè alla mancata interpellanza circa l'entrata in guerra. Per contro, la propaganda bellica tedesca si premurò, già nel 1915, di proclamare il tradimento da parte dell'alleato italiano. Anche agli inizi dell'epoca di Weimar l'Italia fu bollata come la terra dei traditori. L'avvento di Hitler cancellò provvisoriamente questo pregiudizio. Fu ironia del destino che l'interesse tedesco verso l'Italia raggiungesse proprio durante il terzo Reich il massimo della intensità, per poi diminuire improvvisamente nel 1943.

Tale opinione, ovviamente distorta e tuttavia nel secondo dopoguerra di nuovo profondamente radicata nella coscienza tedesca[1], non poteva fornire validi presupposti per un ampio e approfondito studio della storia italiana contemporanea[2].

Dovettero trascorrere infatti due decenni prima che, negli anni sessanta, nella Repubblica Federale, alcuni storici iniziassero a trattare temi riguardanti in modo specifico l'Italia contemporanea: si trattava, precisamente, dello studioso di origine Svizzera Rudolf von Albertini, ordinario a Heidelberg, dell'americano Edgar R. Rosen, docente a Brunswick, e, infine, di Theodor Schieder, il primo storico tedesco che già nel 1940 aveva pubblicato un lavoro sull'Italia nell'epoca fascista[3].

Mentre costoro diventarono gli antesignani della storiografia tedesca dedicata all'Italia contemporanea, la Repubblica Democratica tedesca non produsse, nel periodo della propria esistenza, nessuno studio in merito degno di essere menzionato[4].

Queste singole iniziative non significarono comunque una vasta e soprattutto continuata attività di ricerca sulla realtà dell'Italia contemporanea: fino agli anni ottanta tale indirizzo storiografico ebbe bisogno infatti di ripetuti incentivi, ovvero sproni di carattere istituzionale, finché leve più recenti di studiosi tedeschi cominciarono finalmente a occuparsi con coerente continuità dell'argomento. Al contrario di quanto verificatosi, ad esempio, per la storia francese, britannica e addirittura americana, l'Italia non poteva, se non altro per motivi linguistici, non attestarsi su una prospettiva più lontana o, per lo meno, più differenziata.

Ciò non toglie che la Germania possa allo stesso tempo contare su un numero assai cospicuo, difficilmente rilevabile altrove, di istituti e di associazioni interessati alla storia italiana contemporanea, ovvero alla storia italiana in generale. La più illustre di tali istituzioni è costituita senza dubbio dal *Deutsches Historisches Institut* di Roma, operante già dal 1888, il quale – unitamente al *Deutsches Archäologisches Institut* di Roma e al *Kunsthistorisches Institut* di Firenze e di Roma nella Villa Hertziana – deve la propria fondazione all'attenzione da sempre portata da parte tedesca per la cultura e la storia italiana[5]. Interessato inizialmente al Medioevo e al primo Evo Moderno, nel 1965 il *Deutsches Historisches Institut* estese il proprio raggio di attività in direzione della storia contemporanea finché, nel 1972, sotto la guida di Reinhard Elze, essa venne assunta a preciso campo di indagine, validamente promosso anche dall'attuale direttore Arnold Esch[6].

Il Gruppo di studio per la storia italiana contemporanea (*Arbeits-*

gemeinschaft für die neueste Geschichte Italiens) – nato nel 1974 dalla felice collaborazione tra il vicedirettore del *Deutsches Historisches Institut* e la mia persona – costituisce attualmente, con circa 250 soci attivi, un valido punto di riferimento scientifico per molti studiosi di storia italiana contemporanea operanti al di fuori dell'Italia. Da allora il Gruppo di studio ha organizzato, in collaborazione con il *Deutsches Historisches Institut*, nove convegni vertenti sulla storia contemporanea italiana dalla fine del secolo XIX fino all'epoca attuale[7] e le sue due pubblicazioni, curate da Jens Petersen, – e precisamente le «Informazioni bibliografiche sulla Storia d'Italia nel XIX e XX secolo» (apparsa finora in 74 numeri) e «Storia e critica. La storia contemporanea italiana vista dalla stampa settimanale e mensile» (apparsa finora in 56 numeri) – si sono rilevate non solo in Germania ma anche in Italia, un valido e, per taluni aspetti, indispensabile strumento di verifica e di indagine[8].

In epoca di poco precedente, fra il 1953 ed il 1959, l'*Internationales Schulbuchinstitut* di Brunswick aveva a sua volta organizzato cinque convegni con la partecipazione di storici tedeschi, ai quali si deve il primo inventario reciproco della produzione storiografica nel periodo postfascista[9]. A partire dagli anni sessanta l'Istituto si è fatto promotore di una ricerca estesa anche all'epoca contemporanea: nel 1964 ebbe luogo infatti un convengo italo-tedesco su *Fascismo e Nazionalsocialismo*, integrato alla fine del 1977 da un altro, *Dalla dittatura alla democrazia. Germania e Italia dopo il 1943*, incentrato soprattutto sull'opera di Adenauer e di De Gasperi[10].

Il terzo istituto storico distintosi in Germania per aver sollecitato attività di ricerca sulla realtà contemporanea italiana è l'*Institut für Zeitgeschichte* di Monaco di Baviera. Precipuo impegno dell'allora suo direttore Martin Broszat fu infatti di infrangere l'autolimitazione nazionale, assegnando in tale modo all'Istituto nuove prospettive di ricerca di portata europea. Il rapporto fra totalitarismo e fascismo fu scelto nel 1978 da Broszat a tema di un importante colloquio, integrato nel 1982 da un approfondimento dei problemi e degli indirizzi di ricerca riguardanti il fascismo italiano[11].

Di altrettanto rilevante importanza è il *Militärgeschichtliches Forschungsamt* di Friburgo, alcuni collaboratori del quale hanno dedicato una particolare attenzione allo studio delle vicende diplomatico-militari dell'Italia nella seconda guerra mondiale[12]. Ulteriori impulsi furono offerti dalle ricerche promosse dalla Fondazione Friedrich Ebert sul movimento operaio e tradottesi in una serie di convegni, indetti a partire dagli anni settanta in collaborazione con l'Istituto Socialista di Studi Storici di Firenze. A questi convegni furono discussi spesso, accanto a temi del XIX secolo, anche problemi di storia contemporanea non legati esclusivamente al movimento operaio[13].

Per la storiografia tedesca in materia, altrettanto degno di menzione si rileva, infine, l'Istituto storico italo-germanico di Trento, il quale, a partire dagli anni ottanta, ha promosso incontri tra contemporaneisti tedeschi e italiani. Nel 1992 ebbe luogo un convegno sul tema *Germania e Italia fra alleanza e occupazione 1943-1945*, organizzato in collaborazione con il *Deutsches Historisches Institut* di Roma e il Gruppo di studio per la storia italiana contemporanea. Tale incontro era stato preceduto nel 1982 da un convegno riguardante la transizione dall'economia di pace in Italia e in Germania nel primo dopoguerra e, nel 1985, da un altro relativo a *Fascismo e nazionalsocialismo*[14]. Una valida diramazione dell'Istituto trentino è costituita in Germania dal *Verein für deutsch-italienische Geschichtsforschung* (Associazione per la ricerca storica italo-tedesca)[15].

L'innegabile molteplicità e l'ampia articolazione di tali istituzioni tedesche, impegnate in un complesso di attività di studio e di ricerca sulla storia dell'Italia contemporanea, rivestono non soltanto un'importanza in sé: la loro esistenza garantisce allo stesso tempo anche la prospettiva futura di tale indirizzo storiografico, attualmente disatteso dalla ricerca universitaria in mancanza di cattedre espressamente preposte.

Ciò non significa, comunque, che in Germania la ricerca riguardante l'Italia contemporanea sia limitata al quadro istituzionale prima descritto[16]. L'impulso più valido è stato, infatti, fornito da un autore attestato per certi versi su posizioni marginali: mi riferisco a Ernst Nolte e alla sua opera *I tre volti del fascismo*, apparsa la prima volta nel 1963, dopo di che seguirono in breve tempo cinque nuove edizioni; ad essa si aggiunsero, poi, tre nuovi lavori sullo stesso tema[17]. Come dettagliatamente esposto più avanti, Nolte non si limita soltanto a un'indagine del fascismo italiano, anche se la figura di Mussolini rappresenta il costante punto di partenza. A Nolte si deve il merito di aver introdotto il problema del fascismo italiano nel dibattito storico sul nazionalsocialismo, allora attestato su posizioni di rigetto: dopo di che l'attenzione della storiografia tedesca non potè più fare a meno di rivolgersi anche alla storia dell'Italia contemporanea. In seguito l'opera di Nolte fu integrata da un'esauriente pubblicazione riguardante la storia italiana fra il 1918 e il 1960[18].

Anche se ben pochi studiosi hanno ripreso l'approccio filosofico alquanto eccentrico di Nolte, rimane comunque innegabile il fatto che già negli anni sessanta la sua opera indusse non pochi giovani storici tedeschi a occuparsi del fascismo italiano. L'osservazione vale soprattutto per Hans-Ulrich Thamer e Wolfgang Wippermann nonché, in maniera indiretta, per Jens Petersen e Klaus-Peter Hoepke: alla loro produzione scientifica si possono aggiungere in un certo senso, pure i miei primi contributi, anche se fin dall'inizio mi ero completamente dissociato sia dall'approccio metodologico che dai criteri valutativi di Nolte[19].

Indubbiamente le ricerche condotte da Nolte sul fascismo non avrebbero suscitato in Germania così grande fermento, se la loro pubblicazione non avesse coinciso con la crisi morale e culturale della fine degli anni sessanta, che indusse la sinistra marxista a promuovere numerosi dibattiti sul passato fascista tedesco. Anche in questo caso, quindi, l'estensione dell'interesse per il fascismo italiano fu determinata dalla discussione sul nazionalsocialismo. Sintomatico si rivela a tale proposito il fatto che fino agli anni ottanta la storiografia tedesca interessata alla storia italiana contemporanea si sia concentrata particolarmente sull'epoca del fascismo fra il 1922 e il 1945, mentre scarsi sono stati gli studi sull'imperialismo italiano e sulla prima guerra mondiale[20]; e a voler prescindere dai lavori di Hartmut Ullrich, ormai maggiormente inserito nella storiografia italiana che in quella tedesca, altrettanto carente ci si presenta il panorama della storia dei partiti italiani prima del 1915[21].

Anche sugli anni dopo il 1945 vi sono ben poche monografie originali da parte tedesca. Su tale materia esistono quasi unicamente i lavori di sintesi, alquanto succinti, eseguiti da Friederike Hausmann, Rudolf Lill e Jens Petersen: soltanto la produzione di quest'ultimo – grazie alla sua impostazione sistematica e all'orientamento storico-sociale – può, a mio parere, considerarsi adeguata[22].

Tenuto conto di ciò, va tuttavia precisato che in Germania i problemi riguardanti la Repubblica italiana interessano maggiormente i politologi che gli storici. Lo scompenso, puntualmente rilevato da Michael Kreile[23], si è fatto sentire in misura più forte durante gli anni settanta, per poi ricomporsi sostanzialmente in seguito: inoltre, mentre a suo tempo l'indagine di Klaus von Beyme sul sistema politico italiano rappresentava un punto di riferimento pressoché unico, l'attuale produzione politologica sull'Italia contemporanea si presenta in maniera notevolmente più articolata[24].

Manca ancora, però, in questo campo uno studio di carattere globale: al suo posto troviamo per lo più indagini particolari, il cui approccio, incentrato soprattutto sulla «cultura politica» italiana, non sempre appare soddisfacente[25]. Un buon lavoro di sintesi generale in lingua tedesca è stato prodotto piuttosto in campo giornalistico da Theodor Wieser e Frederic Spott, con il titolo *Der Fall Italien. Dauerkrise einer schwierigen Demokratie*[26].

Di notevole importanza si rivelano altresì gli studi di scienza della politica interessati alla storia dei partiti e dei sindacati italiani. Anche in questo caso si riscontrano degli scompensi: mentre sulla Democrazia cristiana, sui partiti democratico-liberali e su quello socialista sono stati pubblicati soltanto pochi studi, per il Partito comunista italiano possiamo contare su un numero di contributi relativamente alto[27]. Come si comprende facilmente, tali preferenze sono dettate da motivazioni esulanti dall'interesse scientifico e sono riconducibili soprattutto al particolare risvolto storico assunto dal PCI nel sistema comunista mondiale dopo Togliatti: allorché, infatti, negli anni settanta sembrò costituirsi un *eurocomunismo* in grado di rappresentare un'alternativa al comunismo sovietico, l'interesse da parte tedesca per il PCI si accrebbe grandemente rispetto al passato. Anche se numerose analisi politologiche dell'eurocomunismo italiano difettano dell'approfondimento storico appropriato, esse consentono comunque un'adeguata valutazione del problema e, in particolare, del PCI[28].

Ancora in questo campo sono da segnalare il valido contributo offerto da Helmut König sulla storia del PSI all'epoca della fondazione dell'Internazionale Comunista[29] e uno studio, di più recente produzione, sulla politica internazionale dei comunisti italiani[30].

Analogo a quello relativo ai partiti politici, è il quadro delle ricerche riguardanti la storia dell'associazionismo. La cospicua serie di approfonditi studi sui sindacati non trova riscontro per quanto si riferisce agli imprenditori[31].

I problemi del Mezzogiorno hanno da sempre destato l'interesse degli studiosi tedeschi di scienze sociali[32] e negli ultimi tempi sono andate aumentando le indagini riguardanti anche altri problemi socio-strutturali[33].

Possiamo dire, infine, che i politologi tedeschi sono complessivamente presenti in maniera più consistente in quei settori della storia contemporanea italiana, nei quali i loro connazionali storici non hanno ancora conseguito risultati dai connotati segnatamente scientifici. Tale situazione non va tuttavia intesa come un fenomeno concorrenziale, dato che le due discipline non possono facilmente distinguersi l'una dall'altra con un tratto netto. Piuttosto, è forse più appropriato parlare di una specie di divisione del lavoro per settori cronologici, in grado, comunque, di accrescere l'interesse per la realtà storica italiana: esemplificando, l'interesse di studio e di ricerca delle scienze politiche tedesche si appunta prevalentemente sull'Italia democratica e repubblicana a partire dal 1945, mentre lo studio dell'epoca fascista rientra per lo più nella competenza della storiografia. Tale scansione finisce, pertanto, per giustificare anche l'intento della presente relazione di limitarsi sostanzialmente a una presentazione dei risultati ottenuti dalla storiografia sull'Italia fascista.

II.

Prescindendo dall'apporto austriaco, e benché tale dato non sia sempre avvertibile in ogni singola indagine, la ricerca storica tedesca sul fascismo italiano è contraddistinta da uno specifico interesse di carattere cognitivo sostanzialmente diverso da quanto avviene in altri paesi. Nell'ottica della storiografia tedesca il fascismo italiano non rappresenta, infatti, un oggetto di interesse storico qualsiasi: la ricerca va bensì ricondotta essenzialmente alla discussione sul nazionalsocialismo. E dal momento che *tua res agitur*, tale coinvolgimento, ancorché indiretto, implica determinate conseguenze di carattere metodologico che portano a incentrare la ricerca su di un approccio teso a un confronto storico. In altre parole: l'interesse tedesco per il fascismo italiano non deriva tanto dal fenomeno in sé, quanto dalla convinzione che da esso possano essere desunti dati e aspetti in grado di agevolare la comprensione storica del nazionalsocialismo.

Tale prospettiva di ricerca comporta ovviamente lo svantaggio di applicare molto frequentemente alla storia italiana ipotesi storiografiche tipicamente legate alla storia tedesca e, quindi, anche al dibattito ad essa relativo. Allo stesso tempo, però, l'approccio comparato possiede il vantaggio di poter rendere più trasparenti determinate peculiarità del fascismo italiano, dato che proprio il raffronto può garantire la distanza critica in grado di valutare in maniera storicamente adeguata le caratteristiche proprie di un regime quale fu il fascismo italiano. Uno studio del fascismo condotto in ambito strettamente nazionale, come viene praticato attualmente in Italia, soggiace infatti troppo facilmente a condizionamenti politici e culturali.

L'orientamento comparatistico della storiografia tedesca è ben presente nelle indagini sulla politica estera del fascismo, anche se gli studi riguardanti specificatamente la storia dei rapporti italo-tedeschi fra il 1922 e il 1945 non sono, poi, tanto numerosi. A tale proposito si possono indicare i lavori, non più recenti, di Ferdinand Siebert sull'entrata dell'Italia nella seconda guerra mondiale (apparsi nel 1959 e nel 1962) e quello di Josef Schröder sull'uscita dalla guerra dell'Italia (pubblicato nel 1969)[34]. In generale la ricerca riguardante la politica estera fascista risulta per lo più incentrata sulla questione se (e fino a qual punto) fra fascismo e nazionalsocialismo siano esistiti rapporti politici peculiari, difficilmente inseribili, cioè, in un'ottica storico-diplomatica convenzionale. L'osservazione vale già per il periodo della repubblica di Weimar (1918-1933), durante il quale il contenzioso fra Germania e Italia riguardava per lo più la questione altoatesina: benché non manchino i contributi della storiografia tedesca allo studio dell'argomento[35], mi pare comunque significativo il fatto che essa si sia interessata soprattutto ai presupposti ideologici delle posizioni assunte in merito da parte italiana[36].

Oggetto di accesa discussione vennero a costituire in Germania le controversie nei confronti del fascismo italiano indette dai contemporanei. Così è stato, innanzitutto, per la critica antifascista avanzata da comunisti, socialisti e socialdemocratici: oggi sappiamo finalmente come proprio la sinistra tedesca avesse, fin dagli inizi, criticato aspramente il regime di Mussolini. Al contempo numerose pubblicazioni della sinistra sulla dottrina del fascismo stanno a dimostrare come la disponibilità intrinseca del modello fascista a essere trasposto fosse, da parte della sinistra medesima, completamente ignorata: la fede marxista nella costante storicità della lotta di classe non poteva infatti ammettere la propria debolezza politica nei confronti di un movimento inequivocabilmente controrivoluzionario[37].

Sempre su questo periodo, malgrado il sussistere di lacune nel campo delle ricerche riguardanti il Centro, i partiti liberal-borghesi e la destra, alcuni contributi ci sembrano degni di menzione: oltre al notevole studio di Klaus-Peter Hoepke sull'accettazione del fascismo da parte della destra tedesca apparso nel 1968, ulteriori indagini sono state condotte da Karl-Egon Lönne, Jens Petersen, Jutta Bohn e da altri a proposito della recezione del fascismo in Germania[38]. E benché, come ho detto, non pochi aspetti rimangano ancora da approfondire, è possibile tuttavia rilevare come durante la fase finale della repubblica di Weimar esistesse in Germania un clima diffusamente filofascista, contro il quale la critica promossa dalle sinistre si rivelava pressoché inefficace. Tale ideologizzazione del fascismo costituì in seguito un importante presupposto politico per l'ascesa al potere di Hitler.

In maniera assai più incisiva di quanto si fosse fatto per la repubblica di Weimar, è stato posto anche per il terzo Reich l'interrogativo relativo a fino a qual punto i rapporti italo-tedeschi fossero stati condizionati dai rispettivi interessi nazionali, ovvero da motivazioni ideologiche. Le ricerche condotte da parte italiana, a partire da Mario Toscano fino a Renzo De Felice, hanno sempre sottolineato come la politica estera di Mussolini, soprattutto nei confronti della Germania, si fosse pragmaticamente attenuta ai particolari interessi del paese e che quindi i rapporti intercorsi fra le due nazioni fra il 1933 e il 1945 non fossero mai stati connotati da un comune stile fascista o da altre concordanze ideologiche. Storici tedeschi della diplomazia, come Andreas Hillgruber, hanno ripreso *toto corpore* tale interpretazione, per cui la tesi che la politica estera del nazionalsocialismo sia stata determinata unicamente dal «programma» espansionistico di Hitler poté essere facilmente sostenuta anche in seguito[39].

Benché altrettanto contrario a intravedere univoche affinità fasciste, Manfred Funke ha per contro rilevato nella sua lucida analisi della politica abissina di Hitler, già per il 1935-36, un certo «parallelismo politico»[40]. Ad analoghe conclusioni giunse nel 1973, con vasta adduzione di fonti, anche Jens Petersen nel suo lavoro sulla nascita dell'Asse Roma-Berlino, successivamente tradotto in forma ampliata anche in italiano[41]. Secondo Petersen la politica estera, sia di Hitler che di Mussolini, era connotata da un «comune intento di base»[42]. A suo parere, la politica di Hitler non era, infatti, assolutamente disposta rigidamente secondo un principio programmatico, così come neppure la politica di Mussolini era totalmente dettata da riflessioni pragmatiche: ambedue i dittatori trovavano piuttosto una costante motivazione in una volontà di sviluppo del potere imperialistico che li accomunava. L'alleanza stipulata fra i due nel 1936 non rappresentò, pertanto, il risultato di una politica estera tradizionale tesa al conseguimento di determinati interessi nazionali né una semplice manifestazione ideologica, bensì essa fu il frutto di una particolare e complessa dinamica derivata dall'intrinseco carattere dittatoriale dei due regimi. Anche se il regime nazionalsocialista, nella sua bramosia di dominio e di distruzione, pervenne, al più tardi nel 1939, a una dimensione completamente diversa da quella che era negli intenti del fascismo, nulla muta nel fatto che la politica estera nazionalsocialista all'epoca della stipula dell'Asse fosse strutturata in maniera analoga a quella fascista.

A Jens Petersen spetta inoltre il merito di aver segnalato, già nel 1977, come nella Repubblica Federale tedesca l'antifascismo italiano continuasse a non suscitare alcun interesse: sperando di mutare questo stato di cose scrisse una pregevole introduzione all'edizione tedesca dell'*Intervista sull'antifascismo* di Giorgio Amendola[43]. L'intento non riscosse tuttavia i risultati auspicati: l'*Intervista* di Amendola, di grande importanza per la comprensione della tradizione antifascista in Italia, rimase in Germania pressoché senza eco. A prescindere quindi dal libro di Hubertus Bergwitz sulla repubblica partigiana dell'Ossola, apparso nel 1972, ancora oggi non esistono contributi tedeschi di rilievo sulla Resistenza e sull'antifascismo italiani[44].

Tutto ciò sta a indicare la scarsa considerazione incontrata negli ultimi decenni in Germania dalla storia della cultura e della politica del dopoguerra italiano. Il fatto che nemmeno la storia tedesca contemporanea abbia suscitato nella storiografia italiana un'ampia eco, dimostra quanto si sia divaricato, a partire dal 1945, lo sviluppo delle due società postfasciste. Numerosi problemi, relativi a una valutazione comune della crisi politica e sociale che attualmente investe ambedue i paesi, possono senz'altro rapportarsi a tale decennale negligenza.

Indubbiamente, era doveroso attendersi un maggiore interesse da parte tedesca per i rapporti intercorsi fra la Germania nazionalsocialista e l'Italia fascista fra il 1943 e il 1945: tuttavia, anche in questo caso, per lungo tempo, imperò un sorprendente silenzio.

A prescindere infatti dall'utile bibliografia di Josef Schröder sull'Italia nella seconda guerra mondiale[45], da parte tedesca non possono essere segnalati altri validi contributi riguardanti l'occupazione nazista nell'Italia settentrionale o la storia della Repubblica

Sociale italiana. L'opera antesignana di Enzo Collotti su *L'amministrazione tedesca dell'Italia occupata*, pubblicata trent'anni fa[46], non soltanto rimase senza risposta da parte tedesca, ma neppure trovò alcun riscontro nel relativo dibattito storiografico.

Soltanto negli ultimi tempi è possibile registrare un sostanziale mutamento, grazie soprattutto al lavoro di Gerhard Schreiber, autore di un notevole studio, arricchito da un'ampia documentazione di fonti tedesche e italiane, sugli internati militari italiani nei territori sottoposti alla dominazione tedesca fra il 1943 e il 1945[47]. Schreiber è il primo storico a descrivere il destino di un milione di soldati italiani fatti prigionieri dalle truppe tedesche dopo l'8 settembre 1943: senza remore di sorta egli documenta come decine di migliaia di loro furono uccisi dopo la cattura, oppure ebbero a subire, in qualità di «internati militari», un destino analogo a quello riservato ai prigionieri sovietici. A Schreiber spetta dunque il merito di aver fatto finalmente luce su uno dei capitoli più bui dei rapporti italo-tedeschi.

Sulla struttura e i caratteri dell'occupazione tedesca in Italia fra il 1943 e il 1945 abbiamo ora (finalmente) il fondamentale volume di Lutz Klinkhammer[48]: si tratta di un'analisi dettagliata e rigorosa, basata su una quantità di fonti ancora più ampia di quella a suo tempo presa in considerazione da Enzo Collotti, che consente di ottenere risultati ancora più ragguardevoli. Klinkhammer si avvale del resto di un diverso approccio metodologico: egli dimostra come l'occupazione tedesca, ben lontana dall'essere un sistema monolitico e centralizzato, costituisca piuttosto una disordinata compagine di autorità militari e civili, intente, il più delle volte, a ostacolarsi l'un l'altra. L'autore parla, pertanto, di dominazione policratica, documentando come proprio le forze di occupazione tedesche in Italia rappresentassero un classico esempio del caos burocratico-amministrativo nazionalsocialista. Da questi rilievi Klinkhammer trae due importanti conclusioni: per la popolazione italiana, e soprattutto per gli italiani perseguitati dai nazisti, le forze di occupazione tedesche facevano capo a una struttura tutt'altro che trasparente e lineare, la quale era solita manifestarsi, per lo più, come l'organo di una dominazione arbitraria e dagli intenti imperscrutabili. Ciò creava una costante situazione di insicurezza, perché a ogni momento si poteva, ad esempio, venire intruppati in un'organizzazione di lavoro coatto oppure arrestati nel corso di una qualsiasi retata. Al contempo le forze di occupazione rinunciavano a controllare campi relativamente ampi di azione, dando adito al realizzarsi di numerose forme di resistenza passiva o di clandestinità: la Resistenza nell'Italia settentrionale non avrebbe potuto svilupparsi in una maniera così efficace se le maglie delle forze di occupazione fossero state più fitte. Il fenomeno, complessivamente compreso nella definizione «guerra di liberazione», necessita pertanto di ulteriori e dettagliati approfondimenti.

Il lavoro di Klinkhammer propone una lettura differente anche del problema del collaborazionismo: secondo tale proposta, i collaborazionisti, o meglio il fenomeno del collaborazionismo italiano si rivela assai più diversificato di quanto prospettato dalla convenzionale storiografia sulla Resistenza. Soprattutto Mussolini, con il suo regime radical-fascista, non rappresentava affatto una marionetta dei nazisti, ma disponeva di certi margini di autonomia, che non di rado utilizzava per mettere i tedeschi in contrasto fra loro. Se è vero che Rudolf Rahn, plenipotenziario di Hitler presso la repubblica di Salò, si premurava di trattenere Mussolini da arbitrarie azioni individuali, è altrettanto vero che egli, contando di favorire gli interessi nazionalsocialisti più attraverso la collaborazione volontaria dei fascisti che attraverso provvedimenti coercitivi applicati ad esempio dai rappresentanti di Sauckel e di Speer, non poteva fare a meno di concedere al duce una certa libertà di azione. Secondo Klinkhammer le responsabilità di Mussolini e del suo regime, anche per quanto concerne la persecuzione degli ebrei, sono da considerarsi notevolmente più elevate di quanto finora sia stato generalmente valutato dalla storiografia italiana.

Particolare attenzione è stata dedicata negli ultimi tempi dalla storiografia tedesca anche all'altra parte dell'Italia, vale a dire ai territori che all'epoca costituivano il cosiddetto Regno del Sud: muovendo da un'angolazione di ricerca assolutamente originale Edgar Rosen offre dei comportamenti di Vittorio Emanuele III e dell'azione del governo nell'Italia liberata nei confronti degli alleati un quadro complessivamente più dignitoso di quello prodotto in genere dalla storiografia italiana[49]. L'argomento è stato poi ripreso nel volume miscellaneo, curato da Hans Woller, sui rapporti fra l'Italia e le grandi potenze fra il 1943 e il 1949[50]: basato soprattutto su contributi di autori italiani, vi è studiato lo sviluppo di tali rapporti fino all'ingresso dell'Italia nella NATO.

Di portata ancora più notevole si rivela, a questo proposito, il lavoro che lo stesso Woller ha successivamente curato in collaborazione con Klaus-Dieter Henke e che riguarda le epurazioni politiche avvenute in Europa nel secondo dopoguerra: l'intento è quello di analizzare e valutare la resa dei conti italiana con il fascismo e con il collaborazionismo in un'ottica di comparazione con quant'altro veniva fatto in proposito in Europa[51]. Ne emerge che l'opera di rinnovamento politico, spesso polemicamente definita una «epurazione mancata», acquista un valore decisamente nuovo. Woller giudica, infatti, il bilancio delle epurazioni senz'altro positivo e sottolinea i successi e i vantaggi conseguiti da tale politica: un successo innegabile di lunga durata fu la sconfessione ufficiale dell'ideologia fascista, che rappresentò un capitale da cui la democrazia italiana poté ampiamente attingere nei decenni che seguirono.

III.

Per quanto concerne l'Italia contemporanea, oltre al tema delle relazioni diplomatiche con la Germania di Hitler, la storiografia tedesca si è interessata della storia *interna* del fascismo. Benché i contributi in materia non siano stati finora molto numerosi, essi si distinguono in genere grazie a un grado abbastanza alto di riflessione teorica. Inoltre, anche nel loro caso, è possibile osservare come, pur trattando di problemi interni al fascismo italiano, gli autori tedeschi si appiglino, implicitamente o esplicitamente, alla questione riguardante la comparazione tra gli specifici risultati della ricerca e quelli relativi al nazionalsocialismo: il criterio procedurale rappresenta indubbiamente un orientamento del tutto tipico della «fascistologia» tedesca, disposta, appunto, in maniera essenzialmente comparatistica.

Tale impostazione di indagine vale, ad esempio, per la politica economica fascista. Per lungo tempo la storiografia italiana si è mantenuta nei limiti di un dibattito oltremodo riduttivo riguardo al rapporto fra economia e fascismo, soprattutto per quanto concerne l'identità di interessi fra potere politico e potere economico. In un articolo di carattere programmatico, Jens Petersen ha sollevato la questione relativa al rapporto esistente fra intenti modernizzatori e sviluppo economico, facendo il punto sulla dinamica attivata agli inizi dal fascismo, per lo meno in taluni settori dell'economia italiana[52]. Karin Priester, nel 1972, e soprattutto Traute Rafalski, nel 1984, si sono premurate di fornire una risposta nel merito: la prima riscontrando una precisa «razionalità funzionale» sottesa al processo di ricostruzione e di riconversione dell'economia di guerra in economia di pace, la seconda evidenziando l'indiscussa capacità produttiva dell'economia fascista soprattutto durante la crisi del '29[53]. Il lavoro alquanto schematico di Karin Priester riporta soltanto i risultati sommari, senza provvedere a un adeguato approfondimento empirico. Lo studio di Traute Rafalski suggerisce, dal canto suo, di non interpretare il corporativismo fascista quale mera sovrastruttura ideologica, bensì di considerarlo una forma di interventismo economico, così come, d'altronde, viene praticato in molteplici forme a livello internazionale dopo la grande crisi. La politica economica fascista non va più intesa, pertanto, una «parentesi», intervenuta nel corso delle vicende storiche italiane, bensì va considerata una serie di misure, assolutamente inseribili nella tradizione della politica di sviluppo statalista avviata in Italia già all'epoca di Giolitti.

Ciò che Priester e Rafalski avevano empiricamente disatteso, è stato elaborato da Rolf Petri in uno studio ampiamente documentato sulla cosiddetta «frontiera industriale»[54]. Secondo l'autore, a partire dalla legislazione speciale del 1904 e fino alle leggi degli anni cinquanta che portarono all'istituzione della Cassa del Mezzogiorno, in Italia ebbe a delinearsi un'ininterrotta tradizione di interventismo industriale. La politica economica fascista interessata alla costituzione di determinate zone industriali (come ad esempio a Porto Marghera, a Bolzano e a Livorno), trovava riscontro nella tradizione dello Stato nazionale e conobbe, altresì, una continuazione dopo il 1945 nella politica per il Mezzogiorno, dettata dal medesimo spirito dirigistico. A proposito di quest'ultima, Petri parla di «tardo-corporativismo», dal quale risultarono decisamente condizionate le leggi degli anni cinquanta, tanto da definirle «il prodotto di una vera e propria genealogia»[55].

Va, peraltro, sottolineato che l'intento di Petri non è affatto quello di operare in chiave revisionistica, né egli mira minimamente a una rivalutazione storica e morale del regime fascista, tra l'altro di esclusiva pertinenza di una determinata scuola storica in Italia: egli è, piuttosto, impegnato a mettere in evidenza i concetti, i metodi e i programmi propri della strategia interventista e dirigista dello Stato nell'industria, al di là di ogni condizionamento e al di fuori del sistema politico vigente. Il suo finisce così per essere inevitabilmente un contributo, sia pure indiretto, al dibattito storiografico sul tema della «continuità» nella storia d'Italia. Anche per questo motivo non c'è che da auspicare che altrettanto venga fatto riguardo ad altri settori d'intervento della politica economica e sociale del fascismo, quali, ad esempio, l'agricoltura e lo sviluppo demografico[56].

La lettura più esauriente della storia economica dell'Italia tra il XIX e il XX secolo, che sia stata offerta da parte tedesca, è rappresentata sicuramente dai lavori di Peter Hertner. Inizialmente attento soprattutto agli sviluppi storici del sistema bancario e della formazione del capitale finanziario italiano fino al 1914[57], Hertner ha pubblicato recentemente un ampio e valido saggio sull'economia italiana fra il 1915 e il 1980[58]: anch'egli, come Petri, riscontra in tale contesto la continuità della politica economica italiana sottolineando, inoltre, come il fascismo abbia notevolmente contribuito ad acuire il divario economico tra Nord e Sud. La necessità di passare al Sud e di tornare, dopo una breve fase di politica economica liberale, a una prassi di interventismo statale, viene considerata in ogni caso come un retaggio del fascismo.

Passando, a questo punto, ad altri settori di ricerca, non si può non rilevare la mancanza di interesse da parte tedesca per la politica culturale fascista. Fino a poco tempo fa nessun contributo degno di nota era stato fornito infatti a proposito del cinema, dei mass media, dell'architettura e dell'arte figurativa fascista. Le tesi di laurea di Susanne von Falkenhausen, sul futurismo e la politica artistica del fascismo dal 1922 al 1943, e di Margarit Estermann-Juchler, sull'ideologia dell'architettura fascista, sono pertanto da considerarsi eccezioni degne di nota[59]. Di prossima pubblicazione è la dissertazione molto ben documentata e ricca di stimoli interpretativi di Jürgen Charnitzky[60]: diversamente dal prospetto storico della politicizzazione dell'istruzione scolastica in Italia proposto da Michele Borrelli[61], Charnitzky non soltanto fornisce un'esposizione dei programmi didattici adottati in Italia dopo la riforma Gentile, bensì ripercorre anche le non poche difficoltà incontrate nell'applicazione della riforma stessa, la quale, pur concepita sotto l'egida ideologica fascista, è risultata, in definitiva, ancora sostanzialmente legata alla tradizione liberale.

Ulteriore motivo di rammarico è costituito dall'evidente disinteresse che da parte tedesca si dimostra per i problemi italiani di storia della cultura e del progresso scientifico, oggetto invece di maggior attenzione nel caso inverso. Prendendo spunto dalla pubblicazione nel 1955 della corrispondenza fra Benedetto Croce e Karl Voßler, apparvero negli anni sessanta gli studi su Croce di Wolfgang Mager e Karl-Egon Lönne[62] (nel secondo dei quali, per la prima volta, si procede a una tematizzazione dell'antifascismo crociano).

Inoltre, autori italiani di grande autorità e significato, come Federico Chabod o Rosario Romeo, sono presenti in Germania soltanto attraverso la traduzione di alcuni loro scritti[63]. Una indubbia importanza mantengono, comunque, i ripetuti tentativi di far conoscere nell'area linguistica tedesca, almeno per sommi capi, le grandi controversie intervenute nella recente storiografia italiana[64]: in particolare la ponderosa opera di Renzo De Felice, come pure le diverse fasi del dibattito che ne è seguito, hanno conosciuto in Germania un'apprezzabile diffusione[65].

IV.

Già prima dell'ascesa al potere di Hitler e quindi in maniera più pronunciata durante il terzo Reich, si ebbe in Germania un notevole interesse storiografico per la persona di Mussolini, venuto poi meno immediatamente dopo il 1945: non è casuale, dunque, che, fino a oggi, da parte tedesca non sia stata prodotta nessuna biografia scientificamente accettabile del dittatore fascista[66]. La traduzione tedesca dell'agile, ma in diversi punti assai discutibile, biografia scritta da Denis Mack Smith ha conosciuto in Germania un'eco del tutto irrilevante, al punto da essere presto ritirata dal commercio[67]. Del resto, va pure tenuto presente che l'apparizione dei vari volumi della monumentale biografia di Mussolini di Renzo De Felice ha contribuito a ridurre in Germania, come negli altri paesi, la disponibilità da parte di studiosi ed editori a entrare in concorrenza con un'opera di tali dimensioni.

In ambito segnatamente tedesco soltanto Ernst Nolte ha provveduto, mediante la propria analisi comparata del fascismo, a incentrare il caso italiano sulla persona e sull'ideologia di Mussolini: stando alle sue osservazioni, alquanto apodittiche, le fondamenta basilari del fascismo e del nazionalsocialismo sarebbero desumibili «esclusivamente dagli scritti e discorsi di Mussolini e di Hitler»[68]. Per questo motivo Nolte ha ritenuto più che sufficiente, per procedere a un'analisi del fascismo quale fenomeno epocale, ricondurlo senz'altro a una rappresentazione del pensiero dei due dittatori. Pur non trascurando ciò che egli stesso ha giustamente definito l'«immensa dimensione della realtà pratica», Nolte ha creduto di poterla ridurre essenzialmente alla dimensione ideologica: così procedendo, egli è pervenuto a una teoria del fascismo basata unicamente sull'autorappresentazione ideologica che di sé rispettivamente intesero offrire Mussolini e Hitler[69]. Nel nucleo centrale del fascismo, lo studioso tedesco intravede, pertanto, solo un'espressione di «antimarxismo»: una definizione, che ha già in sé l'anticipazione della successiva e fatale mancata considerazione dell'originario antisemitismo del movimento nazionalsocialista.

Sebbene fin dall'inizio sia il procedimento metodologico che la valutazione politica di Nolte abbiano goduto in Germania di ben poco successo, l'approccio comparato della sua impostazione ha incontrato invece un'accoglienza molto positiva: il raffronto storico fra fascismo italiano e nazionalsocialismo tedesco entrò così, grazie a Nolte, a far parte del patrimonio metodologico della storiografia tedesca. Altrettanto degna di rilievo fu la differenziazione, da lui stesso operata, fra «fascismo normale», italiano, e «fascismo radicale», tedesco: una distinzione poi ripresa e sviluppata da Hans-Ulrich Thamer e Wolfgang Wipermann[70]. Negli ultimi tempi il sociologo Maurizio Bach, nell'ambito di un'analisi comparata dei due regimi condotta sul modello della teoria della sovranità di Max Weber, ha ritenuto pienamente motivato contrapporre la dittatura nazionalsocialista, legittimata soltanto da un'impostazione carismatica, alla dittatura fascista, organizzata ancora secondo criteri burocratici[71]: in tal modo, l'origine comune delle due dittature e il loro successivo sviluppo divergente vengono descritti in maniera, insieme, astratta e originale.

Dal punto di vista di chi stende queste note, è stato ritenuto opportuno considerare il fascismo italiano l'«ideal-tipo storico reale», ai cui parametri devono essere rapportati non soltanto il nazionalfascismo, ma anche tutte le altre forme di fascismo[72]. D'altronde, come ben sa chi conosce l'argomento, questo punto di vista corrisponde alla concezione che ne avevano i contemporanei fino all'avvento al potere di Hitler: in tutta l'Europa del tempo, infatti, sia gli avversari che i fautori del fascismo vedevano nel fenomeno italiano l'unico e grande esempio. Soltanto i teorici di estrazione marxista ebbero a misconoscere la novità storica del regime instauratosi in Italia, essendo la loro opinione più o meno distorta dal pregiudizio che il fascismo rappresentasse soltanto una variante terroristica del dominio borghese.

Ora, una volta che si sia accertato che al caso italiano possa ammettersi un significato paradigmatico che travalica i limiti dell'ambito e della storia nazionali, diventa innanzitutto indispensabile definirne le singole specificità. A questo proposito, la storiografia tedesca ha provveduto a individuare tre elementi caratteristici: primo, il profilo sociale tanto dell'élite dirigente, quanto della base di massa del Partito Nazionale Fascista; secondo, il referente sociale del fascismo nell'ambito della società italiana, chiaramente desumibile (fino al 1924) dal comportamento elettorale; terzo, infine, il rapporto esistente fra fascismo ed élites di potere tradizionali. Queste tre componenti strutturali hanno costituito l'oggetto di un saggio di storia comparata pubblicato nel 1976 in Germania in una miscellanea che aveva per tema il fascismo visto come fenomeno sociale[73]: tuttavia, il significativo contributo di Jens Petersen, tradotto anche in italiano[74], non ha incontrato l'attenzione che avrebbe senz'altro meritato.

D'altronde l'idea stessa di un'indagine comparata del fascismo italiano e del nazionalsocialismo tedesco è stata decisamente respinta da Renzo De Felice[75]; e anche la maggior parte delle ricerche dedicate allo studio della «moralità» e dell'ideologia della Resistenza non ha finora, sia pure per altri motivi, preso in seria considerazione tale approccio.

Una così diffusa mancanza di attenzione si rivela del tutto controproducente e contribuisce a inibire qualsiasi forma di dibattito storiografico vantaggioso per le due parti. Infatti, per quanto l'osservazione possa apparire banale, reputo assolutamente fuori discussione che *comparare* debba o possa significare *equiparare*: al contrario, nell'ambito di un confronto storico, soltanto dopo la definizione delle affinità, è possibile procedere a un appropriato rilevamento delle differenze. Ricusare, quindi, *a priori* ogni prospettiva di comparazione significa voler porre dei gravi limiti a un'adeguata interpretazione delle peculiarità storiche del fascismo.

Per quanto riguarda, poi, la proposta metodologica di modelli interpretativi fondati sulla categoria del totalitarismo, come Petersen ha ripetutamente fatto presente, essa ha ottenuto scarso riscontro finora in Italia: prendiamo alcuni tra i più noti lavori sul fascismo (si tratti di quelli di Alberto Aquarone o di quelli di Renzo De Felice, per non citare che due soli esempi) e potremo facilmente accertarci che l'espressione «Stato totalitario» (quando vi compare) si riferisce, solitamente, soltanto al ruolo rivestito da Mussolini. In altre parole: la questione, se e fino a qual punto Mussolini sia stato in grado di realizzare le proprie ambizioni di potere nell'ambito del fascismo, viene prospettata soltanto in maniera astratta e senza che ciò comporti il minimo riferimento al dibattito che sul problema si va svolgendo a livello internazionale.

Tanto e così singolare disinteresse scientifico risulta difficilmente concepibile per la storiografia tedesca: la storia del fascismo in Italia non può infatti esulare da un'opera di serio confronto storico con le altre forme europee di totalitarismo. Ciò non comporta affatto per il regime fascista essere messo, aprioristicamente, sullo stesso piano di quello nazionalsocialista o sovietico; comporta, invece, la possibilità di procedere, mediante un approccio comparato, a una distinzione storica tra il regime di Mussolini e quello di Hitler, in grado di assicurare risultati soddisfacenti e metodologicamente validi. Se, *stricto sensu*, è vero che il regime fascista in Italia non si è realizzato in termini compiutamente «totalitari», è altrettanto vero, però, che, proprio in quanto dittatura, esso era connotato da alcuni tratti totalitari[76]. Ne è la prova evidente l'enorme quantità di provvedimenti repressivi messi in opera e portati «a buon fine» dall'apparato statale: anche se Mussolini, per lo meno tra il 1929 e il 1936, si premurò, non senza successo, di assicurarsi un consenso popolare «di massa», non di meno alla sua gestione e organizzazione del potere restavano costantemente sottesi decisivi elementi di violenza[77].

Giunti a questo punto, per riprendere un po' le sparse fila di quanto finora detto a proposito della comparazione storica e concludere così l'argomento, ribadisco una volta di più che l'approccio comparato è il solo in grado di fornirci alcune importanti e significative conferme: di come il fascismo di Mussolini negli anni venti abbia costituito il grande modello per Hitler, contribuendo così in maniera ben più forte di quanto sia stato finora accertato alla legittimazione della sua politica, ovvero, di come il nazionalsocialismo abbia imboccato una via sostanzialmente e radicalmente diversa, allorché Hitler, a differenza di Mussolini, riuscì a imporre al proprio regime un'impronta totalitaria. Comuni nell'origine, fascismo e nazionalsocialismo, si rivelarono nell'esito finale completamente differenti.

Un altro proficuo settore di indagini sul fascismo è costituito dal razzismo. Dopo gli studi di Renzo De Felice e di Meir Michaelis[78] non dovrebbero sussistere più dubbi sul fatto che, agli inizi, il fascismo fosse ben lontano da qualsiasi forma di antisemitismo: è stato possibile, altresì, accertare che l'Italia fascista, dopo il 1933, divenne una sorta di rifugio (sia pure precario) tanto per gli ebrei perseguitati in Germania, quanto per i cosiddetti «emigrati» del terzo Reich. Tale aspetto della questione è stato messo bene in evidenza da Klaus Voigt già nel primo volume del suo pregevole lavoro, appena uscito anche in Italia[79]: il secondo volume – in cui saranno affrontati i tragici fatti degli internamenti e delle deportazioni durante l'occupazione tedesca in Italia, come pure la liberazione da parte degli alleati – sarà pubblicato tra breve. Grazie all'ampia e accurata documentazione e al rigore e all'equilibrio con cui viene presentata, l'opera completa costituirà senza dubbio uno dei contributi più notevoli della storiografia tedesca sulla drammatica materia. Per parte mia, mi limito a ricordare la proposta a suo tempo da me avanzata[80], di riconoscere che nel fascismo italiano vengono realizzate, soprattutto dopo le leggi razziali del 1938, talune forme di *apartheid* che lo portano a distinguersi – una volta di più, dunque, sul piano della comparazione – dal razzismo così tragicamente distruttivo del nazionalsocialismo: è argomento certamente assai complesso, oltre che drammatico, che richiede, pertanto, nuove ricerche e ulteriori approfondimenti.

Ma sul fascismo italiano, mandato assolto dalle accuse più gravi e aberranti di antisemistismo, può venire a pesare l'imputazione di razzismo, a causa degli atteggiamenti e dei comportamenti assunti verso slavi e africani: per questo, si auspica e si richiede che l'indispensabile ripresa di studi sul razzismo fascista non si limiti, *tout court*, all'antisemitismo.

Al termine di questa sintetica panoramica sui diversi settori della ricerca storica, anche allo scopo di meglio intenderne le ragioni come le carenze e i ritardi, mi pare giusto e opportuno aggiungere che trattare tutti gli aspetti della realtà contemporanea italiana non può essere compito che ricada solo sulla storiografia tedesca, tenuto conto, altresì, dei suoi limiti intrinseci e accademico-istituzionali. Detto altrimenti: l'attenzione prestata dagli storici tedeschi nei confronti del fascismo italiano è dovuta prevalentemente a interessi e obiettivi *propri* (di carattere nazionale, cioè), nella convinzione, più o meno esplicita, della opportunità e validità di una riflessione condotta sui due regimi del passato ai fini di una più piena comprensione del nazionalsocialismo[81]. Non è ovviamente detto che tale prospettiva debba essere condivisa nella stessa maniera e con la stessa intensità da parte italiana. Dico, tuttavia, che anche per la contemporaneistica italiana può essere di grande utilità intensificare i propri contatti con quella tedesca, sì da conseguire i risultati positivi che non potranno mancare, soprattutto, ripeto, nel campo degli studi di storia comparata sul fascismo e sul nazionalsocialismo.

[1] A questo proposito è doveroso menzionare l'impegno critico dell'opera del giornalista Erich Kuby, *Verrat auf deutsch. Wie das Dritte Reich Italien ruinierte*, Hamburg, 1982 [trad. it.: *Il tradimento tedesco*, Milano, 1983], che risulta, peraltro, assai poco convincente sotto altri punti di vista.

[2] Il termine «storia contemporanea» (Zeitgeschichte) viene usato qui e nelle seguenti pagine nella sua accezione tedesca, per indicare cioè il periodo storico che parte dalla prima guerra mondiale, e non secondo il ben più largo significato che esso ha in Italia.

[3] Cfr. R. von Albertini, *Die italienische Widerstandsbewegung*, in «Neue Politische Literatur», 1, 1956, pp. 73-82; Id., *Literatur zur neueren Geschichte Italiens der Jahre 1952 bis 1956*, in «Historische Zeitschrift», 184, 1957, pp. 642-50; E. Rosen, *Der Fascismus und seine Staatsidee. Ein Beitrag zur Geistesgeschichte des neuen Italien*, Berlin, 1933; Id., *Mussolini und Deutschland 1922-1923*, in «Vierteljahrshefte für Zeitgeschichte», 5, 1957, pp. 17-41; Id., *Die deutsche Rechte und das faschistische Italien*, in «Zeitschrift für Politik», 8, 1961, pp. 334-38; T. Schieder, *Faschismus und Imperium*, in M. Seidlmayer (a cura di), *Geschichte des italienischen Volkes und Staates*, Leipzig, 1940, pp. 467-503; Id., *Italien vom ersten zum zweiten Weltkrieg (1915-1945)*, in M. Seidlmayer (a cura di), *Geschichte Italiens. Vom Zusammenbruch des Römischen Reiches bis zum ersten Weltkrieg*, Stuttgart 1962, pp. 447-98.

[4] Solamente i seguenti testi sono degni di nota: E. Leferenz, *Die Analyse des Faschismus durch die Kommunistische Internationale. Die Aufdeckung von Wesen und Funktion des Faschismus während der Vorbereitung und Durchführung des VII. Weltkongresses der Kommunistischen Internationale (1933-35)*, Berlin, 1975; H.R. Baum, *Zur italienischen bürgerlichen Historiographie über den Faschismus*, in «Zeitschrift für Geschichtswissenschaft», 29, 1981, pp. 603-10; meritevole di particolare menzione W. Schumann e altri (a cura di), *Deutschland im Zweiten Weltkrieg*, 3, *Der Grundlegende Umschwung im Kriegsverlauf (November 1942 bis September 1943)*, Berlino, 1982[2], pp. 591-652, (cap. 9 «Die Entwicklung im Mittelmeerraum nach der Landung der westlichen Alliierten in Italien»).

[5] Cfr. in proposito J. Petersen, *Die Arbeit des DHI Rom im Bereich der neuesten Geschichte*, in R. Elze - A. Esch (a cura di), *Deutsches Historisches Institut in Rom 1888-1988*, Tübingen 1990, pp. 211-238. Vittima dei propri pregiudizi si rivela invece Rudolf Lill nell'articolo *Hundert Jahre deutscher Geschichtsforschung in Rom*, in «Zibaldone», 6, 1988, pp. 115-9.

[6] Cfr. le seguenti relazioni sui convegni dell'istituto dedicati a temi di storia contemporanea: W. Schieder, *Italien und Deutschland 1914-15*, in «Quellen und Forschungen aus italienischen Archiven und Bibliotheken», 48, 1968, pp. 244-59; R. Lill, *Neue Forschungen zur italienischen Geschichte des 19. und 20. Jahrhunderts, ibid.*, 50, 1971, pp. 500-12; Id., *Nationalsozialistische und faschistische Außenpolitik. Kolloquium im Deutschen Historischen Institut in Rom*, in «Jahrbuch der historischen Forschung in der Bundesrepublik Deutschland», 1, 1974, pp. 89-92; J. Petersen, *Zum Stand der deutschen Italienforschung im 19. und 20. Jahrhundert. Ein Kolloquium im Deutschen Historischen Institut in Rom*, in «Quellen und Forschungen aus italienischen Archiven und Bibliotheken», 61, 1981, pp. 393-402.

[7] Temi di storia contemporanea furono trattati nei seguenti convegni: «Italien in Übergang von der faschistischen Diktatur zur Republik 1943-1948» (1980); «Das politische System der Republik Italien in historischer Perspektive» (1987); «Deutschland und Italien zwischen Bündnis und Besatzung 1943-1945» (1992).

[8] Entrambe le pubblicazioni vengono inviate, previo pagamento di un contributo per le spese, agli iscritti al Gruppo di studio per la storia contemporanea italiana. Il Gruppo di studio ha sede a Colonia e ci si può mettere in contatto al seguente indirizzo: Arbeitsgemein-

schaft für die neueste Geschichte Italiens, Historisches Seminar, Universität zu Köln, Albertus-Magnus-Platz, D-50923 Köln.

[9] Cfr. *1000 Jahre deutsch-italienischer Beziehungen. Die Ergebnisse der deutsch-italienischen Historikertagungen in Braunschweig* (1953), *Goslar* (1956), *Siena* (1957), *Bamberg* (1958), *und Erice* (1959) [Braunschweig, 1960].

[10] Cfr. *Faschismus-Nationalsozialismus. Ergebnisse und Referate der 6. italienisch-deutschen Historikertagung in Trier*, Braunschweig, 1964; *Von der Diktatur zur Demokratie. Deutschland und Italien in der Epoche nach 1943. Referate der 9. deutsch-italienischen Historikertagung Salerno, 15.-17. Juni 1971*, Branschweig, 1973.

[11] Cfr. *Totalitarismus und Faschismus. Eine wissenschaftliche und politische Begriffskontroverse. Kolloquium im Institut für Zeitgeschichte am 24. November 1978*, München-Wien, 1980; *Der italienische Faschismus. Probleme und Forschungstendenzen*, München-Wien, 1983 (relatori: J. Petersen, S. Romano, R. Vivarelli, A. Lyttelton, W. Schieder).

[12] Cfr. in particolare G. Schreiber, B. Stegemann, D. Vogel, *Der Mittelmeerraum und Südosteuropa. Von der «non belligeranza» Italiens bis zum Kriegseintritt der Vereinigten Staaten*, Stuttgart 1984 (*Das deutsche Reich und der Zweite Weltkrieg*, vol. III); G. Schreiber, *Revisionismus und Weltmachtstreben. Marineführung und deutsch-italienische Beziehungen 1919 bis 1944*, Suttgart 1978; Id., *«Due popoli, una vittoria»? Gli italiani nei Balcani nel giudizio dell'alleato germanico*, in «L'Italia in guerra 1940-43», a cura di B. Micheletti e P. P. Poggio, Brescia, 1992, pp. 95-124; G. Schreiber, *Italiens Teilnahme am Krieg gegen die Sowjetunion. Motive, Fakten und Folgen*, in J. Förster (a cura di), *Stalingrad. Ereignis – Wirkung – Symbol?*, München-Zürich, 1993[2], pp. 150-92; W. Baum - E. Weichold, *Der Krieg der «Achsenmächte» im Mittelmeerraum. Die «Strategie» der Diktatoren*, Göttingen-Zürich-Frankfurt, 1973.

[13] Cfr. in proposito soprattutto gli atti dei seguenti convegni: *La sinistra europea nel secondo dopoguerra 1943-1949*, a cura di M. Petricioli, Firenze, 1981; *Jugendprotest und Generationenkonflikt in Europa im 20. Jahrhundert. Deutschland, England, Frankreich und Italien im Vergleich*, Berlin-Bonn, 1986. Altri contributi di storia contemporanea sono contenuti nei seguenti volumi: *Le sinistre e il governo locale in Europa dalla fine dell'800 alla seconda guerra mondiale*, a cura di M. Degli Innocenti, Pisa, 1984 e *Le imprese cooperative in Europa dalla fine dell'800 alla seconda guerra mondiale*, a cura di M. Degli Innocenti, Pisa, 1986.

[14] Cfr. *La transizione dall'economia di guerra all'economia di pace in Italia e in Germania dopo la prima guerra mondiale*, a cura di P. Hertner e G. Mori, Bologna, 1983; *Fascismo e nazionalsocialismo*, a cura di K.D. Bracher e L. Valiani, Bologna, 1986.

[15] Verein für die deutsche-italienische Geschichtsforschung e. V., Via S. Croce 77, I-38100 Trento. Dopo essere stata guidata da Eberhard Weis (Monaco), l'Associazione è presieduta, a partire dal 1993, dall'autore del presente contributo.

[16] Cfr. anche l'assai utile manuale delle associazioni italo-tedesche: *Manuale Italo-Tedesco, Deutsch-Italienisches Handbuch*, a cura del Deutsch-Italienische Studienzentrum Villa Vigoni, Baden-Baden, 1990.

[17] Cfr. E. Nolte, *Der Faschismus in seiner Epoche. Die Action française, der italienische Faschismus, der Nationalsozialismus*, München, 1963, (1979[5]) [trad. it.: *I tre volti del fascismo*, Milano 1966]; Id., (a cura di), *Theorien über den Faschismus*, Köln-Berlin, 1967; Id., *Die Krise des liberalen Systems und die faschistischen Bewengungen*, München, 1968 [trad. it.: *La crisi dei regimi liberali e i movimenti fascisti*, introduzione di R. De Felice, Bologna, 1970]; Id., *Der Faschismus. Von Mussolini zu Hitler. Texte, Bilder und Dokumente*, München, 1968.

[18] E. Nolte, *Italien vom Ende des I. Weltkrieges bis zum ersten Jahrzehnt in der Republik 1918-1960*, in T. Schieder (a cura di), *Handbuck der europäischen Geschichte*, 7 voll., I, Stuttgart, 1979, pp. 619-50.

[19] Per la mia critica a Nolte, cfr. il mio saggio: *Faschismus und kein Ende?*, in «Neue Politische Literatur», 15, 1970, pp. 168 ss.

[20] Cfr. E. R. Rosen, *Italiens Kriegseintritt im Jahre 1915 als innenpolitisches Problem der Giolitti-Ära*, in «Historische Zeitschrift», 187, 1959, pp. 289-363; Id., *Giovanni Giolitti und die italienische Politik im ersten Weltkrieg*, in «Historische Zeitschrift», 194, 1962, pp. 327-46;

Id., *Giovanni Giolitti, Der Staatsmann und seine Epoche*, in «Quellen und Forschungen aus italienischen Archiven und Bibliotheken», 48, 1968, pp. 260-81; M. Behnen, *Rüstung-Bündnis-Sicherheit. Dreibund und informeller Imperialismus*, Tübingen, 1985; J. Muhr, *Die deutsch-italienischen Beziehungen in der Ära des Ersten Weltkrieges (1914-1922)*, Göttingen, 1977; W. Alff, *Die Associazione nazionalista italiana von 1910*, in «Vierteljahrshefte für Zeitgeschichte», 13, 1965, pp. 33-63, ora anche in Id., *Der Begriff Faschismus und andere Aufsätze zur Zeitgeschichte*, Frankfurt, 1971, pp. 51-95; W. Schieder, *Aspekte des italienischen Imperialismus vor 1914*, in W.J. Mommsen (a cura di), *Der moderne Imperialismus*, Stuttgart, 1971, pp. 140-71; W. Schieder, *Fattori dell'imperialismo italiano prima del 1914-15*, in *L'Italia Giolittiana. La storia e la critica*, a cura di E. Gentile, Roma-Bari, 1977, pp. 236-52.

[21] Cfr. H. Ullrich, *La classe politica nella crisi di partecipazione dell'Italia giolittiana*, 3 voll., Roma, 1979; Id., *Le elezioni del 1913 a Roma. I liberali fra massoneria e Vaticano*, Milano, 1972; Id., *Bürgertum und nationale Bewegung im Italien des Risorgimento*, in O. Dann (a cura di), *Nationalismus und sozialer Wandel*, Hamburg, 1978, pp. 129-56. Cfr., inoltre, R. Wörsdörfer, *Klientel oder Klasse? Arbeiterbewegung und Sozialisten in einer städtischen Gesellschaft Süditaliens. Der Fall Messina (1900-1914)*, Frankfurt, 1988 [trad. it.: *Movimento operaio e socialisti a Messina (1900-1914)*, Roma, 1990].

[22] Cfr. F. Hausmann, *Kleine Geschichte Italiens seit 1943*, Berlin, 1989; R. Lill, *Geschichte Italiens in der Neuzeit*, Darmstadt, 1988[4], pp. 301-426; J. Petersen, *Italien als Republik: 1946-1987*, in M. Seidlmayer (a cura di), *Geschichte Italiens*, cit., Stuttgart, 1989[2], pp. 499-550.

[23] M. Kreile, *Politikwissenschaftliche Italien-Forschung in der Bundersrepublik Deutschland. Stand und Perspektiven*, in «Quellen und Forschungen aus italienischen Archiven und Bibliotheken», 71, 1991, pp. 798-815. Cfr. anche A. Tauschunsky, *Ute Krauss-Leichert, Italien. Bibliographie der deutschsprachigen Monographien und Zeitschriftenartikel 1945-1984*, München, 1985.

[24] K. von Beyme, *Das Politische System Italiens*, Stuttgart, 1970. Della scuola di von Beyme: C. Landfried, *Parteifinanzen und politische Macht. Eine vergleichende Studie zur Bundersrepublik Deutschland, zu Italien und den USA*, Baden-Baden, 1990.

[25] Cfr. P. Fritzsche, *Die politische Kultur Italiens*, Frankfurt-New York, 1987; G. Trautmann, *Italien – eine Gesellschaft mit gespaltener politischer Kultur*, in P. Reichel (a cura di), *Politische Kultur in Westeuropa, Bürger und Staaten in der Europäischen Gemeinschaft*, Bonn, 1984, pp. 220-60; G. Trautmann, *Stabilität durch Wandel. Die politische Kultur und das Parteiensystem Italiens*, in R. Breitling e W. Gellner (a cura di), *Machiavellismus – Parteien und Wahlen. Politische Studien zum 65. Geburtstag von Professor Dr. Erwin Faul*, Gerlingen, 1988, pp. 118-43. Con minori pretese, ma di gran lunga più convincente: J. Petersen, *Italien nach dem Faschismus. Eine Gesellschaft zwischen postnationaler Identität und europäischer Integration*, in «Aus Politik und Zeitgeschichte», 23 settembre 1988, B 39, pp. 12-23.

[26] Th. Wieser - F. Spott, *Der Fall Italien. Dauerkrise einer schwierigen Demokratie*, Frankfurt, 1983.

[27] Cfr. soprattutto il fascicolo dedicato al sistema dei partiti italiani dello «Zeitschrift für Parlamentsfragen», 18, quaderno 4, 1987, con contributi sulla DC (Lill), il PCI (Timmermann), il PSI (Merkel), i liberali (Ullrich) e i sindacati (Kreile); si vedano inoltre: P. Rosenbaum, *Italien 1976. Christdemokraten mit Kommuniste: Eine Einführung in das italienische parteisystem*, Reinbek, 1976; R. Lill, *Zur Geschichte und Politik der Democrazia Cristiana Italiana*, in G.K. Kaltenbrunner (a cura di), *Das Elend der Christdemokratie*, Freiburg, 1977, pp. 122-39; R. Lill - S. Wegener, *Die Democrazia Cristiana Italiens (DC) und die Südtiroler Volkspartei (SVP)*, in *Christdemokratische und konservative Parteien in Westeuropa*, 3, a cura di H. Veen, Paderborn-München-Wien-Zürich, 1991, pp. 17-206; *Konrad Adenauer e Alcide De Gasperi – due esperienze di rifondazione della democrazia*, a cura di U. Corsini e K. Repgen, Bologna, 1974; W. Merkel, *Die Sozialistische Partei Italiens: Zwischen Oppositionssozialismus und Staatspartei*, Bochum, 1985; Id., *Neue Kleider für Italiens Sozialisten*, in «Politische Vierteljahresschrift», 27, 1986, pp. 311-29; H. Timmermann, *Die Sozialistische Partei Italiens im Wandel. Von der «Aktionseinheit» zum «modernen Reformismus»*, in «Beiträge zur Konfliktforschung», 14, 1984, pp. 69-100. Ormai superato, ma all'epoca della sua pubblicazione molto ricco di informazioni, è il volume di P. Rosenbaum, *Neofaschismus in Italien*, Frankfurt, 1975

[trad. it.: *Il nuovo fascismo. Da Salò ad Almirante. Storia del MSI*, introduzione di C. Rossella, Milano, 1975].

[28] Cfr. soprattuto H. König, *Der rote Marsch auf Rom. Entstehung und Ausbreitung des Eurokommunismus*, München, 1978; H. Timmermann (a cura di), *Eurokommunismus. Fakten – Analysen – Interviews*, Frankfurt, 1978; A. Kimmel, *Eurokommunismus. Die kommunistischen Parteien Frankreichs, Italiens, Spaniens und Portugals*, Köln-Wien, 1977; K. Priester, *Hat der Eurokommunismus eine Zukunft? Perspektiven und Grenzen des Systemwechsels in Westeuropa*, München, 1982; H. Richter - G. Trautmann, *Eurokommunismus. Ein dritter Weg für Europa*, Hamburg, 1979. Cfr. inoltre J. Petersen, *Der italienische Kommunismus zwischen Reform und Revolution*, in «Politische Bildung», 12, 1979, pp. 37-57; M. Strübel, *Neue Wege der italienischen Kommunisten. Zur Außen – und Sicherheitspolitik der KPI (1973-1981)*, Baden-Baden, 1982; W. Berner, *Italiens KP zwischen Identitätskrise und «Neubergründung». Nach dem Parteitag von Bologna ein Aufbruch ins Ungewisse*, in «Beiträge zur Konfliktforschung», 20, 1990, pp. 105-28.

[29] H. König, *Lenin und der italienische Sozialismus 1915-1921. Ein Beitrag zur Gründungsgeschichte der Kommunistischen Internationale*, Tübingen, 1967.

[30] B. Schoch, *Die internationale Politik der italienischen Kommunisten*, Frankfurt-New York, 1988.

[31] Fondamentale è il volume di M. Kreile, *Gewerkschaften und Arbeitsbeziehungen in Italien (1968-1982)*, Frankfurt-New York, 1985. Assai importante in questo contesto è l'analisi comparata di L. Raphael, *Partei und Gewerkschaft. Die Gewerkschaftsstrategie der kommunistischen Parteien Frankreichs und Italiens seit 1970*, Münster, 1984; dogmatico è, invece, a mio parere, R. Zoll, *Partizipation oder Delegation. Gewerkschaftliche Betriebspolitik in Italien und in der Bundesrepublik Deutschland*, Frankfurt, 1981.

[32] Cfr. M.R. Lepsius, *Immobilismus: das System der sozialen Stagnation in Süditalien*, in «Jahrbücher für Nationalökonomie und Statistik», 177, 1965, pp. 304-42; H. Hess, *Mafia. Zentrale Herrschaft und lokale Gegenmacht*, Tübingen, 1970 [trad. it.: *Mafia*, prefazione di L. Sciascia, Roma-Bari, 1991 (I ed. 1970)].

[33] A titolo esemplificativo, si vedano: D. von Delhaes-Guenter, *Internationale und nationale Arbeitskräftewanderung: Eine Analyse der süditalienischen Außenmigration*, Saarbrücken, 1984; R. Scharff, *Gegenwartsgesellschaften: Italien*, Stuttgart, 1989.

[34] Cfr. F. Siebert, *Italiens Weg in den Zweiten Weltkrig*, Frankfurt, 1962; Id., *Der deutsch-italienische Stahlpakt*, in «Vierteljahrshefte für Zeitgeschichte», 7, 1959, 372-95; J. Schröder, *Italiens Kriegsaustritt 1943. Die deutschen Gegenmaßnahmen im italienischen Raum: Fall «Alarich» und «Achse»*, Göttingen, 1969. Cfr. anche M. Poulain, *Außenpolitik zwischen Machtpolitik und Dogma. Die deutsch-italienischen Beziehungen von der Jahreswende 1932/33 bis zur Stresa-Konferenz*, tesi di Dottorato, Frankfurt/M., 1974.

[35] Cfr. ad esempio la non del tutto convincente tesi di laurea di V. Torunsky, *Entente der Revisionisten? Mussolini und Stresemann 1922-1929*, Köln, 1981, e anche lo strano volume di U. Corsini e R. Lill, *Südtirol 1918-1946*, [in it.: *Alto Adige 1918-1946*], Bolzano, 1988, nel quale i due autori sembrano voler prendere le distanze l'uno dall'altro. Di maggiore importanza la recente raccolta di saggi curata da R. Lill, *Die Option der Südtiroler im Jahre 1939*, Bolzano, 1991.

[36] Cfr. W. Adler, *Die Minderheitenpolitik des italienischen Faschismus in Südtirol und Aostatal 1922-1929*, tesi di dottorato, Trier, 1978; Id., *L'era Credaro nell'Alto Adige (1919-22). Un primo passo verso il fascismo?*, in «Studi Trentini di Scienze Storiche», 57, 1978, pp. 1-16; G. Framke, *Im Kampf um Südtirol. Ettore Tolomei (1865-1952) und das «Archivio per l'Alto Adige»*, Tübingen, 1987. Cfr. inoltre W. Adler, *La politica del fascismo in Valle d'Aosta*, in «Bollettino storico-bibliografico subalpino», 78, 1980, pp. 223-75.

[37] In proposito, cfr. W. Schieder, *Faschismus*, in *Sowjetsystem und demokratische Gesellschaft. Eine vergleichende Enzyklopädie*, II, Freiburg, 1968, pp. 451-77. Si vedano anche: K.E. Lönne, *Faschismus als Herausforderung. Die Auseinandersetzung der «Roten Fahne» und des «Vorwärts» mit dem italienischen Faschismus 1920-1933*, Köln-Wien, 1981; W. Wippermann, *Zur Analyse des Faschismus. Die sozialistischen und kommunistischen Faschismustheorien 1921-1945*, Frankfurt, 1981.

[38] Cfr. K.P. Hoepke, *Die deutsche Rechte und der italienische Faschismus. Ein Beitrag zum Selbstverständnis und zur Politik von Gruppen und Verbänden der deutschen Rechten*, Düsseldorf, 1968 [trad. it.: *La destra tedesca e il fascismo*, Bologna, 1971]; J. Petersen, *Der italienische Faschismus aus der Sicht der Weimarer Republik. Einige deutsche Interpretationen*, in «Quellen und Forschungen aus italienischen Archiven und Bibliotheken», 55/56, 1976, pp. 315-60; Id., *Il fascismo italiano visto dalla Repubblica di Weimar*, in «Storia contemporanea», 9, 1978, pp. 520-23; K.E. Lönne, *Der «Völkische Beobachter» und der italienische Faschismus*, in «Quellen und Forschungen aus italienischen Archiven und Bibliotheken», 51, 1971, pp. 539-84; Id., *Il fascismo italiano nel giudizio del cattolicesimo politico della Repubblica di Weimar*, in «Storia Contemporanea», 2, 1971, pp. 697-716; J. Bohn, *Das Verhältnis zwischen katholischer Kirche und faschistischem Staat in Italien und die Rezeption in deutsche Zentrumskreisen (1922-1933)*, Frankfurt-Berlin-Bern, 1992. Cfr. anche W. Schieder, *Carl Schmitt und Italien*, in «Vierteljahrshefte für Zeitgeschichte», 37, 1989, pp. 1-21; M. Funk, *Das faschistische Italien im Urteil der «Frankfurter Zeitung» (1920-1933)*, in «Quellen und Forschungen aus italienischen Archiven und Bibliotheken», 59, 1989, pp. 255-311; B. Sösemann, *Das Ende der Weimarer Republik in der Kritik demokratischer Publizisten*, Berlin, 1976 (pp. 135-40: «Exkurs: Mussolini und der italienische Faschismus»); K. Prümm, *Walter Dirks und Eugen Kogon als katholische Publizisten der Weimarer Republik*, Heidelberg, 1984 (pp. 121-258: «Die Faschismustheorie von Walter Dirks»).

[39] Cfr. R. De Felice, *Bemerkungen zu Mussolinis Außenpolitik*, in «Saeculum», 24, 1973, pp. 313-27, e A. Hillgruber, *Grundzüge der nationalsozialistischen Außenpolitik 1933-1945*, *ibid.*, pp. 328-45: si tratta dei testi delle relazioni presentate al convegno sulla politica estera del fascismo e del nazionalsocialismo organizzato a Roma presso l'Istituto Storico Germanico nel 1973 [in it.: R. De Felice, *Alcune osservazioni sulla politica estera mussoliniana* e A. Hillgruber, *La politica estera nazionalsocialista fra il 1933 ed il 1942*, in *L'Italia fra tedeschi e alleati: la politica estera fascista e la seconda guerra mondiale*, a cura di R. De Felice, Bologna, 1973, rispettivamente, pp. 57-74 e 75-102]. Di analoga tendenza è anche B. Martin, *Zur Tauglichkeit eines übergreifenden Faschismus-Begriffs. Ein Vergleich zwischen Japan, Italien und Deutschland*, in «Vierteljahrshefte für Zeitgeschichte», 29, 1981, pp. 48-73.

[40] M. Funke, *Sanktionen und Kanonen. Hitler, Mussolini und der internationale Abessinienkonflikt*, Düsseldorf, 1970, p. 177 [trad. it.: *Sanzioni e cannoni. 1934-1936: Hitler, Mussolini e il conflitto etiopico*, Milano, 1972]. Cfr. anche Id., *Die deutsch-italienischen Beziehungen. Antibolschewismus und außenpolitische Interessenkonkurrenz als Strukturprinzip der «Achse»*, in Id. e altri (a cura di), *Hitler, Deutschland und die Mächte. Materialien zur Außenpolitik des Dritten Reiches*, Düsseldorf, 1976, pp. 823-46.

[41] Cfr. J. Petersen, *Hitler-Mussolini. Die Entstehung der Achse Berlin-Rom 1933-1936*, Tübingen, 1973; Id., *Hitler e Mussolini e la difficile alleanza*, Bari, 1975. Dello stesso autore si vedano anche i seguenti saggi «programmatici»: *Gesellschaftssystem, Ideologie und Interesse in der Außenpolitik des faschistischen Italien*, in «Quellen und Forschungen aus italienischen Archiven und Bibliotheken», 54, 1974, pp. 428-71; *Die Außenpolitik des faschistischen Italien als historiographisches Problem*, in «Vierteljahrshefte für Zeitgeschichte», 22, 1974, pp. 417-57; *Vorspiel zu «Stahlpakt» und Kriegsallianz: Das deutsch-italienische Kulturabkommen vom 23. November 1938*, *ibid.*, 35, 1988, pp. 41-77. In linea con Petersen cfr. W. Schieder, *Das faschistische Italien*, in N. Frei - H. Kling (a cura di), *Der nationalsozialistische Krieg*, Frankfurt-New York, 1990, pp. 46-61. Meno convincente, invece, è il saggio di R. Pommerin, *Rassenpolitische Differenzen im Verhältnis der Achse Berlin-Rom 1938-1945*, in «Vierteljahrshefte für Zeitgeschichte», 27, 1979, pp. 646-60.

[42] Petersen, *Hitler-Mussolini*, cit., p. 357.

[43] G. Amendola, *Der Antifaschismus in Italien, Ein Interview von Piero Melograni*, introduzione di J. Petersen, Stuttgart, 1977 [ed. it.: *Intervista sull'antifascismo*, a cura di P. Melograni, Roma-Bari, 1976].

[44] H. Bergwitz, *Die Partisanenrepublik Ossola 1944*, Braunschweig, 1972. Cfr. inoltre J. Petersen, *Gli antifascisti italiani in Germania e il volo di Bassanesi nel novembre 1931*, in «Il Movimento di liberazione in Italia», 93, ottobre-dicembre 1968, pp. 1-12; Id., *Giustizia e Libertà e la Germania*, in AA.VV., *Giustizia e Libertà nella lotta antifascista e nella storia d'Italia.*

Attualità dei fratelli Rosselli, a quarant'anni dal loro sacrificio, Roma, 1978, pp. 217-38; E.R. Rosen, *Francesco Nitti und die deutsche Frage zwischen den Weltkriegen*, in *Faschismus-Nationalsozialismus. Ergebnisse und Referate der 6. italienisch-deutschen Historikertagugn in Trier*, Branschweig, 1964, pp. 42-59; H. Goetz, *Guglielmo Ferrero. Ein Exempel totalitärer Verfolgung*, in «Quellen und Forschungen aus italienischen Archiven und Bibliotheken», 61, 1981, pp. 248-304; Id., *Giuseppe Antonio Borghese und der Faschismus, ibid.*, 60, 1980, pp. 523-34; Id., *Gaetano de Sanctis e il rifiuto del giuramento, ibid.*, 62, 1982, pp. 303-18.

[45] Cfr. J. Schröder, *Italien im Zweiten Weltkrieg. Literaturbericht und Bibliographie. L'Italia nella seconda guerra mondiale. Una bibliografia*, München, 1978.

[46] E. Collotti, *L'amministrazione tedesca dell'Italia occupata 1943-1945. Studio e documenti*, Milano, 1963.

[47] G. Schreiber, *Die italienischen Militärinternierten im deutschen Machtbereich 1943-45. Verraten verachtet, vergessen*, München, 1990, [trad. it.: *I militari italiani internati nei campi di concentramento del Terzo Reich 1943-1945*, Roma, 1992]. Cfr., inoltre: Id., *Gli internati militari italiani nelle fonti della Wehrmacht e del Ministero degli Affari Esteri*, in *Una storia di tutti. Prigionieri, internati, deportati italiani nella seconda guerra mondiale. Atti del Convegno di studi tenuto a Torino il 2-3-4 novembre 1987*, Milano, 1989, pp. 125-60; Id., *Militärinternierte – italienische Kriegsgefangene in Deutschland*, in R. Lill (a cura di), *Deutschland-Italien 1943-1945. Aspekte einer Entzweiung*, Tübingen 1992, pp. 95-138. Si veda anche Ch. U. Schminck-Gustavus, *Herrenmenschen und Badoglioschweine. Italienische Militärinternierte in deutscher Kriegsgefangenschaft 1943-1945. Erinnerungen an Attilio Buldini und Gigina Querzè*, in G. Aly e altri (a cura di), *Herrenmenschen und Arbeitsvölker. Ausländische Arbeiter und Deutsche 1939-1945*, Berlin, 1986, pp. 55-102.

[48] L. Klinkhammer, *Zwischen Bündnis und Besatzung. Deutschland und die Republik von Salò 1943-1945*, Tübingen, 1993 [trad. it.: *L'occupazione tedesca in Italia*, Torino, 1993]. Cfr., inoltre, dello stesso autore: *Gli Internati Militari Italiani nei Lager tedeschi 1943-1945. Riflessioni su un dibattito recente*, in «Ricerche storiche», 18, 1988, pp. 297-321; *Leben im Lager. Die italienischen Kriegsgefangenen und Deportierten im Zweiten Weltkrieg. Ein Literaturbericht*, in «Quellen und Forschungen aus italienischen Archiven und Bibliotheken», 67, 1987, pp. 489-520; *Le strategie tedesche di occupazione e la popolazione civile*, in *Guerra, guerra di liberazione, guerra civile*, a cura di M. Legnani e F. Vendramini, introduzione di G. Quazza, Milano, 1990, pp. 98-115.

[49] E.R. Rosen, *Königreich des Südens 1943-44*, parte I, Göttingen, 1988, parte II, Göttingen, 1990 (Forschungsberichte der Braunschweiger Wissenschaftlichen Gesellschaft). Cfr. anche Id., *Viktor Emanuel III und die Innenpolitik des ersten Kabinetts Badoglio*, in «Vierteljahreshefte für Zeitgeschichte», 12, 1964, pp. 44-85; Id., *Andrea Finocchiaro Aprile und die Anfänge des sizilianischen Separatismus (1941-1943)*, in U. Altermatt, J. Garamvölgyi (a cura di), *Innen – und Außenpolitik. Primat oder Interdependenz? Festschrift zum 60. Geburtstag von Walter Hofer*, Bern-Stuttgart, 1980, pp. 619-33.

[50] H. Woller, (a cura di), *Italien und die Großmächte 1943-49*, München, 1988.

[51] H. Woller, *«Ausgebliebene Säuberung»? Die Abrechnung mit dem Faschismus in Italien*, in K.D. Henke, H. Woller (a cura di), *Politische Säuberung in Europa. Die Abrechnung mit Faschismus und Kollaboration nach dem Zweiten Weltkrieg*, München, 1991, pp. 148-91.

[52] J. Petersen, *Faschismus und Industrie in Italien, 1919-1929*, in «Gesellschaft. Beiträge zur Marxschen Theorie», 7, 1976, p. 133-89.

[53] Cfr. K. Priester, *Der italienische Faschismus. Ökonomische und ideologische Grundlagen*, Köln, 1972; T. Rafalski, *Italienischer Faschismus in der Weltwirtschaftskrise (1925-1936). Wirtschaft, Gesellschaft und Politik auf der Schwelle zur Moderne*, Opladen, 1984.

[54] R. Petri, *La frontiera industriale. Territorio, grande industria e leggi speciali prima della Cassa per il Mezzogiorno*, Milano, 1990. Cfr., inoltre, Id., *Selektives Wachstum, Technologie industrielle Entwicklung. Überlegungen zur italienischen Autarkiepolitik*, in S. Pollard e D. Ziegler (a cura di), *Markt, Staat, Planung. Historische Erfahrungen mit Regulierungs und Dereguliergunsversuchen der Wirtschaft*, St. Katharinen, 1992, p. 157-94; R. Petri, *Dal «Porto Industriale» all'«Area di Sviluppo». Industria e territorio in sessant'anni di legislazione speciale*, in «Studi storici», 28, 1987, pp. 297-345.

[55] Id., *La frontiera*, cit., p. 313.

[56] Per questo settore d'indagine, cfr. A. Nützenadel, *Agrarpolitik und landwirtschaftliche Entwicklung im faschistischen Italien*, in «Quellen und Forschungen aus italienischen Archiven und Bibliotheken», 71, 1991, pp. 774-79; U. Wengenroth, *Il mito del ciclo integrale: considerazioni sulla produzione dell'acciaio in Italia*, in «Società e storia», 30, 1985, pp. 907-27. Si veda inoltre: D. von Delhaes-Guenther, *Die Bevölkerungspolitik des Faschismus*, in «Quellen und Forschungen aus italienischen Archiven und Bibliotheken», 59, 1979, pp. 392-420.

[57] Cfr. P. Hertner, *Das Auslandskapital in der italienischen Wirtschaft 1883-1914. Probleme seiner Quantifizierung und Auswertung*, in H. Kellenbenz (a cura di), *Weltwirtschaftliche und währungspolitische Probleme seit dem Ausgang des Mittelalters*, Stuttgart-New York, 1981, pp. 93-121. [trad. it.: *Il capitale straniero in Italia (1883-1914)*, in «Studi Storici», 4, 1981, pp. 767-95]. E anche, P. Hertner, *Banken und Kapitalordnung in der Giolitti-Ära*, in «Quellen und Forschungen aus italienischen Archiven und Bibliotheken», 58, 1978, pp. 466-565; Id., *Das Vorbild deutscher Universalbanken bei der Gründung und Entwicklung italienischer Geschäftsbanken neuen Typs 1894-1911*, in F. Henning (a cura di), *Entwicklung und Aufgaben von Versicherungen und Banken in der Industrialisierung*, «Schriften des Vereins für Socialpolitik N.F.», 105, 1980, pp. 195-282; P. Hertner, *Ausländisches Kapital und Unterentwicklung: Die deutschen Investitionen in Süditalien 1883-1914*, in «Annali dell'Istituto storico italo-germanico in Trento», 4, 1978, pp. 113-60 [tutti ora in it.: *Il capitale tedesco in Italia dall'Unità alla prima guerra mondiale. Banche miste e sviluppo economico italiano*, Bologna, 1984].

[58] Id., *Italien 1915-1980*, in W. Fischer e altri (a cura di), *Handbuck der europäischen Wirtschafts- und Sozialgeschichte*, 5, Stuttgart, 1985, pp. 705-77.

[59] Cfr. S. von Falkenhausen, *Der zweite Futurismus und die Kunstpolitik des Faschismus in Italien von 1922-1943*, Frankfurt, 1979; M. Estermann-Juchler, *Faschistische Staatsbaukunst. Zur ideologischen Funktion der öffentlichen Architektur im faschistischen Italien*, Köln-Wien, 1982. Cfr. anche, limitatamente agli aspetti linguistici, S. Kolb, *Sprachenpolitik unter dem italienischen Faschismus. Der Wortschatz des Faschismus und seine Darstellung in den Wörterbüchern des Ventennio (1922-1943)*, München, 1992.

[60] Per ora si veda J. Charnitzky, *Scuola e pedagogia in Italia ed in Germania durante il periodo fascista. Il contributo della scuola alla fascistizzazione della nazione*, in *Il pensiero reazionario. La politica e la cultura dei fascismi*, a cura di B. Bandini, Ravenna, 1982, pp. 31-48.

[61] M. Borrelli, *Politische Bildung in Italien. Revolution und Konterrevolution*, Stuttgart, 1979.

[62] Cfr. K.E. Lönne, *Benedetto Croce als Kritiker seiner Zeit*, Tübingen, 1967; W. Mager, *Benedetto Croces literarisches und politisches Interesse an der Geschichte*, Köln, 1965.

[63] Cfr. F. Chabod, *Italien-Europa. Studien zur Geschichte Italiens im 19. und 20. Jahrhundert*, Göttingen, 1962 [*L'idea di nazione*, Bari, 1961]; Id., *Die Entstehung des neuen Italien. Von der Diktatur zur Republik*, Reinbek, 1965 [*L'Italia contemporanea (1918-1948)*, Torino, 1961]; R. Romeo, *Deutschland und das geistige Leben in Italien von der Einigung bis zum Ersten Weltkrieg*, in «Saeculum», 24, 1973, pp. 346-66. Cfr. anche G. Procacci, *Geschichte Italiens und der Italiener*, München, 1983. [*Storia degli italiani*, 2 voll., Bari, 1968].

[64] Questo è lo scopo prefissosi dal periodico edito a cura di Jens Petersen «Storia e Critica. Die italienische Zeitgeschichte im Spiegel der Tages- und Wochenpresse» (cfr. *supra* nota 8). Di notevole importanza in questo contesto è stato il citato colloquio tenutosi presso l'Istituto di storia contemporanea di Monaco (Institut für Zeitgeschichte) con il titolo *Der italienische Faschismus. Probleme und Forschungstendenzen*.

[65] Cfr. R. De Felice, *Die Deutungen des Faschismus*, a cura di J. Schröder in collaborazione con J. Muhr, Göttingen, 1980 [*Le interpretazioni del fascismo*, Bari, 1970[2] e *Il fascismo. Le interpretazioni dei contemporanei e degli storici*, Bari, 1970]; R. De Felice, *Der Faschismus. Ein Interview von Michael Ledeen*, introduzione di J. Petersen, Stuttgart, 1977 [*Intervista sul fascismo*, a cura di M.A. Ledeen, Bari, 1975]; J. Petersen, *Der italienische Faschismus zwischen politischer Polemik und historischer Analyse*, in «Geschichte in Wissenschaft und Unterricht», 26, 1976, pp. 257-72; V. Hunecke, *Die neuere Literatur zur Geschichte der italienischen Arbeiterbewegung*, parte II: *Der erste Weltkrieg und die Nachkriegsjahre*, in «Archiv für

Sozialgeschichte», 15, 1975, pp. 409-51; Id., *Italienische Zeitschriften zur neueren Geschichte*, in «Geschichte und Gesellschaft», 7, 1981, pp. 311-23; W. Schieder, *Faschismus als Vergangenheit. Streit der Historiker in Italien und Deutschland*, in W.H. Pehle, *Der historische Ort des Nationalsozialismus. Annäherungen*, Frankfurt, 1990, pp. 135-54; Id., *Zeitgeschichtliche Verschränkungen. Über Ernst Nolte und Renzo De Felice*, in «Annali dell'Istituto italo-germanico in Trento», 17, 1991, pp. 359-78; Id. intervento su *Historikerstreit e dintorni: una questione non solo tedesca*, in «Passato e presente», 16, 1988, pp. 27-32. In questo contesto merita di essere citato il saggio dello storico svizzero del diritto Michele Luminati, *Die Wiederentdeckung des Korporativismus. Die neuer italienische Faschismusforschung und der Corporativismo*, in «Zeitschrift für neuere Rechtsgeschichte», 9, 1987, pp. 184-208.

[66] La biografia di R. Wichterich, *Benito Mussolini*, Stuttgart, 1952, è dal punto di vista scientifico assai discutibile. Scarsamente significativo è anche B. Böss, *Benito Mussolini und der Faschismus. Eine kommunikationswissenschaftliche Studie*, Puchheim, 1988. August Bernard Hasler morì prima di poter completare le ricerche su Mussolini: cfr. però Id., *Das Duce-Bild in der faschistischen Literatur*, in «Quellen und Forschungen aus römischen Archiven und Bibliotheken», 60, 1980, pp. 420-506. Il saggio di J. Petersen, *Mussolini: Wirklichkeit und Mythos eines Diktators*, in K.H. Bohrer (a cura di), *Mythos und Moderne. Begriff und Bild einer Rekonstruktion*, Frankfurt, 1983, pp. 242-60, potrebbe invece servire da stimolo per ulteriori ricerche.

[67] D. Mack Smith, *Mussolini. Eine Biographie*, München, 1983 [trad. it.: *Mussolini*, Milano, 1981].

[68] E. Nolte, *Der Faschismus in seiner Epoche*, cit., pp. 54 ss.

[69] *Ibid.*, p. 56.

[70] Cfr. H.U. Thamer - W. Wippermann, *Faschistische und neofaschistische Bewegungen*, Darmstadt, 1977; W. Wippermann, *Faschismustheorien*, Darmstadt, 1972 (1980^4); Id., *Europäischer Faschismus im Vergleich 1922-1982*, Frankfurt, 1983.

[71] M. Bach, *Die charismatischen Führerdiktaturen. Drittes Reich und italienischer Faschismus im Vergleich ihrer Herrschaftsstrukturen*, Baden-Baden, 1990. Nel saggio di P.C. Mayer-Tasch, *Korporativismus und Autoritarismus. Eine Studie zu Theorie und Praxis der berufsständischen Rechts- und Staatsidee*, Frankfurt, 1971, sono poste a confronto l'Italia fascista e la Spagna di Franco.

[72] W. Schieder, *Fascismo e nazionalsocialismo*, in «Nuova Rivista Storica», 14, 1979, pp. 114-24; Id., *Das Deutschland Hitlers und das Italien Mussolinis. Zum Problem faschistischer Regimebildung*, in G. Schulz (a cura di), *Die große Krise der dreißiger Jahre. Vom Niedergang der Weltwirtschaft zum Zweiten Weltkrieg*, Göttingen, 1985, pp. 44-71 [trad. it.: *La Germania di Hitler e l'Italia di Mussolini. Il problema della formazione dei regimi fascismi*, in «Passato e presente», 9, 1985, pp. 39-65]; Id., *Faschismus*, in R. van Dülmen (a cura di), *Das Fischer Lexikon Geschichte*, Frankfurt, 1990, pp. 177-95.

[73] Cfr. W. Schieder (a cura di), *Faschismus als soziale Bewegung. Deutschland und Italien im Vergleich*, Hamburg, 1976^2, Göttingen, 1983.

[74] J. Petersen, *Elettorato e base sociale del fascismo negli anni venti*, in «Studi storici», 16, 1975, pp. 627-69. Per un esempio recente di studio condotto nella prospettiva propria della ricerca storica italiana, cfr. R. Engelmann, *Provinzfaschismus in Italien. Politische Gewalt und Herrschaftsbildung in der Marmorregion Carrara 1921-1924*, München, 1992.

[75] In proposito, cfr. Petersen, *Der italienische Faschismus*, cit., p. 33.

[76] Lo storico israeliano Meir Michaelis, che nel suo *Anmerkungen zum italienischen Totalitarismusbegriff. Zur Kritik der Thesen Hannah Arendts und Renzo de Felices*, in «Quellen und Forschungen aus italienischen Archiven und Bibliotheken», 62, 1982, pp. 270-302 definisce il regime fascista di Mussolini nel suo complesso come «totalitario», è il principale sostenitore di questa tesi. Cfr. anche G. Schulz, *Faschismus-Nationalsozialismus. Versionen und theoretische Kontroversen 1922-1972*, Frankfurt-Berlin-Wien, 1974; J. Petersen, *Die Entstehung des Totalitarismusbegriffs in Italien*, in M. Funke (a cura di), *Totalitarismus. Ein Studien-Reader zur Herrschaftsanalyse moderner Diktaturen*, Düsseldorf, 1979, pp. 105-28; J. Petersen, *La nascita del concetto di «Stato totalitario» in Italia*, in «Annali dell'Istituto Storico italo-germanico in Trento», 1, 1974, pp. 143-68.

[77] Cfr. in proposito A. Lyttelton, *Faschismus und Gewalt: Sozialer Konflikt und politische Aktion in Italien nach dem Ersten Weltkrieg*, in W.J. Mommsen e G. Hirschfeld (a cura di), *Sozialprotest, Gewalt, Terror. Gewaltanwendung durch politische und gesellschaftliche Randgruppen im 19. und 20. Jahrhundert*, Stuttgart, 1982, pp. 303-24 [in it.: *Fascismo e violenza: conflitto sociale e azione politica in Italia nel primo dopoguerra*, in «Storia Contemporanea», 13, 1982, pp. 965-83] e J. Petersen, *Das Problem der faschistischen Gewalt im italienischen Faschismus 1919-1925*, *ibid.*, pp. 325-48 [in it.: *Il problema della violenza nel fascismo italiano*, in «Storia contemporanea», 13, 1982, pp. 985-1008].

[78] Cfr. R. De Felice, *Storia degli ebrei italiani sotto il fascismo*, Torino, 1961 [nuova edizione ampliata 1993]; M. Michaelis, *Mussolini e la questione ebraica. Le relazioni italo-tedesche e la politica razziale in Italia*, Milano, 1982.

[79] K. Voigt, *Zuflucht auf Widerruf. Exil in Italien 1933-1945*, vol. I, Stuttgart, 1989 [trad. it.: *Il rifugio precario. Gli esuli in Italia dal 1933 al 1945*, Firenze, 1993]. Cfr. inoltre Id., *Gli emigrati in Italia dai paesi sotto la dominazione nazista: tollerati e perseguitati (1933-1940)*, in «Storia Contemporanea», 16, 1985, pp. 45-87; Id., *Le scuole dei profughi ebrei in Italia (1933-1945). I Landesschulheime degli emigrati dalla Germania*, *ibid.*, 19, 1988, pp. 1153-88.

[80] Cfr. Schieder, *Faschismus als Vergangenheit*, cit., pp. 152-54.

[81] Francamente c'è da restare molto stupiti del fatto che questo assunto sia stato completamente ignorato da Rudolf Lill, nel corso del suo recente lacunoso intervento relativo alla storiografia tedesca sull'Italia contemporanea. Cfr. R. Lill, *Zur Rezeption der italienischen Historiographie zum 19. und zur ersten Hälfte des 20. Jahrhunderts*, in «Annali dell'Istituto italo-germanico in Trento», 17, 1991, pp. 339-57.

JOHN A. DAVIS

DALLA GRAN BRETAGNA*

Il progetto sotteso al presente volume ha almeno un doppio merito. Nel tentativo di tracciare, per la prima volta, una radiografia del modo in cui la storia dell'Italia contemporanea viene percepita ed interpretata dalla storiografia straniera, i diversi contributi sono destinati a confrontarsi con un'operazione storiografica più o meno inedita e di grande interesse. Ma al di là degli aspetti strettamente ricognitivi dell'iniziativa, parlare dei modi in cui la storia dell'Italia contemporanea viene recepita all'estero ci porta inevitabilmente a confrontarci, altresì, con quei problemi di conoscenze e prospettive già a suo tempo, e a suo modo, sollevati da Montesquieu nelle *Lettere Persiane* – stante il riferimento, che in qualche maniera unisce, come una specie di filo rosso, i contributi medesimi. Se dal tempo di Montesquieu in poi i vantaggi e gli svantaggi di una prospettiva straniera sono stati ampiamente discussi, attualmente ci troviamo in un momento in cui i termini del dibattito, iniziato in seno all'Illuminismo, stanno per essere se non proprio rovesciati, almeno profondamente riqualificati.

Mi riferisco ovviamente soprattutto all'ala cosiddetta «post-modernista» della storiografia contemporanea, giunta ormai a negare quasi del tutto la possibilità di qualsiasi conoscenza storica o di qualunque storiografia, al di là dell'esperienza personale ovvero delle ideologie e dei discorsi determinati dalle strutture di potere predominanti. Se una parte della storiografia di genere e di quella di appartenenza affermano, per esempio, con insistenza che solo le donne o le persone della stessa origine etnica sono in grado di capire, e dunque di fare, la storia della donna o di quel gruppo etnico, Edward Said nel suo libro sull'*Orientalismo* sostiene che l'*altro* è sempre e inevitabilmente indirizzato non tanto all'intento di comprendere meglio gli altri, bensì a quello di conseguire definizioni più precise e motivate della realtà e delle diversità proprie di chi studia attraverso la descrizione dell'opposto e del contrario, ovverosia l'*altro*. Per questi motivi, insiste quindi Said, non è dato mai conseguire una vera conoscenza di realtà diverse o straniere, dal momento che la ricerca ritorna sempre e inevitabilmente ad ampliare e ad approfondire il mondo culturale e le esperienze dell'osservatore e non quelli del popolo osservato. Nella prospettiva di Said, dunque, i Persiani di Montesquieu, malgrado la loro dimestichezza con i costumi e le abitudini dei Francesi del Settecento, non sarebbero mai stati capaci di capire la società francese del loro tempo, in quanto essi cercavano soprattutto di costruire – attraverso l'immagine che offrivano della società francese del tempo – una loro propria identità culturale.

Non è detto che questa negazione «postmodernista» della possibilità di capire altre culture – e dunque altre società – debba essere accettata, ma dobbiamo riconoscere che tali atteggiamenti riflettono anche un senso di crisi più diffusa in tutto il campo della storiografia comparata attuale. Crisi, che, in parte, è il frutto del crollo dei criteri e dei modelli della storiografia comparata di ieri – cioè, di gran parte di quei modelli concettuali che hanno dominato la storiografia comparata degli ultimi trent'anni, e soprattutto quelli connessi al concetto della «modernizzazione». Ma la crisi dei modelli comparati è anche un fenomeno culturale e scientifico intimamente connesso al crollo di fiducia nel progresso, che sarà forse l'aspetto culturale e politico dominante di questo fine secolo.

Una riflessione sulla storiografia inglese relativa all'Italia contemporanea non può prescindere da queste considerazioni di più ampio respiro, tanto che qualsiasi tentativo di fare – nel senso, cioè, di scrivere – la storia di un altro paese è, sempre e inevitabilmente, allo stesso tempo un esercizio di storia comparata. Vorrei cercare, dunque, nella relazione che segue, di inserire qualche breve accenno sulla storiografia inglese sull'Italia contemporanea dentro la problematica di come fare la storia comparata: sarà, cioè, mio intento, analizzare la storiografia inglese sull'Italia contemporanea non solo nei termini di un dialogo fra una realtà storiografica e un'altra, fra un mondo culturale e un altro, bensì, anche, all'interno dei mutamenti verificatisi nei criteri metodologici della storia comparata[1].

Quando si parla – come si fa abbastanza spesso – di una grande tradizione storiografica inglese sull'Italia, si pensa soprattutto alla ricchezza della storiografia inglese dal Settecento in poi da una parte, e dall'altra al fascino particolare esercitato sulla fantasia e sulla cultura inglese dalla storia italiana. Sarebbe forse meglio tenere questi due elementi distinti. Come ci ha dimostrato Franco Venturi attraverso le pagine del suo *Settecento Riformatore*, e nel brillante saggio, sull'*Italia fuori d'Italia*, pubblicato nella *Storia d'Italia* edita da Einaudi[2], i motivi originali del fascino particolare esercitato dall'Italia sulla cultura britannica (e americana, pure) dal Settecento in poi, avevano poco a che fare con le realtà italiane. La riscoperta dell'Italia e della cultura storica italiana nel Settecento da parte di scrittori inglesi, da John Addison fino a Edward Gibbon, può essere interpretata senz'altro nella prospettiva indicata da Edward Said: più esplicitamente, come una forma di auto-definizione attraverso la riscoperta dei valori della civiltà romana e quelli del Rinascimento italiano, senza che questa riscoperta venisse accompagnata dalla curiosità di capire o conoscere meglio l'Italia del presente. Tema preferito di gran parte della letteratura inglese del Settecento è rimasto, infatti, il contrasto fra le glorie dell'Italia del passato e la miseria dell'Italia attuale.

Vale la pena sottolineare questo aspetto del fascino esercitato dall'Italia; un aspetto certamente fatto proprio non esclusivamente dagli inglesi, ma, comunque, tale da far sì che, ancora fino a poco tempo fa, nella cultura e nelle Università inglesi, si continuasse a privilegiare lo studio delle epoche eroiche e spesso più lontane della storia italiana, e soprattutto quella del Rinascimento: quest'ultimo inteso non solo come tappa fondamentale nella storia della civiltà occidentale, ma anche – forse troppo – come una sorta di rifugio nostalgico dal mondo attuale.

Il pubblico inglese prese a conoscere meglio le realtà italiane solo nel corso del secolo precedente all'unificazione italiana, soprattutto attraverso i libri e i resoconti dei viaggiatori e grazie alla stampa periodica. Accanto agli innumerevoli racconti di briganti, di alberghi costosi e malsani, di ragazze affascinanti ed esotiche, vi si trovavano informazioni sempre più precise sulle condizioni economiche – specie i sistemi agrari (si pensi, per esempio, alle descrizioni di Arthur Young, di George Brydone e di altri alla fine del Settecento[3]) – e sull'organizzazione politica degli Stati italiani. Durante le guerre napoleoniche i contatti diretti fra l'Inghilterra e l'Italia aumentarono notevolmente, e con essi anche il volume delle informazioni concrete sulle differenti realtà politiche e sociali della penisola italiana.

Però, se gli avvenimenti del Risorgimento italiano venivano seguiti più attentamente e, forse, con maggiore entusiasmo in Inghilterra che in qualsiasi altro paese europeo, bisogna sottolineare come attenzione e partecipazione fossero fenomeni concernenti soprattutto l'opinione pubblica e la stampa. Malgrado l'accoglienza del tutto particolare di Garibaldi durante la sua visita a Londra nel 1864, per esempio, e malgrado il flusso di biografie sugli eroi del Risorgimento e la memorialistica di quelli (o quelle: come Jessie White Mario) che avevano partecipato direttamente alle lotte per l'indipendenza italiana, dobbiamo aspettare fino alla fine del secolo per i primi scritti documentati e analitici sull'unificazione e la formazione del Regno d'Italia.

Fra i primi storici inglesi del Risorgimento italiano il nome più conosciuto è senz'altro quello di George Macaulay Trevelyan, nipote del padre fondatore della storiografia liberale (ossia *whig*) ed egli stesso esponente di spicco alla fine dell'Ottocento della medesima scuola storiografica inglese. La fama e il prestigio culturale degli scritti di Trevelyan – i famosi tomi su Manin e la Repubblica veneziana nel 1848, su Garibaldi e la Repubblica romana, e, soprattutto, il racconto eroico dell'impresa dei Mille[4] – ebbero l'effetto di mettere e lasciare in ombra le ricerche e gli scritti del suo coetaneo Bolton King.

Così *A History of Italian Unity* di Bolton King, pubblicata in tre volumi nel 1899, venne in gran parte trascurata dagli storici inglesi, benché la sua importanza, come qualche anno fa ricordava Aldo Berselli, venisse prontamente riconosciuta dalla storiografia italiana[5]. Al lettore di oggi, invece, il taglio dell'analisi di Bolton King si presenta in termini ben più moderni e attuali che non gli scritti di Macaulay, anche perché rappresenta il primo tentativo di ricostruire e comprendere non solo gli aspetti politici dell'unificazione italiana, ma pure il tessuto sociale ed economico all'interno del quale nacque e si sviluppò il processo risorgimentale.

Per capire meglio il lavoro di Bolton King – e anche per capire perché i suoi scritti sull'Italia non raggiunsero mai il successo editoriale di quelli di Trevelyan – bisogna tenere presente l'ammirazione che egli sentiva per Mazzini e per il programma cooperativo mazziniano: da questo punto di vista, le sue ricerche sull'Italia costituiscono un campione esemplare della cultura positivista propria del mondo radical-liberale inglese della fine dell'Ottocento[6]. Figlio di un proprietario fondiario, allievo di Jowett all'Università di

Oxford, il giovane Bolton King si impegnava in una serie di attività umanitarie a sfondo sociale: dalla fondazione di Toynbee Hall a Londra, alla progettazione di un collegio per operai e artigiani, fino alla creazione di una fattoria-modello nella sua proprietà nella contea di Warwichshire, per la quale venne consultato anche Joseph Arch, il *leader* del primo sindacato inglese dei braccianti. In queste e altre iniziative Bolton King si proponeva di mettere in pratica quei principi cooperativi, dei cui ideali Mazzini rimaneva ai suoi occhi il più valido sostenitore nel secolo trascorso. Nel 1902, egli pubblicò un ampio studio biografico sul fondatore della Giovane Italia, che tuttora resta (se si fa eccezione per l'edizione inglese del libro di Salvemini, e per la biografia americana di Barr degli anni trenta) l'unica biografia di Mazzini in lingua inglese[7].

Bolton King non si contentava di ammirare la tradizione mazziniana da lontano: i suoi rapporti coll'Italia d'inizio secolo si fecero sempre più stretti e, a seguito dei frequenti viaggi e delle relative ricerche che vi compì, egli pubblicò nel 1903, a quattro mani con Thomas Okey, *Italy Today*, ancora oggi un'importante fonte documentaria sull'Italia del tempo[8]. Il libro di Bolton King e Okey presentava per la prima volta al pubblico inglese una descrizione accurata e documentata della realtà socio-economica italiana e di quella politico-istituzionale colte nella fase d'avvio del sistema giolittiano, su cui gli autori esprimevano un giudizio cauto ma sostanzialmente positivo: soprattutto perché Giolitti dimostrava di cercare un'intesa con i socialisti e con la classe operaia (la parte più seria e democratica della società italiana, secondo Bolton King).

Anche grazie ai rapporti personali con i rappresentanti della cultura politica e della stampa, Bolton King portava avanti in questi anni le sue ricerche sull'economia italiana e, in particolare, sulle imprese cooperative agrarie nella valle Padana, argomento sul quale pubblicava una serie di articoli su alcuni periodici britannici, compreso il prestigioso «Journal of the Royal Statistical Society». Successivamente egli abbandonava gli studi di storia per impegnarsi nella pubblica istruzione, impegno dal quale usciva solo negli anni venti per pubblicare un breve scritto di condanna del regime fascista: era il testo che Lauro De Bosis intese divulgare tra i romani nel suo ben noto volo sulla capitale, poi così tragicamente concluso.

Mi sono fermato un po' più a lungo su Bolton King sia per sottolineare l'originalità dell'impostazione dei suoi scritti sull'Italia, sia, come ho già accennato, per porre la questione del perché il suo lavoro sia rimasto successivamente così trascurato. La risposta al quesito va articolata, a mio avviso, in un duplice ordine di motivi: in primo luogo, perché il positivismo di Bolton King stava per diventare, proprio nel momento in cui egli pubblicava i suoi libri principali, un po' fuori moda nella cultura inglese; in secondo luogo forse anche perché la sua simpatia per Mazzini e per i socialisti italiani (fra i due Bolton King non vedeva grandi contraddizioni, dal momento che egli considerava i socialisti di Turati figli di Mazzini e non di Marx), non trovava un'ampia risonanza nell'Inghilterra edoardiana.

A conferma della validità di tali considerazioni stanno le ragioni del grande successo (sul piano della critica, come pure su quello editoriale) con cui fu accolto il lavoro di Trevelyan, tanto da diventare in seguito un pilastro fondamentale del contributo storiografico inglese sull'Ottocento italiano. A differenza del lavoro di Bolton King, nei libri del Trevelyan – pubblicati quasi cinquant'anni dopo l'unificazione e alla vigilia della prima guerra mondiale – manca qualsiasi interesse per la realtà sociale italiana e, di conseguenza, per le sue connessioni strutturali con la politica. Per Trevelyan, obiettivo dell'analisi, non era affatto la società italiana, bensì il mondo della grande politica – affari di Stato, diplomazia –, sì che nella sua prospettiva il Risorgimento si trasformava in una sorta di racconto epico di dimensioni classiche. Al centro della rappresentazione si ergeva la figura del grande eroe, Giuseppe Garibaldi: un eroe di stampo antico e classico, alla pari di altre grandi figure della storia – Giovanna d'Arco, Guglielmo Tell e così via. Nel lavoro di Trevelyan siamo portati a misurarci (qui il collegamento colla cultura inglese alla vigilia della prima guerra mondiale è scontato) non più con la storia intesa come «scienza» – che sarebbe il caso di Bolton King –, ma con la storia come impresa morale, in virtù di cui il Risorgimento diventa essenzialmente il mezzo per celebrare la forza creativa e positiva dei valori liberali (realizzatisi nel liberalismo italiano, esaltato in contrasto implicito con il nazionalismo tedesco) e il ruolo storico dell'individualismo (concretatosi soprattutto in Garibaldi, grazie alla perfetta combinazione di idealismo e capacità pratica).

Lasciamo parlare un attimo Trevelyan, dalla sua introduzione originale a *Garibaldi e i Mille* (pubblicato, ricordo, per la prima volta nel 1909):

a mio parere gli avvenimenti del 1860 debbono essere visti come un modello e un'ispirazione per tutti noi di un'epoca più recente, in un momento in cui ci troviamo con gli occhi fissi sul realismo e sulla dottrina dell'evoluzione per cui ci troviamo nel pericolo di perdere la nostra fiducia nei grandi ideali e di dimenticare il potere che un piccolo gruppo di uomini senza paura e con un senso d'impegno disinteressato, può avere in un mondo in cui il numero dei vigliacchi e degli egoisti non è piccolo[9].

Leggendo con attenzione queste parole di Trevelyan si comprende bene come, nel suo lavoro, la storia del Risorgimento italiano – malgrado la ricchezza bibliografica e il rigore scientifico della ricostruzione storica – diventasse un mito ideale, essenzialmente destinato, non senza un certo senso di nostalgia e premonizione, a giustificare su una scena eroica i valori e gli ideali del liberalismo anglosassone. In contrasto con il lavoro prettamente positivista di Bolton King, quello di Trevelyan fu un vero e proprio manifesto antipositivista e antideterminista; fu soprattutto la riaffermazione dei valori fondamentali del liberalismo anglosassone: valori, che forse solo gli italiani fra tutti i paesi europei dell'Ottocento (e perciò la scelta del tema del Risorgimento) avevano, a suo giudizio, saputo imparare e imitare.

Così si può spiegare la riuscita (editoriale e scientifica) dell'opera di Trevelyan; ma ciò di per sé non basta: merita, altresì, notare come un tale approccio abbia successivamente influenzato fortemente il modo in cui la storia contemporanea italiana veniva interpretata in Inghilterra. Con la sua celebrazione della rivoluzione liberale in Italia, Trevelyan non cercava di collocare l'Unità nel contesto della storia italiana, ma la rappresentava invece e soprattutto, come il trionfo quasi miracoloso dei valori liberali e laici (britannici) in un contesto politico e sociale essenzialmente arretrato: in breve, gli italiani avevano raggiunto l'indipendenza nazionale e si erano dati un governo monarchico-costituzionale solo perché essi erano riusciti a imparare e imitare la grande lezione delle rivoluzioni liberali inglesi. Cioè, il *miracolo italiano* dell'Ottocento fu essenzialmente un prodotto «made in Britain», un fenomeno che offriva un'ulteriore e universale conferma dei valori del liberalismo anglosassone.

La prima guerra mondiale e il fascismo ovviamente misero in crisi la tradizione celebrativa del liberalismo italiano fra gli storici inglesi: lo stesso Trevelyan avrebbe voluto che i suoi libri venissero distrutti, affinché la sua fiducia nel liberalismo italiano fosse dimostrata priva di giustificazione.

Ma, al di là di questo, c'è anche il pericolo, a mio avviso, di sopravvalutare la tradizione filo-italiana e la conoscenza diretta dell'Italia in Inghilterra prima della guerra. Vale la pena notare, per esempio, che fu proprio Trevelyan ad affrontare questo argomento durante il periodo delle trattative di pace a Versailles, allorché egli svolse – alla *British Academy* di Londra, in presenza dell'ambasciatore inglese a Roma, Sir Renell Rodd – una relazione sui rapporti culturali fra l'Inghilterra e l'Italia. Punto di partenza del discorso fu l'affermazione del declino progressivo nei rapporti e nei contatti diretti fra i due paesi dopo l'Unità per motivi che l'oratore medesimo individuava, da un lato, nella diminuzione della presenza commerciale e finanziaria inglese in Italia e nella conseguente riduzione o trasformazione del carattere delle colonie inglesi nella penisola (quella in Sicilia, per esempio, ma non solo quella), dall'altro nel venir meno dei contatti politici che avevano caratterizzato il periodo risorgimentale e nella scomparsa dell'emigrazione politica italiana (mentre la nuova emigrazione operaia e contadina della seconda metà del secolo si era indirizzata oltre l'Atlantico)[10].

Possiamo aggiungere un'altra motivazione, già precedentemente notata dallo scrittore americano Henry James: ed è la tendenza abbastanza spiccata di privilegiare sempre l'Italia del passato rispetto a quella del presente, preferenza che comportava una visione «prevenuta» dell'Italia contemporanea[11]. Una simile discriminazione era, poi, rafforzata dall'esplosione della vera e propria industria culturale che veniva crescendo intorno allo studio del Rinascimento italiano: un'industria promossa non solo da imprenditori culturali come Bernard Berenson, ma anche dall'*establishment* accademico inglese e americano. Quei monumenti della cultura scientifica britannica in Italia – quale, per esempio, l'Accademia Britannica di Roma –, fino a pochi anni fa, escludevano rigorosamente qualsiasi ricerca sull'Italia sia contemporanea, che moderna: non si voleva sentire parlare dell'Italia, se non prima dell'anno 1494.

Dunque, di fronte al crollo del sistema parlamentare in Italia, non solo il largo pubblico inglese, ma anche i circoli più colti e informati sapevano ben poco della realtà della società italiana. Ho trovato una conferma abbastanza interessante di questa mancanza di informazione negli archivi del Congresso dei Sindacati (TUC), quando, negli anni venti, si cercava di capire che cosa fosse il fascismo e, soprattutto, quale fosse il rapporto fra il sindacalismo fascista, il corporativismo, il movimento cooperativo e il *trade unionism*: su tutto ciò, malgrado l'antipatia profonda verso il fascismo, permase una confusione totale almeno fino alla fine degli anni venti[12].

Arrivando dunque al secondo dopoguerra – senz'altro il periodo in cui la storiografia inglese ha avuto un ruolo molto particolare in Italia –, un punto mi pare accertato: l'idea che già esistesse una grande tradizione di ricerche storiografiche inglesi sull'Italia contemporanea è da scartare, o almeno è da considerare ben distinta da quel fascino culturale generico e privo di fondamenti critici.

Grosso modo, la storiografia inglese sull'Italia contemporanea dagli anni cinquanta in poi si divide in tre fasi che possiamo distinguere in maniera abbastanza netta.

Nella prima spiccano soprattutto – e quasi esclusivamente – le prime pubblicazioni di Denis Mack Smith: soprattutto il suo *Cavour e Garibaldi* del 1954 e poi la *Storia d'Italia* del 1959, in cui si stabilivano le basi dell'interpretazione macksmithiana delle tendenze dominanti nella storia italiana contemporanea[13]. Da buon allievo di Herbert Butterfield – l'autore negli anni venti della famosa critica della tradizione storiografica liberale (*The Whig Interpretation of History*), di cui Trevelyan era un autorevole esponente (anche se il bersaglio principale di Butterfield era in realtà lo storico cattolico Lord Acton) –, un trattamento revisionista dell'interpretazione di Trevelyan forse si presentava come un'impresa ovvia al giovane Mack Smith, benché sia tutt'altro che facile etichettare la sua produzione sotto una definizione storiografica precisa. Comunque, le ricerche di Mack Smith e la sua revisione dei giudizi ottimistici di Trevelyan offrirono un nuovo punto di partenza per gli storici inglesi dell'Italia contemporanea.

Rosario Romeo, però, dichiarava che lo studioso oxoniano non aveva fatto altro che riprendere la critica mazziniana e repubblicana contro lo Stato liberale, tanto che i toni celebrativi della precedente storiografia inglese venivano semplicemente trasformati in toni più neri e pessimistici[14]. Un tale giudizio non solo mancava di generosità, ma non riconosceva neppure gli autentici elementi di novità dell'impostazione critica di Mack Smith: questi si trovano in parte nel rigore della ricerca e della documentazione, ma soprattutto nel tentativo di leggere e interpretare il corso della storia italiana contemporanea in modo organico e nell'ottica della lunga durata.

In assenza di alternative, nei primi anni del secondo dopoguerra, il lavoro di Mack Smith rappresentò la proposta di un'interpretazione sintetica e critica delle origini del fascismo scritta in chiave non-marxista. Nella sua *Storia d'Italia*, l'unificazione italiana veniva presentata come una rivoluzione liberale mancata, i cui veri colpevoli venivano individuati nella classe politica liberale. Al contrario, il popolo italiano – rappresentato quale vittima (un po' come il suo eroe Garibaldi) della grettezza di quella stessa classe politica – veniva conseguentemente escluso da questi giudizi negativi.

Impegnato soprattutto in una revisione del mito eroico di Trevelyan, il lavoro di Mack Smith finì per costituire una specie di ponte fra la storiografia inglese del passato e del presente. I suoi giudizi, che con gli anni sono diventati forse più duri e inflessibili nelle pagine delle sue biografie di Mussolini e di Cavour[15], sono certamente discutibili (e, infatti, sono sempre stati molto discussi): però, non v'è dubbio che a lui spetti il grande merito di aver rilanciato in Inghilterra un nuovo interesse per la storia contemporanea italiana e di essere stato fra i primi, fuori d'Italia, a cercare un'interpretazione storiografica del fascismo.

Egli, comunque, non dovette attendere a lungo per avere una risposta abbastanza critica da parte di un altro studioso inglese, Christopher Seton Watson. Anch'egli docente presso l'Università di Oxford (nella facoltà di Scienze Politiche), figlio di un grande esponente della diplomazia britannica (da lui stesso definito un «gladstoniano impenitente»), Christopher Seton Watson aveva combattuto la guerra in Italia: appena ritornato a Oxford, si era prefisso di spiegare perché la democrazia italiana fosse crollata nel '25. In un modo ancora più esplicito di Mack Smith, Seton Watson si dichiarava un liberale (sia pure con la precisazione che trattavasi di una tendenza inglese oltre che liberale): senza citarne le ricerche, egli offriva una ricostruzione della storia politica dell'Italia liberale che rifiutava punto per punto quasi tutti i giudizi del Mack Smith sulle carenze della classe politica liberale[16].

Va anche aggiunto però, che le *Storie* di Mack Smith e Seton Watson, pur offrendo giudizi così fortemente contrastanti fra di loro, condividevano un'impostazione ideologica e metodologica non dissimile della storia comparata. Tutti e due i libri erano, infatti, l'espressione abbastanza esplicita del modo in cui la cultura liberale inglese del secondo dopoguerra cercava di riformulare la propria concezione del liberalismo. Tutti e due i libri, inoltre, muovevano da una serie di preconcetti comuni alla storiografia inglese degli anni cinquanta e sessanta e condividevano parecchi degli assunti metodologici e dei valori ideali sottesi ad alcuni tra i più significativi studi di quegli anni: quali, *Struggle for Mastery* di A.J.P. Taylor sulla Germania, o il volume di Raymond Carr sulla Spagna nella oxfordiana *Storia dell'Europa Contemporanea* curata da F.W. Deakin e dallo stesso Taylor (poi, da Lord Alan Bullock)[17].

In ciascuno di questi casi esemplari, è dato scorgere il tentativo di riaffermare la credibilità del liberalismo dopo i disastri degli anni venti: disastri da spiegarsi con il fatto che i valori liberali erano stati dimenticati o rifiutati. Alla base di una simile concezione della storia comparata stava un modello singolare dell'ideologia liberale, secondo cui al centro del discorso storiografico andava posta la prassi del liberalismo, concepita in termini di istituzioni politiche e di sistemi di governo: in tale ottica, si identificava il banco di prova fondamentale della politica liberale nella politica estera e nella diplomazia. Quest'enfasi venne consolidandosi ulteriormente per il fatto che gran parte dei primi storici inglesi del fascismo furono fortemente influenzati (sia a livello teorico, sia a livello metodologico) dalla tradizione di storia diplomatica, forse il settore storiografico più evoluto in Inghilterra nella prima metà del Novecento. Questa tradizione è ben evidente nel lavoro di Mack Smith come in quello di Seton Watson, tanto più che anche gli altri principali contributi degli anni cinquanta e sessanta venivano da studiosi di politica estera, quali Elizabeth Wiskemann, socio dell'Istituto per gli Affari Internazionali (Chatham House) di Londra e autrice dei primi studi sui rapporti fra Mussolini e Hitler[18], e Frederik W. Deakin, capo della missione militare inglese in Jugoslavia durante la guerra, poi presidente del primo collegio di Oxford specializzato negli affari internazionali (St. Antony's College) e autore di studi documentati sui rapporti fra l'Italia e la Germania e sulla Repubblica di Salò[19].

Nella seconda fase della storiografia postbellica, entrava in scena una nuova generazione dotata di una formazione culturale e storiografica diversa – benché l'Università di Oxford continuasse a rimanere la comune matrice intellettuale. La nuova fase si annunciò con la pubblicazione, fra la metà degli anni sessanta e i primi settanta, di una serie di nuove monografie, che si distinguevano dagli studi precedenti soprattutto perché fondate su estese ricerche negli archivi italiani e basate su fonti documentarie in gran parte inedite e ancora, metodologicamente, poco utilizzate: si pensi al saggio di Stuart Woolf sulla nobiltà piemontese del Settecento[20], al libro finora abbastanza trascurato di Patrick Chorley sull'Illuminismo meridionale[21], e – per la storia contemporanea – allo studio di

Adrian Lyttelton sulle origini della dittatura fascista[22].

Queste pubblicazioni segnalarono un vero e proprio cambiamento di rotta nella storiografia inglese sull'Italia, per almeno due motivi. Prima di tutto esse riflettevano uno spostamento, già evidente in termini più ampi nella storiografia inglese, verso prospettive influenzate più apertamente dalla sociologia e dalla scienza politica, e dunque più aperte alle dimensioni sociali ed economiche della storia politica: queste tendenze erano già evidenti nel libro di Lyttelton, come nella collana di saggi sul fascismo curata da Woolf[23]. Ma vi era un'altra caratteristica della svolta storiografica: essa consisteva nel modo in cui la storiografia inglese offriva, almeno per un momento, una specie di punto d'incontro fra differenti tendenze storiografiche. L'analisi di Lyttelton, per esempio, come pure i saggi della collana curata da Woolf, muovevano da modelli sociologici di matrice forse più parsonsiana che weberiana, spesso filtrati attraverso un empirismo, che si dice tipicamente inglese, ma che, in quel momento, finiva, appunto, per costituire un punto d'incontro fra tendenze storiografiche diverse: da una parte quella italiana, e dall'altra, quella che si è soliti chiamare «anglo-sassone» (non di rado con qualche esagerazione, in quanto essa implica orientamenti in verità assai poco omogenei). E ciò contribuì a distinguere la storiografia inglese degli anni sessanta e settanta dall'indirizzo più rigidamente strutturale – e anche più universalizzante – della nuova storiografia americana[24].

Risale proprio a questa seconda fase il tentativo, da parte degli storici inglesi, di inserire, e anzi di formulare, le loro ricerche dentro il contesto del dibattito storiografico italiano. Quest'apertura alla storiografia italiana, già presente nel citato lavoro di Lyttelton e nel saggio sulla storia d'Italia nell'età del Risorgimento di Stuart Woolf pubblicato nella einaudiana *Storia d'Italia*[25], fu la novità che caratterizzò in maniera più significativa le ricerche a partire dai primi anni settanta. Il libro sul fascismo a Ferrara di Paul Corner[26], un allievo di Seton Watson ma in stretto contatto anche con Lyttelton e il gruppo di ricercatori che studiavano con lui a Oxford all'inizio degli anni settanta, divenne il modello seguito poi da altri giovani formatisi sempre con Lyttelton in quegli anni; due soli esempi, al riguardo: il saggio della Kelikian su Brescia e lo studio dello Snowden sulla Toscana (che fu la sua tesi di dottorato scritta negli anni settanta, anche se venne poi pubblicata solo qualche anno fa)[27].

Le ricerche sulla crisi dello stato liberale a livello locale o regionale rappresentarono il contributo più caratteristico della seconda fase della storiografia inglese, in cui si rifletteva un più generale spostamento di attenzione della storiografia dalla grande politica ai contesti sociali ed economici ad essa sottesi: un modello, questo, seguito anche da giovani studiosi americani, come Anthony Cardoza nel suo libro su Bologna[28]. Con le ricerche sulle realtà locali aumentarono pure le occasioni di integrazione a livello storiografico, tanto che la produzione storiografica britannica – man mano che i temi di ricerca aumentavano – si integrava sempre più strettamente con quella italiana.

Se il periodo fascista costituì indubbiamente il primo punto di approdo per una nuova generazione di storici britannici (e pure un argomento di didattica universitaria), le novità non mancarono di farsi sentire anche in altri settori di ricerca. Per l'Ottocento, la tradizione degli studi di storia politica e diplomatica è stata portata avanti da Mack Smith con la biografia di Cavour e con altri scritti[29], mentre Derek Beales, attuale titolare della cattedra di Storia moderna europea all'Università di Cambridge, e Harry Hearder continuavano a indagare le dimensioni politiche e diplomatiche del Risorgimento[30]. La svolta innovativa nel campo degli studi sull'Ottocento italiano fu rappresentata dal volume di Paul Ginsborg su *Manin e la rivoluzione veneziana del 1848-49*, pubblicato alla fine degli anni settanta, in quanto, per la prima volta, veniva presentato al pubblico inglese uno degli episodi classici del Risorgimento di Trevelyan tradotto in una chiave esplicitamente gramsciana[31]. Sullo sfondo di un diverso contesto geografico e sociale, le mie ricerche sull'imprenditorialità meridionale della prima metà dell'Ottocento cercavano di richiamare l'attenzione su aspetti e questioni di storia economica e sociale fino ad allora trascurati, almeno nel panorama inglese[32]. Un volume a più voci su Gramsci rappresentò il tentativo di riaprire per il pubblico inglese il dibattito sul Risorgimento muovendo dal modello interpretativo gramsciano, e pertanto ponendo l'accento soprattutto sui nessi tra la storia sociale e quella politica[33]: un altro volume collettaneo (sempre sull'Ottocento italiano) ha poi ripreso, e in maniera anche più esplicita, questo spostamento di attenzione per la storia sociale e per una visione della storia italiana, che sapesse intenderla in termini di una storia europea comparata[34].

L'attività di ricerca si estese pure in altre direzioni e in altri campi. Sempre sull'Ottocento e sempre in una prospettiva di storia sociale, meritano di essere ricordati, oltre al libro di Woolf sul periodo napoleonico in Italia[35], ai programmi di ricerca da lui organizzati presso l'IUE di Firenze e all'importante serie di suoi saggi originali sul tema della povertà in Italia e in Europa nella prima metà del secolo, anche il mio volume su *Legge e ordine* (con il quale ho inteso proporre una differente lettura dei rapporti fra società e politica nel contesto del processo di formazione dello Stato unitario italiano)[36] e alcuni altri contributi, fra i quali è opportuno citare il bellissimo libro di Lucio Sponza sugli immigrati italiani a Londra nell'Ottocento[37], le ricerche di Anna Cento Bull sulla protoindustrializzazione lombarda[38] e il recente e importante volume di Jonathan Morris su *Political Economy of Shopkeeping in Milan 1886-1922*[39]. A questi vanno aggiunti, infine, due recenti saggi di storia culturale, intesa nell'ottica che potremmo definire «postmodernista», se non proprio saidiana: quello di Daniel Pick su Lombroso[40] e quello di John Dickie sulle immagini del Sud nella seconda metà dell'Ottocento[41].

Consistenti, per quantità e qualità, anche i contributi sul periodo fascista: dal libro di Clark sulle occupazioni delle fabbriche, che ha dato avvio a un nuovo dibattito nella storiografia britannica[42], a quello di Pollard sui rapporti fra il regime e il Vaticano, che ha ripreso in considerazione tematiche e problematiche negli ultimi tempi abbastanza trascurate[43], fino al recente volume di Christopher Duggan su fascismo e mafia, che ha esteso l'analisi della politica fascista al Mezzogiorno[44]; dal volume collettaneo curato da David Forgacs, che ha posto con grande equilibrio il problema di nuove dimensioni di ricerca[45], all'agile sintesi di Douglas Thomson, che ci ha offerto un panorama critico dei dibattiti intorno alla funzione e all'uso politici della cultura nell'Italia fascista[46]. Sempre in tema della politica culturale del fascismo è da segnalare ancora il saggio con cui Christopher Wagstaff ci ha assicurato una prima anticipazione dei risultati della propria ricerca, basata su materiale di notevole interesse, sull'organizzazione dell'industria cinematografica[47]. Ad argomenti ben più drammatici è, invece, dedicato l'ampio e documentato studio di Jonathan Steinberg, che costituisce adesso un contributo fondamentale alla conoscenza della politica razziale del regime, sia in Italia che nei territori occupati[48].

Ma la novità forse più importante degli ultimi anni è probabilmente da considerarsi l'accresciuto numero di ricerche sul secondo dopoguerra e sull'Italia repubblicana. Fu certamente il volume a più voci curato da Stuart Woolf nel 1972[49] a rilanciare, sia in Inghilterra che in Italia, il dibattito storiografico sull'argomento e a stimolare una serie di nuove ricerche e nuovi studi. Vorrei qui segnalarne almeno alcuni: il libro di Ellwood sull'amministrazione civile anglo-americana in Italia nel 1943-45[50]; sul periodo della guerra, l'ultima pubblicazione di Roger Absalom sui rapporti fra prigionieri di guerra alleati e contadini toscani, che introduce nuove dimensioni dell'esperienza bellica di grande interesse e originalità[51]; infine, per il periodo della «ricostruzione» – oltre ai contributi di storici americani, come James Miller – le pubblicazioni di Alan S. Milward e il programma di ricerca da lui diretto per diversi anni presso l'IUE di Firenze, che sono ormai diventati un punto di riferimento obbligato[52].

A fianco di queste e altre ricerche dedicate agli aspetti politici ed economici della «ricostruzione», ha trovato spazio e si è affermata anche una serie di nuovi studi sull'avvento della «società di consumi» in Italia negli anni cinquanta e sessanta, da parte di David Forgacs, Stephen Gundle e altri[53]. Tale nuovo indirizzo di ricerca ha finito per trovare non pochi punti di convergenza con i risultati dell'indagine sociologica e politologica di numerosi studiosi inglesi, quali, ad esempio, Percy Allum e, più recentemente, David Hine[54].

Il contributo recente più importante a questo riguardo è stato senz'altro offerto dal bel volume di Paul Ginsborg[55]: vi è presentata per la prima volta al lettore, non solo inglese, la storia della Repubblica italiana dal punto di vista della storia sociale e nel contesto di un'analisi critica che va al di là degli stereotipi giornalistici che hanno caratterizzato gran parte delle sintesi generali pubblicate in Inghilterra sull'Italia contemporanea. L'indagine di Ginsborg cerca soprattutto di approfondire la natura dei legami fra politica e società, e di analizzare, quindi, i rapporti fra i diversi livelli dell'organizzazione sociale e istituzionale, dalla famiglia fino ai partiti: un'impresa, in cui sono confluite la metodologia critica propriamente storiografica e quella di altre scienze sociali (in primo luogo la sociologia politica) e che offre una sintesi interpretativa nuova e originale anche per il dibattito storiografico italiano.

Giunti alla conclusione, che cosa dire riguardo alla situazione attuale della storiografia inglese sull'Italia contemporanea? Innanzitutto, che stiamo senz'altro vivendo una fase di grande espansione in questo settore della ricerca storica. Una prima indicazione importante si evince dal fatto che il numero di persone che attualmente insegnano e svolgono ricerche sulla storia italiana contemporanea nel Regno Unito ha raggiunto un *record storico*, mentre tutti quelli o quelle che hanno portato a termine una tesi di dottorato (Ph. D) sull'Italia contemporanea negli ultimi 5-6 anni sono riusciti poi a inserirsi in modo stabile nelle Università britanniche. Un altro sintomo importante di questa vitalità è nella riuscita spettacolare della nuova *Association for the Study of Modern Italy (ASMI)*: fondata da Christopher Seton Watson nel 1982, l'ASMI adesso vanta oltre duecento soci, mentre i temi dei suoi congressi annuali offrono una conferma dell'ampiezza degli interessi e, al tempo stesso, dell'apertura da parte degli storici inglesi verso i contributi della scienza politica, dell'economia, della sociologia, della storia della letteratura e di quella, più in generale, della cultura.

Ora, quale bilancio critico fare di questa fioritura di studi sulla storia italiana contemporanea? Risponderò subito che fare un bilancio critico della storiografia inglese/britannica attuale rappresenterebbe, a mio avviso, un grave errore, in quanto comporterebbe il rischio di imporre l'esistenza di «una scuola», di «un approccio», di «una storiografia», che in realtà non esistono. Si può certamente – come ho cercato di fare in questa rassegna – individuare delle tendenze che possono forse definirsi genericamente di origine britannica (tenendo presenti le sfumature gallesi, scozzesi, inglesi). Si può, altresì, indicare una serie di altre tendenze – su cui si è esercitata l'influenza di storici inglesi, come E. P. Thompson, Eric Hobsbawm, Raymond Williams –, ma sempre a livelli molto generali.

Inoltre, vorrei dire che, al di là dei molteplici significati impliciti sottesi alle *Lettere Persiane* di Montesquieu, io non ritengo che una prospettiva dal di fuori (dall'estero) conferisca di per sé una visione privilegiata, bensì che essa sia e rimanga una prospettiva semplicemente diversa – proprio perché caratterizzata da forme di preparazione e da esperienze culturali e intellettuali diverse. Accettando il dato di questa diversità, e senza volere affatto imporre elementi di omogeneità che non esistono, credo, allora, che si possa tranquillamente affermare che la nuova storiografia britannica sull'Italia contemporanea si distingue (da quella francese o da quella tedesca, per esempio) in primo luogo in termini di scala e ampiezza di produzione: e a questo riguardo, bisognerà tenere conto non solo delle ricerche monografiche[56], ma anche di quegli studi e lavori di sintesi generale che hanno svolto la meritoria funzione di introdurre un pubblico più ampio alla conoscenza della storia italiana contemporanea[57].

La nuova storiografia inglese si distingue, in secondo luogo, per la preferenza accordata ai temi di storia sociale e per un indirizzo generale di particolare attenzione ai contesti sociali della storia politica. Al di là dei loro meriti specifici, i suoi contributi si caratterizzano per il tentativo di aprire a nuovi argomenti o di riproporre temi già conosciuti in una nuova prospettiva: qui, dunque, sta la caratteristica predominante della terza fase della storiografia inglese, che è quella attuale. Si tratta di risultati di indubbia importanza, benché sia pur vero che nelle tendenze attuali certe tematiche vengono privilegiate a scapito di altre, destinate così a essere trascurate: non esistono ancora, per esempio, ricerche aggiornate (e qui si coglie una differenza con la storiografia americana) su tanti personaggi chiave della vita politica dell'Italia contemporanea (su Mazzini[58], su Crispi, su Giolitti: per fare solo tre esempi). Mancano anche studi di carattere generale sui grandi movimenti politici e culturali dell'Italia contemporanea: sul movimento socialista o su quello cattolico, per esempio. Pure dei lavori di storia economica si lamenta la scarsità, malgrado le ampie occasioni di ricerca offerte dagli archivi britannici; anche se, per quest'ultimo caso, si possono ricordare le importanti ricerche di Paul Corner, sia sull'economia italiana del Novecento, sia sul ruolo avuto dalla piccola impresa contadina nell'ambito del processo di sviluppo italiano: sono due contributi fondamentali alla evoluzione/revisione del dibattito su quello stesso processo di sviluppo[59].

Su altre grandi questioni metodologiche, almeno finora, il contributo britannico è rimasto meno evidente in quest'ultima fase. Se la partecipazione di storici britannici al dibattito storiografico sul *Sonderweg* tedesco è stata notevole[60], il dibattito, che in parallelo ha avuto luogo in Italia sulle questioni metodologiche poste dal concetto di «modernizzazione», è rimasto finora esclusivamente nelle mani di storici italiani: penso soprattutto al lavoro svolto da alcune riviste, quali «Quaderni Storici» e «Passato e presente» (di recente anche «Studi Storici») e, per quanto riguarda il Mezzogiorno, «Meridiana»[61]. Ma anche in questo caso c'è da segnalare un'eccezione: mi riferisco agli importanti interventi in proposito del rimpianto Tim Mason (non a caso uno specialista, soprattutto, di storia tedesca contemporanea), autore di penetranti osservazioni sul modo in cui modelli di modernizzazione vengono applicati nella storiografia italiana contemporanea[62].

Si potrebbe forse aggiungere che, alla crescita dell'attività di studio e di ricerca sull'Italia contemporanea, da parte della storiografia inglese non ha finora corrisposto uno sforzo complessivo al fine di giungere a una riconsiderazione o una ridefinizione seria delle problematiche centrali, con cui la storia comparata delle società moderne deve oggi confrontarsi. Credo peraltro che, a livello di ricerche individuali, ci sia una grande sensibilità verso questi problemi metodologici e che acquisizione fondamentale da parte della nuova storiografia britannica debba ormai ritenersi il fatto che la storia dell'Italia contemporanea viene sempre più studiata in una prospettiva di storia europea comparata. Il caso italiano, cioè, viene considerato non più come un caso particolare a se stante, né più nei termini di modelli di «modernizzazione» astratti e singolari, bensì si cerca di analizzarne e comprenderne le «peculiarità» all'interno dei grandi processi di mutamento che hanno caratterizzato la storia dell'Europa.

Per concludere, va riconosciuto che, se in questo momento non esiste una «grande agenda» nella storiografia inglese, è perché non può più esistere nei termini in cui esisteva non solo quaranta, ma anche venti anni fa. Il motivo è soprattutto da ricercarsi nel fatto che ci troviamo attualmente – cosa che mi pare particolarmente evidente nel caso britannico – in un momento di grandi transizioni, non solo storiografiche, ma anche culturali. Il senso di fiducia nei modelli storiografici, che esisteva prima, ora non c'è più. Emblematico, nel caso britannico, è stato il crollo del modello eroico della prima rivoluzione industriale e l'emergere del tema del declino industriale come fenomeno centrale della storia britannica contemporanea. Questi fatti hanno finito senza dubbio per stimolare – nella maggior parte degli storici britannici in genere, inglesi in specie – una nuova sensibilità nei confronti della diversità di esperienze nei processi di modernizzazione negli altri paesi europei: sensibilità, che poi trova abbastanza fedele espressione anche nell'attuale storiografia britannica sull'Italia contemporanea.

* [N.B. All'epoca in cui J.A. Davis si impegnò a svolgere la presente relazione, era docente all'Università di Warwick (UK)].

[1] Cfr. R. Romanelli, *Political debate, social history and the Italian bougeoisie: changing perspectives in historical research*, in «Journal of Modern History», vol. 63, n. 4, December 1991, pp. 717-39; C. Cassina (a cura di), *La storiografia sull'Italia contemporanea*, Pisa, 1991; J.A. Davis, *Remapping Italy's Path to the Twentieth Century*, in «Journal of Modern History» (in corso di pubblicazione).

[2] Cfr. F. Venturi, *L'Italia fuori d'Italia*, in *Storia d'Italia*, III, *Dal primo Settecento all'Unità*, Torino, 1973, pp. 987-1478; Id., *Settecento riformatore*, I, *Da Muratori a Beccaria*, Torino, 1969.

[3] A. Young, *Travels in France & Italy (1789-90)*, London, 1915. Cfr. anche J.A. Davis, *England, the Mediterranean and the Italian states*, in *Atti del LIV Congresso di Storia del Risorgimento Italiano*, Roma, 1990, pp. 89-114.

[4] Cfr. G.M. Trevelyan, *Garibaldi's Defence of the Roman Republic*, (1907) [trad. it.: *Garibaldi e la difesa della Repubblica romana*, Bologna, 1909]; Id., *Garibaldi and the Thousand* (1909) [trad. it.: *Garibaldi e i Mille*, Bologna, 1910]; Id., *Garibaldi and the Making of Italy* (1911) [trad. it.: *Garibaldi e la formazione dell'Italia*, Bologna, 1913]; Id., *Daniele Manin e la Rivoluzione veneziana del 1848* (1923) [ed. it.: Bologna, 1926].

[5] Cfr. H. Bolton King, *A History of Italian Unity*, London, 1899 [trad. francese: Parigi, 1901; trad. it.: *Storia dell'unità italiana*, 2 voll., Milano, 1909-10; nuova ed.: prefazione di E. Ragionieri, 4 voll., Roma, 1960]; A. Berselli, *L'opinione pubblica inglese e l'avvento del fascismo (1919-1925)*, Milano, 1971.

[6] H. Bolton King, *Mazzini*, London, 1902 [trad. it.: Firenze, 1903].

[7] [D. Mack Smith, *Mazzini*, London, 1993 e Milano, 1993, è uscito mentre la presente relazione era già in corso di pubblicazione].

[8] H. Bolton King - Th. Okey, *Italy today*, London, 1903 [trad. it.: *L'Italia d'oggi*, Bari, 1903].

[9] Trevelyan, *Garibaldi and the Thousand*, cit., p. 22.

[10] Id., *Englishmen and Italians*, Conferenza tenuta alla Accademia Britannica di Londra, 11 giugno 1919.

[11] H. James, *Italian Hours*, Boston, 1909 [trad. it.: *Ore italiane*, Milano, 1984].

[12] Cfr. *Labour Party International Archive, Archive of the TUC General Council, Archive of the International Transport Workers Federation*: tutti, ora, in *The Modern Record Centre*, University of Warwick (UK).

[13] D. Mack Smith, *Cavour and Garibaldi. A Study in Political Conflict*, Cambridge, 1954 [trad. it.: *Garibaldi e Cavour nel 1860*, Torino, 1958]; Id., *Italy: A Modern History*, Ann Arbor, 1959 [trad. it.: *Storia d'Italia dal 1861 al 1958*, Bari, 1959].

[14] R. Romeo, *Cavour*, in *Nuove questioni di storia del Risorgimento*, I, Milano, 1964, pp. 801-35 [in particolare, pp. 825-28].

[15] Cfr. D. Mack Smith, *Mussolini's Roman Empire*, London, 1976 [trad. it.: *Le guerre del Duce*, Bari, 1976]; Id., *Mussolini*, London, 1981 [trad. it.: Milano, 1981]; Id., *Cavour*, London, 1985 [trad. it.: Milano, 1984]; Id., *Italy and its Monarchy*, London, 1989 [trad. it.: *I Savoia re d'Italia*, Milano, 1990].

[16] Ch. Seton Watson, *Storia d'Italia dal 1860 al 1925*, Bari, 1967, p. VII [cfr. anche: Id., *L'Italia dal liberalismo al fascismo. 1870-1925*, 2 voll., Bari, 1973].

[17] Cfr. A.J.P. Taylor, *The Struggle for Mastery in Europe. 1848-1918*, Oxford, 1954 [trad. it.: *L'Europa delle grandi potenze. Da Metternich a Lenin*, Bari, 1961]; R. Carr, *Spain 1808-1939*, Oxford, 1966 [trad. it.: *Storia della Spagna (1808-1939)*, Firenze, 1978].

[18] Cfr. E. Wiskemann, *The Rome-Berlin Axis*, London, 1949 [trad. it.: *L'Asse Roma-Berlino. Storia dei rapporti fra Mussolini e Hitler*, Firenze, 1955]; Id., *Europe of the Dictator. 1919-1945*, London, 1966.

[19] Cfr.: F.W. Deakin, *The Brutal Friendship*, London, 1962 [trad. it.: *Storia della repubblica di Salò*, Torino, 1963]; Id., *The Last Days of Mussolini*, London, 1966.

[20] S.J. Woolf, *Studi sulla nobiltà piemontese nell'epoca dell'assolutismo*, in «Memorie dell'Accademia delle Scienze di Torino», serie IV, 5, 1963.

[21] P. Chorley, *Oil, Silk and Enlightenment*, Napoli, 1966.

[22] A. Lyttelton, *The Seizure of Power*, London, 1974 [trad. it.: *La conquista del potere. Il fascismo dal 1919 al 1929*, Bari, 1974].

[23] Cfr. S.J. Woolf (a cura di), *The Nature of Fascism. Procedings of a Conference held by the Reading University Graduate School of Contemporary European Studies*, London, 1968; Id., *European Fascism*, 1968 [trad. it.: *Il fascismo in Europa*, Bari, 1968].

[24] B. Moore jr., *The Social Origins of Dictatorship and Democracy*, Boston, 1966 [trad. it.: *Le origini sociali della dittatura e della democrazia. Proprietari e contadini nella formazione del mondo moderno*, Torino, 1969].

[25] Cfr. S.J. Woolf, *La storia politica e sociale*, in *Storia d'Italia*, III, cit.; Id., *A History of Italy. 1700-1860*, London, 1979.

[26] P. Corner, *Fascism in Ferrara. 1919-25*, Oxford, 1974 [trad. it.: *Il fascismo a Ferrara. 1919-1925*, Bari, 1974].

[27] Cfr. A. Kelikian, *Town and Country under Fascism*, Oxford, 1986; F.M. Snowden, *The Fascist Revolution in Tuscany. 1919-22*, Cambridge, 1989; Id., *Violence and Great Estates in the South of Italy. 1900-22*, Cambridge, 1986.

[28] A.L. Cardoza, *Agrarian Elites and Italian Fascism. The Province of Bologna 1901-1925*, Princeton, 1982.

[29] Cfr. nota 15.

[30] Cfr. D.E. Beales, *England and Italy 1859-60*, London, 1961; Id., *Joseph II*, vol. I, London, 1987; H. Hearder, *Italy in the Age of the Risorgimento. 1790-1870*, London, 1983.

[31] P. Ginsborg, *Daniel Manin and the Venetian Revolution of 1848-9*, Cambridge, 1979 [ed. it.: Milano, 1978].

[32] J.A. Davis, *Merchants, Monopolists and Contractors: Economy and Society in Bourbon Naples 1815-1860*, New York, 1981 [in it.: *Società e imprenditori nel regno borbonico 1815-1860*, Bari, 1979].

[33] Id. (a cura di), *Gramsci and Italy's Passive Revolution*, London, 1979.

[34] J.A. Davis - P. Ginsborg (a cura di), *Society and Politics in the Age of Risorgimento*, Cambridge, 1991.

[35] S.J. Woolf, *Napoleon's Integration of Europe*, London, 1991.

[36] J.A. Davis, *Conflict and Control. Law and Order in Nineteenth Century Italy*, 1988 [trad. it.: *Legge e ordine. Autorità e conflitti nell'Italia dell'800*, Milano, 1989].

[37] L. Sponza, *Italian Immigrants in Nineteenth Century Britain: Realities and Images*, Leicester, 1988.

[38] A. Cento Bull, *Proto-industrialisation, Small Scale Capitalism and Diffused Entrepreneurship. The Case of Lombardy-Venezia 1880-1950*, in «Social History», vol. 14, 2, May 1989, pp. 177-200.

[39] J. Morris, *Political Economy of Shopkeeping in Milan 1886-1922*, Cambridge, 1993.

[40] D. Pick, *The Faces of Anarchy: Lombroso and the Politics of Criminal Science in post-Unification Italy*, in «History Workshop Journal», 21, 1986, pp. 60-86.

[41] J. Dickie, *A World at War. The Italian Army and Brigandage*, in «History Workshop Journal», 33, 1992, pp. 1-24.

[42] M. Clark, *Antonio Gramsci and the Revolution that failed*, New Haven, 1977.

[43] J.F. Pollard, *The Vatican and Italian Fascism 1929-1932. A Study in Conflict*, Cambridge, 1985. Da un'angolazione tutta britannica, si veda anche O. Chadwick, *Britain and the Vatican during the Second World War*, Cambridge, 1986.

[44] Cfr. C.J. Duggan, *Fascism and the Mafia*, London, 1989 [in it.: *La mafia durante il fascismo*, Soveria Mannelli, 1986].

[45] D. Forgacs, *Rethinking Italian Fascism*, London, 1987.

[46] D. Thomson, *State and Control in Fascist Italy: Culture and Conformity*, London, 1991.

[47] C. Wagstaff, *The Italian Cinema Industry during the Fascist Regime*, in «The Italianist», 4, 1984, pp. 160-74.

[48] J. Steinberg, *All or Nothing. The Axis and the Holocaust 1941-1943*, London-New York, 1990 (London, 1992²).

[49] J.S. Woolf (a cura di), *The rebirth of Italy*, London, 1972 [trad. it.: *Italia 1943-1950. La ricostruzione*, Bari, 1974].

[50] D.H. Ellwood, *Italy 1943-1945*, Leicester, 1985.

[51] R. Absalom, *A Strange Alliance. Aspects of Escape and Survival in Italy 1943-1945*, Firenze, 1991.

[52] A.S. Milward, *The Reconstruction of Western Europe 1945-1951*, Berkeley, 1984.

[53] Cfr. D. Forgacs, *Italian Culture in the Industrial Era. Cultural Industries, Politics and Public*, Manchester, 1990; S. Gundle, *Communism and Cultural Change in Postwar Italy*, tesi di dottorato, Cambridge, 1985; Id., *L'americanizzazione del quotidiano. Televisione e consumismo nell'Italia degli anni Cinquanta*, in «Quaderni storici», 62, 1986, pp. 561-94.

[54] Cfr. P. Allum, *Italy: Republic without Government?*, London, 1973 [trad. it.: *Anatomia di una Repubblica*, Milano, 1976]; D. Hine, *Italy*, in F.F. Ridley (a cura di), *Government and*

Administration in Western Europe, London, 1979.

[55] P. Ginsborg, *A History of Contemporary Italy. Society and Politics 1943-1988*, London, 1990 [it.: *Storia d'Italia dal dopoguerra a oggi. Società e politica 1943-1988*, Torino, 1989].

[56] Oltre alle pubblicazioni già citate, meritano una pur breve segnalazione le ricerche di altri giovani studiosi (e studiose) – Stephen Gundle, Lucy J. Riall, Maria S. Quine, Perry Wilson – attualmente in corso di pubblicazione.

[57] Ai già citati testi di Ginsborg, Woolf, Hearder e Beales, va aggiunto il volume di M.N. Clark, *Modern Italy. 1871-1982*, London, 1984.

[58] Cfr. nota 7.

[59] P. Corner, *Il contadino operaio dell'Italia padana*, in P. Bevilacqua (a cura di), *Storia dell'agricoltura italiana in età contemporenea*, II, *Classi e ceti*, Venezia, 1990, pp. 751-83; P. Corner (a cura di), *Dall'agricoltura all'industria*, Milano, 1992; A. Cento Bull & P. Corner, *From Peasant to Entrepreneur*, Berg, 1993.

[60] Cfr. D. Blackbourn - G. Eley, *The Peculiarities of German History. Bourgeois Society and Politics in Nineteenth Century Bourgeoisie*, London, 1991.

[61] Cfr. nota 1.

[62] T. Mason, *Italy and Modernisation. A Montage*, «History Worhshop Journal», 25, 1988, pp. 110-47 [cfr. anche: Id., *Moderno, modernità, modernizzazione: un montaggio*, in «Movimento operaio e socialista», 1-2, 1987, pp. 46-61].

ISMAEL SAZ

DALLA SPAGNA

PREMESSA

È consuetudine iniziare qualunque esposizione relativa alla storiografia spagnola sulla storia contemporanea degli altri paesi – e così, dunque, pure per l'Italia – denunciandone la scarsa consistenza. Purtroppo, questa immagine ha in sé qualcosa di reale, benché, come si vedrà, non manchino validi contributi. Pertanto, onde evitare ogni possibile equivoco e al fine di mettere ben in chiaro da subito il senso del mio discorso, sarà opportuno premettere due precisazioni fondamentali*.

In primo luogo (così evidente, da apparire quasi superfluo), si deve sottolineare la grande differenza tra la nostra storiografia sull'Italia contemporanea e quella sugli altri paesi occidentali. Non abbiamo, infatti, specialisti spagnoli di storia dell'Italia contemporanea nella stessa misura in cui li abbiamo per la Francia, ad esempio, o la Germania e la Gran Bretagna.

In secondo luogo (anche più importante, per quanto, forse, meno evidente), dobbiamo precisare la radicale asimmetria tra le nostre due storiografie rispetto alla conoscenza dell'*altro*. Dico questo perché, sia in Italia che in Spagna, si è soliti dare risalto alle carenze della propria storiografia sulla storia degli altri paesi. Ebbene, senza voler aprire una discussione su questo genere di valutazioni, tengo a sottolineare come la situazione sia assai diversa. Per parlar chiaro: non c'è in Spagna una tradizione né un presente storiografico di attenzione verso l'Italia contemporanea paragonabile, quantitativamente e qualitativamente, con ciò che si fa in Italia in senso inverso[1].

La prima spiegazione di tale situazione complessiva ha caratteri di estrema semplicità: la storiografia spagnola sull'Italia contemporanea è carente, perché, ferme restando le differenze precedentemente indicate, essa è scarsa anche sugli altri paesi europei. In questo senso, è ancora sostanzialmente valido il giudizio dato nel 1975 da José M. Jover:

non abbiamo coltivato, salvo rare eccezioni, tematiche di storia non spagnola, né siamo soliti prendere in considerazione [...] il fatto che la storia della penisola si integra in alcune coordinate europee e universali alle quali si debbono far risalire le fondamenta della nostra stessa storia nazionale, né ci curiamo a sufficienza della storia comparata, né esigiamo nelle nostre università la conoscenza delle lingue straniere[2].

All'origine di queste caratteristiche negative della storiografia spagnola vi sono fondamentalmente tre grandi motivazioni storiche. La prima si riferisce al ritardo nello sviluppo del capitalismo spagnolo e alla conseguente perdita di influenza della Spagna nello scenario internazionale lungo tutto l'Ottocento: così si spiegano pure il ritardo e la mancanza di indipendenza da parte della nostra cultura e, nel caso specifico, anche della nostra storiografia. La seconda motivazione si riferisce a ciò che Jover ha chiamato la *priorità del conflitto interno* nella storia della Spagna contemporanea: essa avrebbe rafforzato le tendenze isolazioniste e favorito la riduzione della proiezione internazionale della Spagna entro le sue dimensioni atlantico-americane e arabo-magrebine[3]. La terza motivazione, infine, riguarda la brusca soluzione di continuità verificatasi nella storia della nostra storiografia ed è, a mio parere, la più importante, soprattutto perché in essa troviamo gli elementi che ci consentono di intendere correttamente tanto le sfumature delle altre due, quanto le ragioni della loro persistenza: tale soluzione di continuità si identifica, con assoluta evidenza, nella brutale rottura, una vera e propria *cesura*, che con il franchismo venne a determinarsi nella grande tradizione della storiografia liberale[4].

Conclusasi l'esperienza dittatoriale, i tentativi innovatori più recentemente esperiti (timidi ed embrionali a volte, promettenti sempre) finiscono sovente per scontrarsi contro dei potenti limiti concreti, per lo più retaggio del franchismo, in grado di condizionarne negativamente, per il momento almeno, la portata.

Riscontriamo in primo luogo, il fatto che la storiografia spagnola ha dovuto riprendere la riflessione su quegli aspetti della storia della Spagna che, per il loro carattere politicamente pericoloso, erano rimasti riservati all'ambito dello studio – così fecondo tante volte – dell'ispanismo storiografico. Questo fatto ha comportato una sorta di sistema di *priorità* che, almeno in un primo momento, non lascia molto spazio per lo sviluppo delle ricerche sulla storia degli altri paesi. In secondo luogo c'è da notare come la stessa *cesura* determinata dal franchismo, abbia contribuito a bloccare il passaggio a una nuova prospettiva storiografica dei problemi che, nel loro tempo, avevano attratto l'attenzione della politica e della storiografia coeve: si pensi, ad esempio al Risorgimento o all'Italia fascista. In terzo luogo, bisogna dire che l'*assenza* di quarant'anni della storiografia spagnola ha fatto sì che la sua ripresa abbia avuto luogo quando la storiografia occidentale aveva sviluppato dei modelli interpretativi che in altre occasioni avrebbero potuto impedire un approccio più diretto a ciò che vi è di specifico nella storia italiana. Così è andata, in genere, per la problematica del fascismo, ma anche per quella relativa alla storia contemporanea dell'Italia nel suo insieme: da questo punto di vista è utile ricordare che fino a poco tempo fa in Spagna si conosceva la storia dell'Italia contemporanea attraverso gli studi di storici francesi, inglesi, tedeschi ecc. Infine, dobbiamo anche accennare all'eredità lasciata dal trascorso isolamento sul terreno delle infrastrutture culturali, siano esse pubbliche o private. Per quanto riguarda le prime si deve lamentare tanto l'assenza negli attuali piani di studio – adesso in via di riforma – di discipline specifiche relative alla storia dell'Italia o di qualunque altro paese europeo, quanto la scarsa apertura alla contemporaneità da parte delle istituzioni culturali spagnole all'estero. E per le seconde, ricorderemo l'esistenza di una politica editoriale fondata sul principio che tutto ciò che non è specificamente spagnolo *non vende*[5]: basti dire che, per quel che riguarda l'Italia contemporanea, al momento attuale, non esiste una sola pubblicazione in spagnolo che corrisponda, per dimensioni e funzionalità, a un testo di sintesi storica generale[6].

PROSPETTIVE SPAGNOLE DELL'ITALIA CONTEMPORANEA

Si tratta adesso di prendere in considerazione, in una prospettiva problematica, come i grandi temi della storia d'Italia siano stati studiati e analizzati nella letteratura storica spagnola dei secoli XIX e XX. Naturalmente per prima cosa ci si pone il problema di una periodizzazione idonea alle esigenze del nostro lavoro: rinunziando a qualunque tentativo di teorizzazione al riguardo, credo che possa accettarsi una divisione in quattro grandi blocchi. Il primo è quello del Risorgimento vero e proprio che si estende all'incirca tra il 1815 e il 1870; anche perché esso costituisce, come si vedrà, un periodo di massima attenzione reciproca tra i due paesi[7]. Al secondo periodo, che corrisponde all'Italia liberale che si estende dal 1870 fino al 1915/17, fa riscontro un'epoca di relativamente bassa intensità nei rapporti fra i due paesi, con un apparente mutuo disinteresse. Il terzo, centrato sulla crisi del liberalismo e sull'Italia fascista, ci pare più chiaramente definito e si caratterizza indubbiamente per la maggiore intensità nei contatti e nei rapporti reciproci. Dal 1945, infine, si apre una nuova fase, quella dell'Italia repubblicana, tanto chiaramente definita, quanto poco seguita dalla storiografia spagnola.

Il Risorgimento

Come è stato più volte giustamente osservato, il periodo del Risorgimento si distingue per l'intensità dei rapporti italo-spagnoli. Un'intensità, di cui il senso e la portata sono stati precisati molto bene da Vicens Vives circa quarant'anni fa: «liberali e assolutisti italiani e spagnoli cercarono reciproco aiuto, morale e materiale, stringendo vincoli più solidi e partecipando delle stesse vicissitudini»[8]. Questa osservazione deve, però, completarsi subito con un'altra, non meno importante, che si riferisce all'esistenza di due fasi nettamente distinte: la prima che si estende fino al 1848 e una seconda, che, da questa data, arriva fino alla fine del periodo[9].

Prima del '48, infatti, abbiamo una chiara circolazione delle idee[10] e delle élites[11], con la nitida convinzione da parte degli italiani, assolutisti o liberali, che per la loro lotta fosse essenziale quanto stava accadendo in Spagna: da entrambe le parti si comprende che la lotta è la stessa. C'è, però, una differenza fondamentale: il vessillo della rivoluzione è in Spagna (nella Costituzione del 1812 e nel *Trienio*) e le guerre sono in Spagna; mentre, al confronto, la situazione in Italia si mantiene stabile: qui, i tentativi di ribellione sono rapidamente sconfitti e tanti rivoluzionari (o controrivoluzionari) vanno a combattere in Spagna, trovando lì la loro fonte d'ispirazione.

Tutto questo ebbe notevoli conseguenze sul terreno che ci interessa: i testi e la memorialistica sull'esperienza spagnola e su quello che gli italiani hanno fatto in Spagna furono numerosi da parte italiana[12]. Non accade lo stesso in senso inverso: in Spagna, infatti, la stessa violenza del conflitto interno lascia poco spazio all'attenzione per l'estero, e quando essa ha luogo, avviene fondamentalmente in direzione di quelle potenze europee che possono condizionare decisivamente il corso della rivoluzione. D'altronde, neanche la storiografia spagnola liberal-conservatrice si mostra particolarmente proclive a valorizzare il contributo bellico di questi esuli italiani che, specialmente durante il *Trienio*, combatterono in Spagna[13].

Il panorama cambia radicalmente, come dicevamo, dal 1848 in poi. Si produce allora un certo rilassamento nell'attenzione che alla Spagna viene prestata dall'Italia: questo sarà, però, compensato dallo straordinario interesse che gli avvenimenti italiani da quella data risveglieranno in Spagna, con conseguenze di analoga portata nel campo della pubblicistica.

Naturalmente, a porre al centro dell'attenzione il problema dell'Italia fu la rivoluzione del '48, con le sue ramificazioni e concrezioni nella Repubblica romana e la spedizione militare spagnola contro la stessa. Successivamente, fu la nuova spinta verso l'unificazione nel 1859 e, quindi, il problema del riconoscimento da parte della Spagna del nuovo Regno d'Italia. Poi la questione romana, nuovamente centrale per la politica interna spagnola. Né mancarono, infine, considerazioni più o meno marginali sulla configurazione del nuovo Stato italiano.

Lo studio di tutti questi problemi venne condizionato dalle caratteristiche della storiografia dell'epoca: in particolare, dal suo carattere nel complesso nazionalista e romantico, dai vincoli che legavano i singoli studiosi ai vari progetti politico-nazionali, e dunque, dalla osmosi – anche in termini personali – tra storia e politica[14].

Detto questo, ci si renderà pure facilmente conto dell'esistenza di una linea divisoria fondamentale nella letteratura coeva spagnola sugli avvenimenti italiani: quella che separava i moderati dai progressisti e democratici. Una divisione che aveva molto a che vedere con la progressiva accentuazione in senso nazionalista del profilo conservatore dei primi e con il persistere, nei secondi, di un nazionalismo chiaramente proiettato verso il futuro, verso la realizzazione di un progetto nazionale che si riteneva non concluso e che, dunque andava portato a termine[15].

Per quel che riguarda i moderati, la loro posizione verso l'Italia riflette abbastanza bene le loro stesse contraddizioni: da una parte si riconosce il diritto all'indipendenza e all'unità degli italiani e si salutano gli sforzi che essi fanno in favore dei regimi costituzionali; dall'altra, si esprime un insuperabile rifiuto della rivoluzione e un fermo sostegno al potere temporale del pontefice.

Esempio tipico di questo atteggiamento è Fernández de Cordova, che aveva condotto la spedizione spagnola contro la Repubblica romana e tornò sull'argomento per giustificarla come un'azione imposta dall'ineludibile dovere di andare contro una rivoluzione internazionale, che si era realizzata come un attentato ai sacri diritti della Santa Sede. Ciò non ostante, questa immagine non escludeva l'accettazione di una via moderata per la soddisfazione delle aspirazioni indipendentiste, unitarie e liberali del popolo italiano[16]. Sono le stesse posizioni che si manifestavano negli scritti di un altro moderato, Joaquín Francisco Pacheco (che fu ministro, capo di gabinetto e ambasciatore a Roma), il quale seppe apprezzare il potenziale unitario del liberalismo piemontese e, al tempo stesso, difendere il potere temporale del papa, pur criticando il «governo clericale» di Roma; egli non credeva nell'Italia unita con Roma capitale, ma non escludeva affatto che questa potesse essere la conclusione[17].

La questione del potere temporale era, dunque, insieme alla prevenzione antirivoluzionaria, il problema con cui si scontravano sempre le eventuali simpatie per l'Italia dei moderati spagnoli. In questa prospettiva era frequente la contrapposizione fra l'universalità della Roma pontificia e i diritti italiani: Pastor Diaz, ad esempio, riconosceva il diritto di tutti popoli a costituirsi in Stati indipendenti e liberi, ma lo negava a quello italiano con il pretesto che non vi fosse un'altra grandezza possibile per l'Italia che quella che veniva dalla Roma cattolica e universale; pertanto egli considerava gli eccessi del patriottismo italiano opera dei suoi elementi «rivoluzionari e protestanti»[18]. Qualcosa di simile faceva il grande artefice della *Restauración*, Canovas del Castillo, storico e buon conoscitore del passato italiano: Sedan e Roma, la sconfitta francese e quella del pontefice, segnavano il duplice declino, materiale e spirituale, dei latini di fronte al rilancio tedesco e protestante[19].

Come è stato detto, il discorso dei progressisti partiva da premesse molto differenti. Per loro, l'Italia costituiva il punto di riferimento obbligato per i loro progetti e le loro speranze, il luogo dove, come scriveva Pérez Luzaró, si decideva la «grande contesa europea del secolo XIX», quella fra dispostismo e libertà[20]. Emblematico è il caso di Victor Balaguer: si accompagnò alle truppe piemontesi nel 1859, inviando cronache appassionate al periodico «El telégrafo», e ricapitolò poi la propria esperienza nei *Recuerdos*[21].

Ci troviamo di fronte all'antitesi di quella italofilia anti-italiana di Canovas e di Pastor Diaz, ma, al pari di questa, non esente da provvidenzialismo, sia pure di segno opposto: la storia in genere, e quella dell'Italia in particolare, veniva presentata come un lungo processo di lotta per l'indipendenza, l'unità e la libertà dei popoli. Una lotta che, nel caso dell'Italia, si sarebbe conclusa inevitabilmente con la liberazione del suo genio dai poteri che lo incatenavano.

D'altronde, come è stato giustamente osservato dall'Espadas, le pubblicazioni dell'epoca *trasudano* ammirazione per il Piemonte e per la sua capacità di porre la questione italiana nella luce internazionale più favorevole[22]. Naturalmente, com'era da aspettarsi, l'opinione pubblica progressista e gli storici politici di questa tendenza erano ben fermi nelle proprie convinzioni riguardo all'Italia: difesa della rivoluzione del 1848, condanna delle pretese papali e, dunque, della spedizione spagnola dell'anno successivo, entusiasmo per i progressi fatti nel '59 e richiesta, infine, del riconoscimento del Regno d'Italia e della stessa capitale Roma.

Ma anche per i progressisti il processo rivoluzionario italiano doveva rimanere entro certi limiti: così, Pérez Luzaró, spiegava la sconfitta del '48 con gli eccessi dei democratici, mentre altri progressisti si ingegnavano di conciliare, senza troppi problemi, simpatie politiche non sempre concordanti[23].

Non era questo il caso dei democratici spagnoli: gli avvenimenti italiani, specie dopo il 1860, ne attirano a tal punto l'attenzione da diventare l'argomento maggiormente discusso nelle loro pubblicazioni. La questione è stata sufficientemente sottolineata dalla storiografia: gli eventi d'Italia (e, con essi, Mazzini e Garibaldi, autentici miti viventi) contribuiscono decisamente a creare il clima che renderà possibile la rivoluzione spagnola del 1868[24]. Tutto questo risulta con chiarezza dalla biografia di Mazzini di Diez y Pérez[25], interamente basata sulla convinzione che la rivoluzione esprimesse esattamente il corso della storia e che l'Italia fosse il crogiuolo dove si fondevano le aspirazioni dei democratici e dei rivoluzionari europei. Si tratta di una storia della rivoluzione italiana, ma anche della storia dei rapporti fra i rivoluzionari italiani e spagnoli, il famoso e irrealizzato progetto della legione iberica compreso. Il tutto presieduto dalla figura di Mazzini: pertanto, il testo ha potuto meritarsi sia il giudizio favorevole di chi riconosce il suo carattere di unica biografia spagnola del rivoluzionario italiano, sia la critica più severa di chi gli rimprovera una eccessiva personificazione dei processi politici[26].

Emilio Castelar è stato uno degli storici-politici che ha prestato maggiore attenzione all'Italia, con una particolare passione per Garibaldi, ancora di recente ricordata positivamente da alcuni storici spagnoli[27]. Va segnalato, tuttavia, che l'approccio storiografico del Castelar si traduce in termini di tale ampollosità e retorica da danneggiare seriamente la sua capacità di approfondimento scientifico e da indurlo, non di rado, a cadere in evidenti contraddizioni[28], di cui possiamo trovare numerosi esempi nei suoi *Recuerdos de Italia*[29]. Ne consegue che, malgrado la sua sincera adesione al Risorgimento, egli ne ricostituisca le premesse e le dinamiche dello sviluppo limitandosi a una serie di evocazioni non sistematiche e di sapore letterario, che riducono la storia d'Italia – e, per analogia, anche quella della Spagna – a un processo obbligato destinato a culminare necessariamente e inevitabilmente nel 1870[30].

In un certo senso possiamo dire che in Castelar riscontriamo una visione alternativa al pessimismo latino di Canovas, che tuttavia procedeva in una direzione che avvicinava politicamente il democratico-repubblicano all'architetto della *Restauración*. Nessuna sorpresa, dunque, nel fatto che Castelar non si interroghi criticamente a proposito del modello di Stato nato dal Risorgimento. Anzi, egli tenterà di giustificarne l'involuzione conservatrice con l'esempio degli *eroi* italiani (Mazzini, Garibaldi e Crispi), nei quali s'incarnava la progressiva sintesi – a suo avviso, in atto in tutta l'Europa – fra i principi repubblicani e quelli della monarchia liberale[31].

C'erano, però, anche altri punti di vista in proposito: ad esempio, un altro repubblicano, Pi y Margall, non mancò di rinfacciare a Mazzini il suo giacobinismo centralista e di aver subordinato i principi democratici a quello totalizzante dell'Unità e, in ultima istanza, alla stessa monarchia[32]. Ma si trattava del punto di vista del repubblicanesimo federale e, non a caso, veniva proprio dalla Catalogna.

Sempre dalla Catalogna, veniva un altro giudizio critico, benché questa volta da una posizione politica diversa: erano due storici liberal-conservatori, Mañe y Flaquer e Mola Martinez, autori, nel

1865, di una suggestiva storia del brigantaggio meridionale, nella quale si seguivano le vicende di due *guerrilleros* carlisti catalani, che avevano trovato in Italia il luogo dove proseguire la loro lotta contro il liberalismo. Ciò che più qui ci interessa è che gli autori stabilivano un'originale correlazione fra il brigantaggio da una parte, l'assolutismo dall'altra, e, infine, la distruzione dell'autonomia napoletana[33].

Credo che questo ampio ventaglio di letture – dal pessimismo canovista, al repubblicanesimo federale, fino a un certo qual «pre-catalanismo» – ci ponga di fronte a una realtà di fatto decisiva: la formazione e stabilizzazione, tanto in Spagna quanto in Italia, di un nuovo modello di stato concludevano definitivamente i due cicli rivoluzionari. Tale conclusione costituì, infatti, il presupposto della contemporanea perdita di interesse da parte della nuova storiografia spagnola riguardo al recente passato italiano, senza che le nuove correnti positiviste si dimostrassero particolarmente favorevoli a una riconsiderazione più «scientifica» del Risorgimento. Tre eccezioni si possono, tuttavia, segnalare.

La prima è ancora influenzata da quella storiografia romantica, militante e rivoluzionaria, che ora appare, però, caratterizzata da notevoli ambizioni scientifiche: mi riferisco a *Garibaldi: historia liberal del siglo XIX*, opera collettiva diretta dall'anarchico Rafael Farga Pellicer – sotto l'ammiccante pseudonimo di Justo Pastor de Pellico – che vuole essere, allo stesso tempo, una storia dell'eroe e una storia generale del XIX secolo, nella convinzione di una continuità (radicata nelle idee di libertà, di progresso scientifico e di emancipazione) dal liberalismo, al federalismo, fino all'anarchismo[34].

La seconda eccezione ha, dal punto di vista storiografico, maggiore consistenza: si tratta dei lavori di Jerónimo Becker sulle relazioni internazionali della Spagna nel secolo XIX, i quali rappresentano ancora oggi un riferimento bibliografico obbligato. Basata su una ricca e accurata utilizzazione di fonti originali, l'opera riflette bene i progressi e i limiti della storiografia spagnola dell'epoca: da una parte, massima fedeltà alle fonti, dall'altra, tendenza a integrarle con giudizi di valore, considerati sempre «oggettivi». Per quanto riguarda l'Italia, tutto ciò si concreta in una ricostruzione di chiara impostazione liberal-conservatrice: giudizio negativo sulla rivoluzione del '48, ma anche sulla poco gloriosa spedizione spagnola a Roma; difesa della inevitabilità del riconoscimento del Regno d'Italia, ma anche delle riserve da cui esso fu accompagnato[35].

Della Repubblica Romana del 1849 si occupa l'ultima delle eccezioni suddette: è il libro di García Rives, del 1932, dal quale si coglie bene l'ulteriore involuzione in senso nazional-conservatore di alcuni settori storiografici. Critico rispetto agli autori spagnoli che avevano studiato previamente la questione, García Rives condanna senza sfumature la dinamica rivoluzionaria, offre un'immagine abbellita di Pio IX e del Risorgimento accetta soltanto la parte relativa al progetto di emancipazione dalla dominazione austriaca[36].

Trent'anni dopo, nel quadro di avvio di una vasta operazione di rilancio storiografico, uno dei suoi più attivi promotori, Vicens Vives, tornava sulla problematica del Risorgimento: lo faceva, però, per sottolineare che l'intensità dei rapporti italo-spagnoli di quell'epoca rendeva tanto più necessario uno studio oggettivo e completo del periodo[37].

Vediamo, dunque, i progressi ottenuti da allora.

La maggior parte della bibliografia spagnola in argomento riguarda i rapporti con la Santa Sede. A questo proposito, fu portato avanti un ammirevole lavoro di compilazione e pubblicazione delle fonti: si deve aggiungere, però, che salvo eccezioni, lo stesso fatto di tenersi vincolati agli archivi ecclesiastici – specie del Vaticano – contribuì a ridurre di molto la portata di tali apporti rispetto al tema che ci interessa[38].

In un quadro di scarsi, brevi e quasi sempre marginali riferimenti all'Italia del primo trentennio del secolo XIX[39], fa eccezione l'interesse dimostrato per la questione dell'influenza della Costituzione del 1812 e del *Trienio Constitucional* sui moti napoletani e piemontesi: influenza puntualmente sottolineata da Juan Ferrando nel 1959 in uno studio ampio e ben documentato, centrato sull'evoluzione degli avvenimenti politici e sulla problematica costituzionale, nel quale si segnalava anche la scarsa attenzione con cui furono seguiti gli eventi italiani dalle *Cortes*, eccessivamente fiduciose di una supposta invulnerabilità della Spagna[40].

M. Morán ha recentemente studiato, mettendone in rilievo l'importanza, le attività degli esuli italiani nella Spagna del *Trienio*[41]. Scarsi sono invece i riferimenti da parte spagnola alle pubblicazioni di questi esuli, alle loro attività cospirative, o ai rapporti fra i liberali spagnoli e italiani durante il *Trienio* e il posteriore esilio in comune[42].

Altri studiosi hanno preferito prendere in considerazione il gran daffare che si diedero in Spagna il conte Solaro della Margherita e altri diplomatici italiani, allo scopo di interferire nel processo che portò all'incoronazione di Isabella II[43]. Di queste stesse attività, e dei rapporti tra gli Stati italiani e la Spagna nella prima fase isabellina, si è occupato un lavoro di J.R. Urquijo, nel quale vengono messi in evidenza la persistente ostilità dei regni di Napoli e di Sardegna e il loro sostegno ai carlisti. Secondo Urquijo questa dinamica ostile era causata da un complesso di motivi: il ricordo degli eventi del 1820-21, l'instabilità politica interna, lo scarso peso sulla scena internazionale e, infine, l'intrigo delle relazioni dinastiche[44].

Riguardo al periodo successivo al '48, Vicens ha dapprima studiato il modo in cui governo e opinione pubblica spagnoli si posero di fronte alla guerra di Crimea[45], per poi passare a interessarsi dell'atteggiamento della diplomazia spagnola intorno alla crisi del 1859, segnalando le oscillazioni e le contraddizioni del governo O'Donnell e portando alla luce la centralità assunta dal problema italiano (in particolare, nei rapporti con la Santa Sede) nella politica generale spagnola del tempo, sì da conseguire effetti non transitori sulla stessa politica interna[46].

In merito alla dimensione internazionale del Risorgimento ha scritto anche A. Eiras, benché lo abbia fatto in una prospettiva divulgativa esplicitamente basata sui contributi di Franco Valsecchi[47]. Mentre Antonio Elorza ha studiato l'evoluzione dell'opinione pubblica nei confronti del Risorgimento nelle sue dimensioni ultraconservatrice, moderata e progressista, per segnalare il graduale avvicinamento dei secondi alle tesi (ma non ai toni) dei primi[48]: allo stesso tema, sebbene in senso contrario, si è dedicato anche Rosa Saurin, analizzando la percezione della Spagna in Italia[49]. Infine, più recentemente, Espadas e Ferrer Benimeli hanno approfondito la grande influenza che la figura di Garibaldi (inteso come la personificazione del Risorgimento) esercitò sulla Spagna del suo tempo[50].

Per J. Pabón, in un saggio che rappresenta anche il tentativo di tracciare un bilancio storiografico sull'argomento[51], la *questione romana* finì per diventare il nucleo centrale dei rapporti italo-spagnoli: sia per quanto attiene al problema del riconoscimento spagnolo del Regno d'Italia (con particolare riferimento all'atteggiamento di Isabella II, a causa dei condizionamenti esercitati su di lei dall'ambiente ecclesiastico), sia per quello che riguarda il complicato intreccio di questioni (diplomatiche, politiche e istituzionali) che avrebbe caratterizzato l'«anno di Roma» (il 1870) in Spagna[52].

Si tratta di due problemi sui quali è successivamente tornata la storiografia spagnola. Sul primo, J. M. Goñi ha messo in luce l'iniziale buona disposizione della sovrana a riconoscere il Regno d'Italia, come pure le forti pressioni che il Vaticano esercitò su di lei riguardo ad altri temi di politica interna spagnola[53]. In una recente monografia, F. Jiménez Nuñez ha nuovamente sottolineato la centralità che la «questione d'Italia» acquistò nella politica estera e interna della Spagna: una centralità quanto mai evidente, sia per il fatto che alcuni governi si formassero e cadessero proprio in relazione a questo problema, sia per l'indubbia incidenza nell'aggravarsi delle contraddizioni che condurranno finalmente alla rivoluzione del settembre 1868[54].

La stessa, profonda relazione fra problemi di politica interna ed estera caratterizza i rapporti ispano-italiani nel *sexenio revolucionario*. Come ha osservato Espadas, i governi spagnoli, ben consci delle ripercussioni che sulla politica interna avevano i rapporti con la Santa Sede, si sforzarono di migliorare il più possibile tali rapporti[55]: fu anche, però, la combinazione fra una dinamica politica interna e il contesto internazionale a portare sul trono di Spagna Amedeo di Savoia, determinando, di conseguenza, un peggioramento nelle relazioni spagnole con la Santa Sede[56]. Neanche con la *Restauración*, la «questione romana» cesserà di proiettare le proprie ombre, anche se i governi spagnoli faranno del loro meglio per «raffreddarla»[57].

In conclusione un bilancio della storiografia spagnola sul Risorgimento non può non rilevare la pochezza dei risultati, assieme alla centralità conseguita dai problemi politici: inoltre, ciò avviene sempre entro i limiti della politica (interna o estera) spagnola e, pertanto, senza dar luogo a una maggiore attenzione per la dinamica interna del Risorgimento, né a una maggior disponibilità a recepire il significato dei grandi dibattiti svoltisi nella storiografia italiana al riguardo. In questo senso, basterebbe sottolineare il paradosso (soltanto apparente) del fatto che lo studio dell'Italia risorgimentale sia stato comparativamente più ricco da parte della storiografia coeva, che di quella posteriore. Questo non è altro che un esempio dei limiti (condizionati storicamente) di una storiografia che non è riuscita a trascendere – per quel che si riferisce allo studio degli altri paesi – il livello dell'attualità politica e pervenire, così, a una prospettiva storiografica critica e problematica.

L'Italia liberale

Caratteristica essenziale di questo periodo è che l'Italia compare molto poco nella letteratura storico-politica coeva spagnola. La ragione di ciò va ricercata nel consolidarsi, in ambedue i paesi, di Stati a carattere liberal-parlamentare e relativamente stabiliti, o quantomeno, lontani dal clima anteriore di sommosse e di rivoluzioni. Non per questo, però, mancheranno i problemi, le contraddizioni o le nuove sfide, di fronte ai quali essi reagiranno in modo diverso. Ne consegue che, contrariamente a quanto ora detto, l'Italia continua a costituire un punto di riferimento obbligato per le *élites* spagnole, per i suoi governi e per la sua diplomazia: una situazione di apparente contraddizione, che è stata puntualmente colta dalla più recente storiografia[58].

Ma di che cosa si occupava la letteratura coeva? Un po' della «questione romana», ma non troppo[59]: in fondo, come lo stesso Pabón ha segnalato, l'atteggiamento ufficiale era quello di tacere su una *questione* destinata a passare in secondo piano, tanto nella vita politica spagnola, quanto nella pubblicistica storico-politica[60]; anche se le correnti ultra montane, puntando a obiettivi di politica interna e, anche, nell'intento di creare difficoltà nei rapporti fra i due stati, continuarono imperterriti ad agitare il problema[61].

Al di là di questo, c'è ben poco; è sufficiente, perciò, ricordare le collaborazioni giornalistiche di Castelar, la cui perenne ammirazione per l'Italia si combinava questa volta con la critica alle pratiche protezionistiche e alle imprese coloniali e con la presa di distanza dagli «eccessi» antifrancesi e anticlericali di Crispi[62], e due lavori uniti dalla comune matrice catalana: quello su Roma del sacerdote Jaume Collell, massimo esponente del *vigatanisme* (una corrente cattolico-precatalanista), e l'altro, su Alghero, del diplomatico Toda y Güell[63].

Fra le questioni emergenti, meritano una speciale attenzione quelle relative alla posizione internazionale della Spagna, soprattutto dopo che il Mediterraneo divenne il centro delle tensioni internazionali e, naturalmente, con l'inizio della grande guerra. In proposito, si devono menzionare le opere di Rafael Gay de Montellá, nettamente orientate in senso filo-francese e filo-Intesa: la politica estera italiana dall'inizio del secolo vi era vista come un progressivo allontanamento dalla Triplice, che avrebbe reso possibile, alla fine, il costituirsi dell'alleanza delle nazioni latine, fondata sull'unione «ideale delle razze Mediterranee». Di maggiore interesse il lavoro del professore di economia dell'Università di Valladolid Vicente Gay Forner, che contiene un'aperta professione di fede nel nazionalismo e nell'imperialismo in chiave marcatamente *iberista*, che si richiama esplicitamente al nazionalismo di Corradini, Sighele e Maraviglia, in quanto ritenuto meno dogmatico e settario di quello francese e in grado di proiettarsi sull'insieme della società[64]. Ci troviamo, dunque, davanti alla prima manifestazione del nuovo nazionalismo spagnolo e dell'influenza che su di esso eserciteranno i suoi referenti italiani.

Come ho già accennato, la storiografia attuale si è occupata molto poco e in misura parziale dell'Italia liberale: uno degli aspetti che hanno richiamato l'attenzione dei nostri storici è stato quello dei rapporti fra Spagna e Santa Sede e del modo in cui questi condizionarono le relazioni fra lo Stato spagnolo e quello italiano. Si tratta di una problematica assai complessa, sulla quale esistono un buon numero di lavori[65], ma che comporta il pericolo di scambiare per storia d'Italia quella che è, invece, storia della Santa Sede. Specialmente, come ha giustamente osservato Espadas, dal momento che i rapporti fra le due monarchie furono più condizionati dalla dinamica propria delle relazioni internazionali che dalla «questione romana»[66]. In una prospettiva relativamente diversa, Luis de Llera si è occupato recentemente dell'influenza del cattolicesimo liberale italiano (di Antonio Rosmini, in particolare) su quello spagnolo[67]: sul terreno dei rapporti culturali, malgrado l'importanza che ebbero, vi è ben poco d'altro, al di fuori di alcuni lavori sull'Academia Española de Bellas Artes di Roma[68].

Se, dunque, è dagli studi sulle relazioni diplomatiche tra i due Stati che sono venuti i risultati più numerosi – come stanno a dimostrare i contributi di Espadas sul periodo della *Restauración*[69] o quelli di Ibañez de Ibero, di Gay de Montellá e altri ancora sugli accordi per il Mediterraneo e la questione marocchina[70] –, è pur vero che, su tali questioni, il lavoro più completo ed equilibrato è rappresentato dal libro dell'italiano Federico Curato sugli accordi del 1887 e del '91, che determinarono per la Spagna (sia pure in via transitoria e indiretta) rapporti di maggiore dipendenza dalla Triplice[71]. L'argomento è stato successivamente ripreso e approfondito da García Sanz, secondo il quale il riavvicinamento italo-spagnolo si tradusse solamente in un miglioramento dei rapporti commerciali e culturali[72].

Come si può facilmente comprendere, il *desastre* del 1898

durante la guerra di Cuba ha costituito un elemento di riflessione costante per la contemporaneistica spagnola: riprendendo e sviluppando precedenti osservazioni di Pabón[73], José M. Jover perveniva alla conclusione che Adua e Santiago de Cuba non erano che eventi vincolati a un medesimo processo di trasformazione storica di carattere generale, basato sulla necessità di una redistribuzione coloniale, i cui effetti gravarono sulle nazioni latine, con conseguenze fortemente negative a seguito della stretta relazione fra frustrazione coloniale e crisi interna[74].

Per quanto riguarda l'Italia, le tesi di Jover sono state riprese e discusse da F. García Sanz: a suo parere, l'espansione coloniale italiana era stata l'espressione di valori ben radicati nella politica estera di fine secolo (vitalità, fiducia nella propria forza, volontà di ricuperare il ritardo dalle altre potenze), mentre in Spagna dominava un sentimento di prevenzione verso quegli stessi valori. Ne derivava una differente valutazione dello sviluppo finale della crisi: se nel caso spagnolo ci si trovava davanti a un ultimo e vano sforzo per conservare l'antico impero, in quello italiano, i molteplici errori che avevano condotto alla sconfitta non ne ipotecarono il dinamismo sul piano internazionale[75]. Tuttavia, le differenze più importanti si riscontravano nell'andamento delle rispettive crisi interne: mentre in Italia la crisi di fine secolo venne risolta nella prospettiva progressista del *giolittismo*, la Spagna permase in una situazione di prostrazione, incapace di scegliere fra un pessimismo di fondo e le spinte più disparate al rinnovamento[76]. Ci troviamo, dunque, davanti a un giudizio essenzialmente positivo dell'Italia di Giolitti: un giudizio certamente sfumato (soprattutto quando si segnalano le distorsioni introdotte nella dinamica delle forze politiche), ma dal quale il sistema giolittiano esce nettamente vincente nel confronto con la Spagna; ed è tanto più interessante ai nostri occhi in quanto, come spiega lo stesso autore, in esso si riflette a grandi linee la percezione dominante all'epoca fra le *élites* dei due paesi.

Mi pare evidente che con questo genere di interventi sia stato aperto un importante filone di studi in una prospettiva di storia comparata. Una problematica assai stimolante, intorno a cui è venuto sviluppandosi un dibattito ricco e suggestivo fra i nostri storici dell'economia: una volta accertata l'esistenza di un comune ritardo nello sviluppo capitalistico dell'Italia e della Spagna nel secolo XIX e di un ugualmente comune processo di ricupero nel secolo XX, ci si è posta la questione se questa regola generale consenta, o meno, di pervenire all'identificazione di un modello comune. La risposta affermativa è venuta da parte di G. Tortella, secondo il quale esiste un «patrón [modello] latino» da spiegarsi con ragioni storiche, geografiche e istituzionali (lingua, clima e qualità dei suoli, sistemi legislativi e amministrativi). Da questo punto di vista, senza dubbio simili sono i livelli di ritardo dell'agricoltura, dell'industria, dell'alfabetizzazione ecc.: sicché il parallelismo delle curve di crescita economica nelle due penisole mediterranee riflette bene la comune matrice dei rispettivi processi di sviluppo[77].

Non si può dire che la proposta di Tortella abbia suscitato un largo consenso, fra l'altro, perché, come egli stesso riconosce, in quasi tutti gli aspetti considerati è dato riscontrare una differenza in favore dell'Italia: specialmente per ciò che si riferisce all'evoluzione dell'occupazione, alla rendita agraria e al peso che quest'ultima ha avuto nel processo di accumulazione capitalistica[78]. Sulla base di questi e di altri dati, C. Molinas e L. Prados hanno messo fortemente in discussione il modello, suggerendo l'esistenza di «due percorsi diversi di decollo economico»[79]. Per i due autori, infatti, tutta una serie di indicatori economici, come quelli relativi al reddito *pro capite*, porterebbe a concludere che l'Italia sia entrata prima della Spagna nella dinamica di recupero delle distanze rispetto all'Europa più progredita (e cioè nel periodo a cavallo del secolo l'Italia, ben dentro il secolo XX la Spagna). Posto il problema in questi termini, come ha osservato Prados in altra occasione, le differenze sarebbero ancora più notevoli a vantaggio dell'Italia[80].

Esiste un'altra via di approccio al problema ed è quella che si riferisce ai differenti ritmi di industrializzazione di entrambi i paesi. In questa prospettiva, mentre Rosa Vaccaro ha insistito sul decisivo vantaggio che l'Italia aveva ottenuto in epoca giolittiana[81], più recentemente, Albert Carreras[82] è pervenuto a conclusioni diametralmente opposte, che egli stesso così sintetizza: «a) nel 1860 il livello di sviluppo industriale spagnolo era simile a quello italiano, ma in Spagna esso crebbe più rapidamente durante il successivo terzo di secolo; b) il *boom giolittiano* non fece altro che consentire all'Italia di raggiungere la parità, con la Spagna; il recente ritardo industriale spagnolo rispetto all'Italia nasce da esperienze ben più vicine nel tempo, concretamente all'epoca del primo franchismo»[83]. Per giungere a queste conclusioni, Carreras – e in ciò consiste, per gran parte, la novità del suo contributo – portò a termine una ricerca che lo condusse a elaborare nuovi indici di crescita dello sviluppo industriale italiano, tali, a suo parere, da modificare la percezione stessa della storia industriale dell'Italia postunitaria: in concreto, le stime proposte da Carreras indicano un primo periodo di crescita lenta ma progressiva nel trentennio 1861-1891, e un secondo più celere, benché inferiore alle valutazioni di autori come Gerschenkron o Fenoaltea, negli anni successivi[84]. Per quanto riguarda poi l'indubbio vantaggio che l'Italia ha (comparativamente parlando) raggiunto nell'insieme del processo, secondo Carreras esso riguarda soprattutto il futuro e trae origine dal fatto di avere incorporato la tecnologia della seconda rivoluzione industriale, mentre la precedente crescita della Spagna era stata frenata dalla tecnologia propria della prima: l'Italia, insomma, era stata favorita, rispetto alla Spagna, dai vantaggi dei *late comers*[85].

Non è questa la sede per discutere il metodo o le conclusioni dei lavori di Carreras: voglio dire, invece, che proprio per il loro carattere «revisionista», tali risultati dovrebbero confrontarsi, non tanto e non solo con gli esiti raggiunti da altri storici dell'economia, ma anche con i contributi di ricerche, come quelle prima considerate, che hanno inteso sottolineare la capacità della società italiana di avanzare in tutti i campi con ritmi più intensi e più *moderni* di quella spagnola. Si tratta, in altri termini, di affrontare un problema metodologico centrale: quello dell'elaborazione di modelli che possano tener conto, allo stesso tempo, dei processi generali di sviluppo della società europea (e non solo di quella «latina»), a partire dalla crisi di fine secolo, e dei loro differenti ritmi, e delle conseguenze che tali processi hanno avuto e avranno nelle condizioni specifiche dei singoli paesi.

Infine, dopo aver segnalato gli elementi di novità nei contributi sull'argomento in questione, non possiamo non rilevarne il carattere parziale, dal momento che altri aspetti sostanziali della storia italiana del periodo – come quelli relativi al modificarsi delle strutture sociali, al rinnovarsi della politica e al susseguirsi di fermenti ideologici nell'Italia liberale – non sono stati ancora oggetto di studio diretto da parte degli storici spagnoli[86].

L'Italia fascista e quella repubblicana

È facile riassumere le caratteristiche generali del modo in cui la letteratura storica spagnola ha affrontato il tema del fascismo italiano: una quantità assai consistente di studi all'epoca dei fatti e una produzione relativamente ampia nel periodo ad essi successivo. Con una particolare avvertenza, tuttavia: quello che è l'elemento prevalente negli scritti dei contemporanei, cioè l'attenzione all'esperienza italiana in se stessa, passa, per certi aspetti, in secondo piano nella storiografia posteriore, concentratasi soprattutto sullo studio dei rapporti bilaterali. Cosa che può spiegarsi con la maggiore sensibilità, dal punto di vista politico, della pubblicistica coeva, mentre quella posteriore è stata più interessata ad approfondire uno degli aspetti più importanti della nostra guerra civile, quello, appunto, dell'intervento straniero (nel nostro caso, italiano)[87].

E proprio qui è forse da ricercarsi ciò che distingue l'attenzione prestata dalla Spagna all'Italia fascista da quella che si dà in altri paesi. Mi riferisco alla problematica generale alla quale alludevo nel paragrafo precedente (a quella sorta, per intenderci, di parallelismo che caratterizzerebbe, o meno, la storia delle due società): il maggior dinamismo dell'Italia e il suo relativo vantaggio cronologico determinarono una più precoce maturazione delle contraddizioni e dei limiti a cui il liberalismo europeo, di fronte ai profondi cambiamenti sociali, va incontro a partire dalla fine del secolo. Ne deriva che l'evoluzione italiana sia seguita con speciale attenzione da una Spagna che, come tante altre volte, si guarda (con quale vantaggio non so) nello specchio italiano.

Richiamandomi ancora al paragrafo precedente, vorrei segnalare un altro tratto caratteristico del periodo, cioè il fatto che, per certi versi, i tempi e le modalità del processo di definitiva liquidazione della «questione romana» producono i loro effetti anche in Spagna: nel senso che la destra spagnola – da quella liberal-conservatrice a quella tradizionalista – si identifica ogni volta con meno riserve con lo stato italiano nella stessa misura in cui questo gira verso destra. Niente di sorprendente, dunque, nel fatto che alcuni settori del *maurismo* si orientino ben presto in una direzione chiaramente filofascista[88], o che qualcosa di simile accada (anche qui, molto presto) nel campo della destra cattolica[89].

Va detto subito che le pubblicazioni degli anni venti relative all'esperienza fascista offrono ancora una ricchezza di sfumature che sarà difficile trovare nei decenni posteriori. Così, ad esempio, Andrés Revescz, giornalista del quotidiano monarchico «ABC», pubblica un saggio in cui le evidenti simpatie verso il Mussolini antiliberale e antidemocratico non nascondono l'interesse per gli aspetti «sindacalisti» e «socialisti» del personaggio[90]. Né manca chi, da posizioni repubblicane e populiste, non esita a definire il fascismo «un nuovo movimento del Risorgimento», di origini mazziniane e, pertanto, anti-comunista e anti-oligarchico[91].

Dovendosi individuare un substrato comune agli approcci di allora, fossero conservatori o repubblicani, non potrebbe essere altro che la *coscienza della crisi*. Così il dirigente catalanista Cambó, al pari di tanti altri conservatori dell'epoca, tende a sottolineare la comune matrice rivoluzionaria di bolscevismo e fascismo, per poi scoprire in quest'ultimo delle dimensioni modernizzatrici e nazionaliste degne, almeno fino a un certo punto, di ammirazione[92]. Niente di modernizzatore e, per contro, abbastanza di «medievale», ci sarebbe nel fascismo per un altro catalano e futuro ministro repubblicano, Marcelino Domingo: ma neppure egli poteva non percepire la necessità di introdurre importanti riforme nelle istituzioni liberali[93]. In una direzione opposta, un altro repubblicano, il più noto storico e liberale Salvador de Madariaga, arriva a proporre, quale soluzione alla profonda crisi della democrazia parlamentare, un'alternativa a metà strada fra il liberalismo degli ottimati e il nuovo Stato totalitario fascista[94].

Dal punto di vista della sinistra marxista, l'attenzione si appunta ovviamente, verso un altro tipo di crisi: la crisi del capitalismo e dello stato borghese. A questo genere di pubblicistica appartiene la risposta di Andreu Nin alle citate asserzioni di Cambó, su posizioni molto vicine alle tesi di Trotzkij[95]. Più vicino, invece, alle interpretazioni della III Internazionale si colloca il testo di uno storico dell'antichità, Santiago Montero, che, paradossalmente, non avrebbe tardato a unirsi alle file fasciste[96].

Naturalmente, non mancarono negli anni trenta esempi di aperta apologia del fascismo o dell'Italia fascista, a volte finanziati dallo stesso governo italiano: tale fu il caso di Ernesto Giménez Caballero[97], o del già citato Vicente Gay[98].

La guerra civile modificò sostanzialmente il panorama: dalla varietà ideologica che caratterizzava la parte vincente vennero i primi importanti tentativi di riflessione sull'Italia fascista. Non fu, però, un approccio lineare: al contrario, le differenti correnti politiche del regime erano alla ricerca di propri riferimenti per il *Nuevo Estado* che si stava edificando. Nessuno ne metteva in dubbio il carattere totalitario, ma gli si davano differenti accenti: chi, ad esempio, proveniva dalla destra tradizionalista o cattolica tendeva a sottolineare il carattere tradizionale e cattolico del totalitarismo/fascismo spagnolo[99], mentre i *falangistas* si mostravano soprattutto preoccupati di dotare il *Nuevo Estado* di contenuti specificamente fascisti, che sarebbero serviti a differenziarlo dalle alternative meramente autoritarie o corporative[100].

Questa doppia lettura si può cogliere assai bene nelle vicende di una pubblicazione, la «Revista de Estudios Políticos», che si distinse dalle altre, anche da quelle storiche, per l'attenzione prestata ai problemi di storia contemporanea[101]: l'identificazione con l'esperienza italiana o tedesca, così come la presenza nelle sue pagine di autori di quelle nazionalità, e perfino il semplice riferirsi a Mussolini quale fonte d'ispirazione politica, sparirono appena fu chiaro che la sorte delle armi fasciste nella seconda guerra mondiale era cambiata. A partire da allora, infatti, si sciolse l'abbraccio strumentale che aveva legato i *fascistizzati* della Spagna repubblicana al fascismo nei due primi anni del dopoguerra, di modo che la religione e la tradizione, sprovviste ormai dei prestiti ideologici fascisti, si trovarono al centro del discorso legittimatore. E, ciò che è ancora più interessante, il medesimo processo di *sfascistizzazione* fu evidente anche fra i più cospicui rappresentanti della *Falange*[102].

Il risultato di tutto ciò non poteva essere che la scomparsa, praticamente totale, da ogni forma di pubblicistica legata al regime, di qualsiasi riferimento al fascismo o all'Italia. Sebbene possa sembrare paradossale fu proprio un giornalista falangista a dare corpo, nel 1943, a questo commiato dall'Italia. Mi riferisco a Ismael Herraiz e al suo libro *Italia fuera de combate*[103]: una violenta requisitoria contro il popolo italiano e tutte le sue istituzioni – soprattutto la monarchia e il mondo degli affari – accusate di avere voltato le spalle (dimostrando, così, di essere opportuniste e sleali; in una parola: detestabili) al duce, al fascismo ed al suo esemplare alleato, la Germania. Quanto al fascismo, esso aveva fallito in Italia, oltre che a causa di tali caratteristiche strutturali degli italiani, per avere dimenticato il proprio carattere rivoluzionario, attuando una pratica di «alleanze e compromessi con i gruppi reazionari».

A chiudere il ciclo furono le ricostruzioni della politica estera del primo franchismo: una di queste, quella di J.M. Doussinague, presentò i rapporti italo-spagnoli nel periodo precedente all'ingresso dell'Italia in guerra, come normali rapporti in atto fra due paesi neutrali, uno dei quali, la Spagna, avrebbe orientato ogni iniziativa in difesa della propria neutralità e in favore dell'Occidente[104].

Non si può dire che la posteriore storiografia spagnola abbia dedicato una grande attenzione alle dinamiche interne dell'Italia fascista. Al di là delle motivazioni di carattere più generale, un punto mi preme evidenziare rispetto alla dimensione storiografica specifica: il fatto che gli studi sul fascismo sono stati caratterizzati da una serie di modelli interpretativi nei quali il riferimento al caso italiano passava in secondo piano. Questo ebbe un rilievo maggiore nei primi – e spesso eccellenti – lavori su quegli aspetti della recente storia di Spagna più suscettibili di un approccio comparato. In tale ottica, i frequenti riferimenti al fascismo finivano per essere di ostacolo alla ricerca di un contatto più stretto con la storiografia italiana: si potrebbe persino dire che «il fascismo non lasciava vedere l'Italia o lo stesso fascismo italiano»[105].

Un'eccezione a quanto ora affermato è rappresentata (almeno in parte, come si dirà qui appresso) dal sociologo spagnolo, residente negli Stati Uniti, Juan Linz: nei suoi numerosi studi egli ha molto puntualmente analizzato le caratteristiche dei regimi autoritari, i tratti sociologici dei movimenti fascisti e le conseguenze derivanti dal carattere di *late-comer* del fascismo. Il fatto, però, che la maggior parte di questi lavori non sia stata tradotta in spagnolo, rende, quanto meno, problematico ascrivere a pieno titolo i suoi contributi al patrimonio della storiografia spagnola[106].

Meritano, inoltre, di essere citati un interessante studio sulle reazioni dei militari spagnoli all'avvento del fascismo[107] e il lavoro di Valls sulle differenze, relativamente all'insegnamento della storia, fra i regimi fascista e franchista[108]; mentre elementi di comparazione storica si possono trovare anche in alcuni studi sulle istituzioni economiche e sindacali del franchismo[109]. Da ricordare, infine, il recente lavoro di Javier Tusell sulla dittatura franchista, nel quale la prospettiva comparata riguarda i regimi italiano e portoghese. Nelle sue conclusioni, l'autore coglie la differenza nella più forte volontà totalitaria che si espresse nel regime italiano, in contrapposizione al carattere meramente autoritario di quello spagnolo: la dittatura di Franco viene, così, a collocarsi in una posizione intermedia fra l'Italia del duce e il Portogallo di Salazar[110].

Molto più ricca è, come dicevo, la bibliografia spagnola sui rapporti bilaterali: un dato che corrisponde bene all'intensità degli stessi lungo tutto il periodo. Fin dall'inizio (al tempo, cioè, della dittatura di Primo de Rivera), il periodo fu, infatti, caratterizzato dallo stretto collegamento tra la dimensione politico-ideologica della situazione interna e la realtà degli specifici problemi di politica internazionale. Per ciò che riguarda questa prima fase, la storiografia spagnola è pervenuta a precisare la natura più superficiale che sostanziale del riavvicinamento politico fra le due dittature[111]: inoltre, a conferma di quanto già sostenuto dallo storico americano John Coverdale, si è accertata l'inesistenza di qualsiasi tipo di clausole segrete negli accordi sottoscritti nel 1926. Ed è stato anche osservato come la questione potesse costituire un falso problema, rischiando, così, di far perdere di vista la reale consistenza dei rapporti medesimi: in questo senso Tusell e Saz hanno ampiamente dimostrato quali vantaggi poterono ottenere Mussolini e Primo de Rivera dalla loro amicizia (sancita con l'accordo, d'altronde innocuo, del 1926), sia in termini di prestigio e di consolidamento interno, sia di benefici indiretti sul piano internazionale[112]. Pur con qualche punta polemica rispetto alla linea interpretativa ora riportata, quest'ultimo aspetto della questione è stato sottolineato con forza (e in maniera, a mio avviso, assai opportuna) da Palomares: mentre non altrettanto si può dire (sempre, a mio parere) del tentativo operato dall'autore di riproporre la questione delle famose clausole segrete[113].

Anche sui rapporti durante il periodo repubblicano, alcuni aspetti possono ormai considerarsi acquisiti: quello, ad esempio, relativo all'entità degli aiuti italiani ai falangisti e ai monarchici[114]. Assai più discussa, invece, è tuttora la questione relativa alla maggiore o minore continuità nell'atteggiamento di Mussolini verso la Spagna: per Coverdale, e con lui Renzo De Felice, si sono avute delle effettive soluzioni di continuità, determinate dal prevalere di tradizionali considerazioni di politica internazionale[115]; per parte mia ho sostenuto, al contrario, l'esistenza di una continuità sostanziale, basata sulla fondamentale ostilità ideologica per la Seconda Repubblica, a cui si accompagnò la volontà coerente di vederla abbattuta; e ho sostenuto, pertanto, la coesistenza, senza troppi contrasti, di fattori politico-ideologici e fattori legati a una politica di potenza[116].

Il dibattito qui esposto si riproduce in termini ovviamente amplificati, riguardo alla guerra civile. Prima di riportarne i termini essenziali, vorrei segnalare il contributo di un consistente numero di lavori direttamente o indirettamente relativi all'intervento fascista[117]: in primo luogo, quelli di Alcofar Nassaes sui problemi militari, i quali hanno avuto, fra l'altro, il merito di mettere in una luce più favorevole (di quanto lo fosse nella stessa letteratura franchista) l'attività dei legionari italiani in Spagna[118]. Sempre su questo versante, Saz e Tusell hanno insistito sul merito quasi esclusivamente italiano della vittoria di Malaga e sull'esistenza, assieme ai ben noti errori italiani a Guadalajara, di altre e non meno importanti deficienze di parte franchista. Da segnalare infine l'eccellente lavoro di Massot sulla presenza di Arconovaldo Bonacorsi a Mallorca[119].

Ben più importante è la questione delle origini e delle ragioni di fondo dell'intervento italiano: in proposito, importanti settori delle storiografie italiana e spagnola hanno inteso dimostrare come la precedenza dell'aiuto francese alla repubblica determinasse il carattere sostanzialmente difensivo della reazione di Mussolini[120]. Da parte mia ho sostenuto, invece, che fu proprio la debolezza francese a facilitare le decisioni del duce: l'intervento va, pertanto, considerato un'operazione chiaramente offensiva. Conseguentemente, ho pure sostenuto che le ragioni di fondo dell'intromissione fascista vanno ricercate nel fatto che gli obiettivi *strategici* – necessità dell'amicizia spagnola, nella prospettiva di conquistare l'egemonia italiana sul Mediterraneo – si accordavano in pieno con l'obiettivo *ideologico* di vedere abbattuta quella che sempre più risultava essere un'esperienza apertamente anti-fascista[121].

In una prospettiva per certi versi tangenziale, si collocano i lavori di A. Pizarroso, tesi a illustrare l'entità dell'impegno propagandistico svolto dai rappresentanti dell'Italia fascista in Spagna[122]. Infine, relativamente ai rapporti economici fra i due paesi, si devono segnalare gli studi di Viñas, nei quali si evidenziano sia la benevola disposizione di Mussolini per ciò che concerne il pagamento del debito da parte spagnola, sia lo scarso interesse italiano a fare della Spagna un «satellite» economico[123].

Largamente condivisa dalla storiografia è la convinzione che Mussolini, una volta impegnatosi nella guerra di Spagna, abbia giocato quella carta fino in fondo, mettendo così in pericolo altri obiettivi della propria politica estera[124]: da qui l'interrogativo, più volte posto, riguardo a quali benefici siano stati ottenuti per un prezzo così alto[125]. Una risposta convincente è ora offerta dal documentato volume di Tusell e García: Mussolini non poté raccogliere nella seconda guerra mondiale i frutti del proprio intervento in Spagna, perché non trovò mai l'occasione opportuna per forzare Franco a intervenire[126].

Null'altro è da segnalare sull'Italia fascista, e quasi nulla sull'Italia repubblicana. Pertanto, ci limitiamo, a mo' di epilogo, ai lavori di

Pizarroso sulla stampa dell'immediato dopoguerra[127] a quelli di L. de Llera sui rapporti culturali nello stesso periodo[128] e, per finire, a quelli di altri settori disciplinari su aspetti particolari della recente storia italiana[129].

ALCUNE CONSIDERAZIONI FINALI

Mi pare evidente, sulla base di quanto finora osservato, che i momenti della storia d'Italia che hanno attirato maggiormente l'attenzione della storiografia spagnola siano il Risorgimento e l'Italia fascista, sui quali esiste una produzione bibliografica da considerarsi, nel complesso, di tutto rispetto. Mentre non altrettanto può dirsi per gli altri periodi.

La riflessione principale riguarda, però, il problema della discontinuità della nostra storiografia, che si è tradotta nella maggioranza dei casi in una quasi insanabile frattura tra l'attenzione politica del primo momento agli eventi italiani e il mancato approfondimento posteriore degli stessi. Aggiungasi, e non mi sembra meno significativo, che la storiografia coeva ha sfiorato (almeno) tutta una serie di problemi (ad esempio, quello relativo al modello di Stato nato dal Risorgimento), sui quali quella successiva non è tornata a riflettere.

Accade, cioè, di trovarci di fronte allo spostamento d'interesse, nella nostra storiografia, dall'attenzione ai problemi della politica interna italiana del momento (i contemporanei), all'attenzione per le ripercussioni e gli effetti degli eventi italiani sulla politica interna spagnola, ovvero, per le relazioni bilaterali (i posteri): uno spostamento, insomma, dalla politica interna italiana alla politica estera spagnola, invece, come parrebbe logico, di seguire il cammino inverso.

Non si tratta, ovviamente, di emettere condanne sommarie. Al contrario, va giudicato positivamente il crescente slancio della nuova storiografia spagnola sulle relazioni internazionali, con particolare riferimento ai rapporti con l'Italia[130]: questo può anche portare, come alcuni degli esempi qui studiati stanno a dimostrare, a nuove vie di approccio allo studio della società italiana.

Dobbiamo, però, insistere sul fatto che tanto questo spostamento, quanto lo scarso peso degli studi di storia socio-economica rendono notevolmente difficile ogni tentativo di dialogo fra la storiografia spagnola e quella italiana sui grandi problemi della storia contemporanea d'Italia e sugli importanti dibattiti che hanno caratterizzato l'evoluzione della storiografia italiana. Infatti, come si sarà potuto osservare, soltanto per un numero limitato di argomenti (la problematica del ritardo e dell'industrializzazione, l'Italia giolittiana, la politica estera fascista, e, con le sfumature annotate, lo stesso regime fascista) si è potuto stabilire un certo dialogo: e, per di più, soltanto su alcuni aspetti concreti e parziali rispetto ai risultati dello stesso dibattito storiografico italiano.

Può darsi che tutto questo abbia qualcosa a che vedere con l'esistenza di un certo complesso, quasi un timore di «mettere le mani negli affari altrui»; ma mi pare evidente che si debbano cercare ragioni più di fondo, le quali ci riconducono ancora una volta alla dialettica delle priorità e dei mezzi e al permanere di residui *hispano-centricos*.

A proposito di quest'ultimo punto, non si deve dimenticare il potenziale interpretativo della storia comparata, come si è potuto ben vedere in alcuni dei casi considerati. Va aggiunto, però, che la storia comparata non deve identificarsi, come solitamente avviene, con l'applicazione meccanica di determinati modelli, né deve ridursi a tagli cronologici o tematici, privi di connessione fra di loro. Da questo punto di vista, ad esempio, è da deplorarsi che negli studi sul franchismo e nelle comparazioni con il fascismo non si sia approfondita l'analisi comparativa dei processi economici, sociali e politici che li precedettero, o che nelle vicende a carattere locale non siano state prese mai in considerazione le analogie con l'Italia[131]: in altri termini, che non si sia pervenuti alla storia sociale comparata.

Esistono tuttavia, elementi di novità che inducono all'ottimismo. Il primo di essi mi pare assai importante, in quanto corregge l'eventuale immagine negativa che potrebbe derivarsi dalle precedenti considerazioni. Mi riferisco ai notevoli progressi compiuti dalla storiografia spagnola nei propri rapporti con le altre storiografie e con quella italiana in particolare. Non si può, infatti, non rilevare con soddisfazione come quegli aspetti a cui la storiografia spagnola *sull'Italia* ha prestato in passato una minore attenzione (quelli, per intenderci, della storia sociale) siano oggi probabilmente, quelli meglio conosciuti da importanti settori della stessa storiografia spagnola: il primo impatto si ebbe già sul finire degli anni sessanta con le tesi gramsciane[132], poi l'indirizzo è andato consolidandosi di pari passo con la crisi dei vecchi modelli e con lo sviluppo di nuove proposte metodologiche. Così come non si può non considerare positivamente quella sorta di appropriazione, da parte di un numero crescente di storici spagnoli, degli apporti della storiografia italiana su temi di grande respiro, quali quello delle borghesie nel secolo XIX, la storia della famiglia o la microstoria[133].

Un altro motivo di ottimismo, forse più *concreto* e, pertanto, più immediatamente incisivo, è rappresentato dalla riforma dei piani di studio in corso nell'università spagnola: sono certo che la storia dell'Italia contemporanea vi troverà il posto che le è attualmente negato.

E c'è, infine, il fattore *tempo*. Ammesso che la diagnosi qui fatta della soluzione di continuità verificatasi nella storia della storiografia spagnola sia valida, c'è d'aspettarsi (e credo che la riforma dei piani di studio universitari proceda in questa direzione) che la sua indubbia integrazione nei processi culturali europei si tradurrà inevitabilmente anche in una maggiore attenzione alla storia degli altri paesi.

* [Dal testo integrale della presente relazione manca, quasi per intero, il paragrafo dedicato ai caratteri generali della storiografia spagnola, che, con il consenso dell'autore, è stato pubblicato a parte in «Trimestre», 1993, 4, pp. 351-56].

[1] Sull'ispanismo storiografico italiano si veda G. Stiffoni, *Estudios históricos*, in «Arbor», 488-489, 1986, pp. 11-20, e M. Mugnaini, *All'origine dell'ispanismo storiografico contemporaneo in Italia. 1. I precursori dell'epoca romantica e risorgimentale*, in «Spagna contemporanea», 1, 1992, pp. 7-23. Si vedano anche i contributi di M. Mugnaini, C. Venza, A. Albonico, G. Ranzato e A. Botti in F. García Sanz (a cura di), *Españoles y italianos en el mundo contemporaneo*, Madrid, 1990.

[2] J.M. Jover, *Corrientes historiográficas de la España contemporanea*, in *Once ensayos sobre la historia*, Madrid, 1976, pp. 217-47.

[3] Cfr. P. Cirujano, T. Elorriaga, J.S. Perez Garzon, *Historiografia y nacionalismo español, 1834-1869*, Madrid, 1985; G. Pasamar - J. Peiro, *Historiografia y práctica social en España*, Zaragoza, 1987; J.M. Jover, *Caracteres del nacionalismo español, 1854-1874*, in «Zona Abierta», 31, 1984, pp. 1-22; Id., *La percepción española de los conflictos europeos: notas históricas para su entendimiento*, in «Revista de Occidente», 57, 1986, pp. 5-42; M. Moreno Alonso, *Historiografia romántica española*, Sevilla, 1979.

[4] In proposito, cfr. G. Pasamar, *Historiografía e ideología en la postguerra española, La ruptura con la tradición liberal*, Zaragoza, 1991.

[5] Mi limiterò a due esempi più significativi: la traduzione spagnola del libro di E. Sereni, *Capitalismo e mercato nazionale*, escludeva alcuni capitoli per il loro carattere specificatamente italiano; quella dell'opera di J.J. Linz - A. Stepan, *The Breakdown of Democratic Regimes*, non includeva alcuni saggi – relativi alla Spagna, all'Italia e alla Germania – che pure figuravano nell'edizione italiana [*La caduta dei regimi democratici*, Bologna, 1981].

[6] Eccezion fatta per quei testi di divulgazione destinati all'insegnamento. Anche nell'edizione di testi specifici si registrano dei progressi: si veda, per esempio, E. Hernandez Sandoica, *Los fascismos europeos*, Madrid, 1992. Sul problema dei manuali, cfr. J.C. Pereira, *Franquismo y democracia: el desconoscimiento*, in F. García Sanz (a cura di), *Españoles*, cit., pp. 309-25.

[7] Si deve ricordare, tuttavia, per la sua indubbia incidenza nella bibliografia spagnola sull'Italia, che l'analogo ciclo rivoluzionario spagnolo comprende il periodo 1808-1876. Al riguardo, si vedano le riflessioni, ancorché centrate sulla problematica delle relazioni bilaterali, di Brunello Vigezzi, *ibid.*, pp. 328-30.

[8] J. Vicens Vives, *Rapporti tra l'Italia e la Spagna nel Risorgimento*, in *Atti del XXXI Congresso di storia del Risorgimento italiano (Mantova, 21-25 settembre 1952)*, Roma, 1956; adesso anche in *Obra dispersa*, Barcelona, 1967, p. 336.

[9] Cfr. M. Mugnaini, *Un esempio di circolazione delle élites: Italia e Spagna dal 1808 al 1860. Rassegna della storiografia italiana*, in García Sanz (a cura di), *Españoles*, cit., p. 19.

[10] Cfr. F. Venturi, *La circolazione delle idee*, in *Atti del XXXII Congresso di storia del Risorgimento italiano (Firenze, 1953)*, Roma, 1954, pp. 203-22.

[11] Mugnaini, *Un esempio di circolazione delle élites*, cit., p. 19.

[12] Cfr. *ibid.*, *passim*.

[13] Cfr. M. Morán Orti, *España e Italia: historiografia sobre el primer tercio del siglo XIX*, in Garcia Sanz (a cura di), *Españoles*, cit., pp. 61-62.

[14] Cfr. J. García Martin, *El Risorgimento italiano en la historiografía española de los siglos XIX y XX*; ringrazio l'autore per avermi consentito la consultazione di questo testo di prossima pubblicazione. Cfr., anche, Cirujano, Elorriaga, Perez Garzon, *Historiografia y nacionalismo español*, cit., pp. 47 ss.

[15] Cfr. J.M. Jover, *Caracteres*, cit., pp. 12-3. Come lo stesso Jover indica in altra sede, si concreta qui una delle maggiori differenze fra il moderatismo spagnolo e quello piemontese: cfr. Id., *Prólogo* a *La era isabelina y el sexenio democrático*, Madrid, 1981, p. CLIII.

[16] F. Fernández de Cordova, *La revolución de Roma y la expedición española a Italia en 1849*, Madrid, 1882; dello stesso cfr. *Mis memorias íntimas*, Madrid, 1889².

[17] J.F. Pacheco, *Italia. Ensayo descriptivo, artístico y político*, Madrid, 1857. Cfr. J. Pabón, *España y la cuestión romana*, Madrid, 1972, p. 28; e F. Meregalli, *L'Italia del Risorgimento nella testimonianza di scrittori di lingua spagnola*, in «Rassegna Storica del Risorgimento», V, 1962, pp. 635-37.

[18] N. Pastor Diaz, *Italia y Roma. Roma sin el Papa*, Madrid, 1866; adesso nella BAE, *Obras completas de D. Nicomedes Pastor Díaz*, Madrid, p. 42.

[19] A. Canovas del Castillo, *Obras Completas. I. Discursos en el Ateneo*, Madrid, 1981, pp. 57-68.

[20] M. Pérez Luzaró, *Historia de la Revolución de Italia en 1848 y 1849*, Madrid, 1853, p. 648.

[21] V. Balaguer, *Recuerdos de Italia*, Madrid, 1992². Il libro incorpora il precedente, *Italia. Colección de cantos sobre la guerra de la independencia italiana*, Barcelona, 1859. La vita di Balaguer fu legata da speciali vincoli all'Italia: egli prese anche parte alla commissione parlamentare incaricata di offrire il trono di Spagna al duca d'Aosta. Di qui i molteplici riferimenti a Balaguer che troviamo nei testi che si occupano dei rapporti fra i due paesi. Per un esempio recente, si veda Ma. D. Valencia, *Victor Balaguer y la Italia del Risorgimento*, in V. Gonzales Martin, (a cura di), *El siglo XIX italiano*, Salamanca, Universidad, 1988, pp. 455-60.

[22] Cfr. García Sanz (a cura di), *Españoles*, cit., p. 188. Si devono ricordare inoltre: M. Leal y Madrigal, *Historia de la guerra de Italia*; B. Iglesias, *La verdad de la cuestión de Oriente o lo que se ve y no se ve en los asuntos de Italia*; C. Llauder, *La cuestión de Italia ante la Historia y el sentido común*. Tutti testi pubblicati nel 1859.

[23] Cfr. Pérez Luzaró, *Historia de la Revolución*, cit., p. 650; Balaguer, *Recuerdos de Italia*, cit., *passim*; P. de la Escosura, *La cuestión de Italia (España, Napoléon y Roma)*, Madrid, 1860.

[24] Cfr. J. Ferrer Benimeli, *Garibaldi e la tradizione democratica iberica*, in AA.VV., *Garibaldi generale della libertà*, Roma, 1984, pp. 443-96.

[25] N. Diez y Pérez, *José Mazzini. Ensayo histórico sobre el movimiento político en Italia*, Madrid, 1876.

[26] Cfr. García Martin, *El Risorgimento italiano*, cit.; F. Madrid, *De la supuesta estancia de Fernando Garrido en Florencia*, in «Spagna contemporanea», 1, 1992, p. 58 nota.

[27] Cfr. M. Espadas, *El eco de Garibaldi en España*, in *Giuseppe Garibaldi e il suo mito. Atti del LI congresso di storia del Risorgimento italiano (Genova, 1982)*, Roma, 1984, pp. 231-46;

Ferrer Benimeli, *Garibaldi*, cit., e dello stesso *Recuerdos de un demócrata en el centenario de la muerte de Garibaldi: Castelar y Garibaldi*, in «Tiempo de historia», 91, 1982, pp. 18-25.

[28] Per la percezione, da parte dell'ispanismo francese, di questi limiti del Castelar storico, cfr. A. Niño, *Cultura y diplomacia*, Madrid, 1988, pp. 47 ss.; per una critica similare di parte italiana, cfr. Meregalli, *L'Italia del Risorgimento*, cit., pp. 642-43. Cfr. anche V. Gonzales Martin, *Notas sobre Emilio Castelar en Italia*, in Id., *El siglo XIX*, cit., pp. 176-90.

[29] E. Castelar, *Recuerdos de Italia*, Madrid, 1876 [trad. it.: *Ricordi d'Italia*, Firenze, 1973], adesso in *Discursos. Recuerdos de Italia. Ensayos*. Selección e introducción de A. Souto Alabarce, México, 1980, pp. 124-37.

[30] Cfr. Id., *Italia, España y el Mediteráneo. Discurso pronunciado en el Círculo progresista de Roma el 12 de mayo de 1883*, in *Discurso y ensayos*. Selección, prólogo y notas por J. García Mercadal, Madrid, 1964, pp. 160-69.

[31] Cfr. Id., *Crónica Internacional*. Edición preparada por Damaso de Lario, Madrid, 1982. Sull'involuzione conservatrice e la riduzione, in tale processo, di Mazzini alla figura di «grande apostolo dei tempi eroici», si veda G. Stiffoni, *Mazzini e il movimento operaio spagnolo*, in *La guida della ragione e il labirinto della politica. Studi di storia di Spagna*, Roma, 1984.

[32] *Prólogo* a Diez y Pérez, *José Mazzini*, cit., p. IX; su questa problematica cfr. anche G. Stiffoni, *Estudios históricos*, cit., p. 223.

[33] Cfr. R. Mañe y Flaquer - J. Mola Martinez, *Historia del bandolerismo en la Italia meridional, con las biografías de los guerilleros catalanes Borges y Tristani*, Barcelona, 1864. Sul versante spagnolo del brigantaggio meridionale, cfr. A. Albonico, *La mobilitazione legittimista contro il Regno d'Italia. La Spagna e il brigantaggio meridionale postunitario*, Milano, 1979.

[34] J. Pastor de Pellico, *Garibaldi. Historia liberal del siglo XIX. Ideas, movimientos y hombres importantes de 1789 a 1889*, 2 voll., Barcelona, 1889[5].

[35] Cfr. J. Becker, *Relaciones diplomáticas entre España y la Santa Sede durante el siglo XIX*, Madrid, 1908, successivamente rifuso in Id., *Historia de las relaciones exteriores de España durante el siglo XIX (apuntes para una historia diplomática)*, 3 voll., Madrid, 1924-1926.

[36] L. García Rives, *La República romana de 1849*, Madrid, 1932.

[37] Vicens Vives, *Relaciones*, cit., p. 336.

[38] La semplice elencazione di questi lavori occuperebbe un grande spazio: per questo motivo citeremo, d'ora innanzi, soltanto quelli di un certo rilievo rispetto all'Italia.

[39] Cfr. Morán Orti, *España e Italia*, cit.

[40] J. Ferrando, *La Constitución española de 1813 en los comienzos del «Risorgimentos»*, Roma-Madrid, in «Cuadernos del Instituto Jurídico Español», 10, 1959; dello stesso cfr. anche *Vicisitudes e influencias de la Constitución de 1812*, in «Revista de estudios políticos», 126, 1962, pp. 169-228, e *La constitución española de 1812 y el Congreso de Verona*, in *Studi in onore di Paolo Biscaretti di Ruffia*, Milano, 1987, pp. 359-99. La questione fu pure trattata da M.R. Saurin, *Napoles en el ochocientos: Contactos con el constitucionalismo español (1800-1821)*, in «Saitabi», XI, 1961, pp. 93-115.

[41] *Los piemonteses en el trienio liberal español*, in *L'émigration politique en Europe aux XIX et XX siècles. Colloque organisé par l'Ecole française de Roma* (3-5 maggio 1988).

[42] Cfr. Morán Orti, *España e Italia*, cit., pp. 62-64.

[43] Cfr. T. Gorricho, *Los sucesos de la Granja y el cuerpo diplomático español*, Roma, 1967; C. Llorca, *Los sucesos de la Granja y el conde Solaro*, in «Revista de la Universidad de Madrid», 11, 1954, pp. 347-56; J. Silio, *El Archivo de Ministerio de Asuntos Exteriores de Italia y la historia del XIX español. Documentos referentes a España en la «Segretaria di Stato degli Affari Esteri» de Carlos Manuel de Cardeña (1831-1859)*, in «Cuadernos de Trabajo de la Escuela Española de Historia y Arqueología en Roma», VIII, 1956, pp. 159-94.

[44] Cfr. J.R. Urquijo, *Los Estados italianos y España durante la primera guerra carlista (1833-1840)*, in «Hispania»: ringrazio l'autore per avermi messo a disposizione un esemplare delle bozze.

[45] J. Vicens Vives, *Governo ed opinione pubblica in Spagna durante la crisi della guerra di Crimea*, in *Atti del XXXV Congresso di storia del Risorgimento italiano (Torino, 1956)*, Roma, 1959, pp. 359-71; anche in *Obra dispersa*, cit., pp. 353-58.

[46] Id., *La diplomazia spagnola di fronte alla crisi italiana del 1859*, in *Atti del XXXVI*

Congresso di storia del Risorgimento italiano (Milano, 1959), Roma, 1960, pp. 117-30; anche in *Obra dispersa*, cit., pp. 378-84.

[47] A. Eiras, *La unificación italiana y la diplomacia europea*, in «Revista de estudios políticos», 133, 1964, pp. 129-56.

[48] A. Elorza, *El Risorgimento visto por la prensa española*, ivi, 128, 1963, pp. 137-61.

[49] M.R. Saurin, *Sobre el concepto de España en el Risorgimento*, Valencia, tesi di dottorato, inedita, 1964.

[50] Cfr. Espadas, *El eco de Garibaldi*, cit. e Ferrer Benimeli, *Garibaldi*, cit.

[51] J. Pabón, *España y la cuestión romana*, cit. Quest'opera è basata sulla relazione presentata dall'autore al XLV Congresso di storia del Risorgimento italiano (Roma, 1970).

[52] *Ibid.*, pp. 34 ss.

[53] J.M. Goñi Galagarra, *El reconoscimiento de Italia y monseñor Claret, confesor de la reina Isabel II (la correspondencia Barili-Claret)*, in «Anthologica Annua», 17, 1970, pp. 369-461.

[54] J. Jiménez Nuñez, *Los gobiernos de Isabel II y la cuestión de Italia*, Madrid, 1988.

[55] M. Espadas, *Alfonso XII y los orígenes de la Restauración*, Madrid, 1975, p. 123.

[56] Su Amedeo e la Spagna, oltre al citato lavoro di J. Pabón, si possono vedere: A. Figueroa y Torres, *Amadeo de Saboya, el rey efímero. España y los orígenes de la guerra franco-prusiana de 1870*, Madrid, 1940; A. de Sagrera, *Amadeo y Maria Victoria reyes de España. 1870-1873*, Palma de Mallorca, 1959; V. Carcel Orti, *Pio IX y Amadeo de Saboya, rey de España*, in «Pio IX», 7, 1978, pp. 457-81.

[57] Cfr. Pabón, *España y la cuestión romana*, cit., pp. 135 ss.

[58] Per un primo approccio alla storiografia spagnola sull'Italia del periodo liberale, si veda F. García Sanz, *Italia y España: Restauración, crisis coloniales y crisis europeas*, in Id. (a cura di), *Españoles*, cit., pp. 129-52; dello stesso, *Españoles e italianos en la época contemporanea (1868-1939)*, in «Bullettin d'histoire contemporaine de l'Espagne», 7, 1988, pp. 26-39.

[59] Pabón ha tracciato la rassegna di alcuni lavori che, sebbene tocchino aspetti in rapporto con l'epoca della *Restauración*, si proiettano indietro, all'origine della questione, o avanti, verso la sua conclusione nei patti Lateranensi: tra questi, quello del liberale e accademico della storia, Marqués de la Vega de Armijo, *Las relaciones del Pontificado y el Reino de Italia*, Madrid, 1889; quello del conservatore e acerrimo difensore del Vaticano, R. Dalmau Marqués de Olivart, *Del aspecto internacional de la Cuestión Romana*, Barcelona, 1893-1895; e quello, più incentrato sugli sviluppi che condussero alla firma dei patti del Laterano, di P. de Leturia, *Del patrimonio de San Pedro al Tratado de Letrán*, Madrid, 1929. Cfr. Pabón, *España y la cuestión romana*, cit., pp. 141-47.

[60] *Ibid.*, pp. 135 ss.

[61] García Sanz, *Italia y España*, cit., pp. 135-36.

[62] Castelar, *Crónica*, cit., pp. 107-09 e 150-52.

[63] J. Collell, *Roma. Impressions y comentaris*, Barcelona, 1892; E. Toda y Güell, *Un poble català d'Itàlia: L'Alguer*, Barcelona, 1888. A quest'ultimo si deve un voluminoso lavoro sulla bibliografia spagnola riguardante l'Italia: *Bibliografia espanyola d'Italia. Dels origens de la imprenta fins a l'any 1900*, 5 voll., Castell de Sant Miquel D'Escornalbou (Tarragona), 1927-1931. Ringrazio l'amico Agusti Colomines per questa e altre indicazioni.

[64] Cfr. R. Gay de Montellá, *España ante el problema del Mediterráneo*, Barcelona, 1917; Id., *Diez años de política internacional en el Mediterráneo. Ensayo de historia política moderna*, Barcelona, s.d.; V. Gay, *El imperialismo y la guerra europea*, Madrid, 1915. Inoltre, sulla grande guerra, cfr. R. Pérez de Ayala, *Herman encadenado. Notas de un viaje a los frentes del Isonzo, la Carnia y el Trentino*, Madrid, 1917.

[65] Si vedano, fra altri, C. Robles, *Insurrección o legalidad. Los católicos y la Restauración*, Madrid, 1988; V. Carcel Orti, *La Iglesia en España durante el pontificado de Leon XIII*, in *Historia de la Iglesia*, XXV, *El mundo secularizado*, Valencia, 1985; J.A. Gallego, *El Convenio concordatario de 1904 entre la Santa Sede y el Estado español*, in «Hispania Sacra», 26, 1973, pp. 165-208; M. Espadas, *La Iglesia española y la primera guerra mundial*, in AA.VV., *Iglesia, sociedad y política en la España contemporánea*, El Escorial, 1983, pp. 133-58.

[66] Cfr. García Sanz (a cura di), *Españoles*, cit., p. 186.

[67] L. de Llera, *La presencia rosminiana en el catolicismo español: algunas reflexiones*, ivi, pp. 67-86.

[68] Cfr., per tutti, E. Casado, *La Academia española en Roma*, Madrid, 1987 e J.P. Lorente, *Relaciones culturales hispano-italianas: la Academia Española de Bellas Artes en Roma hasta la Guerra Civil*, in García Sanz (a cura di), *Españoles*, cit., pp. 161-76.

[69] Cfr. M. Espadas, *España y el gobierno de la izquierda en Italia, 1876-1878. Los despachos de Coello y Quesada*, in *Atti del IL Congresso di storia del Risorgimento italiano (Viterbo, 1978)*, Roma, 1982, e Id., *La colaboración comercial de Italia en la guerra de Cuba, 1874-1878: el abstaecimiento al ejército*, in *Atti del L Congresso di storia del Risorgimento italiano (Bologna, 1980)*, Roma, 1982.

[70] Cfr. C. Ibañez de Ibero, *Politica mediterránea de España, 1704-1951*, Madrid, 1952; R. Gay de Montellá, *Valoración hispánica en el Mediterráneo*, Madrid, 1952. Per un inquadramento storiografico del problema, si veda: J.U. Martinez Carreras, *La política e exterior española durante la Restauración, 1875-1931*, in J.B. Villar (a cura di), *Las relaciones internacionales en la España contemporánea*, Murcia, 1988, pp. 79-99; J.C. Pereira, *De la historia diplomática a la historia de las relaciones internacionales: algo mas que el cambio de un termine*, in «Historia Contemporanea», 7, 1992, pp. 155-82; V. Morales, *La rehabilitación de un campo de estudio (Nota de lecturas)*, in «Revista de estudios internacionales», 3, 1985, pp. 665-70; M. Mugnaini, *Recenti studi sulla politica estera della Spagna Contemporanea*, in «Storia delle relazioni internazionali», 2, 1989, pp. 371-85.

[71] F. Curato, *La questione marocchina e gli accordi italo-spagnoli del 1887 e del 1891*, 2 voll., Milano, 1964.

[72] Cfr. F. García Sanz, *España e Italia en la Europa de la paz armada (1890-1914)*, tesi di dottorato inedita, Madrid, 1992 (in particolare, pp. 548 ss. e 644-45).

[73] Cfr. J. Pabón, *El 98, acontecimiento internacional*, Madrid, 1953; adesso anche in Id., *Días de ayer*, Barcelona, 1963, pp. 139-95.

[74] J.M. Jover, *1898. Teoría y práctica de la redistribución colonial*, Madrid, 1979.

[75] García Sanz, *España e Italia*, cit., pp. 195 ss.; dello stesso autore cfr. anche *El contexto internacional de la guerra de Cuba: la percepción italiana del «98» español*, in «Estudios de Historia Social», 44/47, 1988, pp. 295-310, e *Las directrices de la política exterior de Italia (1878-1896); Las fuerzas profundas*, in «Cuadernos de Historia Contemporánea», 10, 1988, pp. 93-120.

[76] Id., *España e Italia*, cit., pp. 252 e 638.

[77] Cfr. G. Tortella, *Las causas del atraso económico en la historiografia: un ensayo bibliográfico sobre la España del siglo XIX con algunas comparaciones con los casos de Italia y Portugal*, in *Due storiografie economiche a confronto: Italia e Spagna*, a cura di A. Grohmann, Milano, 1991, pp. 189-228. Cfr. anche, Id., *La historia económica de España en el siglo XIX: un ensayo comparativo con los casos de Italia y Portugal*, in L. Prados de la Escosura - V. Zamagni (a cura di), *El desarrollo económico en la Europa del Sur. España e Italia en perspectiva histórica*, Madrid, 1992, pp. 56-80.

[78] Cfr. Tortella, *Las causas*, cit., pp. 203 e 223-24.

[79] Cfr. C. Molinas - L. Prados, *Was Spain Different? Spanish Historical Backwardness Revisited*, in «Explorations in Economic History», 4, 1989, pp. 385-402.

[80] Cfr. L. Prados, *Crecismiento, atraso y convergencia en España e Italia*, in Prados de la Escosura - Zamagni (a cura di), *El desarrollo económico*, cit., pp. 27-55.

[81] R. Vaccaro, *Industrialization in Spain and Italy (1860-1914)*, in «Journal of European Economic History», 3, 1980, pp. 709-51.

[82] A. Carreras, *La producción industrial en el muy largo plazo. Una comparación entre España e Italia de 1861 a 1980*, in Prados de la Escosura - Zamagni (a cura di), *El desarrollo económico*, cit., pp. 173-210.

[83] Ivi, p. 174.

[84] Ivi, pp. 178-86.

[85] Per Carreras, il motivo del ritardo della Spagna negli anni della crescita italiana, va ricercato nell'involuzione nazionalista della sua economia, che aveva bloccato l'innovazione tecnologica e l'affluenza di capitali. Cfr. anche A. Tena, *Proteción y competitividad en España e Italia*, ivi, pp. 321-55.

[86] Non sono, certo, mancati progressi sul terreno della reciproca conoscenza storiografica, specialmente nel campo della storia sociale: ma questo non si è ancora tradotto, da parte spagnola, in contributi diretti di un qualche rilievo.

[87] Cfr. I. Saz, *Fascismo y relaciones internacionales: la historiografia española sobre un periodo álgido de las relaciones bilaterales*, in García Sanz (a cura di), *Españoles*, cit., pp. 217-38.

[88] Cfr. A. Elorza, *Caballeros y fascistas*, in «Historia 16», 91, 1983, pp. 33-41.

[89] Cfr. J.R. Montero, *La CEDA. El catolicjsmo social y político en la II República*, 2 voll., Madrid, 1977, I, p. 59.

[90] A. Revescz, *Mussolini. El dictador en pyjama*, Madrid, 1926.

[91] Cfr. V. Clavel, *El fascismo. Ideario de Benito Mussolini*, Barcelona, 1923.

[92] Cfr. F. Cambó, *En torn del feixisme italiá. Meditacions i comentaris sobre problemes de politica contemporània*, Barcelona, 1924; dello stesso, *Las dictaduras*, Madrid, 1929. Indubbiamente l'attrattiva esercitata dal fascismo su differenti settori del nazionalismo catalano meriterebbe una più ampia trattazione: purtroppo manca uno studio soddisfacente in proposito. Si veda qualche riflessione in E. Ucelay, *Vanguardia, fascismo y la interacción entre nacionalismo español y catalán: el proyecto catalán de Ernesto Giménez Caballero y algunas ideas corrientes en círculos intelectuales de Barcelona, 1927-1933*, in J.G. Beramendi - R. Máiz (a cura di), *Los nacionalismos en la España de la II República*, Madrid, 1991, pp. 39-95; e I. Saz, *Mussolini contra la II República*, Valencia, 1986, pp. 50 ss.

[93] M. Domingo, *Una dictadura en la Europa del siglo XX*, Madrid, 1929.

[94] Cfr. S. de Madariaga, *Anarquía o jerarquía*, Madrid, 1936; Id., *Discursos internacionales*, Madrid, 1934.

[95] A. Nin, *Las dictaduras de nuestro tiempo*, Barcelona, 1977 (1930).

[96] S. Montero Diaz, *Fascismo*, Valencia, 1932. Probabilmente, l'ammirazione per la brutalità e la risolutezza del *nemico*, che è possibile cogliere in queste pagine, assieme al radicalismo antirepubblicano dell'autore hanno molto a che vedere con la sua improvvisa «conversione».

[97] Cfr. E. Giménez Caballero, *Roma madre*, Madrid, 1939; Id., *La nueva catolicidad*, Madrid, 1933.

[98] Cfr. V. Gay, *Qué es el socialismo, qué es el marxismo, qué es el fascismo. La lucha de las tres doctrinas*, Barcelona, 1933; Id., *La revolución nacionalsocialista*, Barcelona, 1934; Id., *Madre Roma*, Barcelona, 1935. I due ultimi libri furono pubblicati grazie all'aiuto dei due governi fascisti: questa circostanza, però, non impedì all'autore di prendere apertamente posizione per il fascismo italiano nella polemica con le teorie razziste di Rosenberg.

[99] Cfr. J. Pemartin, *Qué es lo nuevo... Consideraciones sobre el momento español presente*, Sevilla, 1937; J. Beneyto, *El nuevo Estado Español. El régimen nacional-sindicalista ante la tradición y los sistema totalitarios*, prefazione di A. Solmi, Cádiz, 1939.

[100] Cfr. L. Legaz y Lacambra - B. Aragon, *4 estudios sobre sindicalismo vertical*, Zaragoza, 1939.

[101] Cfr. J.A. Portero, *La Revista de Estudios Políticos (1941-1945)*, in M. Ramirez e altri, *Las fuentes ideológicas de un régimen (España, 1939-1945)*, Zaragoza, 1978, pp. 24-54; Pasamar, *Historiografía e ideología*, cit., pp. 61 ss.

[102] Cfr. A. García Valdecasas, *Los Estados totalitarios y el Estado español*, in «Revista de estudios políticos», 5, 1942, pp. 5-32; R. Fernández Cuesta, *El concepto falangista de Estado*, *ibid.*, 14, 1944, pp. 335-81; I. Bedoya, *El sentido de la libertad en la doctrina falangista*, *ibid.*, 10, 1943, pp. 313-34; cfr. anche J.L. Arrese, *El Estado totalitario en el pensamiento de José Antonio*, Madrid, 1945.

[103] I. Herraiz, *Italia fuera de combate*, Madrid, 1944[8]. Cfr. anche Saz, *Fascismo y relaciones*, cit., pp. 221-23; J.C. Mainer, *La segunda guerra mundial y la literatura española: algunos libros de 1940-1945*, in Garcia Delgado (a cura di), *El primer franquismo*, Madrid, 1989, pp. 211-43.

[104] J.M. Doussinague, *España tenía razón (1936-1945)*, Madrid, 1950.

[105] Sarebbe troppo dispersivo riprodurre qui i riferimenti bibliografici, che riflettono bene quanto ora si è detto. Vale, però, la pena citare lo studio di M. Pastor, *Ensayo sobre la dictadura (Bonapartismo y fascismo)*, Madrid, 1977, dove si considerano alcuni aspetti

dell'approccio marxista al fenomeno fascista, benché non a quello specifico italiano. Maggiori riferimenti a quest'ultimo si possono trovare in alcuni lavori di Sergio Vilar, i quali riproducono, però, tutti i luoghi comuni (già superati) di un certo marxismo storiografico. Cfr. S. Vilar, *Fascismo y militarismo*, Barcelona, 1978; Id., *La naturaleza del franquismo*, Barcelona, 1977.

[106] Cfr. J.J. Linz, *Una teoría del régimen autoritario. El caso de España*, in AA.VV., *La España de los años 70*, Madrid, 1974, III-I, pp. 1467-531; Id., *Some notes toward a Comparative Study of Fascism in Sociological Historical Perspective*, in W. Laqueur (a cura di), *Fascism. A Reader's Guide*, Berkeley, 1976, pp. 3-121; Id., *Political Space and Fascism as a Late-Comer*, in S. Larsen e altri, *Who were the Fascists. Social Roots of European Fascism*, Oslo, 1980, pp. 153-89. [Cfr. anche, tradotti in italiano: Id., *L'opposizione in un regime autoritario: il caso della Spagna*, in «Storia contemporanea», 1970, pp. 63-102 e 299-355; Id., *Il crollo dei regimi democratici: un modello teorico*, in J.J. Linz, P. Farneti, M.R. Lepsius, *La caduta dei regimi democratici*, Bologna, 1981].

[107] Cfr. C. Navajas, *Los informes reservados del agregado militar de España en Italia*, in «Hispania», 174, 1990, pp. 203-35.

[108] Cfr. R. Valls, *Fascismo y franquismo: dos manipulaciones diversas de la enseñanza de la historia*, in García Sanz (a cura di), *Españoles*, cit., pp. 279-307.

[109] Cfr. A.V. Sempere, *Nacionalsindicalismo y relación de trabajo*, Madrid, 1982; I.M. Esteban, *La política económica del franquismo*, in P. Preston (a cura di), *España en crisis: la evolución y decadencia del régimen de Franco*, Madrid, 1976, pp. 147-80; J. Ros Hombrabella e altri, *Capitalismo español: de la autarquía a la estabilización (1939-1959)*, 2 voll., Madrid, 1973, I, pp. 68-70.

[110] Cfr. J. Tusell, *La dictadura de Franco*, Madrid, 1988, in particolare, pp. 306-50.

[111] Cfr. S. Sueiro, *Primo de Rivera y Mussolini. Las relaciones diplomáticas entre dos dictaduras (1923-1930)*, in «Proserpina», 1, 1985, pp. 23-33; Id., *La influencia de Mussolini y su régimen en la dictadura de Primo de Rivera*, *ibid.*, pp. 35-50. Si veda anche J.L. Gomez Navarro, *El régimen de Primo de Rivera*, Madrid, 1991.

[112] Cfr. J. Tusell - I. Saz, *Mussolini y Primo de Rivera: las relaciones políticas y diplomáticas de dos dictaduras mediterráneas*, in «Boletín de la Real Academia de la Historia», CLXXIX, 1982, pp. 413-83; J.F. Coverdale, *I fascisti italiani alla guerra di Spagna*, introduzione di R. De Felice, Bari, 1977, pp. 32-5.

[113] Cfr. G. Palomares, *Mussolini y Primo de Rivera. Política exterior de dos dictaduras*, Madrid, 1989.

[114] Cfr. I. Saz, *Mussolini contra la II República. Hostilidad, conspiraciones, intervención (1931-1936)*, Valencia, 1986.

[115] Cfr. Coverdale, *I fascisti italiani*, cit., pp. 35 ss.; R. De Felice, *Mussolini il duce. II. Lo Stato totalitario, 1936-1940*, Torino, 1981, pp. 331-466.

[116] Saz, *Mussolini*, cit., pp. 66-84.

[117] Cfr. F. Schwartz, *La internacionalización de la guerra civil española, julio 1936-marzo 1937*, Barcelona, 1972; J. Salas Larrazabal, *Intervención extranjera en la guerra de España*, Madrid, 1974; A. Viñas, *Las condiciones internacionales*, in M. Tuñon de Lara e altri, *La guerra civil española 50 años dedspués*, Madrid, 1985, pp. 123-98. Si vedano anche i contributi di V. Carcel, A. Márquina, R. Salas, I. Saz e J. Tusell nel volume collettaneo *Italia y la guerra civil española (simposio celebrado en la Escuela Española de Historia y Arqueología en Roma)*, Madrid, 1986.

[118] Cfr. J.L. Alcofar Nassaes, *Las fuerzas navales en la guerra civil española*, Barcelona, 1971; Id., *CTV Los legionarios en la guerra civil española*, Barcelona, 1972; Id., *La aviación legionaria en la guerra española*, Barcelona, 1975.

[119] Cfr. I. Saz - J. Tusell, *Fascistas en España. La intervención italiana en la guerra civil a través de los telegramas de la «Missione Militare Italiana in Spagna» (15 diciembre 1936-31 marzo 1937)*, Madrid, 1981; J. Massot y Muntaner, *Vida i miracles del «Conde Rossi». Mallorca, agost-dicimbre 1936. Màlaga, gener-febrer 1937*, Barcelona, 1988.

[120] Cfr. Schwartz, *La internacionalización de la guerra*, cit., pp. 75-6; Coverdale, *I fascisti italiani*, cit., pp. 54 ss; De Felice, *Mussolini il duce*, cit., pp. 538 ss.

[121] Cfr. Saz, *Mussolini*, cit., pp. 195 ss.; cfr. anche Id., *Fascismo y relaciones*, cit., pp. 233-35.

[122] Cfr. A. Pizarroso, *La propaganda cinematográfica italiana y la Guerra Civil española*, in García Sanz (a cura di), *Españoles*, cit., pp. 263-78; Id., *La propaganda radiofónica italiana en la Guerra Civil española*, in AA.VV., *Haciendo Historia. Homenaje al profesor Carlos Seco*, Madrid, 1989, pp. 563-72.

[123] Cfr. A. Viñas e altri, *Política comercial exterior de España (1931-1975)*, Madrid, Banco Exterior, 1979, I, p. 275; di A. Viñas, cfr. anche *Guerra, dinero, dictadura. Ayuda fascista y autarqía en la España de Franco*, Barcelona, 1984.

[124] Cfr. De Felice, *Mussolini il duce*, cit., specialmente pp. 367-464, dove viene sviluppata la tesi dell'incapacità mussoliniana di tirarsi fuori dalle «sabbie mobili» spagnole. Per parte mia ho contestato questa interpretazione, nel senso di sottolineare la coerente disposizione di Mussolini a giocare fino in fondo la partita spagnola. Cfr. I. Saz, *La historiografía italiana y la guerra civil española*, in J. Arostegui (a cura di), *Historia y memoria de la guerra civil*, 3 voll., Salamanca, 1988, I, pp. 85-106.

[125] Cfr. M. Toscano, *L'asse Roma-Berlino. Il Patto Antikomintern. La guerra civile in Spagna. L'anschluss. Monaco*, in *La politica estera italiana dal 1914 al 1943*, Torino, 1963, pp. 188-230; E. Santarelli, *Storia del fascismo*, Roma, 1973, III, p. 46; Coverdale, *I fascisti italiani*, cit., p. 151.

[126] J. Tusell - G. García, *Franco y Mussolini. La política española durante la segunda guerra mundial*, Barcelona, 1985. Cfr. anche I. Saz, *El fracaso del éxito: Italia en la guerra de España*, in «Espacio. Tiempo y Forma», serie V, H. Contemporánea, 1992, V, pp. 105-28.

[127] Cfr. A. Pizarroso, *Stampa, radio e propaganda. Gli alleati in Italia. 1943-1946*, Milano, 1989; Id., *Prensa y política en la Italia de la postguerra: «Il Nuovo Corriere» de Florencia, intento frustrado de un nuevo tipo de periodismo (1944-1956)*, tesi di dottorato, Madrid, s.d.

[128] Cfr. L. de Llera, *Relaciones culturales italo-hispánicas. La embajada de T. Gallarati Scotti en Madrid, 1945-6*, Milano, Cisalpino Goliardica, 1985; Id., *Dalla guerra civile al franchismo: l'archivio Gallarati Scotti*, in G. Campanini (a cura di), *I cattolici italiani e la guerra di Spagna. Studi e ricerche*, Brescia, 1987.

[129] Cfr. Pereira, *Franquismo*, cit., p. 311, dove si citano le seguenti tesi di dottorato: M. Martinez Robles, *Un experimento de unidad sindical entre católicos y social-comunistas (Italia, 1944-1948)*, Madrid, 1965; S. Perez, *1947, un problema constitucional italiano*, Madrid, 1965; M. Satrustegui, *Análisis compárativo de la sucesión gubernamental: los casos de Italia, Portugal y España*, Madrid, 1983.

[130] Sull'argomento, si vedano i saggi di Mugnaini, *Recenti studi*, cit. e A. Albonico, *La ripresa degli studi sulla politica estera in Spagna e alcune recenti ricerche sugli indirizzi internazionali del franchismo*, in «Nuova Rivista Storica», 1989, I-II, pp. 199-209.

[131] Cfr. J. Arostegui, *La historiografía sobre la España de Franco. Promesas y debilidades*, in «Historia Contemporánea», 7, 1992, pp. 77-99.

[132] La prima traduzione spagnola, o meglio, catalana, di Gramsci (*Cultura i literatura*), ebbe luogo nel 1966, con la prefazione di J. Solé Tura. Questo studioso pubblicò un anno dopo la propria tesi di dottorato (*Catalanisme i revolució burgesa*), in cui l'influenza delle tesi gramsciane sulla rivoluzione mancata era determinante.

[133] A titolo esemplificativo, citeremo l'eccellente lavoro, a quattro mani, di A. Pons - J. Serna, *La ciudad extensa. La burguesía comercial-financiera en la Valencia de mediados del siglo XIX*, prefazione di R. Romanelli, Valencia, 1992, in cui è possibile cogliere chiaramente l'utilità e la fecondità di tali processi interattivi.

ILTCHO DIMITROV

DALLA BULGARIA

Nel corso del XIX secolo, dei legami molto stretti si stabiliscono tra il movimento di liberazione nazionale dei popoli balcanici e le forze in lotta per l'unificazione dell'Italia. E se l'interesse che portano gli storici alla storia dell'Italia postunitaria risale a tempi relativamente recenti, la società bulgara si è invece vivamente interessata al suo sviluppo a partire dall'epopea stessa dell'unificazione. Quest'epopea attira fortemente l'attenzione dei bulgari, che soffrono sotto il giogo secolare degli ottomani e che, parimenti, si sono impegnati sulla via della lotta rivoluzionaria organizzata per la liberazione nazionale e l'unificazione. In questo modo il tema «Italia», oltre a soddisfare la curiosità e l'interesse politico, incoraggia l'epopea nazionale bulgara e le serve d'esempio.

Gli eventi italiani, sia a livello di informazione che di riflessione politica, occupano un grande spazio tanto nella stampa pubblicata all'estero dagli emigrati, in particolare a Bucarest, quanto in quella pubblicata all'interno del paese, ivi compreso nella capitale Costantinopoli. I nomi di Garibaldi e di Mazzini si impongono come i nomi di grandi eroi dell'Europa: sono considerati un sostegno alla lotta dei bulgari per la libertà. L'interesse crescente per l'Italia è espresso dalla pubblicazione nel 1862 di una *Grammatica bulgaro-italiana ad uso dei bulgari.* Nei giornali e nelle riviste, appaiono sempre più frequentemente testi tradotti dall'italiano e altrettanto si fa con opere letterarie e con saggi a sfondo filosofico e politico.

L'interesse per la storia d'Italia mantiene, invece, ancora un carattere occasionale e si limita ad alcune isolate traduzioni da lingue straniere. La storiografia bulgara, che proprio allora stava cercando di conseguire una dimensione scientifica, appare concentrata su problemi della storia nazionale e particolarmente su quelli del

Medioevo, benché la sua attenzione vada via via spostandosi verso argomenti e tematiche relativi a tempi più recenti: soprattutto il Rinascimento – come viene chiamato il periodo di presa di coscienza in quanto nazione, di emancipazione culturale e di liberazione nazionale, che si situa tra la fine del XVIII secolo e la liberazione nel 1878. La storia dopo il 1878, nella misura in cui rivesta un qualche interesse, è affrontata da non specialisti, da divulgatori e giornalisti.

Dopo la seconda guerra mondiale l'insegnamento superiore si amplia: facoltà, in cui è previsto l'insegnamento specifico della storia, sono state create non solo all'Università di Sofia, ma anche a Veliko Tirnovo, Blagoevgrad, Choumen, Plovdiv; centri di ricerca vengono istituiti presso l'Accademia bulgara delle scienze (l'Istituto di storia e l'Istituto di studi balcanici); altre cattedre e istituti, orientati allo studio della storia del movimento comunista, esistevano all'Accademia delle Scienze umane e della gestione sociale, la quale è stata però recentemente sciolta. Il numero di ricercatori e studiosi che si dedicano precipuamente alla storia contemporanea è aumentato in modo smisurato: a questo aumento ha fatto seguito la pubblicazione di un gran numero di periodici e di libri dedicati all'argomento. Come si può facilmente intendere, alla quantità non sempre è corrisposto un livello qualitativo soddisfacente. Senza tacere né svalutare i risultati, bisogna riconoscere che la quantità eccedeva le possibilità intellettuali della società, così come le sue stesse esigenze spirituali. In questo modo si è imposta una letteratura, che solo il suo aspetto esteriore ci indurrebbe a includere nella pubblicistica scientifica: si trattava, in definitiva, di propaganda, che rispondeva alle esigenze e ai criteri della politica ufficiale. Si aggiunga che l'oggetto stesso dello studio veniva fortemente limitato: siccome la maggior parte degli storici si occupava della storia del PCB e del Movimento comunista internazionale, erano questi i temi dominanti nelle ricerche e nelle pubblicazioni scientifiche.

Poco a poco si sono formati degli specialisti anche di storia dei popoli balcanici, mentre gli altri paesi suscitavano interesse essenzialmente attraverso il prisma dei rapporti con la Bulgaria.

A partire dagli anni sessanta si può rilevare un nuovo slancio nel settore delle ricerche storiche: le cause sono da ricercarsi soprattutto nel progressivo rilancio del nazionalismo teso a controbilanciare l'internazionalismo dominante fino ad allora. Da parte occidentale non si comprese l'essenza di questo capovolgimento e non lo si apprezzò in tempo opportuno. In realtà, nella politica dei paesi dell'Est, l'internazionalismo proprio del socialismo e del comunismo mondiale, si era imposto nella forma di una sottomissione totale all'Unione Sovietica. Si trattava, quindi, del tentativo di sottrarsi a tale sottomissione, senza che ciò comportasse ad ogni costo un'opposizione (anche quando a Mosca si preferì valutare in questo modo il fenomeno). È così che è stata forgiata la nozione di nazionalismo: come espressione della volontà di conservare l'identità nazionale e di difendere la specificità degli interessi propri. Questa nozione è stata aspramente criticata in tutti i *forum* dei partiti comunisti al potere, dal momento che rappresentava una deviazione dalle norme ritenute vincolanti per la comunità socialista. Ancora oggi, essa incontra la diffidenza e l'opposizione dell'Occidente, che vi scorge l'ultimo supporto del comunismo est-europeo, sicché il comunismo, rifiutato all'inizio come antinazionale, è rigettato oggi come sinonimo del nazionalismo: credo che si tratti di un nuovo errore, effetto della particolare congiuntura, ma che può avere conseguenze altrettanto drammatiche.

Quanto alle ricerche sui rapporti bilaterali, da una parte, esse davano la misura dello spazio della Bulgaria nel comune processo dello sviluppo europeo e, dall'altra, facevano apparire la storia bulgara come parte integrante di quella stessa storia europea: così, hanno finito per pesare di più sul «prodotto» storico reciproco. Inoltre, in questo campo, alcune restrizioni di carattere ideologico e politico e alcuni tabù erano più facilmente aggirabili che nelle ricerche sulla storia interna e, al tempo stesso, in politica estera i fattori di continuità erano assai più duraturi: così la storia nazionale risultava più coerente e depurata da tutte quelle tendenze conflittuali che, in un'ottica ideologica, solitamente caratterizzano la politica interna.

In altri termini, era questione di superare l'idea secondo la quale il sistema di governo socialista fosse qualcosa di immutabile: al contrario il sistema si era evoluto e si evolveva, e questa evoluzione si effettuava nel senso di un adeguamento a una realtà molto più forte e precisa delle famose considerazioni di classe e di partito, o di quelle relative alla nazione e allo Stato. Mano a mano, si andava affermando l'idea che il sistema fosse stato imposto, non dalla volontà libera del popolo, ma sulla base di accordi internazionali e fosse, quindi, mantenuto dal loro rispetto e che, pertanto, non potesse crollare che in seguito a condizioni esterne favorevoli. Nel 1947-1948 i partiti dell'opposizione erano stati liquidati spietatamente; gli eventi di

Ungheria nel 1956 e di Cecoslovacchia nel 1968 erano culminati in una disfatta, senza parlare delle agitazioni quasi permanenti in Polonia; senza che nessuno dall'estero pensasse di dare un aiuto: lo *status-quo* era evidentemente sacro per le grandi potenze.

Malgrado queste condizioni, la società e la nazione dovevano pur progredire economicamente, politicamente e culturalmente: per gli storici, in particolare, si crearono condizioni più favorevoli (possibilità di contatti, di viaggi e di *stages* all'estero). Durante una decina d'anni gli studiosi mandati in missione hanno riportato le copie dei documenti relativi alla storia bulgara scoperti negli archivi stranieri. I periodici incoraggiavano le ricerche. I libri di storia avevano un vasto pubblico. La metodologia della ricerca andava affinandosi e la riflessione storiografica si faceva più profonda. I cambiamenti intervenuti nella politica del regime (che si traducevano soprattutto nel passaggio dall'internazionalismo e dall'ortodossia sovietica a un nazionalismo pragmatico) ebbero un effetto positivo sulla storiografia, riducendo l'onnipotenza dell'ideologia e del finalismo rivoluzionario. Ovviamente la storiografia non era capace di sottrarsi del tutto alla tutela della politica: ma questa tutela era più diretta e più forte nel campo della storia del movimento comunista dopo il 1944.

La storia dell'Italia contemporanea è stata presa in considerazione all'interno di opere di storia generale o, anche, di storia della Bulgaria, in particolare la sua politica estera e il ruolo da essa svolto nel contesto internazionale: si sono studiati, ad esempio, la posizione dell'Italia riguardo alla guerra russo-turca e al Congresso di Berlino del 1878 e il suo comportamento verso l'unificazione del 1885 rispetto alla lotta di liberazione in Macedonia e alle guerre balcaniche. Le ricerche specifiche sui rapporti bilaterali sono veramente poche: riguardano il processo di unificazione italiana e i relativi rapporti con la lotta bulgara di liberazione[1], le relazioni economiche[2] e quelle culturali[3].

Più numerose ed esaurienti sono, invece, le ricerche sull'Italia e i rapporti italo-bulgari nel periodo fra le due guerre mondiali. Da una parte, l'Italia si è trovata, obiettivamente, a occupare uno spazio più importante nelle relazioni europee e ha, quindi, esercitato un ruolo attivo nella politica estera della Bulgaria. D'altra parte, il sistema centralizzato di pianificazione di tutte le iniziative di ricerca e della politica di selezione dei quadri direttivi delle istituzioni scientifiche ha determinato un ordine di priorità nell'attività storiografica: tra queste priorità il primo posto era occupato dalla storia contemporanea (e all'interno di essa dalla storia del movimento operaio e comunista).

Ma prima di sviluppare questo argomento, voglio sottolineare l'importanza avuta dai convegni bilaterali di studio sulla storia bulgara. L'ultimo di essi si è tenuto a Sofia nel 1984 e gli Atti sono stati pubblicati dall'Accademia bulgara delle scienze[4]. Studiosi bulgari e italiani vi hanno esposto i risultati delle proprie ricerche sugli argomenti più diversi: dalla navigazione italiana nella parte occidentale del mar Nero, all'azione diplomatica dell'Italia nella questione d'Oriente, alle minoranze etniche e religiose in Bulgaria ecc.

Nel riprendere ora la questione principale del nostro discorso, va innanzitutto ricordato che il regime comunista, a partire dal 1944, trovò nella lotta antifascista il presupposto fondamentale della propria identità politica: la liquidazione della democrazia parlamentare e l'eliminazione dei suoi aderenti dopo il 1947 furono presentati come il seguito della lotta contro il fascismo. Nel clima di mutamento sociale determinatosi successivamente, il tema del fascismo venne piegato alle esigenze della lotta politica contro il totalitarismo, di cui il comunismo sembrava a molti rappresentare una variante.

L'esempio più lampante di questo genere di letteratura è costituito dall'opera dedicata al fascismo dal filosofo Jelio Jelev, attuale presidente della Repubblica[5]: è stata pubblicata nel 1982, cioè prima della *perestroika* di Gorbaciov e, per di più, in un paese dove la letteratura dissidente era un fenomeno quasi sconosciuto. Questo libro rappresenta, forse, la maggiore manifestazione dell'attività (abbastanza modesta) della dissidenza bulgara. Fin dalla sua pubblicazione, ho espresso la mia opinione in proposito: il libro non porta un contributo alla ricerca scientifica, ma alla storia della Bulgaria, dove occupa un ruolo importante. Non ho cambiato idea: lo scopo di Jelio Jelev era di far apparire il comunismo una variante del totalitarismo, l'altra era il fascismo. L'idea di per sé non era certo originale, dal momento che era già stata esposta in alcune opere occidentali, ma esse risultavano inaccessibili al lettore bulgaro: per questa ragione, la tesi del libro venne accolta come una grande novità, quasi una rivelazione. L'enorme successo incontrato non veniva dall'interesse del lettore per il fascismo in quanto fenomeno del passato, ma dalle conclusioni sul comunismo, inteso come realtà presente: se il comunismo era una varietà del totalitarismo, si sarebbe potuto combattere come si era combattuto il fascismo. Bisogna riconoscere che, pur senza riuscire ad attivare nuove forme di dissidenza, il libro di Jelev ha incontrato grande popolarità tra gli intellettuali ed è soprattutto grazie ad esso che Jelio Jelev è diventato, nell'autunno 1989, il portavoce più eminente dell'ondata anticomunista.

Un libro, dunque, il cui maggior valore è essenzialmente politico e il cui principale intento (stante, almeno, quanto affermato dall'autore stesso) consiste nell'elaborazione, sulla base del materialismo storico, di una «teoria coerente del fascismo che consenta di riunire in una sintesi conseguenziale e organica tutti i risultati delle ricerche sui suoi vari aspetti». L'analisi si fonda su una letteratura abbastanza ricca di fonte sovietica, tedesca, inglese, italiana e francese: la relativa rielaborazione è condotta in modo da offrire gli elementi necessari per comprendere i caratteri principali dello Stato totalitario e per arrivare alla conclusione che il modello dello Stato fascista e quello dello Stato socialista non sono che due varianti del totalitarismo. Cosicché alcuni aspetti del totalitarismo vengono sopravvalutati, altri, invece, non vengono colti appieno: il tutto, sostanzialmente a sostegno, ripeto, di un'idea politica ben precisa.

Il vivo interesse per il fascismo è confermato dalla pubblicazione, nel 1989, di un nuovo saggio sull'argomento, di cui è autore un docente universitario, Milen Semkov[6]. Non vi sono, questa volta, obiettivi politici sottesi: intento dell'autore è di offrire il contributo della storiografia bulgara alla discussione internazionale sul fascismo (sull'onda anche, va pure detto, del profondo processo di rinnovamento in atto nel paese). Dei sette capitoli della monografia di Milen Semkov, tre (più della metà del libro) sono dedicati al fascismo italiano, alle sue origini e alla lotta per la conquista del potere; un capitolo riguarda il nazional-socialismo tedesco e un altro i «fascismi francesi»; l'ultimo, infine, prende in esame il fascismo come fenomeno generale, attraverso la sua ideologia e il suo modello di Stato. Il merito principale del lavoro consiste, senza dubbio, nel fatto che esso propone un panorama particolareggiato delle principali interpretazioni che la storiografia mondiale ha offerto del fascismo, con puntuali riferimenti alle opere più importanti e ai loro autori: tutti elementi fino ad allora inaccessibili in Bulgaria. Da questo punto di vista, il libro rappresenta quanto di meglio sia stato prodotto dalla letteratura storica bulgara, grazie a una ricerca esauriente e approfondita. D'altro canto, va pure notato come l'autore abbia sottovalutato in parte i fondamenti ideologici della politica estera del fascismo e, anche, l'antisovietismo e l'antisemitismo che ne derivarono: in ciò è possibile scorgere l'influenza delle priorità politiche degli anni ottanta.

Un altro problema che ha destato l'interesse degli studiosi è stato quello delle relazioni bilaterali, in particolare sul piano politico. Incomincerò dalla mia monografia sui rapporti bulgaro-italiani nel 1922-1943, trattandosi della ricerca più voluminosa e che comprende il periodo più lungo[7]. Essa è stata portata a compimento grazie a uno *stage* di alcuni mesi in Italia, durante i quali ho avuto la possibilità di consultare l'archivio del Ministero degli affari esteri e di prendere visione della pubblicistica italiana al riguardo; ho anche consultato gli archivi diplomatici bulgari: si tratta, dunque, della documentazione più ampia alla quale fosse possibile accedere all'epoca. Ne riassumerò, ora, brevemente il contenuto. L'unificazione dell'Italia avviene quasi contemporaneamente al formarsi degli stati nazionali nei Balcani: hanno così modo di stabilirsi i rapporti tra i due Stati. Grazie alla posizione che le era stata riconosciuta di grande potenza, l'Italia, da allora in poi, tese ad assicurarsi un'effettiva uguaglianza di diritto tra le altre potenze europee. La prima guerra mondiale non soddisfece che in parte le sue ambizioni: al centro degli interessi dell'Italia (che era tra i vincitori della guerra, ma che non era stata soddisfatta dai Trattati) avevano ora preso posto i Balcani. La Bulgaria, insoddisfatta anch'essa del sistema di Versailles e nemica della Jugoslavia, sembrava dover essere la sua alleata naturale. Le grandi potenze che prima della guerra si contendevano il controllo dell'economia e della politica della Bulgaria erano ormai fuori gioco (Germania, Austria-Ungheria e Russia). L'Inghilterra e la Francia si erano impegnate a contenere le aspirazioni bulgare a vantaggio dei paesi vicini. In tale situazione l'Italia si trovava nella posizione più favorevole per occupare il vuoto che si era creato.

Tre fattori sono stati, dopo di allora, all'origine dei rapporti italo-bulgari: il fattore economico, quale effetto dell'espansione crescente dell'Italia nei Balcani; il fattore ideologico, legato alla comparsa del fascismo e alle sue ambizioni internazionali; e il fattore politico, derivante dalla comunanza di interessi in questa parte dell'Europa. Nella propria aspirazione ad affermare un dominio economico, il capitale italiano non riuscì a imporsi sugli altri concorrenti più potenti, influenzando, così, negativamente le ambizioni di egemonia politica. Una base sufficientemente ampia, affinché potesse esercitarsi un'influenza ideologica forte, non fu trovata, soprattutto perché in Bulgaria, dopo il 1933, l'estremismo di destra prese a guardare verso Berlino. L'elemento principale sul quale l'Italia poteva ancora contare in Bulgaria era l'assonanza di interessi in politica estera, ma nemmeno in questo campo le speranze ebbero a realizzarsi.

L'Italia, che aveva contribuito in maniera decisiva all'adesione della Bulgaria al patto tripartito, non ne trasse particolari vantaggi: dovette rassegnarsi alla dominazione tedesca in una regione considerata nella sfera dei propri interessi. In definitiva, il suo fallimento in Bulgaria non era che uno degli aspetti della sconfitta della sua politica nei Balcani, che non aveva saputo realizzare alcuno dei grandi obiettivi, che le erano propri sia prima che durante la guerra.

Si può ben dire che il tema delle relazioni tra i due paesi dopo la prima guerra mondiale abbia trovato un consistente spazio nella storiografia bulgara: oltre a una serie di altri miei lavori a carattere più specifico del precedente[8], sono da segnalarne di numerosi dedicati a problematiche settoriali, quali la politica[9], l'economia[10] e la cultura[11], come pure l'importante contributo scientifico assicurato dalla pubblicazione su riviste specializzate bulgare dei risultati delle ricerche condotte da storici italiani o di altri paesi[12].

Un altro argomento che ha richiamato l'attenzione degli studiosi bulgari è stato quello della storia del movimento comunista italiano e del ruolo che esso ebbe nei grandi mutamenti verificatisi in Italia nel secondo dopoguerra. Il migliore specialista bulgaro in questo campo è Dragomir Draganov, un docente universitario che ultimamente ha preso parte attiva alla politica nazionale. Personalmente, ho molto apprezzato la sua monografia su *I comunisti e l'Italia nuova*[13]: fondata su un'ampia ricerca documentaria negli archivi italiani, sulla memorialistica e gli interventi dei dirigenti del PCI e sulla pubblicistica storica italiana, sovietica e americana, può a giusta ragione definirsi un'analisi rigorosa del processo storico che ha visto l'ampliamento e il consolidamento della presenza comunista nella vita politica italiana.

Draganov è anche l'autore di una biografia politica di Gramsci[14], caratterizzata da analogo rigore scientifico (per l'ampiezza delle fonti documentarie e la padronanza della letteratura sull'argomento) e dall'intento di offrire spunti interpretativi nuovi e originali.

Assieme a Draganov, altri studiosi bulgari si sono dedicati alla storia del PCI e di altri aspetti politici dell'Italia repubblicana[15], conseguendo nel complesso risultati scientificamente apprezzabili, benché vada riconosciuto che le loro ricerche sono state influenzate dalla congiuntura politica e, quindi, dal tipo di impostazione ideologica che all'indirizzo storiografico veniva dato nel momento in cui furono effettuate.

Anche qui, va inoltre ricordato che un contributo non secondario alla conoscenza di questi argomenti è venuto dalla traduzione in bulgaro di opere di studiosi italiani o degli stessi protagonisti degli avvenimenti studiati[16].

In generale, avviandomi ormai alla conclusione delle mie riflessioni, si può ben dire che, nel corso degli ultimi decenni, è apparsa una nuova generazione di ricercatori dotata di una solida formazione scientifica e linguistica: la maggior parte di loro ha potuto studiare, in modo più completo e diretto, sulle fonti e sulle letterature straniere. I risultati delle loro ricerche stanno a dimostrare che progressivamente essi si staccano dai dogmi ideologici e dai condizionamenti politici. Pertanto, non potremmo che dispiacerci se, con il ritorno della democrazia, questo processo fosse limitato e ritardato, essenzialmente a causa di ragioni materiali.

Nella guerra fredda tra comunismo e capitalismo, è la democrazia che ha vinto. Ma come il contenuto del comunismo non può essere ridotto alla repressione, così il contenuto del capitalismo non può risolversi nella democrazia. La soluzione di alcuni problemi propri di una società e del suo processo evolutivo ne fa nascere altri che sono ugualmente complessi e difficili.

Come dopo la vittoria in ogni guerra, così nella «guerra fredda», il vincitore impone i propri criteri di bene e di male, di giusto e d'ingiusto. Il vincitore chiede una nuova lettura della storia che deve non solo giustificare il suo comportamento durante la guerra, ma anche consolidare le posizioni che ha ottenuto con la vittoria. Questa lettura non appartiene alla scienza, ma è motivata dall'interesse politico.

Tutto ciò non riguarda solo la storia in generale o la metodologia della ricerca sui rapporti internazionali: in una misura ben maggiore si applica alla storia (e alla storiografia) nazionale. Come accadde per le forze che conquistarono il potere all'indomani della seconda guerra mondiale, così le forze, che adesso prevalgono nei paesi ex socialisti, esigono una lettura della storia secondo il proprio punto di vista sul passato e sul presente. La rottura nella tradizione democratica, prolungatasi per più di mezzo secolo, ha creato nei dirigenti l'abitudine di imporre le loro proprie idee come le uniche autorizzate e negli altri l'abitudine di accettarle o quantomeno di rassegnarvisi.

Qual è, ora, la prospettiva?

Il livello della storiografia può dirsi più che soddisfacente dal punto di vista della formazione scientifica dei ricercatori e dell'ampiezza delle ricerche: per di più senza le restrizioni imposte dall'ideologia e dalla «guerra fredda».

Ma vi sono delle difficoltà.

Alcune sono passeggere, e spero che possano essere eliminate nel corso del nuovo sviluppo. Penso al restringersi del campo di intervento scientifico (soprattutto per le scienze umane, il cui prestigio è in forte calo) e alle possibilità di pubblicazione che diminuiscono viepiù: le case editrici evitano la saggistica e i periodici scientifici vanno scomparendo.

Vi è poi un altro ordine di difficoltà. La generazione precedente aveva adottato uno stile particolare che le permetteva di evitare le questioni scottanti e di esprimere, sotto una veste accettabile, opinioni non convenzionali. Come abituarsi a *scrivere apertamente*? Tanto più che taluni credono che la *scrittura nuova* consista nel sostituire i vecchi dogmi con altri, i vecchi paraocchi con paraocchi nuovi.

Vorrei, tuttavia, concludere con una nota di ottimismo. Ultimamente ho letto la tesi di un giovane storico, Ivaïlo Velev, su *Crispi e Zanardelli dalla seconda metà del XIX secolo all'inizio del XX (saggio di analisi comparata)*: la ricchezza dei dati e la profondità e l'originalità dell'interpretazione aprono una speranza per quanto riguarda il livello futuro della storiografia bulgara sulla storia dell'Italia contemporanea.

[1] Cfr. K. Vesselinov, *Bortsi za natsionalna svoboda, Hristo Botev, Sandor Petöfi, Gotse Deltchev, Liouben Karavelob et Giuseppe Garibaldi* (Combattenti per la libertà nazionale...), Sofia, 1940; D. Doinov - I. Draev, *Bortsi za svobodata na drougi narodi* (Combattenti per la lotta di altri popoli), Sofia, 1963; Y. Mitev, *Otrajenieto na Aprilskoto vastanie v Italia* (Riflessi dell'insurrezione di aprile in Italia), in AA.VV., *Aprilskoto vastanie 1876-1966*, Sofia, 1966; N. Nechev, *Liens révolutionnaires bulgaro-italiens au cours du XIX s.*, in «Bulgarian historical Review», 3, 1976.

[2] M.T. Stefanova, *Targovskite vrazki na Gabrovo s Italia prez 60-te godini na XIX v.* (I rapporti commerciali di Gabrovo con l'Italia durante gli anni sessanta del XIX secolo), in «Annuaire des musées dans le Nord de la Bulgarie», 14, 1988.

[3] T.E. Kirkova, *Nicola S. Piccolo v Italia i Frantsia* (Nicola S. Piccolo in Italia e in Francia), in AA.VV., *Nicola S. Piccolo, Izsledvania i novi materiali*, Sofia, 1968.

[4] Cfr. *Bulgaria, Italia I Balkanite, Obchtestveno-istoritcheski i kulturno-estetitcheski vzaimotnochemia XV-XX v*, Dokladi izneceni na Tchetvartat balgaristitchna balgaro-italianska konferencsia, Sofia, 22-25 mai 1984 (I rapporti sociali e storici e le relazioni culturali e artistiche dal secolo XV al XX), Sofia, 1988.

[5] J. Jelev, *Fachismat. Dokumentalno izsledvane na germanskia, italianskia i ispanskia fachisam* (Il fascismo. Ricerca documentaria sul fascismo tedesco, italiano e spagnolo), Sofia, 1982.

[6] M. Semkov, *Fachismat* (Il fascismo), Sofia, 1989.

[7] I. Dimitrov, *Balgaro-italianskite polititcheski otnochenia 1922/1943* (I rapporti politici bulgaro-italiani negli anni 1922-1943), Sofia, 1976.

[8] Di Id., si veda: *Fachistkaia Italia i zemledeltcheski rejim v Bolgarii* (L'Italia fascista e il regime degli agrari in Bulgaria), Sofia, 1975; *Fachistka Italia i BZNS* (L'Italia fascista e l'Unione agraria bulgara), in «Sbornik v tchest na akademik Hr. Hristov», Sofia, 1975; *Fachistka Italia, zemedelskiat rejim i Devetounskia prevrat* (L'Italia fascista, il regime degli agrari e il putsch del 9 giugno), in «Sbornik v tchest na akad. D. Keussev», Sofia, 1974; *Fachistka Italia i sgovoristkoto pravitelstvo prez 1923* (L'Italia fascista e il governo della Concordia nel 1923), in «Istoritcheski pregled», 4, 1973; *Fachistka Italia i VMRO* (L'Italia fascista e l'organizzazione rivoluzionaria interna in Macedonia), in «Sbornik v tchest na Tchl. cor. Touché Vlakhov», Sofia, 1975; *Ialianskaia agresia protiv Gretsii i bolgarskaia vnechnaia politika* (L'aggressione italiana alla Grecia e le sue conseguenze sulla politica interna della Bulgaria) in «Etudes balkaniques», 2-3, 1974; *La Bulgarie et l'agression contre la Grèce*, in «Guerres mondiales et conflits européens», 146, aprile 1987; *Le mariage du roi*, in «Minalo», 2, 1992.

[9] Cfr. V. Topalov, *The diplomacy of agrarian Bulgaria and the problems of the Italo-bulgarian mixed arbitration 1920-1923*, in «Bulgarian Historical Review», 4, 1989; D. Sirkov, *Posechtenie s posleditsi* (Una visita con conseguenze), in «Vekove», 4, 1976; B. Bobev, *Le conflit entre l'Albanie et le Royaume des Serbes, des Croates et des Slovènes en 1921 et la position de l'Italie*, in «Etudes balkaniques», 1, 1980; A. Kuzmanova, *La Roumanie face aux actes agressifs de l'Allemagne et de l'Italie. Octobre 1935-Mars 1936*, in «Etudes balkaniques», 2, 1977; T. Tsaridis, *Italo gratskata voïna* (La guerra italo-greca), in «Voenno-istoritcheski sbornik», 4, 1968; Y. Mitev, *Italiano-balgarskite otnochenia sled svalianeto na pravitelstvoto na Mussolini (septemvri-noemvri 1943).* (I rapporti italo-bulgari dopo il rovesciamento del governo di Mussolini), in «Izvestia na voenno-istoritcheskoto drujestvo», 3, 1967; G. Deltcheva, *Albania i mirnia dogovor s Italia* (L'Albania e il trattato di pace con l'Italia), in AA.VV., *Balkanite i mejdounarodnite otnochenia*, Sofia, 1984.

[10] Cfr. L. Berov, *Ikonomitcheskite otnochenia mejdou Bulgaria i Italia v navetcherioto na Vtorata svetovna voïna* (I rapporti economici tra la Bulgaria e l'Italia alla vigilia della seconda guerra mondiale), in «Tableaux de l'Institut économique supérieur Karl Marx», 1, 1972; Id., *Les rapports économiques entre la Bulgarie et l'Italie à la veille de la Seconde guerre mondiale*, in «Studia Balcanica», 7, 1973; L. Angelov, *Vanchnotargovskata politika na Italia v usloviata na darjavnomonopolistitcheskia kapitalisam* (La politica commerciale dell'Italia in condizioni di capitalismo monopolistico di Stato), in «Annuaire de l'Institut supérieur de finances et comptabilité», 67, 1984.

[11] Cfr. M. Radeva, *Balgaro-italianskite kulturni vrazki i otnochenia 1878-1939* (I rapporti culturali bulgaro-italiani 1878-1939), Comunicazione al II Congresso di bulgarologia, 1986; Id., *Italianskoto kulturno pronkvane v Balgaria 1919-1943* (La penetrazione culturale italiana in Bulgaria 1919-1943), Comunicazione al IV Congresso della Società Storica Bulgara, 1987.

[12] A titolo esemplificativo, cfr. A. Tamborra, *La crise balkanique de 1885 et l'Italie*, in «Histoire XVIII-XIX s.», 1969; E. Collotti, *Il ruolo della Bulgaria nel conflitto tra Italia e Germania per il Nuovo Ordine Europeo*, in «Studia balcanica», 7, 1973; F. Guida, *La Bulgarie et l'Italie du lendemain des guerres balkaniques jusqu'au premier conflit mondial*, in «Etudes balkaniques», 3, 1988; Id., *La politica italiana nei confronti della Bulgaria dopo la Prima guerra mondiale (La questione della Dobroudja)*, in «Etudes balkaniques», 1, 1983; F. Čulinovič, *La politique de l'Italie et les divergences germano-italiennes dans les Balkans*, in «Studia balcanica», 7, 1973; A. Pitassio, *Pravitelstvoto na Al. Stamboliiski spored stanovichtata na marxistskia petchat v Italia* (Il governo di Alexandar Stamboliiski nella stampa marxista in Italia), in AA.VV., *Alexandar Stamboliiski*, 1980.

[13] D. Draganov, *Komunistite i nova Italia 1943-1948*, Sofia, 1982.

[14] Id., *Antonio Gramsci. Polititcheska biografia*, Sofia, 1983.

[15] Cfr. Id., *Le ligne politique du PCI (1945-1947)*, in «Vekove», 6, 1977; Id., *Le PCI et la fin de la politique d'unité nationale en Italie*, in «Annuaire de l'Université de Sofia», 71, 1981; Id., *Le PCI et l'instauration de la république en Italie*, in «Bulletin d'information de l'Institut d'histoire du PCB», 40, 1979; E. Kiranova, *Neofachismat v Italia* (Il neofascismo in Italia), Sofia, 1975; I. Samouilov, *Le cours stratégique du PCI*, in AA.VV., *Istoria na mejdouarodnoto rabotnitchesko i komunistitchesko dvijenie*, II, Sofia, 1980; R. Kostova, *Sur la question de la ligne politique du PCI (juillet 1943-avril 1944)*, in «Bulletin d'information de l'Institut d'histoire du PCB», 51, 1984.

[16] Cito, fra gli altri: L. Longo, *Edin narod v nelegalnost* (Un popolo alla macchia), Sofia, 1951; M. Ferrara, *V razgovor s Togliatti* (Intervista con Togliatti), Sofia, 1954; P. Nenni, *Agonia na svobodata* (Agonia della libertà), Sofia, 1945; W. Audisio, *Polkovnik Valerio racont* (Il colonnello Valerio racconta), Sofia, 1979; R. Battaglia - G. Garritano, *Kratka istoria na italianskata saprotiva* (Breve storia della Resistenza italiana), Sofia, 1974.

JAROSLAV KUDRNA

DALLA CECOSLOVACCHIA

Fino alla prima guerra mondiale, l'interesse dimostrato dagli intellettuali cechi per la storia italiana era assai scarso e, soprattutto, non riguardava la politica. Come osservava il grande storico ceco Krofta, dell'Italia noi conoscevamo la cultura e i monumenti artistici, ma quasi per niente la vita politica, dal momento che dello stato italiano ci importava solo in quanto membro della Triplice Alleanza, che da noi non godeva di alcuna simpatia. Il «disinteresse» non era, dunque, senza motivo: d'altronde, neanche l'Italia dava prova di grande attenzione nei nostri confronti, a differenza di quanto accadeva in Russia e Francia[1].

Se, poi, qualcuno si fosse da noi interessato alle recenti vicende della storia d'Italia, lo faceva *en amateur*, da autodidatta della scienza storica: come, per esempio, il romanziere Svátek, che nel 1862 scrisse una biografia di Garibaldi, ritenendolo degno di essere paragonato a Žižka[2], o il giornalista Tuma, che pubblicò un saggio su Mazzini e un volume ricco di illustrazioni su Garibaldi, presentato come l'eroe della libertà. Fu, quindi, tradotta la sintesi di Pietro Orsi su *L'Italia moderna*[3]. E questo, con l'aggiunta di alcune recensioni, è tutto[4].

Tale stato di cose trova conferma nelle memorie di Šusta, il più noto storico ceco del nostro secolo, più di metà delle quali è dedicata al suo soggiorno nella penisola negli anni 1896-99[5]: benché l'autore presti una grande attenzione ai problemi storiografici (in particolare a quelli delle storiografie austriaca, tedesca e francese), la storiografia italiana non è quasi citata; e così, ancorché egli si dilunghi nel descrivere con grande efficacia le proprie impressioni giovanili, abbondando con le scene pittoresche di vita quotidiana, sono assenti i riferimenti alla vita politica. È menzionata solo la sconfitta di Adua per le conseguenze negative avute sull'attività di governo di Crispi, da lui ritenuto uno degli ultimi esponenti della generazione del Risorgimento; un'altra considerazione riguarda la corruzione del sistema italiano, che rendeva possibile un'accresciuta influenza tedesca: con ciò si faceva più concreto il pericolo di una sudditanza dell'Italia verso la Germania, come già era accaduto nel Medioevo[6].

I primi segni di cambiamento si avvertirono sul finire del 1914, quando il futuro primo presidente della repubblica di Cecoslovacchia, Tomás Masaryk, trovandosi a Roma per ragioni diplomatiche, prese a interessarsi delle vicende politiche italiane. Nella sua *Rivoluzione mondiale* (l'opera, che fu pubblicata nel 1925, descrive la guerra dal punto di vista dell'emigrazione ceca) egli non nasconde la propria ammirazione per il Risorgimento italiano, in cui scorgeva sorprendenti analogie con la rinascita ceca dell'Ottocento, e, al tempo stesso, racconta dell'attrazione che da tempo avevano esercitato su di lui Leopardi, Carducci e D'Annunzio[7].

Ma un reale interesse reciproco prese a mostrarsi solo nel corso della guerra: da parte italiana esso data dalla fondazione del comitato per l'indipendenza ceca e si accrebbe quando, soprattutto dopo Caporetto, si fece strada l'opinione che l'Italia dovesse prendere posizione a fianco delle nazionalità oppresse dagli austriaci[8]. Dalla parte dei cechi la riprova è offerta dal saggio di Borovička sul soggiorno italiano di Frantisek Palacky[9]: questi, secondo l'autore, pur frequentando solo i circoli aristocratici e non avendo contatti con esponenti della «Giovane Italia», dalle umilianti condizioni in cui versavano le popolazioni ricavò un'impressione negativa della situazione dello Stato pontificio, le cui finanze erano esauste, mentre le spese aumentavano e l'amministrazione era in mano a personale disonesto, senza che vi fosse alcuna volontà di miglioramento.

Altri studi seguirono, il primo dei quali fu la già citata recensione al libro di Louis Hautecour[10], libro, che Krofta considerava una sorta di introduzione alla vita politica italiana: Hautecour, attraverso un'attenta analisi della stampa, si interessava in maniera molto estesa dell'atteggiamento dell'opinione pubblica italiana verso le nazioni slave e Krofta si dichiarava d'accordo con lui nel giudicare tale atteggiamento amichevole come la prosecuzione dei rapporti esistenti durante il Risorgimento, la continuazione, cioè, della politica di Mazzini e Garibaldi[11]. Krofta dedicava poi una speciale attenzione al volume *Il Patto di Roma*[12], in cui, ricalcando quasi per intero il contenuto degli accordi Torre-Trumbić, si sosteneva l'opportunità di un radicale mutamento nella politica italiana verso i paesi slavi, i cui obiettivi finivano per coincidere con quelli indicati dal Comitato per l'accordo tra le nazionalità oppresse dall'Austria-Ungheria.

J. Šusta è stato il primo storico ceco a misurarsi, sia pure in forma sintetica, con la storia dell'Italia contemporanea[13]. Studioso di ascendenza rankiana sul piano metodologico, egli mira a una rappresentazione della storia d'Italia, vista nel contesto del concerto delle potenze europee: la sua attenzione, pertanto, è prevalentemente rivolta alla politica estera, mentre tanto la politica interna che le questioni della cultura vengono quasi del tutto neglette. Gli sforzi di Berlino per impedire il riavvicinamento tra Roma e Parigi[14], le preoccupazioni di Vienna via via che risultava evidente il fallimento di tali sforzi, anche in seguito all'evolversi della politica interna italiana[15], la politica coloniale di Crispi, costretto ad assumere metodi dittatoriali all'interno a causa dell'inasprirsi delle tensioni sociali[16], sono i grandi temi intorno ai quali ruota e si sviluppa l'analisi di Šusta. Altre questioni importanti sono il sistema giolittiano di governo e l'accresciuta forza politica del nazionalismo, all'interno del quale sempre maggior peso acquistano Corradini e D'Annunzio, il cui irredentismo, intriso di ambizioni imperialistiche[17], crea gravi complicazioni nei rapporti con l'Austria.

Accanto a Šusta, l'unico storico ceco ad affrontare il tema del Risorgimento in modo sistematico fu il docente praghese J. Matoušek. Nel suo già citato saggio dal titolo *Nuovi studi sul Risorgimento italiano*[18], dopo aver affrontato la *vexata quaestio* dei termini cronologici del Risorgimento (non dalla Rivoluzione francese alla prima guerra mondiale, come amavano gli storici italiani, bensì dal 1815 al 1870) e dopo essersi soffermato sul ruolo primario svolto dai musei del Risorgimento (in particolare quello di Milano) nell'organizzare l'attività di ricerca[19], sull'importanza delle scoperte archivistiche sulla massoneria e degli studi sulla questione meridionale e pure sui limiti riscontrati nella pubblicazione degli scritti dei maggiori protagonisti del periodo (decisamente insoddisfacente la situazione per quanto concerne Mazzini, migliore per Cavour e Gioberti), egli distingue tre fasi, o meglio, tre correnti nella storiografia sull'argomento. Dopo la prima, caratterizzata dal tono solenne e quasi agiografico, se ne era affermata un'altra fondata su un maggior realismo, che, sotto l'influsso del materialismo storico (ma pure per l'influenza di importanti contributi stranieri: dal libro di Hartmann, uscito in Italia nel 1923, alle ricerche di Tarle sul blocco continentale), aveva inteso approfondire gli aspetti economici del Risorgimento: ma anche i risultati di queste ricerche non potevano dirsi pienamente compiuti dal momento che i problemi economici, nonostante tutti gli sforzi degli studiosi, restavano al margine. Sicché, tenutosi anche conto del carattere occasionale degli studi di Cantimori e di Salvemini[20], poteva ben dirsi che la storiografia italiana, con la sola eccezione di Rosi, non era riuscita ancora a produrre una valida sintesi della storia dell'Italia contemporanea[21].

Nel valutare la storiografia sul Risorgimento, sempre secondo Matoušek, non si poteva, peraltro, prescindere dalla riflessione dei filosofi. Il primo di loro era stato Oriani, le cui carenze sul piano dell'erudizione furono positivamente compensate dai vantaggi offerti dalle sue capacità interpretative: originale miscela di spirito rivoluzionario e conservatore, si rivelò ben conscio dei limiti del parlamentarismo e del sistema liberale postunitario, per cui non era affatto casuale che Gentile ci tenesse a farsi suo prefatore e Croce, nonostante tutto, esternasse la propria stima nei suoi confronti. Ma il tono alla terza corrente (perché di questa si trattava) veniva dato indubbiamente da Croce e Gentile[22]: il primo, significativamente segnato dalla iniziale riscoperta di Vico (definito l'Hegel prima di Hegel), per aver tracciato con la sua storia della storiografia italiana dell'Ottocento un'immagine complessa della vita culturale del periodo; l'altro, caratterizzato dalla connessione tra metodo filosofico e metodo filologico, per aver posto (soprattutto nel suo libro sui profeti del Risorgimento e in quello sul pensiero italiano dell'Ottocento) l'accento sulla centralità dello Stato, nel quale egli vedeva lo strumento contro l'anarchia: il popolo poteva farsi valere solamente nello Stato e solo con esso poteva godere della libertà.

Infine Matoušek concludeva rilevando come da alcune opere pubblicate nel dopoguerra (in particolare quelle di Gobetti e Malaparte) emergesse una sorta di disillusione nei confronti del Risorgimento, secondo la quale era la concezione ideale, sottesa all'intero processo, a venire messa in dubbio[23].

Successivamente, lo stesso autore ha analizzato la politica dell'Italia quale grande potenza in un contesto di storia mondiale[24]. Egli muove dalla considerazione che già alla fine dell'Ottocento si era allentata la partecipazione dell'Italia alla Triplice Alleanza, al punto di ricercare un'intesa con la Russia. Dopo una descrizione puramente *événementielle* della grande guerra, vengono offerti spunti interessanti sul clima esistente nel paese alla fine del conflitto e sui disordini verificatisi sotto Nitti e Giolitti: Matoušek sottovaluta, peraltro, le possibilità di tenuta della democrazia italiana e ritiene che il fascismo rappresentasse per le grandi masse una garanzia di sicurezza sociale. Nell'esame della presa del potere da parte dei fascisti un particolare rilievo è assicurato sia alle pesanti responsabilità della monarchia, che rese più facile la transizione, sia alle limitate capacità di governo dello stesso partito fascista, che derivavano essenzialmente dalle spinte disgregatrici dovute ai *ras* locali e che trovarono conferma anche nel fatto che nel primo governo Mussolini solo tre ministri erano propriamente fascisti. Risoltasi definitivamente nel 1926, con la fine di ogni forma di opposizione, la crisi aperta dall'assassinio di Matteotti, l'autore passa a esaminare il ruolo dei sindacati prima e delle corporazioni poi: sulla scia delle considerazioni di Sorel e di Pareto, egli è dell'opinione che con l'aiuto delle organizzazioni sindacali si riuscisse a contenere gli scioperi e che, pertanto, esse finissero per assumere il ruolo di organi dello Stato. Una grande attenzione viene quindi dedicata alla Carta del lavoro per l'influenza esercitata sui rapporti sociali: in quanto strumento contro gli effetti delle crisi economiche, in grado cioè di rendere sopportabili le misure prese dal governo per mobilitare il capitale interno, in essa, secondo la tesi di Sombart, culminava sinteticamente l'autorità dello Stato.

Il saggio si chiude prima della guerra d'Abissinia: quando l'Italia sembra voler cercare una collaborazione con la Gran Bretagna, dato l'accrescersi della tensione con la Francia in seguito a nuovi motivi di conflitto soprattutto di natura coloniale, e intanto prosegue una valida politica nei Balcani e mantiene buoni contatti con l'Austria e con l'Ungheria. In conclusione, il fascismo aveva trasformato tutta l'Italia: un risultato assolutamente inimmaginabile all'epoca del suo avvento.

Matoušek è anche l'autore di un importante saggio sulla storiografia italiana durante il fascismo[25]. La sua tesi è presto detta: muovendo dall'analisi della storiografia prefascista, di cui sottolinea le differenze rispetto al modello tedesco, l'autore rileva l'esistenza di una certa continuità di fondo dovuta alla gradualità del processo di indottrinamento che lasciava grandi ambiti di autonomia agli intellettuali (anche a quelli non fascisti, purché non assumessero un atteggiamento apertamente negativo rispetto al regime) e limitava il proprio intervento sul piano storiografico all'esaltazione della politica imperiale[26]. Tali margini di autonomia non riguardavano solamente le opere degli studiosi in esilio, ma anche quelle pubblicate in Italia, come stanno a dimostrare i lavori di Michels sul socialismo, o il libro, valido ancora oggi, di Dal Pane su Antonio Labriola: secondo Matoušek, questo atteggiamento nei confronti del marxismo si spiega con il fatto che per Mussolini il fascismo era espressione non solo di tendenze conservatrici, ma anche di quelle progressiste. Infine, va notato il giudizio molto positivo su Volpe, al quale spettava il merito di aver eliminato ogni residuo dilettantismo dalle ricerche sul Risorgimento, interpretato come un fenomeno ideale assai complesso, di cui non si poteva, pertanto, ignorare il retaggio più conservatore.

A questo punto, però, mi pare opportuno chiederci che cosa resta, ancora oggi, della riflessione di Matoušek[27]. Per quanto concerne la continuità tra storiografia prefascista e fascista, possiamo dire che prima dell'avvento del fascismo si prestava maggiore attenzione ai fattori sociali della storia, mentre durante il ventennio ne veniva posto più in rilievo l'aspetto nazionale; ma non va dimenticato che anche allora il materialismo storico fu difeso da alcuni studiosi, quali Corrado Barbagallo ed Ettore Ciccotti: insomma, si faceva valere l'opinione di Croce, secondo la quale al marxismo andava, tra l'altro, riconosciuto il merito di aver reso possibile il consolidarsi del realismo nelle correnti del pensiero italiano. Dove non ci sentiamo, invece, di condividere più l'opinione di Matoušek è riguardo al giudizio troppo positivo che egli dà di Volpe, senza scorgere come questi abbia sottovalutato il ruolo dei liberali nell'Ottocento e nel Novecento e con quanta foga egli sia stato nemico del socialismo italiano: Volpe era per una storiografia impegnata politicamente (militante, si direbbe oggi) e, al tempo stesso, per una storiografia totalizzante e senza aggettivi. In definitiva, a nostro avviso, Matoušek deve molto a Salvemini, per le di lui connessioni tra elementi di marxismo e di liberalismo e per quanto lo legava al positivismo sociologico.

Nel 1938 fu pubblicata in Cecoslovacchia *Storia d'Europa nel secolo XIX* [Bari, 1932] di Benedetto Croce[28]: oltre a curarne la traduzione, Popelová scrisse pure un'introduzione assai ben documentata. Nel pensiero del filosofo liberale italiano ella distingueva tre momenti principali: 1) punto di partenza è Hegel, che in Germania veniva concepito con troppa astrattezza: ciò è possibile, in quanto Croce si muove nel solco della tradizione di Spaventa; 2) nell'estetica, Croce accentua la funzione dell'intuizione, che detiene, secondo lui, un grande valore conoscitivo; 3) Croce attribuisce un ruolo importante all'equilibrio tra individuale e universale: nella categoria dell'individuale è compresa l'economia, mentre l'etica rientra nella categoria dell'universale.

Croce aspira, poi, a superare ogni forma di moralismo, soprattutto nel rapporto tra filosofia e storia. Sempre da Hegel egli deriva l'idea dello sviluppo storico della libertà, ma con la differenza che per lui la dialettica è solo un mezzo euristico. Inoltre, egli è un convinto sostenitore del contemporaneismo in storiografia, nel senso che lo storico si pone nei confronti del passato con la mediazione del presente. Infine, Croce, secondo Popelová, insiste sulla differenza tra democrazia e liberalismo: questo viene inteso come religione della libertà e come liberalismo economico; quella, invece, comporta l'egualitarismo e l'annientamento delle qualità individuali. Popelová finisce, così, per scorgere una certa analogia tra Croce e Masaryk: possiamo pertanto concludere che la sua interpretazione di Croce era l'espressione dello spirito democratico del 1938.

La situazione della storiografia ceca dopo la seconda guerra mondiale, benché incominciassero ad avvertirsi gli effetti del nuovo clima rivoluzionario, non mutò subito radicalmente dal momento che i vecchi professori della scuola di Goll rimasero al loro posto. Fu così possibile al docente praghese J. Žáček pubblicare uno studio sulla partecipazione di una trentina di cechi alla resistenza della legione polacca contro gli austriaci nel 1848, ispirata, come è noto, dal poeta Mickiewicz[29].

Il saggio di Žáček fu l'ultimo del genere: negli anni cinquanta, anni del dogmatismo trionfante, mancano studi sull'Italia. Una eccezione (almeno in parte) è rappresentata dallo studio di Staněk sui rapporti tra Vaticano e partito cattolico slovacco e, per certi versi, anche tra Chiesa e Stato[30]: partendo dall'atteggiamento negativo assunto verso lo hussitismo (appoggio aperto ai sostenitori dell'esaltazione del «martire» Jan Nepomuk contro i sostenitori di Huss), l'autore passa agli anni trenta, quando delegati di Roma parteciparono al congresso del partito cattolico slovacco, nel corso del quale, mentre Beněs veniva dipinto come il presidente bolscevico, si avanzavano progetti per l'unificazione di Croazia, Slovenia e Slovacchia. Seguirono poi le drammatiche vicende della presidenza di monsignor Tiso e della collaborazione della Santa Sede alla guerra contro l'Unione Sovietica. E se è sbagliato affermare che in Vaticano si condividevano le idee che il nazismo aveva in merito alla «soluzione finale» della questione ebraica, è indubbia, invece, l'approvazione data a Tiso per il suo atteggiamento contrario verso l'insurrezione slovacca (1944), come pure il fatto che il riconoscimento del suo regime venisse confermato ancora alcuni giorni dopo la fine della guerra.

In quello stesso 1955 fu tradotto *I Mille* di Giuseppe Garibaldi, con un'ampia introduzione[31], in cui M. Krátký, oltre a percorrere le tappe fondamentali della vita dell'Eroe dei due mondi, lo presenta come un politico dotato di un grande pragmatismo, fondato sul buon senso e sulla capacità di intuizione: tutte doti che spinsero anche Marx ed Engels ad apprezzarlo.

Sempre a Garibaldi è dedicata la biografia di L. Puchta[32], pubblicata negli anni della cosidetta «normalizzazione», anche se non risulta affatto condizionata dall'ideologia che caratterizzò quel periodo. Merito principale del lavoro consiste nell'aver saputo esaminare il personaggio nel contesto storico-politico in cui era inserito, dal collegamento con la «Giovane Italia» ai difficili rapporti con Cavour: questi era tutto preoccupato di garantire il ruolo decisivo del Piemonte, mentre Garibaldi si rivelava anche attento ai problemi del Sud, ai fermenti separatisti che vi si andavano sviluppando, ben conscio che le popolazioni meridionali vedevano nell'Unità l'opportunità per occupare le terre. Il Risorgimento, secondo la strategia cavourriana così attenta alle riforme interne, non doveva solamente significare lo smantellamento delle vecchie strutture, ma anche dare vita a una «rivoluzione controllata», tale da garantire al paese il massimo grado di libertà e fornirgli, al contempo, le condizioni migliori per potersi immettere nel quadro dell'economia europea.

Era questa anche l'idea di Crispi: perciò voleva assicurarsi una solida maggioranza in parlamento, isolando la Sinistra più radicale; si sforzava di stimolare la vita culturale italiana e portarla ai livelli della Francia; e si batteva per l'ampliamento delle libertà di stampa e di associazione. Insomma, un Crispi riformista-rivoluzionario, che, per raggiungere i propri obiettivi, intendeva servirsi del movimento rivoluzionario e, dunque, attrarre Garibaldi dalla propria parte.

Di qualche interesse è pure il saggio di A. Mrázková sui Comitati di liberazione durante la Resistenza[33], in cui si descrive la ripresa dell'attività dei partiti politici in Italia, a partire dagli ultimi mesi di governo di Mussolini, e si analizzano le ragioni del progressivo affermarsi della sinistra al Nord (soprattutto a Milano), sullo sfondo della Repubblica sociale. Accanto ad esso, ci sono da segnalare anche due recensioni che, direttamente o indirettamente, si riferiscono alla società italiana durante il fascismo.

Alle origini e alla conquista del potere del fascismo è dedicato il ponderoso volume di Bradáč pubblicato nel 1973[34]. Definibile come espressione di un indirizzo storiografico marxista moderato, il saggio si caratterizza per l'ottica decisamente comparativa, in base alla quale la storia italiana è studiata in un costante confronto con quella degli altri stati europei: l'impressione che si ricava è di una certa arretratezza dell'Italia, soprattutto nel periodo precedente alla prima guerra mondiale[35].

L'indagine risale a Crispi e a Giolitti[36]. Del primo, pur riconoscendogli la validità di alcune riforme in campo amministrativo e l'acume di alcune intuizioni riguardo alla questione meridionale, si sottolineano gli errori tanto in politica estera (la guerra commerciale con la Francia, la politica coloniale), quanto in politica interna (la fobia dell'anarchismo, la repressione dei socialisti). Di Giolitti vengono valutati positivamente, tra l'altro, la volontà di mantenere lo Stato e il governo neutrali nei conflitti tra capitale e lavoro, l'intento di appoggiarsi alle forze riformiste e il pragmatismo politico che favorì una notevole crescita economica, da cui trasse consistente vantaggio pure la classe operaia; anche se i redditi degli operai italiani si limitavano ancora a un terzo di quelli inglesi, un dato questo che contribuisce a spiegare il grande slancio migratorio del 1901-1903.

Bradáč passa quindi ad analizzare le fonti ispiratrici dell'ideologia conservatrice, l'influenza del nazionalismo (Corradini, D'Annunzio) e del futurismo e il ruolo del sindacalismo rivoluzionario e del suo massimo ispiratore, Georges Sorel: il tutto al fine di meglio intendere il Mussolini socialista, l'influsso esercitato su di lui dalla filosofia francese, la sua considerazione positiva dello sciopero come arma della lotta di classe e negativa del riformismo (atteggiamenti ampiamente confermati dalla sua attività giornalistica del tempo); cui segue l'analisi della sua critica al sistema parlamentare e alla democrazia.

Vengono poi ricostruite le circostanze in cui l'Italia entrò in guerra: dall'agitazione degli interventisti (tra i quali anche Bissolati), nascosti dietro le insegne del Risorgimento, allo spregiudicato passaggio di Mussolini all'interventismo, fino all'intervento vero e proprio e all'atteggiamento italiano verso le nazioni slave. È interessante, in proposito, notare che Mussolini appoggiava la costituzione di reparti di volontari in cui fossero accolti anche i cechi[37].

Si giunge così al dopoguerra, in cui all'entusiasmo e all'euforia iniziali succede la disillusione, dovuta prevalentemente alla crisi economica, con cui tutte le forze politiche devono confrontarsi.

Mussolini, intanto, comincia a formulare la nuova ideologia borghese: rifiuta i partiti tradizionali e fa proprio il nazionalismo, di cui si serve non solo come discriminante nei confronti dei socialisti (dei quali, peraltro, recepisce alcune istanze: dalla settimana di quarantotto ore alla pensione per gli anziani o gli invalidi), ma anche per distinguere tra i *pescecani* del capitalismo, che non si erano battuti per il rinnovamento morale della nazione, e la borghesia produttiva e progressista[38].

La *marcia* di avvicinamento al potere da parte del fascismo e i suoi primi esordi al governo vengono attentamente presi in considerazione nella loro dimensione sociale (quali i ceti che appoggiarono il movimento fascista, quale la reazione della classe operaia) e politico-istituzionale (i comportamenti ambigui dei vari governi). Mussolini, per parte sua, si presentava quale autore-protagonista di una rivoluzione legale, in cui gli riusciva di combinare metodi cosiddetti «rivoluzionari» (gli attacchi squadristici, assai efficaci per la verità) con la collaborazione con i gruppi dirigenti. Il risultato non fu uniforme e pertanto la disamina prosegue a livello locale (Ferrara, Bologna, Napoli): la situazione più debole per i fascisti si verificò in Alto Adige, a causa della presenza massiccia della popolazione tedesca.

Nel capitolo finale, l'autore si interroga sui fattori che determinarono il successo del fascismo: egli si dice convinto che la causa non sia da ricercarsi solamente nella prima guerra mondiale, nella vittoria mutilata; bensì nella debolezza intrinseca della democrazia liberale italiana, cioè, nella mancanza di volontà di difenderla da parte delle istituzioni a ciò preposte (in primo luogo, la corona). D'accordo con Salvemini, pur senza citarlo, Bradáč perviene alla conclusione che la transizione al fascismo non fosse inevitabile.

Anche chi scrive le presenti note ha incominciato a studiare negli anni settanta lo sviluppo della storiografia italiana e ha pubblicato sull'argomento due saggi in lingua tedesca, rispettivamente intitolati *Alcuni tratti caratteristici della storiografia italiana* e *Delle principali tendenze della storiografia italiana borghese. 1917-1945*[39], i cui esiti complessivi sono stati riassunti nel già citato contributo apparso nel volume berlinese del 1990[40].

Partendo dalla fine dell'Ottocento, quando si consolida il carattere scientifico della storiografia italiana, il mio intento è stato quello, innanzitutto, di porre nel giusto rilievo anche i tratti specifici del modello storiografico. I principali di essi possono individuarsi nella scarsa influenza avuta da Ranke e nel fatto che tale mancanza fosse compensata dal largo influsso esercitato da una parte dal Lamprecht e dall'altra dal marxismo, sì da dar vita a una tendenza che definirei di «marxismo legale»: questo vale non soltanto per Salvemini e i «salveminiani», ma anche per Volpe (almeno, il Volpe di prima della guerra). Tutto ciò aiuta a comprendere l'affermarsi della scuola economica e come mai la storiografia italiana non si sentisse strettamente legata a una concezione della storia che si esaurisse nello stato.

La situazione testé descritta prese a modificarsi con la guerra e soprattutto nel dopoguerra, quando cominciò a combattersi l'influenza della metodologia tedesca e, ancor più, successivamente, allorché l'attenzione venne concentrandosi sulle questioni della rivoluzione, in particolare in vari articoli apparsi sulla «Nuova Rivista Storica» (Mondolfo, Ferrero), mentre Ciccotti (ma non solo lui) difendeva le posizioni del materialismo storico.

La transizione al fascismo fu meno brusca di quanto si possa pensare: il numero degli storici che aderirono totalmente al regime e alla sua ideologia fu limitato, e anche da parte loro si ebbero dei contributi che ancora oggi mantengono una propria validità. Ciò vale pure per Volpe, comunemente considerato il più autorevole storico dell'Italia fascista: di lui ricordiamo il «misogallismo» (inteso prevalentemente come opposizione al modello francese di rivoluzione), l'avversione al socialismo, la sopravvalutazione del significato della guerra, l'ostinazione nel presentare il fascismo come risultato della sintesi fra l'ideologia del capitalismo liberale e quella della classe operaia, e, soprattutto, la sua richiesta di un ritorno all'impegno storiografico politico-militante.

D'altro canto non va dimenticato che, anche durante il fascismo, poté farsi valere l'influenza di Benedetto Croce, il quale, come è noto, concepiva la storia come storia della libertà e si opponeva a ogni forma di relativismo storico: secondo lui, erano stati i valori del liberalismo ad aver determinato la storia italiana dell'Ottocento e del primo Novecento. Fu un punto di riferimento per più studiosi: senz'altro per Adolfo Omodeo sul piano interpretativo (come sta a dimostrare, innanzitutto, la biografia di Cavour) e, sul piano metodologico, per Carlo Antoni.

Rigido sostenitore e propugnatore degli ideali della democrazia liberale fu invece Salvemini, la cui opera si sviluppava, come ho già accennato, da posizioni «semimarxiste» al positivismo. Diversa la posizione di Gramsci, che combatté duramente i tentativi di ridurre il marxismo in formule semplificate e fu un critico penetrante di Croce: fondamentali restano le sue considerazioni sul Risorgimento.

Tutto ciò consentì alla storiografia italiana di evitare rigide soluzioni di continuità nella transizione al secondo dopoguerra: benché essa si distinguesse per l'alta dose di individualismo, si verificò, tuttavia, un generale mutamento di prospettiva (dovuto, in primo luogo, all'influsso di Gramsci), che, allo stesso tempo, la preservò da commistioni con le metodologie proprie della sociologia; modificazioni in tal senso si ebbero negli anni sessanta e settanta. Questi elementi ci aiutano a comprendere le ragioni della mancata recezione della scuola delle *Annales*: la storiografia italiana ha mantenuto, anche nelle ultime fasi del proprio sviluppo, un carattere prevalente di storiografia politica.

Per tornare al tema della relazione, avviandomi ormai alla sua conclusione, va detto che era stato portato avanti dagli storici cechi un progetto di sintesi della storia d'Italia: era già pronto il manoscritto di 800 pagine, quando, dopo il 1989, la casa editrice fu quasi del tutto travolta dagli avvenimenti e il progetto venne annullato.

Guardando ora all'intero sviluppo della storiografia ceca sull'Italia contemporanea non si può non scorgerne gli aspetti positivi. Gli studi di Matoušek, ad esempio, sono da considerarsi indubbiamente a livello mondiale: in particolare, il saggio sulla storiografia italiana durante il ventennio ne rappresenta, a mio parere, un esempio altissimo. Anche i lavori di Šusta e di Bradáč non sono da sottovalutare, ancorché, in paragone con quelli di Matoušek, appaiano più eclettici.

D'altronde, non mancano gli aspetti negativi, le cui cause vanno individuate, principalmente, nella discontinuità della storia ceca: il grande slancio democratico costituito dalla prima Repubblica (1918-1938) fu interrotto dalla guerra, a cui seguì l'oppressione dello stalinismo, moderata solo dai mutamenti che portarono alla «primavera di Praga»; seguiva una nuova chiusura, durata fino agli anni ottanta. A ciò si aggiunga che, anche nel periodo di massima espansione della democrazia ceca (1918-1938), l'interesse positivo per l'Italia fu ostacolato dal fatto che l'Italia fosse sotto il dominio fascista.

1 Cfr. K. Krofta, recensione a L. Hautecour, *L'Italie sous le Ministère Orlando. 1917-1919* (Paris, 1919), in «Český časopis historicky» (d'ora in avanti «ČČH»), 1920, p. 252.

2 J. Svátek, *Giuseppe Garibaldi*, Praha, 1862. In proposito cfr. J. Matoušek, *Z novějších studií o italském risorgimentu* (Nuovi studi sul Risorgimento italiano), in «ČČH», 1933, p. 74.

3 P. Orsi, *Moderní Itálie*, Hradec Králové, 1908 [in it.: *L'Italia moderna. Storia degli ultimi 150 anni*, Milano, 1901].

4 Sull'argomento si rinvia a Matoušek, *Z novějších*, cit., pp. 72-75.

5 Cfr. J. Šusta, *Mlada léta učňovská a vandrovní. Praha, Vídeň, Řím, Vzpomínky* (Anni giovanili di studio e di viaggio. Ricordi di Praga, Vienna, Roma), II, Praha, 1963. In realtà l'opera era stata terminata nel 1942, ma fu pubblicata solo vent'anni dopo.

6 *Ibid.*, p. 226.

7 Cfr. T.G. Masaryk, *Světová revoluce za války a po válce* (La rivoluzione mondiale prima e dopo la guerra), Praha, 1925, pp. 47-52.

8 Cfr. F. Spada, *L'idea italo-ceca*, Spoleto, 1920.

9 J. Borovička, *F. Palackého italská cesta r. 1837* (Il viaggio di Palacky in Italia nell'anno 1837), in «ČČH», 1918, pp. 165-200. Palacky, che stava allora lavorando alla sua fondamentale *Storia della nazione ceca nella Boemia e nella Moldavia* (1836-1876), effettuò ricerche in numerosi archivi, in particolare in quello Vaticano.

10 Cfr. nota 1.

11 Krofta, recensione a Hautecour, *L'Italie*, cit., p. 253.

12 Cfr. *Il Patto di Roma*, scritti di G. Amendola, G.A. Borgese, U. Ojetti, A. Torre, prefazione di F. Ruffini, Roma, 1919.

13 J. Šusta, *Světová politika* (La politica mondiale [ovvero, meglio: Il mondo contemporaneo]), 6 voll., Praha, 1925-1931.

14 *Ibid.*, II, p. 62.

15 *Ibid.*, IV, p. 159.

16 *Ibid.*, VI, p. 62.

17 *Ibid.*, VI, p. 86.

18 Matoušek, *Z novějších*, cit., pp. 72-101.

19 *Ibid.*, p. 77.

20 *Ibid.*, p. 80.

21 *Ibid.*, pp. 92-4.

22 *Ibid.*, pp. 91-7.

23 *Ibid.*, pp. 100 ss.

24 Cfr. Id., *Dodatek k velkému Ottovu slovníku naučnému* (Supplemento al grande dizionario scolastico dell'Ottocento), III, Praha, 1934.

25 Cfr. Id., *Fašismus a italské dějepisectví* (Il fascismo e la storiografia italiana), in «ČČH», 1938, pp. 82-92 e 528-46.

26 Va rilevato che Matoušek sbaglia nell'attribuire un simile atteggiamento anche a Corrado Barbagallo, il quale ha solamente applicato alla storiografia italiana criteri europei.

27 In proposito cfr. J. Kudrna, *Italien*, in *Geschichtsschreibung im 20. Jahrhundert*, Berlin, 1990, pp. 290-99.

28 B. Croce, *Europa v XIX. stoleti*, traduzione e introduzione di J. Popelová, Praha, 1938.

29 J. Žáček, *Revoluční spolupráce Čechů a Polaků v r. 1848* (L'alleanza dei rivoluzionari cechi e polacchi nel 1848), in «ČČH», 1949, pp. 173-80. Al tentativo insurrezionale prese parte anche un sacerdote di nome Mensinger, che in passato aveva servito come cappellano nell'esercito austriaco e che ora si proponeva di divulgare in Italia materiale di propaganda ceca, ma Carlo Alberto si rivelò contrario all'iniziativa.

30 I. Staněk, *Spojenec luďackého státu*, in «ČČH», 1955, pp. 82-105.

31 Cfr. G. Garibaldi, *Milion*, traduzione e introduzione di M. Krátký, Praha, 1955.

32 L. Puchta, *G. Garibaldi*, Praha, 1971.

33 A. Mrázková, *Výbory národního osvobození v italském antifašistickém odboji* (I CLN nella Resistenza antifascista italiana), in «ČČH», 1966, pp. 824-43.

34 Z. Bradáč, *Pred pochodem na Řím* (Le origini della marcia su Roma), Praha, 1973.

35 *Ibid.*, pp. 34-44 e 47-61.

[36] *Ibid.*, pp. 107, 226 e 228.
[37] *Ibid.*, pp. 237-60.
[38] *Ibid.*, pp. 409-50.
[39] Cfr. J. Kudrna, *Zu einigen charakteristischen Zügen der italienischen Historiographie*, in «Sborník prací» FF C, 1979, pp. 7-40, e *Die Haupttendenzender italienischen bürgerlichen Historiographie. 1917-1945*, in «Sborník prací», FF, 1984, pp. 43-52.
[40] Cfr. Id., *Italien*, cit., pp. 281-326.

STANISLAW SIERPOWSKI

DALLA POLONIA

INTRODUZIONE

Nel corso dell'ultimo secolo gli autori polacchi hanno scritto alcune centinaia di studi dedicati al passato e al presente dell'Italia. Fra i temi più visitati vi sono i rapporti italo-polacchi. Può dare un'idea dell'estensione di questo interesse la pregevole bibliografia di Maria e Marina Bersano-Begey, *La Polonia in Italia. Saggio bibliografico 1799-1948*, edita a Torino nel 1949, che contiene circa tremilacinquecento titoli[1]: si tratta unicamente dei saggi pubblicati in Italia e senza gli ultimi cinquant'anni, contrassegnati da uno sviluppo addirittura tempestoso dei reciproci rapporti scientifici e culturali.

Gli studiosi polacchi purtroppo non hanno elaborato alcunché di simile: disponiamo di una bibliografia parziale che comprende gli anni 1800-1939 e che riguarda unicamente i contatti letterari polacco-italiani[2].

L'elaborazione di una bibliografia dedicata all'*Italia moderna in Polonia* richiederebbe ricerche sistematiche. La mia esperienza più che ventennale di studio nel settore che qui ci interessa mi autorizza ad affermare che il patrimonio bibliografico da prendere eventualmente in considerazione ammonterebbe complessivamente ad alcune migliaia di titoli.

La raccolta del materiale per la presente rassegna ha rivelato l'esistenza di molti lavori senza dubbio interessanti, nondimeno poco connessi con il concetto tradizionale di storiografia: si tratta di studi nell'ambito di una cultura di massa ampiamente intesa, che comprende anche settori della vita sociale italiana, quali per esempio la musica, il teatro, il cinema, lo sport che, «da sempre», e con uguale intensità, hanno interessato il lettore polacco. In linea di massima, e con alcune eccezioni, sono stati omessi gli studi inerenti il Vaticano e principalmente il ruolo della chiesa cattolica: benché si fosse pienamente consapevoli di poter senza difficoltà sostenere la tesi che giustificasse la necessità di inserire, invece, tale problematica.

Non è possibile offrire una panoramica della letteratura polacca sulla storia dell'Italia contemporanea, senza richiamarsi alla preziosa sintesi di Jozef Andrzej Gierowski, noto storico e professore dell'Università Jagellonica. L'eccezionalità di quest'opera, da cui deriva l'intenzionale preferenza che qui le viene data, è dovuta al fatto che si tratta della prima elaborazione dell'intera storia dell'Italia, dai tempi più antichi fino agli ultimi anni, che sia stata fatta da uno storico polacco. L'autore si è basato principalmente sulla letteratura esistente sull'argomento, utilizzando anche i risultati delle ricerche di studiosi polacchi: un compito non facile, dato che «l'elenco di tutte le pubblicazioni polacche dedicate al passato di questo paese e ai suoi contatti con la Polonia riempirebbe un libro di non piccole dimensioni»[3].

IL RISORGIMENTO

I primi lavori in lingua polacca sul Risorgimento furono contrassegnati da una sorta di personalismo, dovuto all'eccezionale popolarità goduta dagli eroi del processo d'unificazione e, principalmente, da Garibaldi: la sua enorme popolarità internazionale era in Polonia alimentata dalla pubblicità data all'aiuto portato agli insorti nel 1863. Effetto di questo interessamento sono stati i molti scritti a carattere divulgativo, spesso anche agiografici. Una svolta nelle ricerche polacche sulla vita e l'opera di Garibaldi si ebbe nel cinquantesimo anniversario della sua morte: la più importante manifestazione dell'iniziativa fu la conferenza tenuta dal professor Kalikst Morawski all'Università di Varsavia, durante la quale furono presentati gli ultimi risultati delle ricerche – soprattutto italiane – sull'attività di Garibaldi[4].

Fu allora che per merito di Adam Lewak, storico e bibliofilo varsaviano, uscirono due importanti pubblicazioni: nella prima era studiato l'atteggiamento assunto da Garibaldi nei confronti delle aspirazioni indipendentistiche polacche, nella seconda – che mantiene tuttora intatta la propria utilità documentaria – era raccolta la corrispondenza polacca di Garibaldi[5].

Le discussioni e i dibattiti, allora sviluppatisi in Polonia, non si limitarono soltanto a Garibaldi, ma si estesero a tutto il processo risorgimentale. Non fu un caso se Francesco Nullo, che dal 1859 aveva fatto parte del corpo d'armata di Garibaldi, assurse al ruolo di simbolo: alla notizia dello scoppio dell'insurrezione in Polonia egli si era posto a capo di un gruppo di volontari italiani e, nominato generale dalle autorità dell'insurrezione, era morto combattendo a Krzykawka, il 5 maggio 1863; sepolto a Olkusz, divenne il simbolo più spesso ricordato dell'effettivo impegno degli italiani nella lotta dei Polacchi per l'indipendenza[6].

Il senso delle ricerche, compiute nel periodo tra le due guerre, sui rapporti polacco-italiani nel periodo risorgimentale lo troviamo nel libro del già citato Kalikst Morawski: in questo lavoro, pubblicato nel 1937 sotto l'auspicio del Towarzystwo Naukowe Warszawskie (Associazione Scientifica Varsiavana), come pure in alcuni altri pubblicati anche in lingua italiana, prevale l'attenzione per gli elementi che dimostrino l'atteggiamento amichevole dei democratici italiani verso la nazione polacca, che viveva allora sotto un'opprimente occupazione straniera. Ciò riguardava in particolare Garibaldi, al quale la storiografia polacca, rappresentata soprattutto da Adam Lewak e Kalikst Morawski, assegnava un ruolo centrale nelle manifestazioni di simpatia che si ebbero in Italia, per l'insurrezione del gennaio 1863[7].

L'atteggiamento ora delineato ebbe numerosi continuatori: venne ripreso, in una visione molto più ampia, anche dalla vasta biografia di Garibaldi pubblicata nel 1969 da Adam Ostrowski, ottimo specialista della storia italiana del XIX secolo[8]. In questo contesto unanime, si deve tuttavia notare la diversa opinione di Tomasz Wituch, che, in una nuova biografia di Garibaldi, scriveva:

> Garibaldi non soltanto non capeggiava le azioni dei simpatizzanti per la Polonia in atto nell'Italia del 1863; ma chiaramente rimaneva indietro nei confronti dell'ondata di viva e autentica simpatia che stava attraversando l'Italia. Acconsentì solo per compiacenza a che ci si richiamasse alla sua autorità e si usasse il suo nome nelle azioni dei vari gruppi che in numerose città italiane cercavano di organizzare un aiuto per la Polonia[9].

Adam Ostrowski, come ho già accennato, ha inteso offrire del suo eroe un ritratto ampio e denso di riferimenti storici. Inoltre, molto rilievo è dato al fatto che Garibaldi non possedesse un sistema chiaro e compatto di opinioni politiche e sociali, cosa che consentì a personaggi e a forze politiche diverse di servirsi del suo nome per progetti e programmi spesso molto distanti fra loro. E in risposta ai molti che si dolevano dello sfruttamento del nome di Garibaldi fatto dalla propaganda fascista, Ostrowski ha fatto notare che non c'era motivo di scandalo dal momento che

> in un certo modo il fascismo realmente costituiva una continuazione non tanto del pensiero politico, quanto dei comportamenti specifici e dello stile operativo di Garibaldi. Esistevano indubbiamente delle somiglianze, quali la riluttanza alla democrazia parlamentare, la proclamazione del primato dell'azione sul pensiero, la particolare sconsideratezza e incuranza nei confronti della legge, il gusto per la retorica e i gesti patetici, una forte dose d'intolleranza e di settarismo. Ciononostante – conclude l'autore – Garibaldi era e rimase per le vaste masse un democratico e un repubblicano, un eroe veramente popolare, il simbolo dell'amore per la libertà[10].

In confronto all'Eroe dei due mondi, Mazzini ha destato un interesse certamente minore in senso quantitativo (e, indirettamente, pure emotivo), anche per la complessità e le asperità della propria dimensione dottrinaria e intellettuale. D'altra parte egli godette di indubbia popolarità e notevole prestigio negli ambienti polacchi, grazie soprattutto agli ottimi rapporti con i democratici, che dalla Polonia erano andati esuli in Italia e in Europa ed erano portati a considerarlo il simbolo stesso del progresso civilizzatore. Non stupisce, quindi, che negli ultimi decenni siano apparsi numerosi contributi che pongono anzitutto in primo piano i contatti di Mazzini con gli emigrati polacchi. Va però ricordato che, già nel 1924, Adam Lewak, in un articolo pubblicato anche in Italia, aveva richiamato l'attenzione degli studiosi sull'argomento[11], mentre in un altro saggio, uscito dieci anni dopo sulla prestigiosa «Polityka Narodow», aveva posto in rilievo l'influenza di Mazzini sull'ideologia del romanticismo politico polacco. Tra gli studi più recenti, meritano di essere menzionati quello di Irena Koberdowa, dedicato ai rapporti tra Mazzini e il movimento repubblicano in Europa, quello di Stefan Kieniwicz, sul ruolo esercitato dalla dottrina mazziniana sulla formazione e lo sviluppo di una coscienza nazionale nei paesi slavi, e, in particolare, quello di Witold Lukasiewicz sull'influenza avuta dalla massoneria, dalla carboneria e dallo stesso Mazzini sul pensiero rivoluzionario polacco[12].

Un ulteriore importante chiarimento di questa corrente di studi è costituito dal libro di Joanna Ugniewska sulla filosofia della storia di Mazzini. L'autrice rileva la sorprendente affinità fra le riflessioni del rivoluzionario italiano sul senso della storia, sul concetto di nazione e sulla missione che a questa spetta storicamente, con il pensiero romantico polacco. La «cura attraverso la storia», che si propone una «terapia nazionale» (come la chiama Joanna Ugniewska), costituisce l'asse portante dell'intero saggio: sotto la pressione delle esigenze indipendentistiche, nella filosofia della storia mazziniana gli aspetti consolatori, ovvero *terapeutici*, vennero particolarmente rafforzati. Da questo punto di vista, il sistema costruito da Mazzini presenta un carattere eminentemente «pratico» e un ethos attivistico, che a quello strettamente si connette. Di conseguenza – conclude Ugniewska – l'idea mazziniana di unità va molto al di là del campo della politica, «per divenire il principio creativo del mondo, un principio che abolisce le fratture, le divisioni, i conflitti. È anche un principio che forma l'individuo e gli restituisce l'armonia fra la conoscenza e l'azione, fra la vita e la moralità»[13]. Lo studio di Joanna Ugniewska, che da tempo s'interessa agli aspetti teorici della cultura italiana del XIX secolo[14], può essere ritenuto uno dei maggiori risultati dell'italianistica polacca, non soltanto degli ultimi anni.

Per il resto la storiografia polacca sul Risorgimento è caratterizzata dalla mancanza di indagini specifiche che lo studino come un problema tipicamente italiano: per lo più l'unità d'Italia è stata affrontata alla luce delle esigenze dei programmi scolastici. Dagli anni venti in poi, si segnalano solo tre pubblicazioni autonome sull'argomento: delle quali due sono degli opuscoli privi di consistenza scientifica e la terza, pur di maggiore spessore, mantiene un carattere prevalentemente divulgativo[15].

Una particolare attenzione merita l'agile sintesi *L'Italia moderna* del reverendo Mieczyslaw Zywczynski, professore dell'Università Cattolica di Lublin, in quanto la parte descrittiva (senza dubbio più matura per il periodo fino agli inizi del secolo XX) è integrata da un ampio apparato di informazione storiografica (oltre trenta pagine), che è il più completo tra quelli accessibili in Polonia. Va inoltre sottolineato come largo spazio sia dedicato alle vicende del papato, anche perché l'autore (apprezzato studioso di storia della chiesa) ha più volte messo in rilievo il rapporto di stretta dipendenza reciproca che sussiste tra storia del papato e storia d'Italia[16].

IL PERIODO DEL FASCISMO

La Polonia faceva parte di quegli Stati nei quali l'esperimento delle camicie nere aveva destato, sin dall'inizio, un vivo interesse. Lasciando da parte i motivi di ordine teorico sottesi ai legami della destra con la nascente ideologia fascista (che abbondantemente attingeva dal patrimonio del nazionalismo), merita una certa attenzione il fatto generale di vedere Roma come un centro di esperimenti innovatori in senso sociale e politico. La storiografia polacca, nella ricca bibliografia dedicata alla storia del fascismo, ha saputo assicurarsi una partecipazione relativamente importante: ciò è dovuto principalmente all'ampiezza delle ricerche sul nazismo[17]. Nondimeno, nel bilancio storiografico complessivo relativo alle vicissitudini dell'Italia contemporanea, gli studi dedicati al periodo fascista, inteso in senso lato, occupano un posto di primo piano: il tema domina, per lo meno quantitativamente, nelle ricerche realizzate dagli studiosi polacchi[18].

Per alcuni anni, dopo l'avvento del fascismo in Italia, mancarono riflessioni estese che trattassero del problema nel suo insieme. Antoni Peretiatkowicz, sulle colonne del «Ruch Prawniczy i Ekonomiczny», pose il problema di un bilancio del primo quinquennio del governo fascista: l'autore si proponeva di presentare i lati forti e quelli deboli dell'esperimento che si andava realizzando in Italia. I lati forti erano «l'abbattimento-rovesciamento e il quasi totale annientamento del comunismo», il superamento delle crisi parlamentari e la creazione di un governo forte, il miglior funzionamento dell'amministrazione, la liquidazione della mafia, il raggiungimento del pareggio del bilancio, la fine degli scioperi e dei conflitti sociali, il rafforzamento della posizione internazionale e il miglioramento dei rapporti con il Vaticano. Tra i lati deboli, si annoveravano la soppressione delle libertà politiche e l'incertezza del diritto[19].

In complesso, Peretiatkowicz dava un giudizio moderato e persino benevolo dell'esperienza mussoliniana. Accanto al suo, vanno ricordati altri interventi – ispirati spesso da ambienti giuridici – che esprimevano un certo entusiasmo nei confronti del fascismo: ad esempio, Tadeusz Dzieduszycki, nel suo libro edito nel 1927, ne teorizzava le analogie con il taylorismo e il fordismo e ne individuava l'essenza nell'organizzazione scientifica dello Stato e dell'economia. Intitolò la propria opera in maniera molto significativa: «La teoria del movimento fascista e dello Stato sindacalista-corporativo, nonché le basi della sua organizzazione e della sua direzione scientifica che servono a realizzare l'idea democratica: un benessere possibilmente universale, cittadini possibilmente numerosi, con uno sforzo e un rischio sociale possibilmente minimi, in nessun luogo raggiunto finora con il metodo democratico».

Nel 1929, per le edizioni della Compagnia di Gesù, usciva il libro di Adolf Kliszewicz dedicato alla crisi delle istituzioni liberali. Muovendo da posizioni fondate sulla dottrina sociale cattolica e sulla superiorità di valore dei regimi democratici, l'autore sottoponeva a dura critica alcune soluzioni introdotte nella vita pubblica e in quella dello Stato dal fascismo: il regime fascista aveva carattere «di sistema politico transitorio, che deve portare a risuscitare uno Stato antico di genere nazionale, dall'organizzazione economica e sociale adeguata alle condizioni attuali attraverso una graduale trasformazione della mentalità delle masse popolari, mediante la dittatura di tipo cesareo da parte del gruppo dirigente fascista»[20].

Andrzej Mycielski, nel rappresentare sinteticamente le basi ideologiche del fascismo, richiamava l'attenzione sugli evidenti plagi nei confronti dell'idealismo classico, mentre Antoni Deryng poneva in rilievo il carattere totalitario dell'organizzazione della società italiana: egli vedeva, infatti, il fascismo come una concezione filosofica universalistica del mondo, che esprimeva «tutto l'insieme degli interessi dell'individuo»[21].

Alcuni libri importanti furono dedicati all'analisi del fascismo negli anni 1932-1933. I dieci anni di potere del regime offrivano un buon campo di osservazione. Maciej Loret, uno degli storici più attivi, per molti anni residente a Roma, vi pubblicò uno studio scritto da posizioni di destra e nazionalistiche. Fra le opere migliori pubblicate allora rientrano quelle di Witold Krzyrzanowski di Cracovia sulla politica economica del fascismo e sui suoi fondamenti teorici, e quella di Jan Zdzitowiecki di Poznan dedicata al sistema finanziario italiano[22]. Infine, Roman Mazurkiewicz, nel periodico «Polityka narodow», analizzava la politica migratoria attuata dal governo italiano e la faceva rientrare fra le meglio organizzate in Europa[23].

Coronamento dell'attività letteraria orientata alla divulgazione delle esperienze politiche in atto allora in Italia fu il libro di Tadeusz Chromecki, iniziato quando lo Stato italiano stava lottando contro le sanzioni provocate dall'aggressione all'Abissinia:

> Le Corporazioni sono una preparazione dello Stato-nazione al cataclisma, già durante il periodo di pace. Come le più importanti istituzioni

militari prevedono la guerra, così il regime corporativo organizza la società economicamente, affinché sia pronta e abbia già sperimentato le necessarie limitazioni, nel caso in cui si debba introdurre un'economia militare. Il regime corporativo durante «l'assedio economico ginevrino» ha superato l'esame. È già un argomento sufficiente per considerare seriamente il regime delle corporazioni e la possibilità di applicarlo in altri paesi[24].

L'entusiasmo per Mussolini e il fascismo dimostrato dalla destra polacca si scontrava con la critica dura e priva di compromessi avanzata dai rappresentanti della sinistra sociale, dai socialisti e, soprattutto, dai comunisti. Questi interventi servivano principalmente alla lotta politica allora in atto e in generale non si discostavano, per quanto riguardava le argomentazioni, dalle pubblicazioni che uscivano in altri paesi: nell'edizione polacca cominciò ad avvertirsi, forse in misura maggiore, il peso dei timori per il nazismo, che stava trasformandosi in una forza aggressiva. Il ricordato attacco all'Abissinia aveva provocato, nella società che viveva lungo la Vistola, sentimenti ambivalenti, benché prevalesse la critica nei confronti delle decisioni prese a Roma. Zbigniew Mitzner ricordava che in Italia si era scatenato un isterismo nazionalistico, di cui l'eco era potuta udirsi in diversi paesi: «la guerra provocata da Mussolini obiettivamente va a favore di Hitler. E anche il dittatore tedesco dovrà fra breve cercare la salvezza in una sua Abissinia»[25].

Le sanzioni introdotte dalla Società delle Nazioni avevano limitato in modo drastico la cooperazione fra la Polonia e l'Italia, senza escludere i settori delle scienze e della cultura. Fra le conseguenze di questo stato di cose si nota la mancanza di seri studi sull'Italia scritti *sine ira et studio*. Furono pubblicati, invece, numerosi articoli fatti «su ordinazione»: l'ambasciata italiana a Varsavia nel corso del 1936, inondò le varie istituzioni polacche, che avevano influenza sull'opinione pubblica, con circa 30 mila opuscoli di carattere propagandistico. L'aumento drammatico dei contrasti internazionali fece sì che le tendenze sopra indicate si mantenessero e si consolidassero anche dopo che le potenze ebbero riconosciuto il neonato impero italiano.

Successivamente, gli anni della seconda guerra mondiale modellarono così il sistema sociale dei valori che non vi fu semplicemente posto per ricerche più serie connesse con la storia d'Italia. Può essere, pertanto, considerato un avvenimento il libro di Roman Dabrowski, *I cento giorni di Mussolini*, scritto a Londra nel 1948. L'autore non nascondeva la sua simpatia per l'Italia e il protagonista del libro: a suo parere, il duce aveva scorto la decadenza e la fine di una certa epoca nella storia della civilizzazione e per questo motivo

voleva arrestare il corso del tempo, invertire la catastrofe [...]. Mussolini, come italiano, sapeva e sentiva benissimo che la crisi dell'Europa era, nello stesso tempo, la crisi di tutta la civiltà occidentale. Pensava che facendo rinascere il mito romano avrebbe salvato l'Europa e rinnovato la missione della penisola. Ma gli Italiani a lui contemporanei non erano però antichi Romani ed egli stesso non si era accorto di portare in sé tutti i sintomi di quella malattia di cui voleva curare gli Europei. E cadendo in errori sempre maggiori, invece di salvare, distruggeva[26].

Il progresso richiesto e atteso dipendeva dal mutamento del modo di eseguire le ricerche sul fascismo in generale: entravano allora in gioco la rivalutazione della storia della Polonia e la demitizzazione del sistema di potere dominato da Pilsudski, e, soprattutto, si fece strada nell'interpretazione storica la tesi dell'Internazionale comunista che definiva fascista il regime vigente in Polonia tra le due guerre mondiali[27].

I tentativi di separare Pilsudski dal binomio Hitler-Mussolini, aprirono la strada ad approfonditi studi sul fascismo, come fenomeno tipico del ventennio dopo la prima guerra mondiale, ma con un'ottica fortemente differenziata. Ebbero un significativo influsso le ricerche degli storici del diritto e degli studiosi delle scienze politiche, che, proprio allora, andavano affermandosi in Polonia. L'ottima opera di Franciszek Ryszka dedicata al sistema giuridico e istituzionale del terzo Reich, era preceduta da una breve riflessione, di una quindicina di pagine, sullo Stato e sul diritto nell'Italia di Mussolini: l'autore aveva così voluto evitare di porre sul medesimo piano tutti i sistemi politici e giuridici definiti come fascisti. Vi si trovavano anche espressioni un poco più benevole per lo stesso duce: «*Scritti e discorsi* non sono infatti un libro di apocrifi e la lettura di questa opera, ripulita da una demagogia a poco prezzo, propria della retorica degli Italiani, rivela molti concetti che dimostrano la non piccola perspicacia e intelligenza del loro autore»[28].

Ai sistemi in vigore nell'Europa centro-orientale, si applicò la definizione di «autoritari», del resto già riconosciuta all'epoca. Questa tendenza trovò espressione compiuta nei volumi collettanei, frutto, rispettivamente, del convegno organizzato dall'Istituto di Storia dell'Accademia polacca delle scienze nel 1971 e del convegno su *Il Fascismo in Europa – 1922-1945*, organizzato dall'Università di Breslavia nel 1973[29].

In quello stesso anno l'«Ossolineum» pubblicò il mio libro sull'Italia tra il 1919 e il 1926, primo tentativo da parte polacca di ricostruire in maniera ampia e particolareggiata il processo di affermazione del regime fascista: dalle ricerche condotte per l'occasione derivarono altri contributi, nei quali ho ulteriormente analizzato l'avvento del fascismo italiano dal punto di vista proprio della storiografia di sinistra[30].

Gli anni settanta offrirono molte occasioni al lettore polacco che s'interessava alla storia dell'Italia contemporanea: la casa editrice Czytelnik, nel 1973, pubblicò la biografia di Mussolini di Paolo Monelli, mentre incontrarono un certo successo la breve sintesi di Federico Chabod su *L'Italia contemporanea* e le *Interpretazioni del fascismo* di Renzo De Felice. Il senso dei dibattiti italiani sul fascismo, rinfocolati dai successivi volumi della biografia di Mussolini, fu conosciuto in Polonia grazie a un'antologia di ampie dimensioni intitolata *Fascismi Europei (1922-1945)*: fra la quindicina di testi ivi pubblicati si trova anche la celebre *Intervista sul fascismo* di Renzo De Felice[31].

Oltre ai lavori qui sopra accennati, a pieno titolo appartenenti al genere storiografico, merita di essere ricordata la biografia di Mussolini (ancorché non molto grande e concepita secondo criteri divulgativi), scritta da Marek Borucki e pubblicata nel 1975. In breve ne vennero pubblicate due ulteriori edizioni: in questo modo il libro di Borucki, che si limita a descrivere e riferire senza troppe ambizioni, è divenuto in Polonia, il più diffuso compendio della vita e delle opere del duce[32].

Ancora su Mussolini è il libro di Jerzy W. Borejsza, uno studioso molto attivo nel campo delle ricerche sul fascismo, anche se largo spazio è dato alle relazioni, intese in senso lato, fra Polonia e Italia nel periodo tra le due guerre, come pure, in capitoli separati, a diversi altri argomenti (da Heydrich a Schacht al rapporto tra fascismo e intellettuali, in particolare Malaparte, di cui l'autore si dimostra un fine conoscitore). Pur tra tante questioni affrontate, al centro del libro, basato sul materiale raccolto in lunghi anni di ricerche negli archivi e nelle biblioteche italiane e tedesche (in parte anche francesi, polacche e cecoslovacche), naturalmente continua a dominare la figura di Mussolini, la cui personalità viene tratteggiata con una certa simpatia: egli è stato e resta «il maggiore attore della scena politica italiana del XX secolo» e anche un'individualità nella storia generale contemporanea.

Ci si dimentica – scrive Borejsza – che non Hitler, ma Mussolini fu il primo fascista del mondo. Fu lui a comunicare, fu lui a prendere per primo il potere. Lui, il suo movimento e il suo regime divennero per gli altri esponenti della destra, dell'estrema destra, se non un modello, per lo meno un punto di riferimento. Mussolini con l'aggressione all'Abissinia, con l'intervento in Spagna, combatté incessantemente per meritarsi il nome non soltanto di primo storicamente, ma anche di fascista più importante, di colui al quale spettavano le decisioni. Ciò lo obbligava alle guerre e alle conquiste [...]. Fu il duce a brevettare la parola fascismo[33].

A questo fece seguito un altro importante libro di Borejsza, dedicato all'espansione del movimento fascista dall'Italia all'Europa Centrale, Meridionale e Orientale, il cui titolo nella traduzione italiana rende il senso del contenuto meglio di quanto non faccia nella versione originale[34]. L'autore vi ha descritto in maniera approfondita la penetrazione della propaganda fascista (finora poco, o solo superficialmente, conosciuta), resa possibile non solo grazie alla partecipazione dell'apparato del PNF, ma anche attraverso la mediazione degli apparati dello Stato: l'asse intorno a cui si organizza la narrazione è l'analisi dell'attività dei Comitati d'Azione per l'Universalità di Roma. Bogdan Koszel, nel recensire il volume, ha concluso che Mussolini «rimane il precursore di idee e tendenze profondamente inserite nelle realtà politiche contemporanee»[35].

Fra gli scritti di Koszel merita particolare attenzione il suo studio sul rapporto fra l'Italia fascista e il movimento nazista negli anni 1922-1933. Si tratta di un argomento che in Polonia ha suscitato accesi quanto confusi dibattiti: il saggio contribuisce a chiarirne molti aspetti illustrando bene il ruolo di Mussolini nell'ispirare e promuovere i mutamenti realizzati in Germania negli anni successivi, sì da guadagnarsi la stima e la riconoscenza di Hitler, che il Führer volle conservargli e dimostrargli fino alla fine[36].

Una nuova tappa nella storiografia polacca sul fascismo, incentrata sul ruolo da esso avuto nella politica internazionale, si verificò a cavallo degli anni sessanta e settanta. Io stesso vi ho contribuito, pubblicando, a partire dal 1968, una serie di studi dedicati ai problemi derivanti dalla stipula del patto di Londra dell'aprile 1915, al formarsi dei rapporti italo-sovietici nei primi anni dopo la prima guerra mondiale e ai rapporti italo-tedeschi alla vigilia della seconda[37]. È del 1971 l'ottimo libro di Andrzej Bartnicki sul conflitto italo-etiopico. L'interesse dell'autore per l'avvenimento nasceva dai suoi precedenti lavori sulla storia dell'Abissinia: questo fatto ebbe una certa influenza sull'impostazione del lavoro, concepito essenzialmente dal punto di vista della politica internazionale e, in particolare, dell'attività della Società delle Nazioni[38]. L'attenzione per gli aspetti internazionali della politica italiana è stata mantenuta viva da uno degli allievi di Bartnicki, Tomasz Wituch, che ha successivamente pubblicato un interessante saggio di ricerca sulla politica dell'Italia nei confronti della Turchia e del Vicino Oriente negli anni 1912-1922[39].

Ho già detto dell'importanza di Jerzy W. Borejsza nella storiografia polacca sull'Italia contemporanea; ora meritano di essere qui ricordati gli scritti, accessibili in lingua italiana, che riguardano i rapporti polacco-italiani nel periodo tra le due guerre: il più importante di essi è stato pubblicato dalla sezione romana dell'Accademia Polacca delle Scienze ed è dedicato ai rapporti trilaterali tedesco-italo-polacchi alla vigilia della seconda guerra mondiale[40].

Le problematiche connesse alle relazioni bilaterali italo-polacche per tutto il periodo tra le due guerre sono state studiate anche da me in un libro edito nel 1975[41]. Ho successivamente ulteriormente sviluppato alcune delle questioni ivi affrontate in una serie di articoli pubblicati sia in Polonia[42], che in Italia[43], in cui ho cercato d'inserire concretamente i rapporti polacco-italiani nel contesto della politica europea: in pratica, si è trattato di prendere in considerazione il posto occupato dall'Italia nel quadro internazionale lungo tutto il periodo fascista[44].

Un valido contributo alla conoscenza della politica estera dell'Italia del periodo tra le due guerre mondiali è stato offerto dagli studi di Bogdan Koszel: al primo posto si deve porre il libro dedicato alla rivalità fra l'Italia e il Reich nell'Europa Centrale e nei Balcani negli anni 1933-1941. Secondo l'autore le due potenze totalitarie non potevano cooperare in quanto sussistevano forti contrasti motivati dalla comune aspirazione all'eredità lasciata dall'Austria-Ungheria:

> le parole d'ordine di un ritorno al concetto di Mitteleuropa erano in evidente contrasto con l'idea dell'universalità di Roma. Se il duce fu un partner alla pari, per lo meno sino al 1938, ciò era dovuto unicamente alla sua anzianità come «decano dei dittatori» e alle dimostrazioni di gratitudine di Hitler per i modelli che il fascismo aveva fornito alla dittatura nazista nel Reich. Lo Stato italiano, disponendo di un potenziale minore, non era in grado di sopportare a lungo il peso della rivalità con un *partner* intransigente e molto più aggressivo all'insegna dell'Asse»[45].

Altri importanti studi di Koszel riguardano i protocolli di Roma, il posto della Germania nella politica italiana degli anni venti e, più recentemente, la guerra civile in Spagna[46].

Naturalmente l'argomento (la politica estera italiana nel periodo fascista) è di tale importanza oggettiva che trova un suo posto nelle ricerche di quanti studiano la situazione europea tra le due guerre mondiali. Questo gruppo di storici (peraltro non molto numerosi) può essere autorevolmente rappresentato da Henryk Batowski, professore dell'Università Jagellonica e uno dei più insigni studiosi polacchi dei rapporti internazionali. Ulteriore merito di Batowski è di aver promosso la formazione anche della successiva generazione di storici, che s'interessano proprio dell'attività dell'Italia nei Balcani.

Ad opera degli allievi di Batowski, e con la sua attiva partecipazione, si è tenuto nel 1985, presso l'Università Jagellonica, un convegno internazionale organizzato in occasione dell'anniversario della fine della seconda guerra mondiale: fra le relazioni presentate merita particolare attenzione quella di Jan Janiak sulle interpretazioni polacche del fascismo e del nazional-socialismo negli anni venti e trenta[47].

A completamento di questa parte della rassegna dedicata alla storiografia sull'Italia fascista va ricordata l'attività di studio e di ricerca (che vanta ormai una tradizione consolidata e ha avuto risultati di una certa consistenza) di coloro i quali si sono dedicati a indagare le premesse ideologiche e dottrinarie del fascismo e a mettere ordine fra le interpretazioni che ne sono state offerte. Fra i lavori più recenti in proposito si fa notare il libro, scritto da posizioni di «sinistra», di Teodor Filipiak dell'Università di Varsavia, dedicato alle principali premesse ideologiche della dottrina sociale e politica del fascismo e alle relative interpretazioni[48].

Maria Zmierczak ha attentamente studiato lo sviluppo delle interpretazioni del fascismo, soffermandosi sui *meandri* di tale processo, da lei definito di «assimilazione della storia». La ricerca (che tiene conto di materiale comparativo eterogeneo, anche se, in tutta evidenza, prevale quello tedesco) ha consentito di concludere che alcune fra le più note definizioni e letture del fascismo non reggono il confronto con i dati riportati dall'indagine scientifica[49].

Un successivo tentativo di interpretazione della dottrina fascista è rappresentato dal libro di Wieslaw Kozub-Ciembroniewicz di Cracovia: lo distingue il fatto che vi si affronta, quasi con pari attenzione, anche l'ideologia dell'antifascismo[50].

Un'altra iniziativa di vasto respiro che merita indubbiamente di essere segnalata, benché vi sia preponderante la riflessione su temi e argomenti relativi al nazismo, sono i quindici volumi degli annali *Studi sul fascismo e sui crimini nazisti*, editi dall'Università di Breslavia. Per quanto riguarda il fascismo italiano (assai rari sono gli studi sul fascismo negli altri paesi), oltre ai contributi che è accaduto di citare in precedenza e a quelli numerosissimi di Kozub-Ciembroniewicz (a partire dal terzo, è praticamente presente in ogni volume, sia pure, per lo più, con articoli molto brevi e a carattere informativo) vanno segnalati il breve saggio di Edward Jedrzejewski sull'ideologia di Giuseppe Maggiore e quello più ampio mio sul ruolo svolto dal fascismo nelle relazioni culturali italo-polacche nel ventennio fra le due guerre mondiali[51].

Il settore della storia delle relazioni culturali, e più in generale della storia della cultura nell'Italia contemporanea, a differenza di quanto avviene per l'età moderna, non è molto frequentato dalla storiografia polacca. Per gli anni trenta, si ricordano gli interventi (sostanzialmente filofascisti) dell'insigne romanista Stanislaw Wedkiewicz, sull'indubbia influenza esercitata, a suo parere, dagli intellettuali (in particolare i letterati, e in particolare D'Annunzio) sulla nascita e lo sviluppo del movimento fascista[52], e il libro del critico musicale Jerzy Waldorff sulle difficoltà (o sui compromessi) a cui andava inevitabilmente incontro un artista nell'Italia di quel tempo[53].

Per gli anni più recenti, oltre a un articolo di Julius Starzynski sul rapporto tra pittura veneta e pittura polacca negli ultimi due secoli[54], citiamo la raccolta di saggi di Czeslaw Madajczyk sulle reazioni della cultura europea al fenomeno fascista, in cui si affronta pure la dibattuta questione dell'esistenza o meno di una «cultura fascista»: al riguardo, l'autore perviene alla conclusione che, al di là delle apparenze, «lo spessore della cultura di nuova creazione era assai scarso» e, pertanto, «sembra più appropriato parlare del tentativo di "fascistizzare" la cultura italiana»[55].

GLI ANNI DELLA GUERRA

La storia dell'Italia nella seconda guerra mondiale è stata affrontata dalla storiografia polacca da un duplice punto di vista: il primo di essi si lega alla partecipazione alla campagna d'Italia, dalla

Sicilia fino a Bologna, di alcune decine di migliaia di militari polacchi riuniti nel II Corpo d'Armata sotto il comando del generale Anders. Argomento *tabù* durante gli anni dello stalinismo, fu possibile studiarlo e scriverne solo dopo il 1956. Dopo di allora sono stati pubblicati numerosi lavori al riguardo, sia in Polonia che nell'emigrazione. Ricordiamo i più significativi, iniziando da quelli dedicati alla battaglia di Monte Cassino, divenuta ben presto il simbolo dell'impegno militare dei polacchi che combatterono sul fronte occidentale: si va dalla raccolta dei *reportages* del corrispondente di guerra Melchior Wankowicz, la cui versione ridotta ha conosciuto un grande successo di pubblico (tre edizioni nel giro di pochi anni e la terza con una tiratura di 125.000 copie)[56], al libro di Olgierd Terlecki, che estende il quadro narrativo a tutta l'operazione condotta dagli Alleati nella valle del Liri[57]. Le altre pagine di storia militare, frutto di una rigorosa documentazione di prima mano ampiamente riportata nei testi, riguardano la battaglia per Roma nel '44 ad opera di Wincenty Iwanowski[58] e, più recentemente, quella per Bologna dell'anno successivo, da cui emerge l'evidente rammarico dei militari polacchi nei confronti del comando alleato per esser stati messi da parte dopo la liberazione del capoluogo emiliano[59], mentre una ricostruzione dell'intera vicenda è stata fornita sia da Kazimierz Rosen-Zawadzki, che ha esteso le ricerche all'intero fronte balcanico, sia dal già citato Terlecki, il cui libro su *I Polacchi nella campagna d'Italia* è stato tradotto, per iniziativa della Interpress, anche in inglese e in italiano[60].

Il quadro ora delineato non sarebbe completo senza un riferimento agli studi sulla partecipazione dei polacchi alla Resistenza italiana. Del problema, in Polonia, si sono occupati W. Bieganski, M. Juchniewicz, W. Kozlowski, S. Okecki e Karol Urbaniec: quest'ultimo combatté nella 52ª brigata internazionale ed era tra coloro che arrestarono Mussolini il 27 aprile '45[61].

L'altro aspetto dell'interesse mostrato dalla storiografia polacca per l'Italia nella seconda guerra mondiale riguarda l'attività militare italiana nel teatro balcanico e in Russia. Le ricerche che hanno offerto i risultati più importanti e significativi sono quelle compiute da Tadeusz Rawski, anche se l'autore ha affrontato il problema tenendo conto prevalentemente del punto di vista tedesco, sì che quello italiano ne risulta dominato. D'altronde si tratta della conseguenza dell'effettivo corso degli avvenimenti: la collaborazione, sempre altamente problematica tra le potenze dell'Asse, finì per trasformarsi nel predominio del terzo Reich sul più debole alleato. Doveva essere, secondo Mussolini, una «guerra parallela», ma, come tale, non durò a lungo: la mancanza di cooperazione strategica e operativa concordata fra Italia e Germania fu ben presto totale. Gli insuccessi riportati sui fronti greco e africano fecero sì che «l'Italia si trovasse davanti alla necessità di subordinare la propria azione alla dittatura tedesca»[62].

Infine, alle drammatiche vicissitudini dei combattenti dell'ARMIR Jacek Wilczur ha dedicato lunghe ricerche profuse poi in due libri, il primo e più noto dei quali è ben conosciuto anche dagli studiosi italiani[63].

GLI ULTIMI DECENNI

I mutamenti evocati e provocati dalla seconda guerra mondiale si rifletterono sui più vari settori della vita politica e culturale, sia negli stati vincitori, che in quelli sconfitti. La storiografia venne così a trovarsi fra gli strumenti della lotta internazionale, in cui si impegnarono le superpotenze. Per quanto riguarda le ricerche sulla storia contemporanea, il periodo dello stalinismo si può ritenere perduto: come in molti altri campi, anche nella storiografia la rinascita si ebbe dopo il 1956. Si allentò prima di tutto l'attacco, frontale negli anni precedenti, contro il Vaticano. Apparvero opere dalle opinioni molto più equilibrate, anche se si continuava a criticare l'attività politica del Vaticano sia negli anni tra le due guerre mondiali, sia nel periodo bellico: ricordiamo, fra gli autori più noti, Konstanty Grzybowski, Kazimierz Piwarski e Jaroslaw Jurkiewicz[64].

Molto studiati sono stati i rapporti polacco-vaticani: è stato dato grande rilievo all'atteggiamento sfavorevole, o addirittura ostile, della Santa Sede nei confronti della lotta di liberazione nazionale del popolo polacco nel XIX secolo (in proposito si rinvia agli studi di Irena Koberdowa), insistendo in maniera particolare sulla politica filotedesca del Vaticano nelle diverse fasi decisive per la storia della Polonia. Assai seguiti (vi intervennero alcune decine di studiosi) furono i dibattiti sulla posizione assunta dal Vaticano nei confronti della linea di confine sud-occidentale polacco-tedesca: anche se il materiale documentario, ultimamente reso accessibile nell'Archivio Segreto Vaticano, ha finito per dare ragione a quanti dubitavano dell'atteggiamento protedesco (e tanto più della sua cattiva volontà) di monsignor Achille Ratti, nunzio apostolico a Varsavia e futuro Pio XI.

Senz'altro di notevole livello scientifico sono da ritenersi le ricerche sul tema del Concordato. La questione, per quanto riguarda la Polonia, è stata affrontata da Jerzy Wislocki e, nei suoi aspetti storici generali, da Tadeusz Wlodarczyk[65]. Miroslaw Nowaczyk e Zbigniew Stachowski si sono, invece, occupati del concordato firmato il 18 febbraio 1984 dal cardinale Agostino Casaroli e dal *premier* Bettino Craxi. Gli autori sono del parere che l'accordo superi di molto la dimensione italiana del problema: da un lato, perché, stipulato dopo l'accettazione del nuovo codice di diritto canonico, esso, in un certo senso, rappresenta l'espressione della strategia del pontificato di Giovanni Paolo II; dall'altro, perché, posto a confronto con il concordato del 1929, esso è un chiaro sintomo dell'evoluzione dei rapporti fra lo Stato e la Chiesa nel corrente secolo. Per quanto riguardava, poi, l'evolversi della prassi della vita pubblica italiana, secondo i due autori, la ratifica del nuovo concordato era da ritenersi un avvenimento storico per svariati motivi: 1) il concordato era ormai divenuto un fattore per consolidare la «pace religiosa» in Italia; 2) nel concordato era riconosciuto il principio dell'uguaglianza di tutte le confessioni religiose nei confronti della legge; 3) era stata così portata a termine l'opera di trasformazione della Roma papale nella Roma italiana, dal momento che si era rinunciato ad assegnarle il carattere di «città sacra»; 4) era abolito il carattere di obbligatorietà dell'insegnamento della religione cattolica nelle scuole pubbliche, assegnando ad essa lo *status* di materia facoltativa; 5) la discussione per la revisione della materia concordataria, lungi dal determinare una contrapposizione frontale nella società fra credenti e non credenti, aveva contribuito alla nascita di un blocco di forze favorevoli, con conseguenze positive sul carattere laico dello Stato; 6) il concordato aboliva il concetto di «religione di Stato», cosa che – sempre a parere degli autori – costituiva un passo sostanziale verso un'ulteriore democratizzazione e laicizzazione dello Stato italiano[66].

Contemporaneamente erano pubblicate anche opere di studiosi di formazione cattolica: fra le più importanti e più diffuse, sono senza dubbio quelle di Janusz Stefanowicz, pubblicista e storico, uomo politico e diplomatico. Nel 1963 usciva la sua monografia sulla Democrazia cristiana in Europa: quella italiana vi occupa un posto assai importante, che è proporzionale al ruolo da essa avuto nel movimento europeo[67].

Una continuazione di questo lavoro può, in qualche misura, considerarsi il libro relativo ai rapporti fra l'Italia e il Vaticano dall'Unità al 1960: personalmente lo ritengo il saggio migliore pubblicato in Polonia sull'argomento, il più compatto sul piano della struttura e il più convincente su quello dell'esposizione. Il contrasto universale tra fini terreni e fini soprannaturali proprio della storia della chiesa ha spinto l'autore a scegliere l'Italia, dove «tale problema si è delineato in maniera particolarmente aspra, sì da costituire, in un certo senso, un esempio: le azioni condotte dalla Chiesa per ottenere una influenza politica tendevano a conseguire una posizione ugualmente privilegiata anche in altri settori». L'autore tiene, altresì, a sottolineare ripetutamente che i rapporti fra lo Stato e la Chiesa dipendevano dall'intrecciarsi di molti fattori: un'enorme semplificazione, a suo parere, è rappresentata dal diffuso modo di intendere il Vaticano come un complesso monolitico di persone e di forze che realizzano all'unisono la volontà del papa; egli, al contrario, si sofferma più volte sul dualismo esistente sia nella Curia romana, che nell'episcopato italiano[68].

Se la letteratura inerente le questioni qui accennate, da allora in poi, subisce un aumento sistematico, fra l'altro in seguito al vivissimo interesse suscitato dal pontificato di Giovanni Paolo II, va invece estinguendosi – in maniera più evidente nell'ultimo decennio – l'interessamento per la sinistra italiana, per il PCI in primo luogo. Inoltre, è strano notare come alle traduzioni abbastanza numerose di pubblicazioni italiane (per lo più materiali dei congressi del PCI), non abbia fatto seguito alcuna riflessione di una certa consistenza da parte degli storici polacchi (neppure dei politologi), in cui il tema del movimento comunista italiano fosse trattato come problema a se stante; si è scritto molto, invece, inserendo la questione della sinistra italiana nel più ampio contesto del movimento comunista internazionale, senza, peraltro, coglierne appieno le contraddizioni rispetto alle sue ambizioni universalistiche.

Si deve nondimeno rilevare un'eccezione. Fra gli ultimi libri pubblicati dall'Accademia di Scienze Sociali, che operava presso il Comitato Centrale del Partito Operaio Unificato Polacco a Varsavia e che è stata chiusa nel 1990, ce n'è uno dedicato al PCI. Già il titolo stesso del libro di Mieczyslaw Zochowski (*La politica internazionale del Partito Comunista Italiano, 1975-1989*) appare significativo dell'originalità dell'impostazione, dato che di solito l'elemento guida della politica internazionale erano e sono gli Stati: a quant'altri concorrono ai rapporti internazionali, e pertanto anche ai partiti politici, è riconosciuta, tutt'al più, la possibilità di una partecipazione indiretta a questo settore. L'autore rileva che il PCI, con grande tempestività e altrettanto acume, aveva previsto l'indirizzo che avrebbero seguito molti processi politici, sia a dimensione mondiale sia nazionale, e per questo motivo si era trovato fra le forze meglio preparate di fronte alle nuove realtà. Il modo di affrontare la politica internazionale da parte del PCI è stato, secondo Zochowski, uno dei fattori che hanno maggiormente contribuito all'elaborazione dei principi della sua nuova strategia politica[69].

Altri libri hanno affrontato aspetti differenti dell'attività della sinistra italiana: Ignacy Krasicki, per molti anni corrispondente stampa a Roma, si è occupato del problema, allora assai discusso, del tentativo di emarginare i comunisti in seguito all'avvento del centrosinistra[70]. Alcuni dei temi ivi trattati sono stati poi da me ulteriormente sviluppati in *La sinistra nell'Italia contemporanea*: vi vengono esaminati gli avvenimenti e le situazioni relativi alla svolta politica fra gli anni sessanta e settanta, delineando un quadro piuttosto ottimistico per il futuro di un paese, che, dopo le convulsioni dell'autunno caldo, sembrava aver ritrovato il ritmo di un'azione costruttiva[71].

I problemi riguardanti l'organizzazione dello Stato, studiati in numerose pubblicazioni, sono stati oggetto di più matura riflessione nei lavori, anche a carattere comparato, di Janina Zakrzewska, che costituiscono un'ottima introduzione alla conoscenza e allo studio dell'argomento. Punto di partenza delle ricerche sul sistema istituzionale italiano è stata la considerazione delle enormi divergenze fra quello che esso dovrebbe essere e quello che realmente è: altrimenti detto, *paese legale* e *paese reale*. L'autrice si è, dunque, assegnata l'obiettivo di dimostrare il posto e l'articolazione delle strutture politico-giuridiche man mano che tra i due elementi andava riducendosi la distanza, analizzando, al contempo, il processo di formazione di nuove istituzioni statali e le difficoltà che accompagnavano la loro realizzazione e l'impegno degli innovatori. Su di un piano più generale, Zakrzewska si dice convinta che gli Italiani siano affezionati al regime democratico: «nonostante tutte le circostanze drammatiche connesse con la dominazione del fascismo, questo non riuscì mai a mettere in Italia radici così profonde come negli altri stati totalitari: troppo grande era l'attaccamento alla libertà degli abitanti di quel paese lacerato da tante contraddizioni»[72].

Il libro di Tadeusz Walichowski, dedicato ai problemi dell'Alto Adige, esamina la politica estera italiana da un punto di vista politologico. L'autore concentra la propria attenzione sulla dimensione politica della questione, dimostrando come in questa regione dell'Europa ci si sia trovati di fronte a una *escalation* provocatoria e intenzionale della tensione dovuta all'azione di rappresaglia di gruppi estremisti tedescofili e a carattere neonazionalistico[73].

Fra i più importanti contributi politologici, che analizzano l'impegno attuale dell'Italia nel bacino del Mediterraneo, merita rilievo lo studio di Krzysztof Szczepanik. Intento dell'autore è di illustrare l'azione italiana sia sul piano economico che su quello politico e militare, per poi concludere che l'Italia ha saputo dimostrare «capacità e abilità eccezionali nel prevedere anticipatamente processi che si sono poi dimostrati importanti per lo sviluppo della situazione in quella regione». Nel bacino del Mediterraneo gli italiani sono da considerarsi dei veri e propri maestri nel superare vantaggiosamente i contrasti

> fra la vocazione europea e quella mediterranea, fra l'Atlantismo e l'impegno in favore della presenza e della cooperazione nel bacino mediterraneo [...]. L'Italia ha conseguito un bilancio favorevole in questo ambito nonostante la mancanza di proprie ricchezze naturali, la difficile entrata sulla scena internazionale dopo la seconda guerra mondiale e le esigue possibilità finanziarie ed economiche (esigue se confrontate con quelle degli altri paesi). In parecchi settori, inoltre, ha di molto superato altri stati occidentali più potenti. Non la costrizione, ma proprio la capacità e l'attivismo della diplomazia italiana hanno contribuito a raggiungere tanti successi[74].

Sulla politica estera dell'Italia sono inoltre intervenuti Stefan Rudnik, autore di un libro sui rapporti polacco-italiani negli anni 1945-1975[75], nonché quasi tutti gli studiosi che si sono cimentati in opere di sintesi sulla storia dell'Italia contemporanea[76].

Notevole è stato anche l'interessamento della storiografia polacca per la situazione economica italiana. Non ne mancavano, d'altronde, i motivi: dal dinamismo dello sviluppo industriale, all'alto livello tecnologico, alla capacità di espansione sui mercati esteri, per finire con l'efficacia dimostrata nel rivaleggiare con le potenze tradizionali del mondo occidentale. L'ammirazione si mescolava spesso all'invidia e allo spirito di emulazione.

Nel migliore libro uscito dopo la guerra sull'economia italiana, scritto in anni ormai lontani da Krystyna Piotrowska-Hochfeld, si faceva notare che sul ritmo e sull'indirizzo dello sviluppo economico dell'Italia aveva influito l'insolita elasticità non soltanto dei gruppi borghesi dominanti, ma anche della classe operaia: «ambedue queste forze politico-sociali agivano con un dinamismo quasi pari e le loro reciproche collisioni e lotte finivano per avere evidenti riflessi sulla formazione della situazione economica e sociale del paese»[77]. Successivamente i contributi migliori alla conoscenza dell'argomento furono quelli offerti – indipendentemente l'uno dall'altro – da E. Mozejko e M. Paszkowski: le loro pubblicazioni erano anche il frutto dell'accresciuto interesse per il *partner* italiano, verificatosi in seguito allo sviluppo dell'industria polacca della motorizzazione e al ritorno in forze della Fiat in Polonia[78].

Nei primi anni settanta, Tadeusz Orlewicz pubblicava i risultati di un'accurata ricerca sui problemi dell'agricoltura e dei contadini italiani: l'analisi prendeva le mosse dalla persistenza di non pochi residui di un passato anacronistico in contrasto con i fattori di modernizzazione e lasciava molto spazio alle riflessioni sul ruolo delle varie organizzazioni sindacali, in particolare dell'Alleanza Nazionale dei Contadini[79].

Il panorama più chiaro, completo e di più facile comprensione del movimento sindacale postbellico in Italia si trova nel libro di Krystian Brodacki: è la storia di «un movimento autentico, di massa e forte che in pratica comprende tutti i lavoratori. È un fenomeno di scala mondiale»; la sua conoscenza, conclude l'autore, è «la chiave per conoscere l'Italia»[80].

Un grave fattore di insicurezza per il sistema politico italiano venne dal rafforzarsi del terrorismo. Jerzy Ambroziewicz, per molti anni corrispondente della radio e della televisione polacca a Roma, ha scritto un libro, con i toni e le caratteristiche del *reportage* giornalistico, sulle brigate rosse e nere e sul drammatico periodo 1969-1982. Ora che gli «anni di piombo» possono considerarsi un capitolo definitivamente chiuso della storia dell'Italia contemporanea, appare in piena evidenza come quei tragici avvenimenti fossero la conseguenza dell'attività criminosa di un pugno di terroristi (l'autore ritiene, infatti, che nel 1978 il numero dei terroristi oscillasse fra le 20-30 persone): «la storia delle organizzazioni terroristiche dimostra – conclude Ambroziewicz – che un piccolo gruppo può essere capace di operare su estesi terreni, trasferendosi da un luogo all'altro e dando l'impressione di possedere forze centinaia di volte maggiori»[81].

Avviandomi ormai alla conclusione del mio *excursus* vorrei

richiamare l'attenzione su alcune iniziative, non soltanto per la loro tradizione ormai consolidata, ma anche per la continuità e l'importanza dei risultati conseguiti. Il primato spetta, senza dubbio, all'enorme patrimonio di ricerca e di divulgazione scientifica della sezione romana dell'Accademia Polacca delle Scienze: nel 1977, in occasione del cinquantenario della sua fondazione, il professor Bronislaw Bilinski, per lunghi anni direttore della sede, pubblicava un ampio volume che ne documentava l'attività, meritevole, invero, di molta ammirazione[82].

Per le sue stesse caratteristiche intrinseche, funzione principale della «Biblioteca e Centro di Studi a Roma» è stata sempre quella di promuovere sul mercato italiano la diffusione delle opere di studiosi polacchi e di offrire un sostegno alle loro ricerche in Italia, soprattutto a Roma. Una testimonianza non effimera, di tale attività è, fra l'altro, la serie (già cento volumi) di pubblicazioni che raccolgono i lavori (conferenze e ricerche) eseguiti sotto gli auspici della PAN a Roma. Nell'indice delle *Conferenze Pubblicate a cura dell'Accademia Polacca delle Scienze* i temi inerenti a problemi strettamente italiani rappresentano delle eccezioni; a maggior ragione vorrei ricordare due titoli del già citato Kalist Morawski: *Il romanzo storico italiano nell'epoca del Risorgimento*, del 1970, e *Aspetti teoretici della letteratura fantastica*, del 1974.

Nel 1982 gli storici raccolti presso l'Università Jagellonica pubblicavano il primo volume della collana intitolata *Studia Italo-Polonica*. L'iniziativa era giunta a compimento, come si legge nell'introduzione, «con il prezioso aiuto dell'Accademia Adamo Mickiewicz di Bologna», animata da molti anni da Ryszard K. Lewanski, che è anche (insieme a Stanislaw Cynarski e a Danuta Quirini-Poplawska) il curatore di tutti e quattro i volumi finora pubblicati[83].

È questa la più importante iniziativa di carattere strettamente scientifico realizzata negli ultimi anni: vi sono stati pubblicati una quarantina di saggi, principalmente in lingua italiana. In conformità con il concetto ispiratore della collana, vi domina la storia dei rapporti reciproci; e in conformità con gli interessi individuali degli studiosi e con la tradizione dell'ambiente cracoviano, vi prevalgono gli studi e la documentazione che si riferiscono a epoche passate. Merita, pertanto, di essere segnalato l'interessante saggio di R.K. Lewanski, *Giuseppe Garibaldi e la Polonia. Identità ideale – divergenze di priorità* (vol. II, pp. 97-116), in cui l'autore si è proposto di illustrare i momenti più significativi che caratterizzano l'atteggiamento di Garibaldi verso la conquista dell'indipendenza da parte della Polonia.

Personalmente, sono stato molto colpito dall'articolo *Primo Levi. La poesia all'ombra di Auschwitz* (vol. IV, pp. 109-115) di Henryka Mlynarska, in cui i componimenti poetici del noto scrittore e poeta italiano, sono analizzati alla luce della sua morte, così tragica quanto inattesa. L'autrice individua l'origine dell'estremo gesto nel suo passato, quando nel 1944, come ebreo e come partigiano, era venuto a trovarsi nel campo di concentramento di Auschwitz (Oswiecim):

> il suo itinerario verso la morte suicida si lascia rintracciare almeno in gran parte nelle pagine dei suoi scritti dove egli parla ancora da vivo, con la sua voce pacata ma incisiva, trasferendo nei libri e nelle poesie la sua vita: anche il presagio della sua tragica fine. [...] Colui che parla, che evoca, che canta non è più il giovane chimico di Torino intento a raccontare le sue avventure, ma un Hafling col numero 174517 tatuato sul braccio sinistro, in vestito a strisce e con zoccoli ai piedi: Primo Levi, scrittore di Auschwitz, anzi nato in Auschwitz, principale fonte della sua vocazione letteraria.

E Mlynarska così conclude: «non era capace di staccarsene, attraverso tanti anni, Primo Levi, ma ha avuto la forza e il coraggio di porsi di fronte al male sconfinato e di riviverlo di continuo, giorno e notte».

[1] Cfr. anche R. Pollak, *La conoscenza dell'Italia in Polonia*, in *Studi in onore di Ettore Lo Gatto e Giovanni Maver*, Firenze, 1962; tuttora apprezzabile l'imponente lavoro di A. Cronia, *La conoscenza del mondo slavo in Italia. Bilancio storico-bibliografico di un millennio*, Padova, 1958.

[2] W. Preisner, *Stosunki literackie polsko-wloskie w latach 1800-1939 w swietle bibliografii* (I rapporti letterari polacco-italiani negli anni 1800-1939 alla luce della bibliografia), Torun, 1949.

[3] J.A. Gierowski, *Historia Wloch* (Storia d'Italia), Wroclaw - Warsrawa - Krakow - Gdansk, 1985.

[4] Il testo della conferenza è stato pubblicato in «Kwartalnik Historyczny» (1932, pp. 153-70) con il titolo *Garibaldi w swietle nowszych badan* (Garibaldi alla luce delle ultime analisi).

[5] Cfr. A. Lewak, *Garibaldi wobec polskich dazen do niepodleglosci* (Garibaldi di fronte alle aspirazioni polacche all'indipendenza), in «Przeglad Wspolczesny», 1932, XLIII; Id., *Polska Korespondencja Giuseppe Garibaldiego* (La corrispondenza polacca di G. Garibaldi), Krakow, 1932.

[6] Cfr. fra l'altro: S. Kieniewicz - K. Morawski, *La Polonia e il Risorgimento italiano*, Wroclaw ecc., 1961. Fra le decine di lavori più importanti su questo tema merita particolare attenzione lo studio di K. Firlej Bielanska, *Nullo i Jego towarzysze* (Nullo e i suoi compagni),

Warszawa, 1923; fra gli studi più recenti scritti in italiano, cfr. I. Koberdowa, *L'insurrezione del 1863 e il movimento garibaldino in Italia*, Bergamo, 1963.

[7] K. Morawski, *Polacy i sprawa polska w dziejach Italii od 1830 do 1866* (I Polacchi e la causa polacca nella storia d'Italia dal 1830 al 1866), Warszawa, 1937, pp. 195-201.

[8] A. Ostrowski, *Garibaldi*, Warszawa, 1969.

[9] T. Wituch, *Garibaldi*, Wroclaw ecc., 1983, p. 256.

[10] Ostrowski, *Garibaldi*, cit., pp. 454-55.

[11] A. Lewak, *Giuseppe Mazzini e l'emigrazione polacca*, in «Il Risorgimento Italiano», 17/IV, 1924.

[12] Cfr. I. Koberdowa, *Mazzini i miedzynarodowy ruch republikanski* (Mazzini ed il movimento repubblicano internazionale) in *Wiek XIX*, Warszawa, 1967; S. Kieniewicz, *La pensée de Mazzini et le mouvement slave national*, in *Mazzini e l'Europa*, Roma, 1974; W. Lukasiewicz - F. Mazzei, *G. Mazzini. Saggio sui rapporti italo-polacchi*, Wroclaw ecc., 1970.

[13] J. Ugniewska, *Giuseppe Mazzini – historia jako narodowa terapia* (Giuseppe Mazzini – la storia come terapia nazionale), Wroclaw ecc., 1986, p. 5.

[14] In proposito, si veda Id., *Problematika tradycji i postepu w kulturze wloskiej I polowy XIX w* (La problematica della tradizione e del progresso nella cultura italiana della prima metà del XIX secolo), Warszawa, 1979.

[15] Cfr. M. Handelsman, *Zjednoczenie Wloch* (L'Unità d'Italia), Warszawa (s.d., ma 1921), p. 88; H. Witkowska, *Historia zjednoczenia Wloch* (Storia dell'Unità d'Italia), s.d., p. 45; T. Wituch, *Zjednoczenie Wloch* (L'Unità d'Italia), Warszawa, 1987, p. 232.

[16] M. Zywczynski, *Wlochy nowozytne 1796-1945* (L'Italia moderna. 1796-1945), Warszawa, 1971; cfr. anche la recensione di S. Sierpowski, in «Kwartalnik Historyczny», 1972, pp. 942-48.

[17] A. Czubinski, *Uwagi o istoriografii narodowego socializmu* (Osservazioni sulla storiografia sul nazional-socialismo), in Id. (a cura di), *Faszyzm niemiecki z perspektywy polwiecza. Materialy i studia*, Poznan, 1985, pp. 7-35.

[18] Cfr. più specificamente: M. Musielak, *Kilka uwag w sprawie oceny faswymu przez polska mysl polityczna dwudziestolecia miedzywojennego* (Alcune osservazioni sulla valutazione del fascismo fatta dal pensiero politico polacco nel ventennio tra le due guerre), *ibid.*, pp. 325 ss.; R. Wapinski, *Ksztaltowanie sie w Polsce w latach 1922-1939 pogladow na ruch faszystowski w Europie* (Il formarsi in Polonia, negli anni 1922-1939, delle opinioni sul movimento fascista in Europa), in *Studia nad faszymem i zbrodniami hitlerowskimi*, IX, 1985, pp. 89-124; J. Janiak, *Z problematyki polskich interpretacji faszyzmu i narodowego socjalizmu w dwudziestoleciu miedzywojennym* (Della problematica delle interpretazioni polacche del fascismo e del nazional-socialismo nel ventennio tra le due guerre), in L. Zyblikiewicz (a cura di), *Zwyciestwo nad faszyzmem i jego skutki*, Krakow, 1988, pp. 297-319.

[19] A. Peretiatkowicz, *Panstwo faszystowskie. Bilans rzadow piecioletnich*, (Lo Stato fascista. Bilancio di un quinquennio di governo), Warszawa, 1927.

[20] A. Kliszewicz, *Wspolczesny kryzys panstwowosci* (La crisi istituzionale dello Stato contemporaneo), Krakow, 1929, p. 181.

[21] Cfr. A. Mycielski, *Szkic ideologiczny podstaw faszyzmu* (Schizzo delle basi ideologiche del fascismo), in «Rocznik Prawniczy Wilenski», VIII, 1936, pp. 285-309; A. Deryng, *Faszyzm a ustroj Wlock wspolczesnych* (Il fascismo ed il regime dell'Italia contemporenea), Lublin, 1937, p. 24.

[22] Cfr. M. Loret, *Italia wspolczesna*, (L'Italia contemporanea), Roma, 1932; W. Krzyzanowski, *Polityka ekonomiczna faszyzmu* (La politica economica del fascismo), Lublin, 1933; Id., *Teoretyczne podstawy faszyzmu* (Le basi teoriche del fascismo), Lublin, 1934; J. Zdzitowiecki, *Naprawa pieniadza wloskiego* (Il rafforzamento del denaro italiano), Poznan, 1932.

[23] Merita di essere sottolineata la continua e consistente attività pubblicistica: buona parte delle informazioni era offerta ai lettori polacchi da Tadeusz Korwin, che, negli anni 1934-1935, pubblicò su «Podchorazak» 19 articoli sul fascismo italiano. Molti altri interventi si devono all'impegno di Roman Battaglia, Edward Kleinlerer, Maciej Loret, e soprattutto di Antonio Menotti Corvi, ai cui testi, pubblicati nelle edizioni di «Polonia-Italia», si rifacevano spesso altre pubblicazioni.

[24] T. Chromecki, *Autorytatywne panstwo korporacyjne Mussoliniego* (Lo Stato corporativo autoritario di Mussolini), Warszawa, 1938, p. 215. Cfr. inoltre, R. Mazurkiewicz, *Interwencia panstwa faszystowskiego w dziedzinie gospodarczej* (L'intervento dello stato fascista nel settore economico), Roma, 1937.

[25] Z. Mitzner, *Mussolini szuka ratunku w Abisynii*, (Mussolini cerca salvezza in Abissinia), Warszawa, 1935, p. 16. Per i riferimenti precedenti, a titolo esemplificativo, cfr. M. Niedzialkowski, *Teoria i pratyka socjalizmu wobec nowych zagadnien* (Teoria e pratica del socialismo di fronte ai nuovi problemi), Warszawa, 1926; K. Czapinski, *Faszyzm wspolczesny* (Il fascismo contemporaneo), Warszawa, 1932, e, anche, Z. Zaremba, *Komunizm i faszyzm* (Comunismo e fascismo), estr. da *Demokracja spoleczna*, edito intorno al 1939.

[26] R. Dabrowski, *Sto dni Mussoliniego* (I cento giorni di Mussolini), Buenos Aires, 1952, pp. 9 e 11.

[27] Cfr. in proposito A. Czubinski, *Spory o II Rzeczpospolita. Ewolucja pogladow publicystyki i historiografii polskiej na temat przyczyn odbudowy i znaczenia niepodleglego panstwa polskiego dla narodu polskiego*, (Controversie sulla II Repubbica. Evoluzione delle opinioni nella pubblicistica e nella storiografia polacca sulle cause della restaurazione e sul significato per la nazione polacca di uno Stato polacco indipendente), Poznan, 1988.

[28] F. Ryszka, *Panstwo stanu wyjatkowego. Rzecz o systemie panstwa i prawa Trzeciej Rzeszy* (Sul sistema di stato e diritto nel terzo Reich), Wroclaw ecc., 1964 (1974[2]), p. 27.

[29] Cfr. J. Zarnowski (a cura di), *Dyktatury w Europie srodkowo-wschodniej 1918-1939* (Le dittature nell'Europa centro-orientale), Wroclaw ecc., 1973; *Studia nad faszyzmem i zbrodniami hitlerowskimi* (Studi sul fascismo e i crimini nazisti), a cura di K. Jonek, Wroclaw, 1977, vol. III (questo volume contiene gli atti integrali del convegno; la loro versione abbreviata venne pubblicata nel 1980, in traduzione inglese, come V volume degli *Studia nad faszyzmem i zbrodniami hitlerowskimi*).

[30] Cfr. S. Sierpowski, *Faszyzm we Wloszech, 1919-1926* (Il fascismo in Italia, 1919-1926), Wroclaw ecc., 1973; Id., *Powstanie i pierwszy okres dzialalnosci wloskiego faszyzmu* (Nascita e primo periodo di attività del fascismo italiano), in: «Dzieje Najnowsze», 4, 1970, pp. 43-74; Id., *Lewika wloska wobec faszyzmu w okresie walki o wladze – 1919-1922* (La sinistra italiana di fronte al fascismo nel periodo della lotta per il potere – 1919-1922), in «Z Pola Walki», 62-63, 1973, pp. 105-40; Id., *D'Annunzio kontra Mussolini* (D'Annunzio contro Mussolini), in «Dzieje Najnowsze», 2, 1973, pp. 57-73.

[31] *Faszyzmy europejskie (1922-1945) w oczach wspolczesnych i historykow* (I fascismi europei – 1922-1945 – agli occhi dei contemporanei e degli storici), a cura e introduzione di J.W. Borejsza, Warszawa, 1979.

[32] M. Borucki, *Mussolini*, Warszawa, 1975 (successive ed.: 1979 e 1986).

[33] J.W. Borejsza, *Mussolini byl pierwszy* (Mussolini fu il primo), Warszawa 1979 (1989[2]).

[34] Cfr. Id., *Rzym a wspolnota faszystowska. O penetracji faszyzmu wloskiego w Europie Srodkowej. Poludniowej i Wschodniej* (Roma e la comunità fascista. Sulla penetrazione del fascismo italiano nell'Europa Centrale, Meridionale e Orientale), Warszawa, 1981 [in it.: *Il Fascismo e l'Europa Orientale. Dalla propaganda all'aggressione*, traduzione dal polacco di F. Sternini, Roma-Bari, 1981].

[35] B. Koszel, in «Przeglad Zachodni», 1981, 3-4, p. 180.

[36] Id., *Wlochy wobec ruchu hitlerowskiego w Niemczech w latach 1922-1933* (L'Italia di fronte al movimento nazista in Germania negli anni 1922-1933), in Czubinski (a cura di), *Faszyzm niemiecki z perspektywy polwiecza*, cit., in particolare pp. 258 e 275.

[37] Cfr. S. Sierpowski, *Pakt londynski i jego realizacja na Konferencji pokojowej w Paryzu* (Il Patto di Londra e la sua realizzazione alla Conferenza della pace di Parigi), in «Historia», 1968, VIII, pp. 237-70; Id., *Wplyw rewolucji rosyjskich na wewnetrzna sytuacje Wloch w latach 1919-1921* (Influenza della rivoluzione russa sulla situazione interna dell'Italia negli anni 1919-1921), *ibid.*, IX, 1968, pp. 95-133; Id., *Nawiazanie stosunkow handlowych i dyplomatycznych miedzy Rosja Radziecka i Wlochami* (L'instaurazione di rapporti commerciali e diplomatici fra la Russia Sovietica e l'Italia), in «Kwartalnik Historyczny», 1, 1970, pp. 77-94; Id., *Stosunek Wloch do Rosji Radzieckiej i ZSRR* (L'atteggiamento dell'Italia verso la Russia Sovietica e l'URSS), in «Z pola walki», 60, 1972, pp. 71-96; Id., *Cele Niemiec w interpretacji*

spoleczenstwa wloskiego w okresie wybuchu II woiny swietowej (Gli obiettivi della Germania nell'interpretazione dell'opinione pubblica italiana nel periodo dello scoppio della seconda guerra mondiale), in «Studia Historica Slavo-Germanica», 1, 1972, pp. 221-29.

[38] A. Bartnicki, *Pierwszy front II wojny swiatowej. Konflikt wlosko-etiopski 1935-1936* (Il primo fronte della seconda guerra mondiale. Il conflitto italo-etiopico 1935-1936), Warszawa, 1971.

[39] T. Wituch, *Od Trypolisu do Lozanny. Polityka Wloch wobec Turcji i Bliskiego Wschodu w latach 1912-1922* (Da Tripoli a Losanna. La politica dell'Italia nei confronti della Turchia e del Medio Oriente negli anni 1912-1922), Warszawa, 1986.

[40] J. Borejsza, *Polonia, Italia, Germania alla vigilia della seconda guerra mondiale*, Wroclaw ecc., 1981; cfr. inoltre, Id., *L'Italia e la guerra tedesco-polacca del 1939*, in «Storia Contemporanea», 4, 1978, pp. 607-62.

[41] S. Sierpowski, *Stosunki polsko wloskie w latach 1918-1940* (I rapporti polacco-italiani negli anni 1918-1940), Warszawa, 1975.

[42] Cfr., per esempio, Id., *Polityka wloska wobec narodow slowianskich Austro-Wegier w czasie I wojny swiatowej* (La politica italiana nei confronti delle popolazioni dell'Austria-Ungheria durante la prima guerra mondiale), in *Z polskich studiow slawistycznych*, serie 4, *Historia. Prace na VII Miedzynarodowy Kongres Slawistow*, Warszawa, 1972, pp. 185-212; Id., *Powstanie armii polskiej we Wloszech w czasie pierwszej wojny swiatowej* (La formazione dell'armata polacca in Italia durante la prima guerra mondiale), in «Roczniki Historyczne», XLII, 1976, pp. 83-114; Id., *Stosunki polsko-wloskie na tle miedzywojennej Europy* (I rapporti polacco-italiano sullo sfondo dell'Europa tra le due guerre), in «Przeglad Zachodni», 5-6, 1986, pp. 225-41.

[43] Cfr., per esempio, Id., *L'Italia e la ricostituzione del nuovo Stato polacco. 1915-1921*, Wroclaw ecc., 1979; Id., *L'Italia e l'aggressione hitleriana alla Polonia nel 1939*, in «Italia Contemporenea», 128, 1977, pp. 35-55; Id., *L'Armata Polacca in Italia durante la I guerra mondiale*, in *La prima guerra mondiale e il Trentino*, Rovereto, 1980, pp. 165-224; Id., *I rapporti italo-polacchi nel periodo tra le due guerre mondiali. Tentativo di un bilancio*, in «Rassegna degli Archivi di Stato», 2-3, 1987, pp. 321-38; Id., *Pilsudski e la sua politica estera 1926-1935*, in «Storia Contemporanea», 3, 1989, pp. 347-89; Id., *Benedetto XV e la pace*, in G. Rumi (a cura di), *1918*, Brescia, 1990, pp. 213-32; S. Sierpowski, *L'attività indipendentistica dei Polacchi in Italia negli anni della prima guerra mondiale*, in M. Herling (a cura di) *«Polonia Restituta». L'Italia e la ricostituzione della Polonia 1918-1921*, Milano, 1992, pp. 55-89.

[44] Cfr. fra l'altro: S. Sierpowski, *Polityka zagraniczna faszystowskich Wloch* (La politica estera dell'Italia fascista), in «Dzieje najnowsze», 1, 1978, pp. 37-47; Id., *Eksansjonizm faszystowskich Wloch* (L'espansionismo dell'Italia fascista), in A. Czubinski (a cura di), *Polska, Niemcy, Europa*, Poznan, 1977, pp. 437-45. Infine, mi sia consentito citare i miei più recenti lavori dedicati all'argomento, considerato dal punto di vista della società delle Nazioni: *Niemcy i Wlochy okresu miedzywojennego w optyce «genewskiego observatorium»* (La Germania e l'Italia tra le due guerre nell'ottica dell'«osservatorio ginevrino»), in E. Fracki e B. Woszczynski (a cura di), *Historia i wspolczesnosc*, Warszawa, 1987, pp. 143-54, *Mniejszosci narodowe jako instrument polityki miedzynarodowej 1919-1939* (Le minoranze nazionali come strumento della politica internazionale. 1919-1939), Poznan, 1985, *Konflikt wlosko-grecki z 1923 roku* (Il conflitto italo-greco del 1923), in K. Olejnik (a cura di), *Pax et Bellum*, Poznan, 1992, pp. 124-38; ovvero, lo studio da me dedicato ai rapporti tra l'Italia fascista e il terzo Reich negli anni trenta: *Niemcy w polityce wloskiej w latach trzydziestych* (La Germania nella politica italiana degli anni trenta), in *Niemcy w polityce miedzynarodowej okresu miedzywojennego*, IV, S. Sierpowski (a cura di), *Na przelomie pokoju i wojny*, Poznan, 1992, pp. 161-99.

[45] B. Koszel, *Rywalizacja niemiecko-wloska w Europie Srodkowej i na Balkanach w latach 1933-1941* (La rivalità tedesco-italiana nell'Europa Centrale e nei Balcani negli anni 1933-1941), Poznan, 1987.

[46] Cfr. Id., *Protokoly Rzymskie*, (I protocolli di Roma), in «Studia w dziejow ZSRR i Europy Srodkowej», 1984, pp. 105-30; Id., *Niemcy w polityce Wloch w latach dwudzietych XX wieku* (La Germania nella politica dell'Italia degli anni venti del XX secolo), in *Niemcy w polityce miedzynarodowej 1919-1939*, I, S. Sierpowski (a cura di), *Era Stresemanna*, Poznan,

1990, pp. 275-92; B. Koszel, *Hiszpanski dramat 1936-1939. Wojna domowa w polityce mocarstw europejskich* (Il dramma spagnolo 1936-1939. La guerra civile nella politica delle potenze europee), Poznan, 1991.

[47] J. Janiak, *Z problematyki polskich interpretacji faszyzmu i narodowego socjalizmu w dwudziestoleciu miedzywojennym* (La problematica delle interpretazioni polacche del fascismo e del nazional-socialismo nel ventennio tra le due guerre mondiali), in L. Zyblikiewicz (a cura di), *Zwycienstwo nad faszyzmem i jego skutki*, Krakow, 1988, pp. 297-319; cfr. anche W. Kozub-Ciembroniewicz, *Cechy ideologii faszystowskiej* (Caratteri dell'ideologia fascista), in *Zwiycienstwo nad faszyzmem*, cit., pp. 327-35.

[48] T. Filipiak, *Politiczna i spoleczna doktryna faszyzmu. Glowne zalozenia i interpretacje* (La dottrina politica e sociale del fascismo. Principali premesse e interpretazioni), Warszawa, 1985.

[49] M. Zmierczak, *Spory o istote faszyzmu. Dzieje i drytyka* (Contese sull'essenza del fascismo. Vicende e critica), Poznan, 1988.

[50] W. Kozub-Ciembroniwicz, *Doktryny wloskiego faszyzmu i antyfaszyzmu w latach 1922-1939* (Le dottrine del fascismo e dell'antifascismo italiano negli anni 1922-1939), Krakow, 1992.

[51] Cfr. E. Jedrzejewski, *Faszystowska politologia Giuseppe Maggiore* (La politologia fascista di Giuseppe Maggiore), in «Studia nad faszyzmem i zbrodniami hitlerowskimi», IV, 1979, pp. 9-21; S. Sierpowski, *Miejsce faszyzmu w polsko-wloskich stosunkach kulturalnych okresu miedzywojennego* (Il posto del fascismo nei rapporti culturali polacco-italiani nel periodo tra le due guerre mondiali), *ibid.*, VI, 1980, pp. 217-45.

[52] S. Wedkiewicz, *Faszyzm a kultura intelektualna Wloch powojennych* (Il fascismo e gli intellettuali nell'Italia postbellica), in «Przeglad Wspolczesny», XXXIV, 1930; cfr. anche, Id., *Dyktator. Uwagi na marginesie wspolczesnej publicysyki francuskiej* (Il dittatore. Note in margine alla pubblicistica contemporanea francese), Krakow, 1926.

[53] J. Waldorff, *Sztuka pod dyktatura*, (L'arte sotto la dittatura), Warszawa, 1939.

[54] J. Starzynski, *L'inspiration de l'art venitien dans la peinture polonaise des XIXe et XXe siècles*, in L. Cini (a cura di), *Venezia e la Polonia nei secoli dal XVII al XIX*, Venezia-Roma, 1968, pp. 105-20.

[55] C. Madajczyk, *Kultura europejska a faszyzm. Szkice* (La cultura europea e il fascismo. Schizzi), Wroclaw ecc., 1979 (cfr. in particolare pp. 19-47).

[56] M. Wankowicz, *Monte Cassino*, Warszawa, 1958; Id., *Szkice spod Monte Cassino*, (Appunti da Monte Cassino), Warszawa, 1969 (successive ed.: 1970, 1972).

[57] O. Terlecki, *Monte Cassino 1944*, Warszawa, 1970.

[58] W. Iwanowski, *Bitwa o Rzym 1944. Planowanie strategiczne, Sztuka operacyina. Taktyka* (La battaglia per Roma 1944. La pianificazione strategica. Le operazioni militari. La tattica), Warszawa, 1969.

[59] *Artyleria Polska. Bitwa o Bolonie 1945* (L'artiglieria Polacca. La battaglia di Bologna 1945. Documenti per il libro in memoria dell'artiglieria polacca in occidente 1940-1945), London, 1990 (cfr. in particolare pp. XVIII-XIX).

[60] Cfr. K. Rosen-Zawadzki, *Balkanskie koncepcje strategiczne a kampania we Wloszech. 1943-1945* (I concetti strategici balcani e la campagna in Italia 1943-1945), Wroclaw ecc., 1964; Id., *Z dziejow 2 Korpusu Polskiego. Uwagi i polemiki* (Dalla storia del II Corpo Polacco. Osservazioni e polemiche), Warszawa, 1964; O. Terlecki, *Polacy w kampanii wloskiej 1943-1945* (I polacchi nella campagna d'Italia 1943-1945), Warszawa, 1971.

[61] Per maggiori informazioni bibliografiche cfr. S. Sierpowski, *Rola PCI w ruchu oporu we Wloszech. Dorobek polskiej historiografii i postulaty badawczo-organizacyjne* (Il ruolo del PCI nel movimento della resistenza in Italia. Il patrimonio della storiografia polacca e i postulati di ricerca e organizzazione), in *Rola komunistow w europejskim ruchu oporu*, Warszawa, 1973, pp. 201-9; Id., *Il contributo dei Polacchi alla liberazione dell'Italia*, in «Memorie Storiche Militari», 1979, pp. 173-90.

[62] T. Rawski, *Wojna na Balkanach 1941. Agresia hitlerowska na Jugoslawie i Grecje* (La guerra nei Balcani 1941. L'aggressione nazista alla Jugoslavia e alla Grecia), Warszawa, 1981 (cfr. in particolare pp. 403-8).

[63] J. Wilczur, *Armiranie wroci do Italii. Zaglada jencow wloskich w niemieckich obozach koncentracyjnych* (L'Armir non tornerà in Italia. Lo sterminio dei prigionieri di guerra italiani nei campi di concentramento tedeschi), Warszawa, 1962 [trad. it.: *Le tombe dell'ARMIR*, Roma, 1964]; Id., *Niewola i eksterminacja jencow wojennych Wlochow w niemieckich obozach jenieckich, wrzesien 1943 – maj 1945* (Prigionia e sterminio degli italiani prigionieri di guerra nei campi di concentramento tedeschi per prigionieri di guerra, settembre 1943 – maggio 1945), Warszawa, 1969.

[64] Per un approccio storico-bibliografico all'argomento, cfr. Z. Zielinski, *L'historiographie d'après-guerre de la papauté et des relations polono-vaticanes*, in M. Leczyk (a cura di), *La science historique polonaise dans l'historiographie mondiale*, Wroclaw ecc., 1990, pp. 113-33.

[65] Cfr. J. Wislocki, *Konkordat polski z 1925 roku. Zagadnienia prawno-polityczne* (Il concordato polacco del 1925. Problemi giuridico-politici), Poznan, 1977; T. Wlodarczyk, *Konkordaty. Zarys historii ze szczegolnym uwzglednieniem XX wieku* (I concordati. Lineamenti di storia con particolare riferimento al xx secolo), Warszawa, 1974 (1986[2]).

[66] M. Nowaczyk, Z. Stachowski, *Konkordat z Wlochami* (Il Concordato con l'Italia), Warszawa, 1989 (in appendice è riportato il testo integrale del concordato del 1929 e del 1984).

[67] J. Stefanowicz, *Chrzescijanska demokracja* (La Democrazia cristiana), Warszawa, 1963; dello stesso autore si veda anche il più recente: *Chadecja wczoraj i dzis* (Il partito democristiano ieri e oggi), Warszawa, 1973.

[68] Id., *Watykan i Wlochy 1860-1960* (Il Vaticano e l'Italia. 1860-1960), Warszawa, 1967.

[69] Cfr. M. Zochowski, *Polityka miedzynarodowa Wloskiej partii komunistycznej (1975-1989)* (La politica internazionale del Partito comunista italiano. 1975-1989), Warszawa, 1990.

[70] I. Krasicki, *Komunisci i centrolewica we Wloszech* (I comunisti e il centrosinistra in Italia), Warszawa, 1965; Krasicki è anche autore di un'ottima guida di Roma, pubblicata nel 1966.

[71] S. Sierpowski, *Lewica wspolczesnej Italii* (La sinistra nell'Italia contemporenea), Warszawa, 1973.

[72] J. Zakrzewska, *Spor o parlament w konstytucjach Francji i Wloch po drugiej wojnie swiatowej* (Il dibattito sul Parlamento nelle costituzioni della Francia e dell'Italia dopo la seconda guerra mondiale), Warszawa, 1961; Id., *Wlochy. Zarys ustroju* (Italia. Lineamenti del sistema), Wroclaw ecc., 1974.

[73] T. Walichowski, *Spor o Gorna Adyge* (La controversia sull'Alto Adige), Warszawa, 1970; sulle origini diplomatiche della questione, cfr. S. Sierpowski, *Przylaczenie Gorne Adygi do Wloch po I wojnie swiatowej* (L'annessione dell'Alto Alto Adige all'Italia dopo la prima guerra mondiale), in A. Czubinski (a cura di), *Studia z dziejow Polski i Niemiec*, Poznan, 1974, pp. 311-25.

[74] K. Szczepanik, *Polityka Wloch w basenie Morza Srodziemnomorskiego* (La politica dell'Italia nel bacino del Mar Mediterraneo), Warszawa, 1987.

[75] S. Rudnik, *Stosunki polsko-wloskie w latach 1945-1975* (I rapporti polacco-italiani negli anni 1945-1975), Slupsk, 1978.

[76] Cfr., a titolo esemplificativo, J. Stefanowicz, *Wlochy wspolczesne* (L'Italia contemporanea), Warszawa, 1976.

[77] K. Piotrowska-Hochfeld, *Zagadnienia wzrostu gospodarczego Wloch* (Problemi della crescita economica dell'Italia), Warszawa, 1964.

[78] Cfr. E. Mozejko, *Stosunki gospodarcze Wloch z zagranica* (Rapporti economici dell'Italia con l'estero), Warszawa, 1970; M. Paszkowski, *Polska-Wlochy. Gospodarka, stosunki ekonomiczne* (Polonia-Italia. Economia, rapporti economici), Warszawa, 1972.

[79] T. Orlewicz, *Chlopi i rolnictwo Wloch* (I contadini e l'agricoltura in Italia), Warszawa, 1972.

[80] K. Brodacki, *Wlochy na wulkanie* (L'Italia su un vulcano), Warszawa, 1970.

[81] J. Ambroziewicz, *Aniolowie smierci* (Morti angeliche), Warszawa, 1988.

[82] B. Bilinski, *Biblioteca e Centro di Studi a Roma dell'Accademia Polacca delle Scienze nel 50° anniversario della fondazione 1927-1977*, Wroclaw ecc., 1977.

[83] I singoli volumi sono usciti a Cracovia nell'ordine seguente: vol. I, 1982, pp. 162; vol. II,

1987, pp. 146; vol. III, 1987, pp. 128; vol. IV, 1991, pp. 140. La composizione del Consiglio di redazione non ha quasi subito modifiche a partire dal primo volume; vi figurano: Giuseppe dell'Agata, Maria di Salvo, Jozef A. Gierowski, Leszek Hajdukiewicz, Tadeusz Ulewicz, Giuseppe Vecchi, Jerzy Wyrozumski, Valdo Zilli; a partire dal quarto volume ne fa parte Marina Bersano-Begey.

DAN BERINDEI

DALLA ROMANIA

Comunanza di origine e affinità linguistica hanno contribuito nei secoli al mantenimento di stretti legami tra italiani e romeni.

«È da Roma che noi discendiamo», esclamava ripetutamente, più di tre secoli fa, il cronista moldavo Grigore Ureche[1], mentre un altro cronista moldavo, Miron Costin, ci ha lasciato una descrizione entusiasta dell'Italia alla fine del secolo XVII: il «bel paese» era per lui, come pure per molti suoi contemporanei, non solo il «paradiso in terra» dal punto di vista del paesaggio e dei monumenti, ma anche il centro culturale dell'Europa, «la culla di ogni magistero e di tutta l'attività scientifica»[2]. Lo scambio culturale andava facendosi sempre più consistente: mentre giovani romeni si recavano in Italia a completare i propri studi (è il caso del letterato Constantin Cantacuzène, che studiò diritto e filosofia a Padova), scienziati, artisti e intellettuali di ogni tipo italiani si recavano in Romania e, talvolta, vi soggiornavano a lungo[3].

Nel secolo dei lumi il grande intermediario nei rapporti reciproci fu la letteratura: Metastasio, Giulio Cesare Croce e Alfieri erano gli autori preferiti dagli intellettuali romeni tra la fine del XVIII e l'inizio del XIX secolo, e numerose loro opere furono allora tradotte. Il fenomeno s'accentuò nel corso dell'Ottocento[4], quando ci si rese conto che l'evoluzione in atto della lingua romena era anche frutto dell'inserimento di parole e stilemi italiani e francesi. A tutto ciò s'aggiunse, a partire dagli anni trenta, l'intensificazione dei rapporti commerciali, dal momento che, in seguito al trattato russo-turco di Adrianopoli (1829), era stata introdotta nei Principati la libertà di commercio[5].

Ma l'evento, o meglio l'insieme di eventi, che si rivelò decisivo nell'intensificazione dei legami tra i due paesi e tra le loro popolazioni nel corso dell'ultimo secolo e mezzo, fu la formazione degli Stati nazionali e le lotte affrontate per conseguire questo risultato. L'Italia e la Romania contemporanee sono state, infatti, il frutto di processi storici in gran parte simili o che, comunque, hanno avuto non pochi tratti in comune e paralleli, e il modo stesso in cui esse raggiunsero l'Unità presenta analogie sorprendenti: a mo' di semplice esempio, basti ricordare che nel 1859 fu pubblicata la traduzione romena (opera di Mihail T. Stănescu) del famoso libello *Napoleone III e l'Italia*, nello stesso momento in cui, a Bucarest, se ne pubblicava un altro dal titolo *L'imperatore Napoleone III e i Principati romeni*.

Per quel che riguarda la storiografia romena, essa ha dimostrato un notevole interesse per questi avvenimenti, anche se, ovviamente, il suo contributo alla loro conoscenza si è rivelato più consistente nei confronti dei rapporti bilaterali: va aggiunto, inoltre, che la maggior parte di tali contributi è stata prodotta nel periodo tra le due guerre mondiali e, anche, negli ultimi decenni, malgrado le condizioni politiche in cui versava la Romania[6].

Dopo gli interventi *a caldo* di D. Mărgăritescu e di Costin Brăescu[7], il primo a cimentarsi nel raccontare il Risorgimento italiano fu nel 1892 G. Secăşanu[8], mentre, appena due anni più tardi, V.A. Urechiă (storico romeno abbastanza noto alla fine del secolo, in una certa misura pure personalmente coinvolto negli avvenimenti che portarono all'unificazione dei Principati) pubblicava un libro dedicato all'impegno rivoluzionario di romeni, italiani e ungheresi nel 1859-61[9]. Il tema del 1859, nel contesto della situazione europea e dei rapporti italo-romeni in particolare, fu poi ripreso, da diverse angolature, negli anni tra le due guerre da Nicolae Corivan, da Stefan Pascu e da Dimitrie Bodin[10]: tuttavia, per l'insieme del periodo 1848-1877, il lavoro più importante rimane il libro di Alexandru Marcu, pubblicato nel 1930[11]; durante quello stesso ventennio, anche Nicolae Iorga e George Brătianu si interessarono all'argomento[12]. Dopo il 1960, prima Vasile Maciu assieme a Tudor Bugnariu, poi Matei Ionescu, D. Kàrolyi e Andrei Oţetea tornarono a studiare la storia in parallelo dei due paesi[13]; successivamente, mi sono cimentato a mia volta in un breve saggio di storia comparata nello studio del processo di formazione dello Stato moderno in Italia, Romania e Germania[14]. Altri studi ancora sono stati dedicati negli anni sessanta all'atteggiamento assunto dal Regno di Sardegna rispetto all'unificazione romena[15].

Altrettanta attenzione è stata dedicata da parte della storiografia romena per le personalità italiane che svolsero un ruolo fondamentale nel Risorgimento: da Cavour, sul quale sono stati pubblicati anche studi a carattere biografico[16], a Mazzini[17] e a Felice Orsini[18], di cui numerose ricerche particolari hanno messo soprattutto in luce i rapporti con il movimento patriottico romeno. Garibaldi, ovviamente, ha avuto uno spazio maggiore: i primi scritti su di lui apparvero quand'egli era ancora in vita[19].

Altri momenti e aspetti del Risorgimento sono stati oggetto di studi specifici: mi limiterò a ricordare quelli relativi alla cessione di Nizza e della Savoia alla Francia[20] e alla liberazione di Roma[21] e quelli riguardanti la partecipazione dei romeni alle battaglie per l'unificazione italiana[22].

Una particolare attenzione è stata dedicata alla stampa periodica: già nel 1937, Claudio Isopescu aveva offerto un quadro ricco di dati relativo a quella italo-rumena apparsa nei due paesi[23], prendendo le mosse dal «Mercurio. Giornale di commercio» di Brăila (1839-41) e da «Propaganda», il primo periodico romeno che sia stato pubblicato in Italia (Venezia, 1872). In tempi più recenti, una nutrita serie di saggi di Ciureanu, Vesa, Delureanu, me stesso e altri ha approfondito ulteriormente l'argomento, sia da un punto di vista generale, sia prendendo in considerazione le reazioni della stampa romena di fronte agli episodi salienti del Risorgimento, ovvero, infine, tratteggiando la personalità di grandi giornalisti italiani (come Luigi Cazzavillan, fondatore nel 1884 dell'«Universul») che operarono anche in Romania o, comunque, in favore di essa[24].

Sulla storia diplomatica, oltre all'ormai classico fondamentale lavoro di R.V. Bossy sulle relazioni italo-romene durante i primi anni di attività della rappresentanza diplomatica a Roma[25] e agli importanti studi che Dimitrie Braharu ha dedicato alla questione del *Memorandum* presentato dai romeni di Transilvania a Francesco Giuseppe nel 1894[26], si segnalano le ricerche, condotte prevalentemente su fonti documentarie italiane, di Marina Lupas, Gabriela Mărăsoiu, Cornelia Moraru e Dumitru Zaharia[27].

Tra le personalità italiane che diedero maggior prova di vivo e sincero interessamento alle vicende dell'unificazione romena, ci fu, senza dubbio, Marco Antonio Canini: Iorga, che ebbe a definirlo «l'apostolo italiano dell'intesa carpato-balcanica», ne ha esaminato ripetutamente l'attività politica tesa a favorire la formazione di un sistema di alleanze tra le nazioni dell'Europa sud-orientale[28]. Anche l'impegno politico (ma pure quello intellettuale) di Giovenale Vegezzi Ruscalla è stato ampiamente studiato[29].

Fin dall'inizio del nuovo secolo agli anni trenta, la colonia italiana a Bucarest o nel Banato non era passata inosservata[30], mentre più recentemente l'attenzione degli studiosi romeni è stata prevalentemente rivolta alla presenza di lavoratori italiani alla vigilia della prima guerra mondiale[31] e alle tendenze espansionistiche del capitale finanziario italiano nel primo trentennio del secolo[32].

Com'è noto, dopo un comune periodo di neutralità[33], l'Italia e la Romania (rispettivamente, nel 1915 e nel 1916) presero le armi contro gli Imperi Centrali. I diversi aspetti dei rapporti tra i due paesi durante il conflitto sono stati oggetto di circostanziate ricerche da parte della storiografia romena, tanto più che esso portò al compimento definitivo dell'unità e dell'indipendenza della Romania[34]: il campo degli studi spazia dalla comunanza di interessi internazionali alla vigilia del conflitto[35], al diversificarsi degli atteggiamenti nel maggio 1915[36], alle reazioni e all'impegno dei romeni in Romania[37] e in Italia[38] di fronte all'evolversi delle operazioni, alla partecipazione diretta di contingenti militari romeni sui fronti occidentali[39].

Durante gli anni venti si registrò un momento di forte avvicinamento fra la Romania e l'Italia, concretatosi nel trattato del 1926, sul quale, circa dieci anni più tardi, il maresciallo Averescu esprimeva un giudizio altamente positivo[40]: nel 1962, in una fase, cioè, in cui la storiografia romena soggiaceva a una linea dura «anti-imperialista», il fenomeno fu giudicato come l'espressione della espansione dell'«imperialismo economico italiano» nei Balcani e in Romania[41]; successivamente l'argomento è stato ulteriormente approfondito in due saggi di Jordan-Sima[42].

L'impresa etiopica, fin dal suo manifestarsi, aveva avuto un'eco non indifferente nella pubblicistica romena[43] ed era poi stata oggetto dell'attenzione di studiosi militari[44]; negli anni settanta e ottanta il tema è stato più ampiamente affrontato da N.Z. Lupu e da Nicolae Dascălu. Il primo, in una densa monografia e in numerosi saggi ben documentati, ha tracciato il quadro del contesto internazionale di riferimento del conflitto, ricostruendone i precedenti diplomatici, illustrando i caratteri fondamentali del colonialismo italiano ed esaminando, altresì, le reazioni della Romania[45]. Dascălu, invece, ha, dapprima, preso in considerazione (assieme a Patricia Eggleston) la questione da un punto di vista storiografico e ha, quindi, analizzato le reazioni dell'opinione pubblica negli Stati Uniti[46].

Eco ancora maggiore ebbe il fascismo, lungo tutti gli anni trenta: agli interventi sulla stampa periodica[47] si affiancarono le pubblicazioni più consistenti di alcuni dirigenti del movimento fascista romeno[48], tutti con un chiaro intento propagandistico e di sostegno alle posizioni internazionali dell'Italia[49]. Il fenomeno si intensificò sul finire del decennio e nei primi anni quaranta: mentre la personalità di Mussolini veniva evocata in una ideale galleria comprendente tutti i dittatori europei[50], le sue opere ritenute più significative (ma pure quelle di Volpe) venivano tradotte in romeno in edizioni prontamente stampate, oltre che a Bucarest, a Firenze e Roma[51]; contemporaneamente, studiosi compiacenti si impegnavano a illustrare i fondamenti dottrinari del regime[52] e a esaltarne i successi in politica estera[53] e alcune delle principali realizzazioni all'interno[54]. Ovviamente, tale atteggiamento mutò radicalmente di segno dopo la seconda guerra mondiale[55].

L'interesse che l'intellighenzia romena nutriva per l'Italia si concretò anche in una serie di testimonianze (appunti e relazioni di viaggio) pubblicate al rientro da soggiorni effettuati nella penisola: non poche tra queste contengono vere e proprie opzioni per il fascismo. Negli anni 1936-40 ne possiamo citare più di una dozzina che appartengono a questa categoria: tra gli autori si ritrovano i nomi più significativi della cultura e delle lettere del tempo (da Alexandru Marcu, a Ion Petrovici, a Henri Stahl e, perfino, a Mircea Eliade)[56], ai quali si deve aggiungere quello del grande storico Iorga[57].

Nell'economia del nostro discorso, Nicolae Iorga merita indubbiamente un'attenzione particolare: studioso noto anche in Italia[58], fino al suo assassinio nel 1940 si dedicò con grande impegno a far conoscere agli italiani la storia della Romania e dei rapporti tra i due paesi[59], e altrettanto fece per la storia d'Italia nella propria patria, sia con opere a carattere divulgativo[60] che con lavori scientifici[61], convinto com'era che la migliore conoscenza reciproca potesse contribuire a quella più stretta intesa, che egli riteneva indispensabile. Anche in occasione dell'impresa etiopica egli non esitò a dimostrarsi grande amico dell'Italia, pur senza rinunciare ad avanzare le proprie riserve[62]. Il suo fu, dunque, un atteggiamento di amicizia costante, dal quale poteva farlo recedere solo il tentativo di rivedere i trattati riguardanti i confini nazionali, per il cui conseguimento si era personalmente tanto battuto: così, egli non mancò di polemizzare vivacemente con Lilio Cialdea, al quale rimproverava le posizioni assunte sulla questione della Transilvania[63].

Altri studi (non molti, in verità), apparsi nell'ultimo quarantennio, si sono occupati dei rapporti italo-tedeschi durante la seconda guerra mondiale[64], della caduta del fascismo e della Resistenza[65], e, anche, delle relazioni tra l'Italia e la Romania[66].

È del tutto evidente che la situazione geopolitica della Romania – «paese dell'Est», sottomesso dapprima (fino agli anni sessanta) all'influenza dell'Unione Sovietica e successivamente a un regime totalitario sempre più oppressivo (da cui essa si è liberata nel dicembre 1989) – finiva per riflettersi pesantemente sulla produzione storiografica, non potendosi evitare, date le circostanze, il forte impatto della politica. Pur in condizioni così difficili, il sentimento di amicizia per l'Italia non è mai venuto meno e, benché la libertà di scelta intellettuale fosse ridotta al minimo in un clima ideologico e culturale tanto soffocante, sono stati tuttavia pubblicati (come si è cercato di riferire anche in questa sede) i risultati di numerose ricerche su differenti periodi o problemi della storia dell'Italia contemporanea.

Stante la situazione politica, non stupisce che vi sia stato nell'ultimo mezzo secolo un interesse crescente per Antonio Gramsci[67]: vale tuttavia la pena di sottolineare che, vista la differente posizione assunta dai comunisti italiani rispetto a quelli romeni, il ricorso a Gramsci rappresentava anche, almeno indirettamente, una forma di resistenza e di contestazione intellettuale, il tentativo di contribuire in qualche modo a riformare il sistema allora dominante in Romania; e mi pare che l'antologia di *Scritti scelti*, pubblicata nel 1983, fosse espressione di questo intento[68].

Oltre al movimento operaio[69], altri temi della più recente storia italiana, affrontati in questo periodo, sono stati la mafia[70] e il neofascismo[71]. Va altresì menzionata la pubblicazione, nel 1975, della traduzione della *Storia degli italiani* di Giuliano Procacci, con prefazione dello storico romeno Serban Papacostea.

Il nostro discorso non sarebbe completo senza almeno un riferimento all'importanza avuta nello sviluppo della storiografia romena sull'Italia contemporanea dalla storia della cultura italiana, quella letteraria in particolare: non solo in virtù del prestigio e dell'autorevolezza di studiosi come i già più volte citati Iorga e Marcu, o Tudor Vianu, Alexandru Balaci e Ramiro Ortiz[72], ma anche per il diretto contributo dato al consolidarsi della storiografia medesima dalla conoscenza tanto dei grandi della letteratura italiana dell'Ottocento e del Novecento (da Leopardi, fino a D'Annunzio e

Pirandello), quanto di intellettuali del calibro di Gramsci (di cui si è già detto) o Croce[73], fino a quelli considerati «minori»[74].

Per concludere, si può ben dire che la storiografia romena ha dimostrato nei confronti dell'Italia contemporanea un interesse costante, ancorché il corrispondente livello dei contributi si sia rivelato quantitativamente abbastanza ristretto; che il periodo nel quale si è verificato un quadro più favorevole, dal punto di vista delle relazioni culturali reciproche, è stato quello tra le due guerre, per merito in primo luogo delle iniziative della Scuola Romena di Roma, ma anche grazie all'instancabile attività scientifica di Nicolae Iorga e a quella di animatore culturale di Alexandru Marcu; e che, infine, la produzione scientifica, se ha finora privilegiato gli argomenti e le tematiche riguardanti soprattutto i rapporti italo-romeni, ha dimostrato, almeno come tendenza, di orientarsi in un'ottica che tenga conto anche del contesto europeo.

[1] Cfr. G. Ureche, *Letopisetul Tării Moldovei* (Cronaca della Moldavia), a cura di P.P. Panaitescu, Bucureşti, 1955, pp. 61 e 124.

[2] Cfr. M. Costin, *Opere*, a cura di P.P. Panaitescu, Bucureşti, 1958, p. 246.

[3] Antonio Maria del Chiaro, ad esempio, fu segretario dei tre principi regnanti che si succedettero in Valacchia all'inizio del XVIII secolo. Cfr. A.M. del Chiaro, *Storia delle moderne rivoluzioni della Valachia*, a cura di N. Iorga, Bucureşti, 1914.

[4] Lungo tutto il secolo, non venne neppure a mancare quella sorta di scambio migratorio dianzi accennato: giovani romeni continuavano ad andare a studiare in Italia (cfr. A. Marcu, *Simion Bărnuţiu, Al. Papiu Ilarian şi Iosif Hodos la studii în Italia – cu documente inedite* [Barnutiu, Papiu Ilarian e Hodos agli studi in Italia. Con documenti inediti], in «Memoriile Secţiunii Literare a Academiei Române», III, 1935, pp. 173-335), mentre illustri intellettuali italiani soggiornavano a Bucarest (cfr.: A. Marcu, *Profesorul G.Al. Abbeatici la Bucureşti [1848-1862]*, in «Studii italiene», 1936, pp.177-80; D. Bodin, *Ştiri despre Orazio Spinazzola* [Informazioni su Spinazzola], ivi, 1938, pp. 43-6; A. Marcu, *Intregiri despre Spinazzola* (Integrazioni su Spinazzola), ivi, 1940, pp. 201-02). Sulla presenza in Romania di esponenti della stampa, cfr. *postea*, nota 24.

[5] Sull'«esplosione» dei rapporti commerciali italo-romeni, cfr.: D. Bodin, *Politica economică a Regatului Sardiniei in Marea Neagră si pe Dunăre în legătură cu Principatele Române* (La politica economica del Regno di Sardegna nel Mar Nero e nell'Europa danubiana riguardo ai Principati romeni), in «Revista istorică romàna», 1939, pp. 137-64, e, soprattutto, Id., *Documente privitoare la legăturile economice dintre Principatele Române şi Regatul Sardiniei* (Documenti relativi ai rapporti economici tra i Principati romeni e il Regno di Sardegna), Bucureşti, 1941.

[6] Del tutto simile la situazione della storiografia italiana in proposito: dopo i lavori pionieristici di Giulia Manni, basterà ricordare, fra gli altri, quelli di Angelo Tamborra, di Raffaele Ciasca e di Ennio Di Nolfo, e, più recentemente ancora, quelli di Francesca Guida e Domenico Caccamo.

[7] Cfr. D. Mărgăritescu, *România şi Italia dupa Congresul de la Berlin. 1878*, Brăila, 1878; C. Brăescu, *L'Italia e la Romania*, Roma, 1881.

[8] G. Secăşanu, *Luptele italienilor pentru libertate şi unitate* (Le lotte degli italiani per la libertà e l'Unità), Alexandria, 1892.

[9] V.A. Urechiă, *L'alliance des Roumains et des Hongrois en 1859 contre l'Autriche*, Bucureşti, 1894; di Id. si veda anche *L'idée latine chez les Roumains*, Alais, 1900. Nel decennio successivo è da segnalare la pubblicazione del testo della conferenza di I. Barberis, *Despre relaţiunile între România şi Italia* (Sui rapporti tra Romania e Italia), Bucureşti, 1907.

[10] Cfr. N. Corivan, *Cavour et la Transylvanie à l'époque de la guerre de 1859*, in «Revue de Transylvanie», 1935-1936, pp. 144-166; Id., *La politica orientale di Napoleone III e l'Unione dei Principati Romeni* (tesi di dottorato), Jassy, 1937; S. Pascu, *Un plan de Confédération Danubienne roumano-magyaro-serbe en 1859*, in «Revue de Transylvanie», 1939, pp. 506-24; D. Bodin, *Siebenbürgen von Italien gesehen*, in AA.VV., *Siebenbürgen*, Bucureşti, 1943, pp. 391-414.

[11] A. Marcu, *Conspiratori si conspiraţii în epoca renaşterii politice a Romaniei. 1848-1877* (Cospiratori e cospirazioni durante la rinascita politica della Romania), Bucureşti, 1930.

[12] Per Iorga, a titolo esemplificativo, si veda il libro *Rapporti politici tra l'Italia e la Romania (Appunti)*, Roma, 1923. Cfr., inoltre, G. Brătianu, *L'Italia e la Romania nella realizzazione della loro unità nazionale*, Bucureşti, 1940.

[13] Cfr. V. Maciu e T. Bugnariu, *Lupta poporului român pentru Unire si unirea Italiei* (La lotta del popolo romeno per l'Unità d'Italia), in «Studii», 1, 1961, pp. 129-50; M. Ionescu, *Aspecte externe ale domniei lui Alexandru I Cuza în lumina documentelor italiene* (Aspetti internazionali del regno di Alessandro I Cuza alla luce dei documenti italiani), in «Studii», 3, 1970, pp. 543-56; D. Kàrolyi, *Războiul franco-italo-austriac din anul 1859 şi legăturile româno-maghiare* (La guerra franco-italiana del 1859 contro l'Austria e i rapporti romeno-ungheresi), in «Anuarul Institutului de Istorie şi Arheologie», XVIII, 1975, pp. 173-91; A. Oţetea, *Risorgimentul şi Unirea Principatelor* (Il Risorgimento e l'unificazione dei Principati), in Id., *Scrieri istorice alese* (Scritti storici scelti), Cluj-Napoca, 1980, pp. 247-54.

[14] D. Berindei, *Constitutions d'Etats nationaux au XIXe siècle (Italie, Roumanie et Allemagne). Parallèles historiques*, in «Revue Roumaine d'Histoire», 1-2, 1985, pp. 83-90.

[15] Cfr. D. Rosenzweig, *Din istoria relaţiilor româno-italiene. Constantino Nigra şi problema Unirii Principatelor. Pe marginea a două documente inedite* (Storia dei rapporti romeno-italiani. Costantino Nigra e il problema dell'unificazione dei Principati. In margine a documenti inediti), in «Analele Universităţii Bucureşti. Istorie», 15, 1966, pp. 193-96; N. Corivan, *Les étapes de la politique du Royaume de Sardaigne concernant l'union des Principautés (1856-1859)*, in «Revue Roumaine d'Histoire», 4, 1968, pp. 525-41. Si veda anche B. Alecsandri, *Estract din istoria misiilor mele politice. Victor Emanoil-Cavour-Lamarmora* (Estratto della storia delle mie missioni politiche), in Id., *Proză* (Prose), Bucureşti, 1966, pp. 555-63.

[16] Cfr. N. Bălănescu, *Cavour*, Giurgiu, 1913, e Id., *Lumină şi naţionalism. Cavour – cultul energiei* (Illuminismo e nazionalismo. Cavour: il culto dell'energia), Bucureşti, 1926; A. Marcu, *Cavour şi Unirea Principatelor. 1856-1859* (Cavour e l'unificazione dei Principati), estratto da *Omagio lui Ramiro Ortiz*, Bucureşti, 1929; N. Iorga, *Cavour et les Roumains* (recensione a P. Orsi), in «Revue Historique du Sud-Est Européen», 10-12, 1930, pp. 193-94; A. Marcu, *Trei scrisori inedite* (Tre lettere inedite), in «Studii italiene», 1940, pp. 189-92; V. Mihordea, *Ecoul morţii lui Cavour în România* (L'eco della morte di Cavour in Romania), in «Revista istorică», 1944, pp. 87-95; V. Netea, *Camillo Cavour*, in AA.VV., *Diplomaţi illustri (Diplomatici illustri)*, II, Bucureşti, 1970, pp. 169-228. Inoltre, nel 1944 venne tradotto in rumeno A. Panzini, *Il conte di Cavour*, Milano, 1931.

[17] Cfr. V. Netea, *Giuseppe Mazzini et ses rapports avec les révolutionnaires roumains de 1848*, in «Revue Roumaine d'Histoire», 6, 1972, pp. 969-78; S. Delureanu, *Mazzini e la Romania*, in *Atti del XLVI Congresso di Storia del Risorgimento* (Genova, settembre 1972), Roma, 1974, e Id., *I Romeni nel pensiero e nei programmi d'azione di Mazzini*, in «Revue Roumaine d'Histoire», 4, 1985, pp. 323-32; I. Kovács, *Un manifest redactat de Giuseppe Mazzini către popoarele din Sud-Estul Europei* (Un manifesto redatto da Mazzini per i popoli del Sud-Est europeo), in AA.VV., *Ştefan Meteş la 85 de ani*, Cluj-Napoca, 1977, pp. 347-48; D. Berindei, *Les Roumains et Giuseppe Mazzini*, in «Revue Roumaine d'Histoire», 4, 1985, pp. 313-22.

[18] Cfr. A. Marcu, *Noi indicatii despre Felice Orsini la Sibiu si opinia publică românească (1854-1858)* (Nuove indicazioni sulla presenza di F. Orsini a Sibiu e l'opinione pubblica romena), Bucureşti, 1939. Inoltre, cfr. F. Orsini, *Temniţele austriace în Italia* (Le prigioni austriache in Italia), trad. di Gr. Serurie, Bucureşti, 1861.

[19] Un breve ritratto biografico apparve nel 1859 sulla rivista di Brasov «Foaie pentru minte, inimă si literatură» (n. 26, pp. 202-04) e pochi anni dopo fu tradotta (da G. Picolo e C. Jestian) la cronaca dell'impresa dei Mille, *Istoria biruinţei a două Sicilii, cu notiţe luate pe cîmp, zi de zi* (Storia della vittoria nelle Due Sicilie, con notizie date sul campo, giorno per giorno), Bucureşti, 1866. Ci siamo, pertanto, qui limitati ad alcuni riferimenti più recenti nella assai vasta bibliografia. Per gli aspetti biografici e politici generali, cfr.: M. Pădureleanu, *Garibaldi*, Bucureşti, 1964; N. Liu, *Giuseppe Garibaldi. Un mare patriot italian, luptător pentru libertatea popoarelor şi herlad al păcii* (Garibaldi. Un grande patriota italiano, combattente per la libertà dei popoli e araldo della pace), in «Revista de Istorie», 10, 1982, pp. 1101-15; A. Cernatoni, *Giuseppe Garibaldi (1807-1882) sau revoluţia ca mod de existenţă* (Garibaldi ovvero la rivoluzione come scelta di vita), in «Revista Comisiei naţionale pentru UNESCO», XXIV, 1982, pp. 257-65. Sui rapporti con i romeni, cfr.: D. Berindei, *Giuseppe Garibaldi în ansâmblul relaţiilor risorgimentale româno-italiene* (Garibaldi e i rapporti romeno-italiani durante il Risorgimento), in «Revista de Istorie», 10, 1982, pp. 1116-23 e Id., *Garibaldi e i Romeni*, in *Garibaldi. Generale della libertà*, Atti del Convegno internazionale (Roma, maggio 1982), Roma, 1984, pp. 313-30; Ş. Delureanu, *Garibaldi e l'opinione pubblica romena*, in *Atti del LI Congresso di Storia del Risorgimento italiano*, Genova, 1982, pp. 369-90, Id., *Românii alături de Garibaldi in expediţia celor o mie, 1860* (I romeni al seguito di Garibaldi nella spedizione dei Mille), in «Revista de Istorie», 10, 1982, pp. 1124-38, Id., *Progetti d'azione di Mazzini e di Garibaldi nell'area centro-orientale europea (1859-1861)*, in «Archivio Storico Sardo», 1, 1983, pp. 177-88, Id., *Mazzini e Garibaldi tra progetto e azione nell'Europa centro-orientale (1859-1870)*, in «Revue Roumaine d'Histoire», 2, 1983, pp. 159-69, e Id., *Garibaldi şi indipendenta României* (Garibaldi e l'indipendenza della Romania [nel 1877]), in «Secolul XX», 4-5, 1977, pp. 53-7; C. Florea, *Reflectarea muzeistică a relaţiilor revoluţionare dintre Alexandru I Cuza şi Giuseppe Garibaldi* (Un riflesso museale delle relazioni rivoluzionarie tra Alessandro I Cuza e Garibaldi), in «Cercetări istorice», 1970, pp. 43-50; *Dora d'Istria. Corespondenţă inedită*, in «Tomis», 12, 1986. Per le traduzioni dall'italiano, cfr. E. Fabietti, *Garibaldi. Sufletul si viaţa lui* (Garibaldi. Il pensiero e la vita), Craiova, 1944; G. Bandi, *Marşul celor o mie. De la Genova la Capua* (La spedizione dei Mille. Da Genova a Capua), Bucureşti, 1966.

[20] Cfr. N. Corivan, *Contribuţii la anexarea Savoiei şi Nisei, 1859-1860* (Contributi per la storia dell'annessione della Savoia e di Nizza), in «Studii si cercetari istorice», 1947, pp. 261-97.

[21] Cfr. Ş. Delureanu, *L'union de Rome avec l'Italie. Témoignages roumains*, in «Rassegna storica del Risorgimento», III, 1971, pp. 363-79; D. Berindei, *La libération de Rome reflétée dans la presse progressiste de Bucarest (1870)*, in «Revue Roumaine d'Histoire», 3, 1972, pp. 439-46.

[22] Cfr. I. Sabău, *Din viaţa generalului Pavel Papp. Date noi privitoare la istoria relaţiilor româno-italiene în epoca Risorgimentului* (Aspetti della vita del generale Papp. Notizie concernenti la storia delle relazioni romeno-italiane durante il Risorgimento), in «Studii», 1, 1961, pp. 151-57; N. Niculae, *Din memoriile generalului Gheorghe Anghelescu cu privire la participarea misiunii militare române şi contribuţia acesteia la «luptele pentru unificarea Italiei» între anii 1860-1861* (Frammenti delle memorie del gen. Anghelescu relativi alla partecipazione della missione militare romena e al suo contributo alle «lotte per l'unificazione dell'Italia» nel 1860-61), in «Studii şi materiale de muzeografie şi istorie militară», 14-15, 1981-82, pp. 149-53. Cfr. anche S. Delureanu, *Militi romeni nelle guerre del Risorgimento italiano*, in «Archivio storico siciliano», IV, 1978, pp. 411-22.

[23] C. Isopescu, *La stampa periodica romeno-italiana, in Romania e in Italia*, Roma, 1937. Di Id. si veda anche il saggio, dedicato a un aspetto importante dei rapporti culturali tra i due paesi, *La Società Internazionale Neolatina di Torino (1864) e i Romeni*, Bologna, 1939.

[24] Oltre ai titoli citati alla precedente nota 21, cfr.: P. Ciureanu, *Rapporti culturali e*

giornalistici tra l'Italia e la Romania dal 1850 al 1880: Cesare Correnti e Tullo Massarani filoromeni, in «Rassegna storica del Risorgimento», 2-3, 1954; D. Berindei, *La lutte pour l'unité de l'Italie reflétée dans la presse des Principautés Unies (1859-1860)*, in «Revue Roumaine d'Histoire», 1, 1963, pp. 101-14, e Id., *Rapports italo-roumains dans le domaine du journalisme pendant la période du Risorgimento*, in «Revue Roumaine d'Histoire», 2, 1971, pp. 313-28; V. Vesa, *Lupta pentru unitatea natională a Italiei şi presa română din Transilvania, 1859-1860* (La lotta per l'Unità nazionale in Italia e la stampa romena in Transilvania), in «Studia Universitatis Babeş-Bolyai. Historia», 1, 1965, pp. 51-61; S. Delureanu, *L'Italia nella stampa romena intorno al 1870*, in «Il Risorgimento», 3, 1974, pp. 181-200, e Id., *La Sicilia nella stampa romena (1848-1871)*, in «Il Risorgimento in Sicilia», 2, 1975; Id., *Luigi Cazzavillan, un giornalista di fede mazziniana in Romania*, in «Il pensiero mazziniano», novembre 1977; M. Bruma - L. Mitrache, *Luigi Cazzavillan*, in «Presa noastră», 1, 1987, pp. 35-37. Si veda anche A. Marcu, *Edoardo Scarfoglio la Bucureşti (1890)*, in «Studii italiene», 1940, pp. 193-95.

[25] R.V. Bossy, *Politica externă a României între 1873-1880 privită de la Agentia diplomatică din Roma* (La politica estera della Romania vista dalla rappresentanza diplomatica di Roma), Bucureşti, 1928. Inoltre, si veda Id., *Primele legături diplomatice cu Piemontul* (Le prime relazioni diplomatiche con il Piemonte), in «Convorbiri literare», 10, 1926, pp. 796-800.

[26] Cfr. D. Braharu, *L'opinion publique italienne et le procès du Memorandum de Transylvanie (1894)*, Bucureşti, 1939; Id., *La question roumaine en Italie après le procès du Memorandum. 1894-1896*, Bucureşti, 1940, e Id., *Chestiunea română în Italia în timpul Memorandului* (La questione romena in Italia al tempo del Memorandum), Cluj, 1942.

[27] Cfr. M.I. Lupas, *Un episod din historia diplomatică italiană în legătură cu Principatele Române* (Un episodio della storia diplomatica italiana relativo ai Principati Romeni), in AA.VV., *Fratilor Alexandru si Ion Lăpedatu*, Bucureşti, 1936, pp. 405-27; G. Mărăsoiu - C. Moraru, *Diplomatia franceză si italiană despre unele aspecte ale războiului de independenţă* (La diplomazia francese e italiana in merito a certi aspetti della guerra d'indipendenza), in «Muzeul Naţional», 4, 1978, pp. 287-92; D. Zaharia, *Politica externă a Romaniei în anii 1876-1877 oglindită în actele diplomatice ale agentiei italiene din Bucureşti* (La politica estera della Romania nel 1876-77 nei documenti della rappresentanza diplomatica italiana a Bucarest), in «Carpica», 1977, pp. 105-14; S. Racoviceanu, E. Ciofan, C. Moraru, I. Gămulescu, *Informaţii din arhivele externe privind independenţă României: Anglia, Austria, Belgia, Franţa, R. F. Germania, Italia, RSF Iugoslavia* (Notizie relative all'indipendenza della Romania, tratte dagli archivi degli Esteri di...), in «Revista Arhivelor», 2, 1977, pp. 227-32. Cfr. anche A. Sacerdoţeanu, *Cîteva documente din 1860 privind legăturile noastre cu Italia* (Alcuni documenti del 1860 relativi ai nostri rapporti con l'Italia), in «Studii italiene», 1940, pp. 161-70.

[28] Cfr. N. Iorga, *Un apôtre italien de l'entente carpatho-balcanique: Marc'Antonio Canini*, in «Bulletin de la Section Historique de l'Académie Roumaine», 1930, pp. 102-13; Id., *Un pensatore politico italiano all'epoca del Risorgimento*, estratto da ivi, 1938, pp. 1-28; Id., *Du nouveau sur Marco Antonio Canini*, in «Revue historique du Sud-Est Européen», 4-6, 1938, pp. 136-41. Le corrispondenze di guerra di Canini dal fronte romeno nel 1877 furono pubblicate nello stesso anno da D. Novăceanu, in «România literară», nn. 1-7, 9-12, 14, 16, 18.

[29] Cfr. A. Marcu, *Un fedele amico dei Rumeni: Giovenale Vegezzi Ruscalla*, estratto da «Giornale di Politica e di Letteratura», 1926, pp. 1-26; T. Onciulescu, *Contributo alla storia della filologia romanza in Italia. Giovenale Vegezzi Ruscalla*, in «Rendiconti della Reale Accademia di Archeologia, Lettere ed Arti, Società Reale di Napoli», 1940, pp. 251-62, e Id., *G. Vegezzi Ruscalla e i Romeni*, in «Ephemeris Dacoromana», x, 1940, pp. 351-445; D. Rosenzweig, *Date noi despre Giovenale Vegezzi Ruscalla* (Dateci notizie di...), in «Analele Universităţii Bucureşti. Istorie», 1965, pp. 125-30; M. Ionescu, *A nouveau au sujet de Giovenale Vegezzi Ruscalla*, in «Revue Roumaine des Etudes Internationales», 1, 1970, pp. 97-112.

[30] Cfr. A. Frangini, *Italiani in Bucarest. Strenna nazionale. Cenni biografici*, Bucureşti, 1902; A. Cosma, *Tracce di vita italiana nel Banato*, Bucureşti, 1939. A quest'ultimo proposito, si veda anche M. Rosenfeld, *Italienische Colonisten im ehemaligen Banat*, in «Ungarische Revue», 1884, pp. 558-69.

[31] Cfr. E. Negruti, *Travailleurs italiens en Roumanie avant la première guerre mondiale*, in «Revue Roumaine d'Histoire», 3, 1986, pp. 225-29.

[32] Cfr. N. Păun, L. Báthory, C. Ivaneş, *Capitalul italian în sistemul financiar european si penetratia lui în economia forestieră a Romaniei (1900-1930)* (Il capitale italiano nel sistema finanziario europeo e la sua penetrazione nell'economia romena), in «Anuarul Institutului de Istorie şi Arheologie "A.D. Xenopol"», 2, 1986, pp. 639-54.

[33] Cfr. L. Cialdea, *Italia e Romania nella neutralità*, in «Studii italiene», 1934, pp. 91-110, Sui rapporti italo-romeni all'epoca, cfr. anche S. Mîndrut, *Roberto Fava şi «La Corispondenza rumena». 1913*, in «Apulum», 1983, pp. 333-42.

[34] Pertanto l'agile pubblicazione di P. Frollo, *Referat asupra cercetărilor facute cu privire la unificarea guvernamentală a regatului italian* (Rapporto concernente le ricerche effettuate sull'unificazione del Regno d'Italia), Bucureşti, 1920, deve intendersi come un intervento da servire da esempio per i romeni che si accingevano a costruire il loro Stato nazionale.

[35] Cfr. S. Rădulescu-Zoner, *Convergences des relations diplomatiques roumano-italiennes à la veille de la première guerre mondiale*, in «Rassegna storica del Risorgimento», 3, 1974, pp. 427-45.

[36] Cfr. C. Jordan, *L'entrée en guerre de l'Italie et la position des Etats neutres du Sud-Est Européen (avril-mai 1915)*, in «Revue Roumaine d'Histoire», 2, 1976, pp. 281-91.

[37] Cfr. D. Berindei, *«Neamul românesc» («La nation roumaine») de Nicolae Iorga et l'Italie pendant la première guerre mondiale*, in *Atti del VII Congresso nazionale di storia del giornalismo*, Trieste, 1972, pp. 355-62; M. Ionescu, *Le operazioni della I guerra mondiale in Italia nella pubblicistica e storiografia romena*, in AA.VV., *La prima guerra mondiale e il Trentino*, Rovereto, 1978, pp. 523-29, e Id., *Luptele de pe frontul italian în primul război mondial reflectate în publicistica românească a epocii* (Le battaglie sul fronte italiano durante la prima guerra mondiale nelle pubblicazioni romene del tempo), in «Revista de istorie», 4, 1979, pp. 645-62. D'altronde l'intervento italiano non mancò di suscitare reazioni immediate nell'opinione pubblica romena; cfr. A. Vişan, *Italia şi războiul european* (L'Italia e la guerra europea), Bucureşti, 1915.

[38] Cfr. D. Zaharia, *Contributia românilor din Italia la înfăptuirea unitaţii naţionale* (Il contributo dei romeni presenti in Italia al compimento dell'unità nazionale), in Supplemento a «Revista Arhivelor», 1979, pp. 247-51; Gh. Oancea, *Emigratia română din Italia si Franţa şi rolul ei în făurirea statului unitar român* (L'emigrazione romena in Italia e in Francia e il suo ruolo nella costituzione dello Stato nazionale unitario romeno), in «Ziridava», 1979, pp. 489-501.

[39] Oltre agli interventi pubblicati nell'immediato, o poco dopo, di S.C. Mândrescu, *In Franţa şi Italia pentru cauza noastră, 27 septembrie 1917-1 ianuarie 1919* (In Francia e in Italia per la nostra causa), Bucureşti, 1919, e di V. Seredan, *Garda naţională română a marinalor din Pola şi descompunurea marinei austro-ungare* (La guardia nazionale romena dei marinai di Pola e il disfacimento della marina austro-ungarica), Bucureşti, 1922, si veda il più recente saggio di I.I. Serban, *Istoricul legiunii române din Italia (1918-1919)* (La storia della Legione romena in Italia), in «Apulum», 1980, pp. 495-528.

[40] Cfr. R. Averescu, *O pagină de istorie de mare actualitate asupra raporturilor italo-române* (Una pagina di storia di grande attualità relativa ai rapporti italo-romeni), Bucureşti, 1937.

[41] Cfr. D. Sandru, *Despre pătrunderea imperialismului italian în economia statelor balcanice şi a României între anii 1924-1926* (Sulla penetrazione dell'imperialismo italiano nell'economia degli Stati balcanici e della Romania negli anni 1924-26), in «Studii şi cercetari ştiinţifice. Istorie», 2, 1962, pp. 185-208.

[42] Cfr. C. Jordan-Sima, *La Roumanie et les relations franco-italiennes dans les années 1926-1927. Une page de l'histoire de la diplomatie roumaine*, in «Revue Roumaine d'Histoire», 2, 1975, pp. 327-40, e Id., *La Roumanie et la Yougoslavie face à l'Italie fasciste (1926-1928)*, in «Revue des études sud-est européennes», 2, 1984, pp. 159-70.

[43] Si vedano, ad esempio, gli interventi di R.V. Vâlsanescu apparsi in «Democraţia», 1935, 9, pp. 27-9 e 12, pp. 50-54.

[44] Cfr. Gen. V. Economu, *Conflictul italo-abisinian. Conferintă tinută în garnizoana Sibiu în zilele de 15 decembrie 1935 si 19 ianuarie 1936* (Il conflitto italo-abissino. Conferenze tenute alla guarnigione di Sibiu il 15 dicembre 1935 e il 19 gennaio 1936), Sibiu, 1936; Col. I.R. Topor - Mg. S. Ionescu, *Conflictul italo-abisinian* (Il conflitto italo-abissino), Bucureşti, 1936.

[45] Cfr. N.Z. Lupu, *Etiopia – obiectiv important al politicii de expansiune colonială a fascismului italian* (L'Etiopia. Un obiettivo importante della politica di espansione coloniale del fascismo italiano), in «Analele Universităţii Bucureşti. Istorie», 2, 1973, pp. 159-73; Id., *Preludii diplomatice ale războiului italo-etiopian* (Le premesse diplomatiche della guerra italo-etiopica), in «Revista de istorie», 3, 1975, pp. 385-405; Id., *Conflictul italo-etiopian şi unele schimbări în raportul de forţe pe plan internaţional* (Il conflitto italo-etiopico e alcuni mutamenti nei rapporti di forza sul piano internazionale), ivi, 5, 1977, pp. 883-99; Id., *Romania and the Italo-Ethiopian Conflict*, in «Analele Universităţii Bucureşti. Istorie», 1, 1981, pp. 117-31; Id., *Mari crize ale vieţii internaţionale interbelice. Războiul italo-etiopian. 1935-1936* (Le grandi crisi della vita internazionale tra le due guerre. La guerra italo-etiopica), Bucureşti, 1981.

[46] Cfr. N. Dascălu-P. Eggleston, *Războiul italo-etiopian (1935-1936) în istoriografia universală* (La guerra italo-etiopica nella storiografia internazionale), in «Revista de istorie», 10, 1978, pp. 1793-811; N. Dascălu, *Opinia publică din Statele Unite ale Americii şi războiul italo-etiopian (1935-1936)* (L'opinione pubblica degli USA e la guerra italo-etiopica), ivi, 2, 1983, pp. 149-68, e 3, pp. 273-90.

[47] A titolo puramente esemplificativo (l'elenco completo sarebbe, infatti, ben più lungo), cfr.: I.G. Popescu-Gorj, *Fascismul* (Il fascismo), in «Democraţia», 8-9, 1933, pp. 49-57; N. Lahovary, *Fascismul şi unificarea Italiei* (Il fascismo e l'unificazione dell'Italia), in «Revista Fundatiilor Regale», 4, 1935, pp. 87-98; D. Bodin, *Roma fascistă*, in «Gîndirea», 7, 1935, pp. 382-85.

[48] Cfr. D. Belimace, *Revoluţia fascistă* (La rivoluzione fascista), Bucureşti, 1935; A. Randa, *Statul fascist* (Lo Stato fascista), Bucureşti, 1935. Si veda anche l'insolito libro di B. Iosif, *Israel sub Mussolini. Privelişti şi imagini evreeşti din Italia* (Israele sotto Mussolini. Realtà e immagini ebree in Italia), Bucureşti, 1935.

[49] Ad esempio, le sanzioni della Società delle Nazioni e l'isolamento diplomatico dell'Italia furono condannati in numerose pubblicazioni. Cfr.: V. Theodosiu, *Pro Italia*, Ploiesti, 1936; S.C. Mandrescu, *Pro Italia*, estratto da «Revue de Transylvanie», 2, 1937, pp. 1-25; A. Marcu, *Cuvinte despre Italia* (Qualche parola sull'Italia), Bucureşti, 1939.

[50] Cfr. S. Diamandi, *Galeria dictatorilor: Pilsudsky, Atatürk, Mussolini, Hitler* (La galleria dei dittatori), Bucureşti, 1938.

[51] Cfr. B. Mussolini, *Doctrina fascismului* (La dottrina del fascismo), trad. di N. Savarese, Firenze, 1938; Id., *O viaţă* (Una vita), trad. di O. Densuşianu jr., Bucureşti, 1939; Id., *Jurnalul meu de război* (Il mio diario di guerra), trad. di O. Densuşianu jr., Bucureşti, 1940; G. Volpe, *Istoria miscării fasciste* (Storia del movimento fascista), trad. di G. Sabbarese, Roma, 1940. Si veda, inoltre, *Opera nationala Dopolavoro*, trad. di N. Savarese, Roma, s.d. In compenso, Mussolini interveniva sulla filosofia della storia di Alexandru D. Xenopol: cfr. A. Marcu, *Xenopol discutat de Mussolini* (Xenopol discusso da Mussolini), «Studii italiene», 1940, pp. 5-10.

[52] Cfr. M. Coandă, *Omul musolinian* (L'uomo nuovo di Mussolini), in «Gîndirea», 9, 1939, pp. 501-13; G. Adami, *Doctrina fascistă*, in «Revista Cursurilor şi Conferinţelor Universitare», 8-10, 1940, pp. 61-73; C. Sassu, *Valoarea europeană a fascismului italian* (Il valore europeo del fascismo italiano), Braşov, 1941.

[53] Cfr. R. Rebreanu, *Italia şi stăpînirea Mării Mediterane* (L'Italia e il dominio sul Mar Mediterraneo), Cluj, 1940.

[54] Cfr. S. Stoicescu, *Scoala italiană pe baza doctrinei fasciste. II. Organizarea scolară fascistă. Afinitatea spiritului între Cultura italiană şi românească* (La scuola italiana fondata sulla dottrina fascista. II. L'organizzazione dell'insegnamento fascista. L'affinità di spirito fra la cultura italiana e quella romena), Jassy, 1939.

[55] A titolo esemplificativo, cfr.: M. Covaci, *1922-Italia*, in «Anale de Istorie», 2, 1979, pp. 166-96, e, soprattutto, AA.VV., *Regimurile fasciste şi totalitare din Europa* (I regimi fascisti e totalitari in Europa), 3 voll., Bucureşti, 1979-1983. Da segnalare anche la traduzione in romeno, con il titolo *Italia lui Mussolini* (Bucureşti, 1969), della nota sintesi di M. Gallo, *L'Italie de Mussolini. Vingt ans d'ère fasciste* (Paris, 1964).

[56] Cfr. A. Marcu, *Itinerar adriatic* (Itinerari adriatici), Craiova, 1936; I. Petrovici, *Pe pragul*

Italiei. Note de călătorie (Alle porte d'Italia. Note di viaggio), in «Revista Fundaţiilor Regale», 1936, 1, pp. 50-66, 3, pp. 539-54, 7, pp. 70-87, 9, pp. 548-65, 12, pp. 556-69; L. Popescu, *Văzute si mărturisite în Jugoslavia şi Italia* (Immagini e testimonianze dalla Jugoslavia e dall'Italia), Bucureşti, 1937; A. Fălcoianu, *Ce am văzut în Italia fascistă, noiembrie 1937* (Ciò che ho visto nell'Italia fascista), Bucureşti, 1937; I. Petrovici, *Al doilea volum de impresii din Italia* (Il secondo volume delle impressioni in Italia), Bucureşti, 1938; P. Voiculeţ, *Insemnări italiene. Note de drum* (Appunti italiani. Note di viaggio), Râmnicu-Sărat, 1938; T. Nottara, *Note italice* (Appunti italiani), Bucureşti, 1938; H. Stahl, *Roma văzută de un bucureştean fără Baedecker* (Roma vista da un bucarestese senza Baedecker), Bucureşti, 1939; A. Cosma, *Reminiscenţe italo-banatane* (Reminiscenze dall'Italia e dal Banat), Timişoara, 1939; C. Constantinescu, *Străbătînd Italia (Reflectii)* (Percorrendo l'Italia. Riflessioni), Bucureşti, 1939; E. Vicol, *Am fost în Italia Ducelui* (Sono stato nell'Italia del duce), Bucureşti, 1940; M. Eliade, *Comentarii italiene* (Commentari italiani), in «Revista Fundaţiilor Regale», 7, 1940, pp. 189-94; A. Marcu, *Aspecte italiene* (Immagini italiane), Bucureşti, 1942.

[57] Cfr. N. Iorga, *Primele mele drumuri italiene* (I miei primi viaggi in Italia), Bucureşti, 1936 e Id., *Carnet de drum* (Carnet di viaggio), in «Revista Fundaţiilor Regale», 1938, pp. 243-57. D'altronde Iorga era già stato in Italia, ricavando dal viaggio alcune impressioni; cfr. Id., *Amintiri din Italia* (Ricordi dell'Italia), Bucureşti, 1895.

[58] Cfr. M.A. Silvestri, *Nicola Iorga e l'Italia*, Roma, 1921; M. Ruffini, *Nicola Iorga e il movimento letterario della rivista «Sămănătorul» della Romania d'anteguerra*, Milano, s.d. In proposito si veda anche M. Liu, *Nicolae Iorga şi Italia* (Iorga e l'Italia), in «Steaua», 3, 1980, pp. 42-3.

[59] Cfr. N. Iorga, *Breve storia dei Rumeni con speciale considerazione delle relazioni coll'Italia, pubblicata in occasione delle feste del cinquantenario italiano. Omaggio di un popolo fratello ed amico, da parte della «Lega di Cultura Rumena»*, Bucureşti, 1911; Id., *Rapporti politici tra l'Italia e la Romania*, in «L'Europa orientale», 1923, pp. 519-23; Id., *Conferenze italiane sulla nazione romena*, Milano, 1927; Id., *Le relazioni italo-romene. Conferenza tenuta sotto gli auspici della Camera di commercio italo-rumena di Milano il 13 marzo 1927*, Milano, 1927; Id., *Storia dei Romeni e della loro civiltà*, Milano, 1928.

[60] Cfr. Id., *Pentru Italia şi Ce ne leagă de Italia. Cuvîntările* (Per l'Italia e Ciò che ci lega all'Italia. Discorso), Bucureşti, 1930; Id., *L'Italia vista da un romeno*, prefazione di G. Bertoni, Milano, 1930; Id., *Poporul italian în trecut şi în prezent. Cinci conferinte* (Il popolo italiano nel passato e al presente. Cinque conferenze), Bucureşti, 1931; Id., *Ce avem de învaţat de la cultura italiană* (Ciò che dobbiamo imparare dalla cultura italiana), Bucureşti, 1935; Id., *Orizzonte italiano. Tradizioni nel sud-est europeo e missione latina*, Bucureşti, 1940; Id., *Italia pe care o vedem şi Italia pe care no vedem. Conferinţa* (L'Italia che vediamo e l'Italia che non vediamo. Conferenza), in Id., *Conferinţe şi prelegeri* (Conferenze e corsi), Bucureşti, 1943, pp. 89-103.

[61] La quasi totalità dell'attività più strettamente scientifica di Iorga (a eccezione dei titoli qui citati) esula dagli obiettivi della presente relazione, in quanto riguarda la storia di Venezia in età moderna. È questo un argomento, per il quale, come è ben noto agli specialisti italiani, la storiografia romena ha mantenuto un vivo interesse anche in anni più recenti.

[62] In realtà Iorga, manifestando il proprio aperto sostegno, si prefiggeva di spingere Mussolini ad abbandonare l'idea di appoggiare il revisionismo ungherese. Cfr.: Id., *Per l'Italia nella sua lotta*, trad. di C. Perussi, Vălenii-de-Munte, 1936; Id., *A S.E. Benito Mussolini, Capo di governo italiano*, Bucureşti, 1937.

[63] Cfr. Id., *Un amico della rivincita ungherese: Lilio Cialdea e l'autonomia transilvana*, Bucureşti, 1940. In proposito, si veda anche A. Decei, *Lilio Cialdea: la Transilvania. Aspetti diplomatici e politici*, in «Revue de Transylvanie», 1, 1940, pp. 122-38.

[64] Cfr., ad esempio: J. Benditer, *Din istoria relaţiilor germano-italiene, 1938-1940* (Storia dei rapporti tedesco-italiani), in «Analele Ştiinţifice alle Universităţii Al. I Cuza. Istorie», 2, 1972, pp. 195-206; A. Busuioceanu - E. Costantiniu, *Brutala prietenie* (L'amicizia brutale), in «Magazin istoric», 1985, 2, pp. 54-58, 3, pp. 52-6, 4, pp. 51-2, 5, pp. 49-52.

[65] In proposito, è da segnalare, in primo luogo, la traduzione in romeno, con il titolo *Poporul italian ia armele* (trad. di V.T. Spînu, Bucureşti, 1970), del noto libro di L. Longo, *Un*

popolo alla macchia, Milano, 1947; inoltre, cfr. E. Preda, *Italia la rascruce: de la căderea lui Mussolini la armistițiu* (L'Italia al bivio: dalla caduta di Mussolini all'armistizio), in «Magazin istoric», 2, 1980, pp. 36-9.

[66] Cfr. Gh. Buzatu, *Situatia României în 1944, după mărturii diplomatice italiene* (La situazione della Romania nella testimonianza di diplomatici italiani), in AA.VV., *Românii și istoria universală*, Jassy, 1987, II, 2, pp.47-68. Mentre la guerra era in corso, uscì D. Antohi, *Aspecte din istoria culturii și civilizației italiene. De la imperiul lui Julius Cesar la imperiul lui Victor Emmanuele III. Geniul latin și forta morală a Italiei. Mussolini, național-socialismul și statul corporativ. Italia și Romania* (Aspetti della storia della cultura e della civiltà italiana. Dall'impero di Giulio Cesare all'impero di Vittorio Emanuele III. Il genio latino e la forza morale dell'Italia. Mussolini, il nazional-socialismo e lo Stato corporativo. L'Italia e la Romania), București, 1942.

[67] Cfr. R. Florian, *Scurtă privire asupra evoluției gîndirii lui A. Gramsci* (Breve profilo dell'evoluzione del pensiero di Gramsci), in «Revista de filozofie», 2, 1980, pp. 191-8, e Id., *Gramsci sur l'originalité de la philosophie marxiste*, in «Revue Roumaine d'Histoire», 3, 1988, pp. 191-200; A. Silard, *Risorgimento și problema meridională a Italiei în opera lui Antonio Gramsci, 1891-1937* (Il Risorgimento e la questione meridionale nell'opera di Gramsci), in «Revista de istorie», 8, 1981, pp. 1531-53; Gh. Lencan-Stoica, *La concezione di Gramsci circa l'intellettualità*, in «Revue Roumaine de Sciences Sociales, Philosophie et Logique», 3-4, 1985, pp. 312-18, Id., *Gramsci, cultura și politica* (Gramsci, la cultura e la politica), București, 1987, e Id., *La presenza di Gramsci nella filosofia e nella cultura romena*, in «Revue Roumaine d'Histoire», 3, 1988, pp. 231-6; F. Potra, *Attualità degli scritti gramsciani di cultura*, ivi, pp. 213-22; S. Ghita, *La question de l'homme et de l'humanisme dans la conception d'Antonio Gramsci*, ivi, pp. 223-230.

[68] Cfr. A. Gramsci, *Intelectuali, literatură și viață natională. Scrieri alese* (Intellettuali, letteratura e via nazionale. Scritti scelti), trad. di F. Potra, București, 1983.

[69] Cfr. A. Silard, *Factory councils in Italy: an insight 60 years later*, in «Revue Roumaine d'Histoire», 4, 1980, pp. 669-700.

[70] Cfr. R. Dumitrescu, *Mafia, filiera tăcerii. Violență și terorism* (La mafia, la trafila del silenzio. Violenza e terrorismo), București, 1986. Inoltre, è stato tradotto P. Maas, *Mafia și mafiotii. Memoriile lui Joseph Valachi*, București, 1973 [trad. it.: *La mela marcia*, Milano, 1970].

[71] Tra gli altri, si veda I. Fonta, *Neofascismul în Italia*, in «Revista de istorie», 10, 1981, pp. 1919-39.

[72] Cfr. R. Ortiz, *Per la storia della cultura italiana in Romania*, București, 1916, e, soprattutto, il già citato volume *Omagio lui Ramiro Ortiz*.

[73] Cfr. N. Façon, *Benedetto Croce în cultura românească* (Croce nella cultura romena), in «Studii italiene», 1939, pp. 71-97.

[74] Cfr. R.V. Bossy, *Tittoni și România*, in «Cercetari literare», 1931, pp. 291-97; Gh. Dumitrașcu, *Un italian (Angelo de Gubernatis) apărător al cauzei românilor în timpul Memorandului* (Un italiano difensore della causa dei romeni al tempo del Memorandum), in «Crisia», 1977, pp. 477-80; C. Badica, *Angelo de Gubernatis: «Del paese d'Ovidio»*, in «Comunicări și referate de bibliografie. Biblioteca județeană Constanța», 1984, pp. 76-92.

ISTVÁN G. TÓTH

DALL'UNGHERIA

Presentare l'immagine dell'Italia contemporanea nella storiografia ungherese, è facile e difficile nello stesso tempo. Dirò di più, è facile e difficile per le stesse ragioni: per l'importanza dell'Italia per l'Ungheria e per la storia ungherese. Agli occhi degli ungheresi infatti, l'Italia contemporanea non è solo uno degli Stati occidentali, bensì – soprattutto nel periodo del Risorgimento e del fascismo – è stata, dopo la Germania, il paese che ha avuto il ruolo più importante. Di conseguenza, il problema non è tanto di trovare un numero sufficiente di opere ungheresi concernenti la storia dell'Italia contemporanea, ma è piuttosto quello di illustrare efficacemente le differenti interpretazioni, che degli stessi fenomeni della storia italiana contemporanea sono state offerte dalla storiografia ungherese e di far vedere come la storiografia ungherese degli ultimi quarant'anni ha visto e studiato le principali figure dell'Ottocento e del Novecento italiano.

Per risolvere questo compito, ripeto, molto difficile, ho scelto il metodo delle biografie parallele. Il metodo non è certamente nuovo, né, tantomeno, l'idea è mia. Però, a differenza di Plutarco, io non ho scelto due personaggi con vite simili, ma, sempre, due interpretazioni delle biografie di quegli stessi personaggi, ritenuti più importanti per l'Ungheria: e tra le personalità di spicco del Risorgimento e del fascismo ho scelto le figure di Garibaldi, Mazzini e Mussolini.

Quando all'inizio degli anni cinquanta, la storiografia ungherese, allora assai dogmatica, decise di occuparsi del Risorgimento italiano, il suo eroe preferito era senza dubbio Garibaldi: e la metamorfosi subita da Garibaldi nella storiografia ungherese durante gli ultimi decenni è la chiara dimostrazione del cambiamento di metodo e di interpretazione avvenuto nella storiografia ungherese medesima.

La casa editrice Müvelt Nép [Il popolo colto] pubblicò, nell'autunno del 1955, le opere scelte di Garibaldi. L'introduzione, di Géza Sallay, era una biografia di una cinquantina di pagine dell'eroe, del quale, pur tra i limiti propri della storiografia del periodo stalinista, si cercava di offrire un'immagine dettagliata[1].

La biografia comincia con la descrizione delle condizioni politiche dell'Italia del tempo: secondo il metodo più in voga all'epoca, non vengono utilizzate opere di storici italiani, ritenuti «borghesi», ma l'autore si affida piuttosto a lunghe citazioni delle opere dei classici del marxismo e, soprattutto, a quelle di chi era considerato competente dell'argomento, e, cioè, Antonio Gramsci; parlando poi della rivoluzione del 1848, l'autore poteva utilizzare anche le citazioni delle opere di Marx stesso. La narrazione degli avvenimenti della rivoluzione italiana serviva, pertanto, da prova della verità di questa o quella lunga citazione di Marx; così, parlando di Vittorio Emanuele II, definito semplicemente un traditore, Sallay conclude la propria esposizione con una sferzante citazione marxiana: «non è per caso che Marx scriveva: Vittorio Emanuele era il vero nemico della libertà d'Italia»[2].

Non solo il re, ma anche i suoi generali e collaboratori erano tutti traditori, secondo un mito tipico della storiografia degli anni cinquanta: la rivoluzione del popolo non poteva vincere, perché i traditori l'hanno ingannato e abbandonato. Nella storia ungherese questo fu il caso della Repubblica dei consigli del 1919, fallita per il tradimento degli ufficiali «borghesi», così come la rivoluzione del 1848-49 era stata tradita dal generale Artur Görgei, comandante dell'esercito, che aveva impedito la vittoria sicura del popolo ungherese.

La breve biografia di Garibaldi contesta le opinioni della storiografia reazionaria (senza fare, però, i nomi), e sottolinea il rapporto stretto tra il popolo e Garibaldi: questi, nel corso della narrazione, tende sempre di più a diventare un proto-eroe del movimento operaio. I suoi rapporti con la classe operaia erano sempre più importanti, anche se – concede l'autore – rimanevano piuttosto sul livello dei sentimenti. Gli operai guardavano a Garibaldi con affetto sincero e il rivoluzionario li ricambiava di analoghi sentimenti: «Garibaldi ha visto la garanzia di un futuro migliore e più bello nella classe operaia», sottolinea l'autore[3].

Visto nel contesto della storia italiana e mondiale, il personaggio si trasforma nel prototipo del rivoluzionario di tipo «bolshevik»: «la vita di Garibaldi era una lotta ininterrotta per il progresso umano. Garibaldi era un figlio del popolo, e ha lottato per il popolo. Unitosi con esso, ha riconosciuto il carattere splendido della classe operaia e ha previsto il suo ruolo futuro».

L'eroe dell'Unità italiana finisce per diventare il profeta della futura rivoluzione proletaria (quasi un Virgilio moderno, profeta pagano della redenzione), la cui importanza storica è difesa dal nostro autore, così come gli scolastici medievali avevano difeso i filosofi pagani greci, che non avevano ancora avuto la possibilità di diventare cristiani: «Garibaldi non aveva ancora conosciuto la teoria del socialismo scientifico, ma aveva però intravisto molto del futuro [...]. La memoria di Garibaldi è una forza viva anche oggi. La classe operaia italiana e il suo grande partito alzano il ritratto di Garibaldi con fierezza nella loro lotta, come simbolo delle masse popolari militanti per la pace, per la libertà e per il socialismo»[4].

Dopo tanto entusiasmo rivoluzionario, prendiamo ora in considerazione un'altra interpretazione, in cui affetto e ironia si fondono in modo avvincente: un esponente della nuova generazione di storici ungheresi, László Csorba, ha pubblicato nel 1988 un'ampia biografia di Garibaldi[5].

Niente è più lontano da Csorba, della venerazione, dell'adorazione e dell'entusiasmo romantico; al contempo, egli riesce, però, a evitare anche l'altro grave pericolo che indubbiamente incombe sul biografo di questo rivoluzionario: cioè, quello di presentare Garibaldi con un sorriso ironico e nello stesso tempo condiscendente, senza comprenderne la vera importanza per la storia mondiale. Insomma, illustrando la vita avventurosa di Garibaldi, Csorba riesce a dissipare, una dopo l'altra, le tante leggende che la circondano e, nello stesso tempo, a far capire ai lettori la *vera* grandezza dell'uomo. Un esempio significativo è costituito dalla rappresentazione dell'incontro tra Garibaldi e Mazzini:

> Questa è la scena più bella dell'iconografia risorgimentale – scrive Csorba. I due eroi confermano con una stretta di mano il loro voto comune per la liberazione della Patria. Il profeta mostra la statua della libertà, coronata di edera. Garibaldi, una mano sul cuore, stringe con l'altra la mano del maestro; e, sullo sfondo, un piccolo gruppo di rivoluzionari, catturati dalla solennità del momento, guardano la scena con entusiasmo[6].

Purtroppo, deve osservare Csorba, la bella scena è molto lontana dalla verità. Le differenze di carattere e di concezione causarono presto un'antipatia profonda e reciproca tra Garibaldi e Mazzini. Non è per caso che né Mazzini, né Garibaldi hanno mai ricordato questo primo incontro. È molto più probabile, che Mazzini, l'intellettuale altezzoso, non abbia visto altro in Garibaldi che uno dei tanti giovani, entusiasti ma poco intelligenti. Probabilmente – continua Csorba – durante la breve presentazione, Mazzini non ha riconosciuto l'onestà e il coraggio di Garibaldi, e neanche la sua intelligenza naturale e il suo buon senso comune: questo era un lato forte di Garibaldi, anche se spesso gli elementi disordinati della sua cultura da autodidatta lo hanno condizionato[7].

Dopo questo incontro, Garibaldi si dà a organizzare una cospirazione: nelle taverne, egli

> paga per il cibo e per il vino, e così i suoi ospiti non hanno niente in contrario, se mentre loro bevono, lui parla di qualche piano rivoluzionario! Ha ragione, questo Garibaldi, basta con il clero, con la reazione, ancora una bicchierata per tutti! [...] Garibaldi, – conclude per il momento l'autore – come tutti gli uomini ingenui, ha immaginato il proprio cuore sotto la camicia degli altri, e non aveva neanche il sospetto che la maggioranza dei rivoluzionari che gli giuravano fedeltà fino alla morte, avessero in mente solo il vino gratuito[8].

A proposito della fuga di Garibaldi dopo il fallimento di questa cospirazione, Csorba pone ironicamente fine a un'altra leggenda, dimostrando come né la lapide commemorativa di marmo, né l'attestato autografo dell'eroe (scritto e firmato, però, più di trent'anni dopo gli avvenimenti) potessero provare la vera identità e natura dell'aiuto fornitogli nella sua fuga[9].

Lo stesso metodo è impiegato nei confronti delle lotte leggendarie in America Latina: solo al momento della morte di Luigi Rossetti, l'autore riconosce che «qui è conveniente il vero pathos» perché, ancora dopo tanti anni, possiamo avvertire il dolore di Garibaldi nella sua autobiografia[10].

Come è presentato, allora, il futuro eroe del Risorgimento? «Nella seconda metà degli anni quaranta abbiamo già il Garibaldi che il mondo conoscerà ben presto: egli era una combinazione di sapienza, di sensibilità e di temerarietà, e anche di un'attrazione personale, che ne faceva un mito già in questo tempo. Garibaldi era capace non solo di amare gli uomini, ma era anche in grado di suscitare affetto per sé. Questo fu il vero fondamento, e non solo l'ideologia, del piccolo gruppo dei rivoluzionari, con cui ha sempre di più connesso il proprio destino»[11].

Possiamo seguire il metodo delle biografie parallele anche parlando dell'altro eroe del Risorgimento italiano, di Mazzini. Negli ultimi due decenni i lettori ungheresi hanno potuto fare la conoscenza di questo rivoluzionario grazie alla pubblicazione di due biografie. Al pari di Garibaldi, anche Mazzini è per il nostro pubblico più di una figura importante della storia universale, in quanto la sua attività fu in rapporto strettissimo con il movimento rivoluzionario ungherese, soprattutto negli anni 1848-49 e 1859-60: sicché la valutazione dell'attività di Mazzini è indispensabile per la comprensione della rivoluzione e del compromesso ungherese.

Una delle due biografie di Mazzini, di cui intendo parlare, è stata pubblicata da Endre Kovács nel 1976: la sua importanza deriva dal fatto che vi si prende posizione su alcuni dei principali problemi della storia della rivoluzione[12].

Il mazzinianesimo, sostiene l'autore, è più di una particolare forma della lotta contro il sistema della Santa Alleanza. Esso è anche una filosofia idealistica e mistica; è la dottrina della rivoluzione, nel senso ottocentesco della parola: la rivoluzione in nome della nazione, la distruzione del sistema assolutistico, il programma di una nuova società basata sulla solidarietà dei popoli[13].

Il saggio descrive la personalità del rivoluzionario in modo molto plastico: la sua ottica è però condizionata da una sorta di teleologia marxista, in base alla quale la tesi interpretativa che emerge si fonda sulla deplorazione dei limiti di classe che avrebbero impedito a Mazzini di diventare un vero rivoluzionario.

Il limite principale di Mazzini fu dovuto al fatto «che un entusiasmo ingenuo ha penetrato il suo pensiero, senza che questo entusiasmo si modificasse dopo la rivoluzione. Mazzini non ha basato la propria argomentazione sull'esistenza delle classi sociali, sui loro interessi specifici e sulla lotta fra le classi»[14]. Secondo l'autore, egli intese e comprese l'esistenza delle classi sociali, ma l'idea dell'unità nazionale ostacolò lo sviluppo del suo programma. Per lui, il socialismo e il comunismo erano equivalenti dell'anarchia, e per questo aveva paura delle loro idee: «di conseguenza è rimasto fermo all'idea nazionale e non ha voluto superarla». A questa dottrina Marx oppose la propria critica inoppugnabile: dall'analisi della situazione economica europea dopo il '48 seppe risalire alle cause economiche e sociali che avevano provocato la rivoluzione e le individuò con precisione. «È veramente sorprendente – conclude Kovács – che i rivoluzionari piccolo borghesi, soprattutto Mazzini, non riuscissero ad afferrare una così evidente verità»[15].

Il saggio intende dimostrare chiaramente come Mazzini non sia mai venuto meno alle proprie concezioni, incapace com'era di comprendere l'interpretazione materialistica della storia e le ragioni del socialismo: ancora nel 1871, egli affrontava i grandi problemi della religione, della patria e della proprietà privata nella stessa maniera del 1848[16].

Ciò nondimeno Kovács difende il proprio eroe: benché non fosse un vero rivoluzionario popolare, come Garibaldi, ma solo un patriota borghese, negli ultimi anni Mazzini aveva trovato il modo di stabilire un rapporto con il movimento operaio italiano.

> Anche se ha interpretato le idee del movimento operaio italiano nella propria maniera individualistica, è tuttavia evidente come egli provasse un interesse sincero per il destino della parte più povera del popolo italiano. [...]. In questo suo atteggiamento, Mazzini ha ricevuto aiuto – tiene a sottolineare l'autore – anche dallo stesso Marx, il quale scrisse in termini molto positivi su questi interessi di Mazzini concernenti le classi inferiori della società italiana[17].

Mazzini, dunque, come un eretico, che negli ultimi anni della propria esistenza ha però capito, almeno parzialmente, l'unica verità.

Le conclusioni di Kovács sono conseguenti con questa impostazione, che, pur mirando ad analizzare *il pensiero e l'azione* mazziniani non tanto in sé e per sé quanto dal punto di vista della storia del socialismo, sottintende una sostanziale ammirazione per la grandezza del personaggio:

> È vero che Mazzini non ha offerto nuovi contributi all'ideologia del socialismo: cercheremmo invano il suo nome nell'enciclopedia del materialismo filosofico; anzi, nella storia del movimento operaio internazionale, egli fu tra coloro che ne ostacolarono lo sviluppo. Purtuttavia, non possiamo dimenticare che il secolo in cui visse Mazzini, era un periodo transitorio, quando le idee dell'idealismo e della religione occupavano nel pensiero degli uomini ancora un posto importante! – Pertanto, si può ben dire che – l'impatto ideologico, morale e anche politico di Mazzini resta incancellabile nella storia europea dell'ultimo secolo[18].

Appena un anno dopo, nel 1977, veniva pubblicata un'altra biografia di Mazzini, di Magda Jászay. L'autrice è una specialista della storia italiana e dei rapporti italo-ungheresi, a cui ha dedicato due ampie monografie, che affrontano l'argomento nel lungo periodo (dal medioevo al Risorgimento)[19].

Di Mazzini, visto come il più autorevole e prestigioso punto di riferimento di una delle tendenze presenti nel Risorgimento (senza, peraltro, contrapporlo schematicamente a Cavour o a Garibaldi), vengono prese in considerazione sia le grandi doti politiche, emerse in particolare durante la Repubblica romana (il fine intuito, la notevole capacità di orientamento), sia quelle fisiche, che contrastavano singolarmente con il suo aspetto di intellettuale pallido e magro (un indubbio coraggio personale, unito a un sangue freddo eccezionale)[20], ma, al tempo stesso, vengono analizzati i limiti progettuali del programma, troppo condizionato da una concezione idealistica dello sviluppo della storia e della società[21]. In definitiva, questa volta, ci troviamo di fronte a un ritratto equilibrato e completo del rivoluzionario italiano, la cui instancabile attività politico-ideologica non è più studiata alla luce degli interessi e delle istanze di movimenti o fenomeni sviluppatisi successivamente, bensì è puntualmente inquadrata nel contesto del suo tempo.

Diverso, rispetto agli esempi fatti finora, il caso delle due biografie di Mussolini che mi accingo a considerare[22]: diverso, sia per il fatto che non presentano particolari discordanze dal punto di vista dell'impostazione metodologica, sia per il successo di pubblico che ambedue hanno incontrato (pur essendo state pubblicate nell'arco di soli due anni), a testimonianza del grande interesse che l'argomento suscita in Ungheria.

Autori dei lavori in questione sono rispettivamente Maria Ormos, dell'Università di Pécs, che aveva condotto in precedenza importanti ricerche sull'impresa etiopica e sull'*affaire* Matteotti (i cui risultati sono stati pubblicati nella collana di «Storia popolare» delle edizioni Kossuth)[23], e Aladàr Kis, noto italianista dell'Università Eötvös di Budapest, che aveva già pubblicato un libro sulla storia d'Italia dal Settecento al 1968 e un altro sul fascismo[24].

Il parallelismo biografico, che abbiamo scelto a metodo di lavoro, non riguarda in questo caso, come ho già anticipato, la diversità di impostazione metodologica, bensì le differenze che è dato riscontrare nella valutazione di alcuni momenti significativi della vicenda politica del duce.

In primo luogo, va osservato come Ormos insista con forza sul pericolo che l'immagine caricaturale dei dittatori fascisti possa prevalere su quella reale: come la macchietta di Chaplin ne *Il dittatore* ha finito per essere più conosciuta del personaggio reale al quale faceva il verso (benché esista grande abbondanza di testimonianze filmate del

Führer), così la molteplicità e varietà di posizioni assunte da Mussolini (da anarco-sindacalista a fascista, da giornalista con ambizioni intellettuali a *leader* di un movimento e di un partito che la cultura non teneva in grande conto, da agitatore di folle a capo del governo e dittatore ecc.) rischiano di trasformare il percorso politico in una serie di episodi e di comportamenti incoerenti, che, uniti ad alcuni atteggiamenti esteriori, danno alla sua immagine i tratti caratteristici della caricatura. Sicché al lettore, anche a quello colto e interessato di storia, riesce difficile cogliere il nesso profondo che lega la personalità del dittatore alla sostanza della dittatura fascista e ai suoi fondamenti, senza di cui non è possibile comprendere la natura del personaggio e dello stesso fenomeno[25].

Per passare, poi, a dimostrare le differenze specifiche nell'interpretazione offerta dai due autori, ho scelto un episodio, forse il più interessante e cruciale, senza dubbio uno dei più discussi e dibattuti della biografia di Mussolini: mi riferisco al suo famoso «voltafaccia» del 1914, con cui il direttore dell'«Avanti!» abbandona il giornale e il partito socialista per fondare «Il Popolo d'Italia» e avviarsi sulla strada che l'avrebbe portato a diventare il duce del fascismo.

Pur senza escludere del tutto altre cause o altri moventi, Aladàr Kis si dichiara incline ad accogliere l'ipotesi della corruzione: «la spiegazione più naturale e più semplice – egli scrive – è che Mussolini sia diventato un traditore, e, con tutta probabilità, un traditore corrotto dal denaro. Il fatto che dopo la sua partenza dalla direzione dell'«Avanti!» egli abbia potuto fondare un proprio giornale nuovo ne è la chiara dimostrazione»; e non è difficile, a questo punto, per l'autore identificare i promotori dell'iniziativa nei capitalisti interessati all'intervento italiano nella guerra[26].

Completamente diversa (e secondo me più convincente) è la spiegazione che Ormos dà del «voltafaccia», fondandola su motivazione di ordine, insieme, psicologico e politico. Ella rifiuta, molto categoricamente, l'ipotesi della corruzione materiale: a suo parere, abbandonando la direzione di un grande e affermato giornale socialista, Mussolini non aveva ottenuto altro che diventare il direttore di un giornale fondato *ex novo* e dal futuro aleatorio; per di più, con questo gesto, egli interrompeva irreparabilmente la precedente carriera politica e abbandonava l'ambiente grazie al quale, da sconosciuto maestro elementare, era diventato «qualcuno», un personaggio importante. Non solo, dunque, Mussolini non aveva ricavato dal passo compiuto alcun vantaggio materiale immediato, ma aveva abbandonato la sicurezza del momento per un futuro di grande incertezza: è, pertanto, altrove, nella stessa personalità del futuro duce, che vanno cercate e individuate le vere motivazioni del «voltafaccia».

A questo proposito, l'autrice scarta anche l'ipotesi secondo la quale Mussolini abbia abbandonato il partito socialista in quanto incapace di assumerne la leadership: ella dimostra, infatti, come egli nulla abbia fatto per convincere i *compagni* della validità dei propri programmi, né abbia cercato di determinare una scissione o di intraprendere una qualsiasi attività frazionistica, bensì come egli abbia «giocato con il partito socialista una partita che non aveva alcuna intenzione di vincere»[27].

Va, invece, tenuto presente che Mussolini si è dimostrato sempre contrario a qualsiasi forma di struttura dottrinaria o ideologica, e ciò ha reso impossibile che egli si facesse mai una concezione coerente della realtà e che fosse capace di spiegare, almeno a se stesso, in che cosa consistesse esattamente la «causa» per la quale si batteva senza soste: questa «causa» si modificava in continuazione, per lui era solo importante che essa esistesse.

Inoltre, il tratto dominante della sua personalità è stata l'ambizione, che egli avvertiva costantemente la necessità di indirizzare verso l'esterno, in quanto non sopportava l'inattività: non sopportava neppure l'idea di convivere con quell'altro se stesso costretto tristemente e melanconicamente all'inazione. Mussolini aveva bisogno del successo, come un morfinomane della morfina: egli non avrebbe mai accettato che in questo mondo, in cui tutto sarebbe cambiato con lo scoppio della guerra, egli rimanesse «fuori della storia». Senza prendere affatto in considerazione le possibili conseguenze sul futuro più lontano, è la conclusione di Ormos, Mussolini agì di slancio e in modo energico, seguendo il proprio istinto politico[28].

Queste sei biografie «in parallelo» non possono certamente dare un'immagine completa ed esauriente della storiografia ungherese sulla storia dell'Italia contemporanea: ciononostante, mi auguro di essere comunque riuscito a offrire un'idea della complessità di questa storiografia e delle diverse tendenze che vi sono presenti[29].

[1] *Garibaldi válogatott irásai* (Opere scelte di Garibaldi), a cura e con introduzione di G. Sallay, Budapest, 1955.
[2] *Ibid.*, p. 28.
[3] *Ibid.*, p. 53.
[4] *Ibid.*, pp. 53-54.
[5] L. Csorba, *Garibaldi*, Budapest, 1988.
[6] *Ibid.*, pp. 37-38.
[7] *Ibid.*, pp. 40-42.
[8] *Ibid.*, p. 39.
[9] *Ibid.*, p. 41.
[10] *Ibid.*, p. 65.
[11] *Ibid.*, p. 77.
[12] E. Kovács, *Giuseppe Mazzini*, in Id., *Történelmi arcképek* (Ritratti storici), Budapest, 1976.
[13] *Ibid.*, p. 11.
[14] *Ibid.*, p. 42.
[15] *Ibid.*, p. 43.
[16] *Ibid.*, p. 62.
[17] *Ibid.*, p. 66.
[18] *Ibid.*, pp. 63-70.
[19] Cfr. M. Jászay, *Mazzini*, Budapest, 1977; Id., *Párhuzamok és keresztezödések. A magyar-olasz kapcsolatok történetéböl* (Paralleli e incroci. Sulla storia delle relazioni italo-ungheresi), Budapest, 1982; Id., *Velence és Magyarország* (Venezia e l'Ungheria), Budaspest, 1990. Della stessa autrice, si veda anche *L'Italia e la rivoluzione ungherese. 1848-49,* Budapest, 1948, e *Cavour*, Budapest, 1986.
[20] Cfr. Id., *Mazzini*, cit., pp. 187-90.
[21] Cfr. *ibid.*, pp. 291-93.
[22] Cfr. M. Ormos, *Mussolini*, Budapest, 1987 e A. Kis, *A duce*, (Il duce), Budapest, 1989.
[23] Cfr. M. Ormos, *Háboru Etiópia földjén* (La guerra in Etiopia), Budapest, 1970; Id., *A Matteotti-ügy* (Il caso Matteotti), Budapest, 1973.
[24] Cfr. A. Kis, *Olaszország története. 1748-1968* (Storia d'Italia), Budapest, 1975; Id., *Az olasz fasizmus története* (Storia del fascismo italiano), Budapest, 1970.
[25] Cfr. Ormos, *Mussolini*, cit., pp. 5-7; cfr. anche Id., *Ki volt Hitler? A változó Hitler-kép* (Chi era Hitler? L'immagine variabile di Hitler), Rubicon, 1991, pp. 3-9.
[26] Cfr. Kis, *A duce*, cit., pp. 72-9.
[27] Cfr. Ormos, *Mussolini*, cit., pp. 76-9.
[28] Cfr. *ibid.*, pp. 80-82.
[29] Purtroppo non esiste, ad opera di uno storico ungherese, una sintesi completa della storia d'Italia. Il lavoro migliore, a disposizione dei lettori ungheresi, è rappresentato dalla recente traduzione del libro di Harry Hearder, *Olaszország rövid története* (Breve storia d'Italia), Budapest, 1992. Infine, a integrazione delle indicazioni bibliografiche precedenti, si segnalano anche: I. Eördögh, *Alle origini dell'espansionismo romeno nella Transilvania ungherese (1916-1920)*, Roma, 1992; Id., *A. Rendkivüli egyházi ügyek Szent Kongregácioja levéltárának, Vatikánváros, a magiarországi egyházakra vonatkozó forrásai, 1803-1903* (Documenti della Chiesa ungherese nell'Archivio Vaticano, *Congregatio super negotiis extraordinaris*), Szeged, 1992; J. Koltay-Kastner, *Türr Istvan 1860-ban* (I. Türr nel 1860), Budapest, 1929; Id., *Mazzini e Kossuth*, Firenze, 1929; Id., *Il contributo ungherese nella guerra del 1859*, Firenze, 1934; L. Lukács, *Garibaldi e l'emigrazione ungherese*, Modena, 1964.

YURI P. LISOVSKIJ

DALLA RUSSIA

Nell'affrontare il tema della storiografia sovietica sull'Italia contemporanea bisogna, innanzitutto, tenere ben presenti lo sviluppo della scienza storica in URSS, in particolare negli anni del regime staliniano, e l'atmosfera in cui allora vissero e lavorarono gli intellettuali russi che si dedicavano alle scienze sociali*. Infatti, quando si leggono e si giudicano le opere storiche scritte e pubblicate a quel tempo, è necessario prendere sempre in considerazione la situazione politica esistente nel paese, al fine di percepire lo stato d'animo dell'autore, condizionato a forza dalle dure condizioni dell'epoca: perché la scienza era allora politicizzata all'estremo e, di regola, la politica ufficiale determinava gli indirizzi, gli argomenti, la concezione e l'impostazione dei problemi affrontati nelle opere di storia.

Già Lenin, com'è noto, non amava il pluralismo scientifico: più volte aveva detto che le teorie borghesi e non marxiste non potevano reggere il confronto con quelle marxiste e aveva avanzato l'infelice tesi della *partiticità* della scienza. Ma con Stalin si andò ben oltre: Stalin, infatti, riorganizzò radicalmente (in modo più accentuato e diretto, a partire dal 1927-28) la scienza storica, sì che la *magistra vitae* fu trasformata in arma del regime, e si mise egli stesso a dettarne le leggi. Ne risultò la creazione di un sistema mostruoso, in cui la libertà di opinione era soppressa, ogni tentativo di dire una parola nuova in campo scientifico senza l'autorizzazione dall'alto era vietato e, di conseguenza, gli intellettuali e gli scienziati si trovarono a operare in condizioni altamente drammatiche: anche se, nonostante tutto, le capacità intellettuali dei migliori storici non poterono essere annientate completamente e, malgrado le difficoltà, le restrizioni e le repressioni, studiosi come Tarle, Nečkina, Poršnev,

Jerusalimskij, Potiòmkin e altri riuscirono a pubblicare opere di grande e riconosciuto valore.

Ciò premesso, passiamo al nostro tema.

1. Le prime opere di argomento italiano apparvero nella Russia Sovietica durante gli anni venti. Per ragioni del tutto evidenti non venivano pubblicate le opere degli storici di professione che appartenevano alla vecchia guardia, ma, invece, quelle degli intellettuali radicali, schieratisi dalla parte dei bolscevichi, e dei rivoluzionari romantici. Di regola, le loro caratteristiche metodologiche erano rappresentate da un rigido approccio di classe, da una sorta di dualismo manicheo, che dava luogo a una visione in bianco e nero del processo storico, e da un messianesimo rivoluzionario, che si risolveva nell'attesa dell'avvento della rivoluzione mondiale.

In questo periodo, l'attenzione principale degli italianisti sovietici venne attirata dal fascismo, al quale furono dedicate numerose pubblicazioni. Il motivo di tanto interesse va probabilmente ricercato nel fatto che, da una parte, nei circoli rivoluzionari del tempo erano vive le speranze di un prossimo crollo del capitalismo, di una rivoluzione proletaria mondiale, nella cui direzione il fascismo era considerato una tappa, e, dall'altra, che le forme più rigide della lotta di classe attraevano maggiormente l'attenzione della democrazia borghese; ma ancora più probabile è che gli storici sovietici, forse senza rendersene conto, scrutavano con viva curiosità la sostanza di questo nuovo fenomeno, come se fosse uno specchio che rifletteva il gemello-antipode del loro proprio regime politico.

Le interpretazioni sulle origini, la natura e le basi sociali del fascismo furono all'inizio abbastanza varie, benché, nella maggioranza dei casi, come ho accennato prevalesse un rigido approccio di classe: la contrapposizione e il conflitto tra la borghesia e il proletariato, la paura della borghesia di fronte alla imminente rivoluzione proletaria e alla dittatura del proletariato, il fascismo come controrivoluzione preventiva. Così, ad esempio, l'ex anarchico German Sandomirskij, che era stato in Italia come membro della delegazione sovietica alla conferenza di Genova, giudicava il fascismo una controrivoluzione preventiva attuata da una parte della borghesia delusa e scettica circa le capacità dello Stato di sconfiggere il movimento proletario mediante i metodi liberali[1]. A risultati analoghi perviene la maggioranza degli interventi contenuti nel volume collettaneo sul fascismo nel mondo[2], in base ai quali «il fascismo è legato – come scrive Meščerjakòv – alla imminente rivoluzione proletaria mondiale, è l'ultima forma di dittatura della borghesia prima della nascita della dittatura del proletariato»[3]; anche se non manca chi (Iordanskij) ritiene, invece, che il fascismo sia il frutto dell'ideologia del contadino ricco che ha saputo attirare a sé elementi della piccola borghesia urbana[4]. Mentre con E. Pašukanis, in un articolo pubblicato di lì a poco sotto l'egida della ortodossa Accademia comunista (organizzata proprio in quel periodo), viene anticipato un nuovo filone della interpretazione ufficiale, destinato ad affermarsi definitivamente qualche anno dopo: il regime di Mussolini è la dittatura del grande capitale industriale e finanziario[5].

2. Nel 1933, infatti, alla Sezione plenaria del Comitato esecutivo del Comintern fu finalmente formulata la definizione ultima del fascismo, che da allora in poi divenne obbligatoria per tutta la letteratura comunista, in particolare per quella sovietica: il fascismo è «l'aperta dittatura terroristica della parte più reazionaria, sciovinista e imperialista del capitale finanziario». E non si tratta tanto del fatto che in questa definizione sia assente il carattere di massa del regime; né che venga subito da porsi l'interrogativo su quale sia la parte più sciovinista, reazionaria e imperialista del capitale finanziario; e neppure, infine, che il fascismo, in questa definizione fondata su un astratto e rigido approccio di classe, risulti staccato da qualsiasi riferimento alle condizioni storiche di un dato paese. La questione principale è che, una volta adottata dal Comintern, la definizione diventava da quel momento l'unica giusta, sulla quale non era più permesso interrogarsi, né, tanto meno, poteva esistere sull'argomento alcun ulteriore sviluppo della ricerca scientifica: nei dibattiti scientifici era al Comintern che spettava l'ultima parola e tutte le sue decisioni dovevano essere considerate assolutamente giuste. Il principio tanto più era valido, quando i temi in discussione riguardavano i partiti comunisti, PCI compreso: la loro attività non poteva essere oggetto di considerazioni critiche, se non nelle sessioni plenarie chiuse del Comitato esecutivo del Comintern.

Gli anni trenta, anni del terrore, sono stati tremendi non solo perché furono annientati milioni di uomini, ma anche perché fu soppresso ogni pensiero vivo: se, prima di quel decennio, nella scienza sovietica si era riusciti ancora a mantenere una diversità di opinioni, in seguito ciò non fu più possibile.

3. Il periodo immediatamente successivo alla fine della guerra fu caratterizzato da un clima pieno di speranze e di fiducia in un avvenire migliore, senza paura e illibertà. Durò poco: con l'inizio della «guerra fredda» e il calo della «cortina di ferro», Stalin trasse nuovamente a sé le redini, dando, così, inizio a una nuova fase di persecuzioni nel campo dell'arte, della letteratura e della scienza (in particolare, di quella storica).

Nella storiografia, dominò a lungo la produzione dedicata alla seconda guerra mondiale. Anche tra i libri allora pubblicati sull'Italia prevalevano gli studi in diverso modo connessi ad argomenti militari: ricordiamo, a titolo esemplificativo, i lavori di R. Averbuch[6] e S. Viŝnev[7]. S.M. Slobodskoj, che già nel 1928 aveva pubblicato un saggio sul fascismo[8], ritornava ora sul tema in maniera molto più ampia e articolata, dedicando una particolare attenzione all'organizzazione, al ruolo e alle finalità politiche del sistema corporativo[9].

4. Dopo la morte di Stalin ebbe inizio una fase nuova nello sviluppo della storiografia sovietica, che corrispose al «disgelo di Krusciov»: contemporaneamente cominciò la lenta maturazione di nuove tendenze anche nel settore degli studi sull'Italia contemporanea.

All'Università di Mosca, ai seminari di Carolina Misiano, i giovani italianisti, che vi si formavano scientificamente, discutevano con grande vivacità e interesse di storia italiana. Misiano, oltre all'attività didattica e di ricerca, diede un grande contributo di impegno intellettuale e organizzativo allo sviluppo delle relazioni scientifiche tra gli studiosi italiani e sovietici. Fu grazie soprattutto alla sua iniziativa che si organizzarono, a partire dal 1964, incontri regolari tra storici dei due paesi: incontri quanto mai utili e proficui, poiché aiutarono la scienza sovietica a rompere l'isolamento e operarono con successo nel senso di favorire la conoscenza e la comprensione reciproche. Naturalmente non mancarono le difficoltà: i settori della burocrazia sovietica, che sovrintendevano alle attività scientifiche, non solo posero il veto agli argomenti ritenuti lesivi del prestigio di una potenza socialista, ma cercarono in tutte le maniere di boicottare l'intera iniziativa[10].

A partire dalla seconda metà degli anni cinquanta, presso l'Istituto di storia, prese a lavorare attivamente sulla storia italiana un gruppo di studio non ufficiale che promuoveva e discuteva progetti di ricerca impostati su idee originali e non ortodosse: era organizzato e diretto da S.D. Skazkin, Carolina Misiano e P.A. Lisovskij, che lo avevano fondato assieme al già citato Slobodskoj.

P.A. Lisovskij (1892-1976) apparteneva alla prima generazione degli italianisti sovietici e la sua assoluta incapacità di conformarsi alle categorie dogmatiche lo portava non di rado a scontrarsi con i burocrati responsabili della scienza accademica. Il suo magistero all'Istituto di storia contribuì alla formazione di una vera e propria scuola di giovani italianisti, fra i quali B.R. Lopuchov, I.V. Grigorieva, N.P. Komolova, M.A. Dodolev, K.G. Cholodkovskij e altri ancora. Nelle ben note condizioni di ristagno e repressione determinate dallo stalinismo, era assai difficile, a una persona così creativa e libera da ogni conformismo quale Lisovskij era, esprimere la sua enorme potenzialità progettuale e ideale: finché visse, non fu mai pubblicata la sua opera *L'ultima avventura militare del fascismo italiano*[11]. La sua ricerca su *Il Partito comunista italiano e il Comintern (1921-1929)*, pronta già a metà degli anni sessanta, è stata pubblicata solo di recente in una raccolta di saggi edita a cura dell'Istituto di storia[12]: il motivo della mancata pubblicazione a suo tempo va individuato nel fatto che il saggio di Lisovskij, sia per il contenuto che per l'impostazione, divergeva radicalmente dalle direttive ufficiali, secondo le quali, come ho già accennato, gli argomenti legati al Comintern non andavano affrontati, tanto più questa volta che l'autore sottoponeva a severa critica il ruolo esercitato dal Comintern nel movimento operaio internazionale[13] e denunciava le carenze della storiografia sovietica in proposito. C'è da notare che tale mancanza di informazione perdura ai giorni nostri ed è per questo che il contributo di Lisovskij, scritto trent'anni fa, non ha perso affatto il suo carattere di attualità.

Proprio durante il periodo del disgelo incominciò ad affermarsi la nuova generazione di studiosi di storia dell'Italia contemporanea (tra i quali, oltre a quelli testé ricordati, merita di essere segnalato almeno Georgij Filatov). Formatisi negli anni del dopo-Stalin, essi vedono e capiscono di più e, soprattutto, dimostrano di avere meno paura, malgrado gli stimoli alla riservatezza e all'autocensura, quasi che avessero assunto un diverso carattere genetico: e, a dimostrazione della validità dell'iniziativa, va aggiunto che le giovani piante nate dai semi del «disgelo kruscioviano» continuarono a dare i loro frutti anche dopo la caduta di Krusciov, fino alla fine degli anni sessanta.

Nella scelta degli argomenti di studio continuano, però, a

prevalere sempre i consueti criteri dell'approccio di classe. I principali temi di ricerca sono infatti: il movimento comunista e operaio, in particolare nei confronti del fascismo[14], Gramsci e la formazione del PCI[15], la Rivoluzione d'Ottobre e i suoi echi nel movimento rivoluzionario italiano[16].

Nella nuova generazione di storici che, pur con le inevitabili cautele del caso, trovavano il modo di esprimere compiutamente il loro pensiero non ortodosso, abbandonavano i vecchi modelli interpretativi e ponevano nuovi problemi, una menzione particolare spetta certamente a Boris Lopuchov. Appassionato studioso dell'Italia, purtroppo prematuramente scomparso, egli si rivelò senza dubbio uno storico di elevate doti professionali, e non un arrivista, un burocrate avido d'onori: basti dire che non fu mai membro del partito, quando esserlo garantiva molti privilegi e cospicui vantaggi e, inoltre, veniva considerato obbligatorio per chi facesse la professione di storico, fosse, cioè, un «combattente del fronte ideologico». Il suo libro sul fascismo[17] rappresenta una testimonianza importante dei notevoli cambiamenti positivi intervenuti a migliorare il livello dell'italianistica sovietica e la situazione in cui lavoravano gli intellettuali in URSS. Lopuchov non si limita ad analizzare solo il fascismo e le vicende del movimento operaio in relazione ad esso: la sua opera è molto più ampia e traccia un quadro assai ben documentato dell'Italia prima e durante il fascismo, che denota una sicura padronanza della letteratura scientifica italiana sull'argomento. Partendo dall'esame dell'età giolittiana, egli analizza prima il sistema liberale, individuandone le cause della crisi e della conseguente caduta, e poi l'avvento del fascismo, di cui sono studiati attentamente tanto i fondamenti ideologici quanto i meccanismi del processo di trasformazione in regime. Sebbene il libro vedesse la luce nel 1968, cioè proprio nell'anno in cui i carri armati di Brezhnev schiacciarono la primavera di Praga, la ricerca era stata pensata e avviata negli anni di Krusciov, quando per la prima volta erano stati abbattuti dogmi che sembravano incrollabili e aveva avuto inizio il mutamento di coscienza negli storici. Ne è risultato un lavoro di ampio respiro, che costringe il lettore a confrontarsi con posizioni e punti di vista differenti dai suoi e che non fa riferimento alcuno al tradizionale bagaglio di affermazioni assolute e dogmatiche sull'inconfutabilità delle impostazioni marxiste: è sintomatico che qui non compaiano richiami importuni ai documenti del PCUS e ai classici del marxismo e che l'introduzione non contenga dichiarazioni di fedeltà all'ideologia. Infine, va detto che il lettore, seguendo il pensiero dell'autore, è portato a riflettere sul carattere intrinseco della forma degli Stati totalitari, sì da essere stimolato a compiere generalizzazioni e confronti, a percepire il senso e il significato delle leggi attraverso le quali il totalitarismo si esprime e a trarne le relative conseguenze.

Lopuchov rappresenta un caso raro: contemporaneamente al suo, vennero pubblicati sullo stesso argomento altri libri di livello e carattere completamente diverso, aderenti in maniera ortodossa ai principi dell'ideologia dominante ed eseguiti nelle debite forme volute dal regime.

5. L'eredità intellettuale di Gramsci ha avuto un ruolo importante nello sviluppo dell'italianistica sovietica: il particolare interesse per la sua personalità da parte degli studiosi sovietici dell'Italia contemporanea, così come la sua grande popolarità in URSS, sono dovuti, da una parte, al fatto che Gramsci è un marxista ed è il fondatore del Partito comunista italiano e, pertanto, ha le carte in regola dal punto di vista dell'ortodossia ufficiale, e, dall'altra, al fatto che egli è molto diverso dagli epigoni noiosi e stanchi del marxismo, in virtù del suo pensiero profondo e originale e della sua capacità critica di cogliere i fattori di continuità esistenti nei processi storici e il carattere particolare della loro presenza nella storia d'Italia.

Sul finire degli anni cinquanta, venne pubblicata a Mosca, a cura di Carolina Misiano, un'antologia in tre volumi di scritti gramsciani[18] e una nuova raccolta di opere scelte vide la luce nel 1980 a cura della stessa Misiano, di I.V. Grigorieva e di G.P. Smirnov, il quale era il funzionario del CC del PCUS responsabile del settore italiano[19]. I burocrati addetti alla sorveglianza delle attività scientifiche facevano, però, buona guardia, temendo evidentemente che Gramsci potesse rappresentare un pericolo, sicché, prima di essere pubblicati, i testi venivano sottoposti a una selezione scrupolosa: ad esempio, la famosa lettera del 1926, spedita a Togliatti e destinata al Comitato centrale del Partito bolscevico, in cui Gramsci affrontava criticamente i metodi adottati da Stalin nella lotta contro l'opposizione, non è stata mai pubblicata in lingua russa[20].

Ciononostante, l'interesse per il pensiero del rivoluzionario comunista sardo non è mai venuto meno fino ai giorni nostri: nel 1967, nel '77 e nell'87 si tennero a Mosca dei convegni internazionali per ricordarne l'anniversario della morte[21] e i principali aspetti della sua eredità politico-ideologica sono stati oggetto di attento studio da parte di numerosi storici sovietici[22]. Uno dei contributi più notevoli è rappresentato dal libro di Grigorieva, pubblicato nel 1968 e dedicato all'evoluzione metodologica di Gramsci nel campo degli studi storici, al concetto di storicismo presente nei «Quaderni del carcere» e alla sua riflessione sul fascismo come fenomeno epocale[23].

6. Nello stesso anno fu pubblicato *Mito, realtà, letteratura*[24] di Cecilia Kin, da poco scomparsa, moglie del giornalista Victor Kin, vittima dei *lager* staliniani negli anni trenta: benché non si tratti del frutto di una ricerca storica nel senso proprio del termine, il libro merita di essere qui ricordato, non solo per il proprio valore intrinseco (è, infatti, una rassegna originale e compiuta dello sviluppo della letteratura italiana, dal futurismo in avanti), ma anche e soprattutto perché ci consente di introdurre il discorso su un personaggio così notevole e autorevole.

Critico letterario di professione e specialista di letteratura italiana contemporanea, Cecilia Kin ha seguito con viva attenzione per più di un quarto di secolo le opere letterarie pubblicate in Italia, intervenendo nel merito con saggi e articoli anche di vivace polemica, e ha mantenuto stretti contatti con numerosi autori italiani contemporanei. Era rimasta affascinata dall'Italia e provava un vivo interesse per la sua cultura e per gli esponenti intellettuali delle diverse correnti politiche che vi operavano: dai comunisti, ai socialisti, ai cattolici. Questa donna, così piccola ed esile, era dotata di una capacità di lavoro incredibilmente straordinaria, al punto che, pur avendo potuto lavorare solo per un periodo assai breve (dal momento in cui fu tolto il divieto di pubblicare le sue opere, in quanto moglie di un «nemico del popolo», fino alla sua morte), essa ha lasciato un segno importante nell'italianistica sovietica. Scritte secondo uno stile originale e con un linguaggio vivo (quasi l'autore stesse colloquiando con il lettore, per esporgli l'affascinante storia di lotte fra idee e correnti ideologiche), le sue opere costituiscono un genere a sé.

A lei si devono, inoltre, i capitoli della *Storia d'Italia* dedicati alle varie correnti della cultura italiana postunitaria[25], il libro *Chiaroscuri italiani*[26], il saggio sugli scritti di Moravia, Sciascia, Volponi e altri ancora apparsi nel 1978 sullo sfondo di avvenimenti drammatici e tempestosi[27], cui fecero seguito una raccolta di contributi sulla letteratura degli anni settanta[28] e, da ultimo, *Alchimia e realtà*[29].

Tra le sue opere più propriamente storiche ricordiamo i due libri sull'Italia liberale tra Otto e Novecento[30]: scritti nella sua tipica maniera brillante e coinvolgente, mediante una efficace galleria di ritratti di uomini politici e l'analisi delle principali correnti ideologiche, offrono un quadro suggestivo della realtà italiana del tempo.

7. Alla storia del movimento operaio italiano, tra la fine degli anni cinquanta e l'avvento dei primi governi di centro-sinistra, è dedicato il libro del noto politologo sovietico K.G. Cholodkovskij[31]: per l'attenzione prestata alla situazione politica generale, il lavoro si distingue nettamente dalla maggior parte delle precedenti produzioni sovietiche sull'argomento, in cui le attività dei movimenti operai nei paesi capitalistici, in particolare gli scioperi, erano presentate come dei successi trionfali, benché si riconoscesse che non ottenevano di cambiare radicalmente la società.

Pur rappresentando il libro nel suo complesso un indubbio grande passo avanti sul piano storiografico, esso appare invecchiato, per più di un aspetto, e non solo nell'ottica dell'oggi: basti pensare che le lotte politiche e sociali in corso proprio al momento della sua pubblicazione portavano a rivedere ampiamente il punto di vista sui caratteri, le strategie e le prospettive del movimento operaio in Italia. Se poi ci si pone nell'ottica di oggi, non si può non restare colpiti dalla lettura semplicistica che l'autore dà dei rapporti di classe e dalla sua analisi, decisamente troppo «ottimistica», della strategia del PCI e della crescente influenza che questo partito aveva nella società italiana. Fra gli esempi possibili, ho scelto la riflessione conclusiva: «la nuova crescita del movimento operaio pone il compito [...] di un rinnovamento radicale del paese, che aprirebbe per l'Italia la strada verso il socialismo».

Il tema affrontato da Cholodkovskij è stato recentemente ripreso e sviluppato (anche sul piano cronologico degli avvenimenti) da I.B. Levin[32]: al centro della sua attenzione vi sono le lotte sindacali degli anni sessanta culminate nell'*autunno caldo*, per poi trasformarsi in un gran movimento di massa per le riforme; sì che è con l'occhio a quelle lotte che viene esaminato il processo di mutamento della società italiana nel decennio dal '66 al '76. Secondo l'autore, all'origine dell'evolversi di questi fenomeni sta il fatto che il progresso e la crescita di ricchezza, verificatisi in Italia a partire dai primi anni sessanta, lungi dall'ammorbidire (come si era pensato) i conflitti sociali, automaticamente e senza ricorrere a radicali riforme, finirono per aggravare le sproporzioni e le contraddizioni presenti nel modello di sviluppo economico-sociale italiano[33]. Una di tali contraddizioni era determinata dalla natura stessa della forza lavoro, nei cui confronti si era andata orientando la strategia organizzativa dell'imprenditoria industriale: il diffondersi nelle officine del sistema della catena di montaggio favorì la formazione, all'interno della classe operaia, di un «nucleo forte», costituito da operai di bassa e media qualifica, fra i quali prevalevano i giovani di provenienza meridionale e di origine contadina. Proprio questo settore della classe operaia fu protagonista degli avvenimenti impetuosi dell'autunno del 1969 e della successiva massiccia ondata di proteste dei lavoratori: nella situazione italiana, caratterizzata dall'assenza di una sostanziale volontà politica di riforme da parte dei gruppi dirigenti e dalla presenza di un forte potenziale rivoluzionario da parte dei lavoratori, si realizzò la fusione del «nucleo forte» della classe operaia con le frazioni più radicali e rivoluzionarie del movimento operaio organizzato[34].

Il malcontento accumulatosi con il lavoro monotono ed estenuante alla catena di montaggio e la mancanza in questo strato di operai di una tradizione di esperienze nella difesa dei propri interessi e nel raggiungimento del consenso conferirono alle azioni di protesta un carattere emozionale e violento, il cui esito fu un'esplosione di iniziative di lotta senza precedenti nella storia della società italiana dal secondo dopoguerra in poi. Per la prima volta, in un movimento intenzionato a ottenere profonde trasformazioni sociali, furono coinvolte masse così numerose. Un'ondata di forti scioperi investì il paese e, sotto la pressione dei sindacati, fu adottata una serie di riforme. Il modello di sviluppo proposto dai gruppi dominanti venne messo in discussione e fu bocciato. Gli scioperi divennero la principale, se non l'unica, forma di pressione sugli ambienti governativi. I sindacati si trovarono, così, a sostituire i partiti non solo nella direzione del movimento, ma anche nel dialogo con il governo e, da quel momento, poterono pretendere realisticamente il controllo sulle condizioni di lavoro[35].

Infine, vorrei ricordare che il libro di Levin assunse un singolare valore di attualità e «utilità» anche in URSS, dal momento che, a seguito degli scioperi dei minatori nel nostro paese e del fatto che, per la prima volta nel periodo sovietico, nacque un movimento sindacale legale, gli studiosi sovietici sono stati costretti a individuare i tratti comuni e a ricercare i metodi di soluzione dei conflitti, del compromesso e del consenso, facendo gli opportuni confronti con le esperienze del movimento operaio occidentale e utilizzandole quando e dove era possibile.

8. Durante gli anni settanta venne pubblicata in URSS una serie nutrita di volumi riguardanti la storia d'Italia in generale. Oltre al manuale di Nelly Komolova, che copre il periodo dal primo dopoguerra all'avvento del centro-sinistra[36], sono da segnalare i tre volumi della già citata *Storia d'Italia* (pubblicata, a cura di Misiano, Dorofeev e dell'accademico Skazkin, in occasione del centenario dell'Unità con Roma capitale), che rappresentano, sia per l'ampiezza dei saggi che per l'autorevolezza degli autori[37], il tentativo più riuscito di offrire un'idea complessa dell'argomento da posizioni storiografiche marxiste.

Furono anche gli anni migliori per l'attività scientifica di Georgij Filatov (1923-82), uno degli studiosi più noti e attivi tra quanti hanno saputo assicurare un contributo originale e significativo alla storiografia sovietica sull'Italia contemporanea: da giovane, era stato in Italia come ufficiale della Commissione militare alleata dal 1944 al 1947 e da allora, fino alla morte prematura, mantenne un interesse profondo per questo paese. La sua attività di ricerca riguarda preminentemente il fascismo: dopo il primo libro, assai ben documentato (di particolare interesse è il materiale proveniente dall'archivio del Ministero della difesa dell'URSS) sulla campagna di Russia[38], Filatov è passato ad analizzare gli aspetti generali dell'evoluzione del regime totalitario e le radici profonde del suo «imputridimento», che, in definitiva, fu la causa diretta del fallimento finale[39]. Successivamente il suo interesse si è allargato al fascismo come fenomeno caratteristico della storia di alcuni paesi europei nel ventennio tra le due guerre mondiali: ne sono testimonianza il volume collettaneo curato assieme a Lopuchov[40] e l'importante saggio teorico, apparso postumo, in cui vengono elaborati da un punto di vista metodologico i criteri per una tipologia dei regimi fascisti[41]. Pure postumi sono stati pubblicati il saggio sui rapporti diplomatici italo-sovietici tra il 1924 e il 1934[42] e una raccolta di suoi scritti di vario argomento e in parte inediti[43].

Più o meno in quello stesso periodo, uscirono, altresì, alcuni interessanti studi, a carattere più particolare, riguardanti la crisi politica negli anni della grande guerra, sia nella sua dimensione complessiva[44] che dal punto di vista dell'evolversi di tendenze rivoluzionarie[45], e la formazione di movimenti di opposizione al fascismo negli anni venti[46].

9. Per quanto riguarda la politica estera dell'Italia e, più in generale, la sua collocazione nel contesto internazionale, il contributo della storiografia sovietica è stato molto scarso fino alla metà degli anni settanta[47]; dopo di allora si riscontra una certa ripresa nell'attività di ricerca[48], anche per quanto riguarda i rapporti bilaterali[49]. Tale attività, però, non potrà dirsi di aver conseguito risultati veramente consistenti e originali, finché agli studiosi non sarà assicurato il libero accesso agli archivi (non solo a quelli del Ministero degli esteri, ma anche a quelli del CC del PCUS e del Comintern) e finché ai «baroni degli archivi» spetterà la scelta del materiale documentario destinato alla pubblicazione.

Non è mancata invece l'attenzione per tematiche di carattere prettamente storiografico: oltre alle opere di alcuni tra i maggiori italianisti[50], voglio qui sottolineare l'importanza della riflessione a più voci svolta al IX Convegno storico italo-sovietico, tenutosi a Mosca nel 1986. Alcuni degli interventi di parte sovietica sono stati raccolti in un volume edito dall'Istituto di storia[51]: meritano una particolare citazione la relazione di Nelly Komolova sui problemi della storia contemporanea italiana nella storiografia sovietica, quella di I.A. Khormac sui rapporti italo-sovietici tra il 1917 e il 1924, quella di E.S. Tokareva sulla presenza della chiesa e del movimento cattolico in Italia, nonché la relazione di uno studioso italiano, Renato Risaliti, sulla storiografia sovietica moderna.

Ovviamente, un interesse tutto particolare si è avuto per la storiografia sul fascismo[52]. Il contributo più recente sull'argomento è rappresentato dai due libri di Michailenko[53], il secondo dei quali, soprattutto, si segnala non solo per l'ampiezza della riflessione e la cura con cui vengono considerate le varie interpretazioni del fenomeno fascista, ma anche, e principalmente, per il grande equilibrio e l'assoluta mancanza di tendenziosità (così frequente, invece, nella precedente storiografia sovietica) con cui l'autore prende in esame le differenti impostazioni[54].

10. Nella seconda metà degli anni ottanta ebbe inizio il ben noto tentativo di effettuare dall'alto una riforma rivoluzionaria del sistema sovietico, che prese il nome di *perestroika*: gli effetti positivi che ne derivarono (malgrado la resistenza accanita e incessante delle forze

conservatrici e, spesso, l'indecisione degli stessi promotori del processo innovativo) non potevano non riflettersi anche in campo storiografico. Non mi pare casuale, ad esempio, che proprio a partire da allora si registri una crescita di interesse per la storia del movimento cattolico, della chiesa di Roma e delle grandi correnti culturali, laiche e religiose, che ad essa si richiamano: all'attività di ricerca sull'argomento prendono ora parte storici di una nuova generazione, sicché l'approccio stesso all'analisi dei fenomeni e dei problemi acquisisce un diverso carattere, assai meno rigidamente ortodosso, meno didascalico e più profondo rispetto al passato, cioè, in una parola, pienamente scientifico[55]. Ma le opere che forse meglio illustrano le novità recentemente verificatesi nella storiografia sovietica sull'Italia contemporanea sono i tre libri di cui mi accingo a parlare.

Il primo di essi è l'ultimo lavoro impegnativo di Boris Lopuchov, che copre più di mezzo secolo di storia italiana[56]. L'autore muove dalla descrizione della complessa situazione politica ed economica al tempo della caduta del governo Giolitti per mettere in luce la contrapposizione tipica dell'Italia di allora: il potere e lo Stato da una parte e le masse popolari dall'altra. L'importanza crescente delle masse, apparse sulla scena politica dopo la prima guerra mondiale, predeterminò la crisi del sistema liberal-borghese, che aveva basi sociali molto ristrette: in seguito alla guerra i milioni di uomini che avevano combattuto al fronte fecero propria la cultura della forza e della violenza, abituati com'erano a risolvere le situazioni armi alla mano. Il clima morale ne risultò profondamente mutato, tanto più che il grave e reale disagio delle masse (ispirate dalla vittoria della rivoluzione in Russia, pur senza avere un'idea chiara di quanto stava accadendo) contribuì a creare una situazione dalle prospettive rivoluzionarie: poi su tutto si abbatté l'ondata controrivoluzionaria fascista che finì per portare Mussolini al potere. In questo modo, l'autore torna ad affrontare il tema, da lui già ampiamente studiato[57], del fascismo, della formazione e dell'evoluzione del regime, della sua organizzazione istituzionale e, in particolare, del suo modello (corporativo) di soluzione dei rapporti sociali. La seconda parte dell'opera è invece dedicata a un argomento completamente nuovo per Lopuchov: il processo storico attraverso il quale nasce e si organizza lo Stato democratico e repubblicano. Nel capitolo *Il periodo di transizione*, egli descrive gli avvenimenti politici e militari successivi alla caduta di Mussolini (la Resistenza, la nascita dei partiti e la loro attività ecc.), per poi passare alla politica economica dei primi governi dopo la Liberazione, alla nascita dell'«idea di Europa» (questione che, negli ultimi tempi, sembrava interessarlo più di qualunque altra) e all'analisi dettagliata, tanto sul piano giuridico quanto su quello politico, della Costituzione repubblicana. Il volume si conclude con l'esame di ciò che Lopuchov chiama «la formula del potere» (ossia, il sistema di potere incentrato sulla DC) e degli sviluppi ulteriori che l'«idea di Europa» ha conosciuto da allora in avanti.

Nel 1989 usciva il nuovo libro di Cholodkovskij[58], la cui importanza fondamentale è dovuta al fatto che si tratta del primo tentativo da parte della storiografia sovietica di studiare l'evoluzione della coscienza sociale e delle subculture politiche italiane, utilizzando metodologie e concetti propri della politologia moderna. Al centro dell'analisi, largamente basata sulle inchieste sociologiche condotte in Italia e sulla più aggiornata pubblicistica specifica di parte italiana e americana, sta l'interazione fra le tre subculture di massa esistenti in Italia: la tradizionalista, la socialista e la cattolica. Il discorso viene poi articolato storicamente in quattro fasi: 1) l'uscita dalla crisi del dopoguerra (fino alla metà degli anni cinquanta); 2) il «miracolo economico» e la rapida crescita demografica e della società nel suo complesso (da metà anni cinquanta a metà anni sessanta); 3) l'ascesa sociale e il movimento impetuoso delle masse (dalla fine degli anni sessanta alla metà del decennio seguente); 4) la crisi strutturale dell'economia e la sua ristrutturazione in campo tecnologico (tra la fine degli anni settanta e gli anni ottanta). Nel primo periodo prevalgono i fattori di concretezza e la netta contrapposizione fra la subcultura socialista e quella cattolica. Il nucleo della prima, secondo l'autore, è costituito da impostazioni ideologiche di classe, caratterizzate da un'aggressività e da una rigidità particolari (come stanno a dimostrare le immagini del folclore resistenziale) e da una radicale dicotomia, «Noi e Loro», che si risolve nell'esasperazione del concetto di antagonismo tra operai e capitalisti. Altra importante caratteristica è l'idealizzazione dell'Unione Sovietica, a cui si attribuisce il ruolo di «faro internazionale» e, al contempo, la si riveste di miti assai radicati (il sistema sociale ideale dell'uguaglianza e della fraternità, del lavoro libero e del potere al popolo, pur senza la democrazia liberale), originati, in primo luogo, dalla lotta condotta con grande abnegazione e determinazione dal popolo sovietico contro il nazismo e il fascismo. Anche per questo, la subcultura socialista assume, non di rado, i caratteri di una vera e propria religione, di una fede fondata sulla certezza che nel socialismo la proprietà apparterrà alla collettività, che scompariranno i capitalisti e così gli operai saranno i padroni delle imprese, che saranno liquidate le ingiustizie e le differenze di classe e che, pertanto, regnerà l'uguaglianza generale. In una coscienza socialista di questo tipo prevalgono i concetti idealizzati, mentre la questione del progresso e del benessere passa in secondo piano: da qui la preferenza accordata alla via rivoluzionaria per la transizione al socialismo, in quanto si presume che per raggiungere ideali di questa portata sia necessario abbattere il capitalismo, rovesciandolo con la forza. La subcultura cattolica, invece (sempre secondo Cholodkovskij), risulta meno politicizzata, poiché in essa prevalgono le componenti etiche del sistema di valori a cui si riferisce: il suo obiettivo dichiarato resta quello di trasferire i principi morali cristiani (il più importante dei quali è l'amore per il prossimo) nella politica. Ideologicamente basata sull'interclassismo, quella cattolica appare, in definitiva, una subcultura di matrice preborghese, politicamente moderata, sia per quanto riguarda il riformismo che lo statalismo, con l'aggiunta di una buona dose di liberalismo di tipo conservatore. Dopo aver avuto un'influenza determinante durante la prima fase, le subculture vanno via via perdendo di concretezza e la loro contrapposizione reciproca si fa meno marcata.

È opinione dell'autore, in conclusione, che tutto ciò rappresenti la conferma (e, al tempo stesso, l'espressione) di come la cultura politica italiana fosse radicalmente diversa da quella allora prevalente nella maggioranza dei paesi capitalistici più sviluppati: era caratterizzata, infatti, dalla grande importanza che avevano gli strati sociali più tradizionali, con il loro particolarismo, il localismo e il loro familismo, attraverso cui i valori affettivi ed emozionali finivano per prendere il sopravvento su quelli razionali[59].

Il tema del passaggio dal sistema totalitario di potere a quello democratico in Italia è stato poi ulteriormente sviluppato e approfondito, sia pure da un'angolatura diversa, dall'autore di queste note[60].

Non si tratta di un lavoro storico in senso stretto: obiettivo della ricerca non è ricostruire l'iter degli avvenimenti, bensì quello di chiarire nel loro sviluppo i processi e i fenomeni specifici che segnarono i momenti chiave del dopoguerra italiano, di fissare i nessi tra le sue varie fasi (e anche con il passato), di illustrare la correlazione fra dinamica e ristagno, che fu una delle caratteristiche del periodo, di esaminare l'interazione e i contrasti tra strutture sociali e politiche tradizionali e quelle nuove. In particolare, l'intento è di inserire i momenti chiave del periodo esaminato nel corso generale dello sviluppo dell'Italia contemporanea e di seguire la complessa dialettica di continuità e discontinuità che ne caratterizzano il processo storico: su di un piano metodologico e sistematico, tale intento si realizza mediante una ricerca a più livelli, che cerca di collegare e coordinare le tendenze evolutive assunte dalle strutture politiche e sociali, le forme istituzionali, i modelli economici, la mentalità e la psicologia collettive dei differenti strati della società e la crescita d'influenza dei movimenti organizzati di massa (soprattutto, di quello operaio).

La nascita dell'Italia democratica e repubblicana, a mio giudizio, non ha luogo in un terreno vergine, bensì sulla base di stereotipi e subculture, formatisi storicamente, e partendo da un certo livello di coscienza e di cultura politica delle masse. L'edificio della nuova Italia nata nel dopoguerra è stato, dunque, realizzato con materiale per costruzione differente.

In parte esso era nuovo: le istituzioni democratiche dello Stato di diritto, la Costituzione, il sistema parlamentare e quello partitico, l'organizzazione dell'industria e lo sviluppo tecnologico, la coscienza sociale, il forte affermarsi del movimento operaio, la vasta partecipazione delle masse alla vita politica, assieme a tant'altro ancora, sono, fino a un certo punto, il risultato delle conquiste della Resistenza e del fondamento politico-istituzionale da essa creato e, pertanto, costituiscono la parte originale dell'edificio attuale.

Ogni tanto, però, vi sono dei *residuati*, elementi di origine più antica, che continuano ad agire e a esercitare la propria influenza: sono il retaggio del Risorgimento e dello Stato liberale prefascista, quando non di epoche più lontane.

Così, nella struttura della società coesistono e s'intrecciano, talvolta nella maniera più fantasiosa, il vecchio e il nuovo, mentre, ed è questo il fatto più paradossale, una tendenza al progresso veloce e impetuoso convive con manifestazioni di ristagno e immobilismo: tutto ciò sta evidentemente a dimostrare che nel profondo dell'organismo nazionale si conservano alcune matrici genetiche che riproducono gli stereotipi abituali.

Infine, mi sia concesso aggiungere che sotteso alla stesura di questo libro vi è un altro obiettivo importante: è l'auspicio che dall'esperienza della costruzione di un sistema sociale e istituzionale democratico in un paese dove ogni forma di vita democratica era venuta a mancare, schiacciata dal giogo totalitario, e la società civile era stata distrutta, possa ricavarsi una lettura comparata di qualche utilità per la Russia, che oggi si trova in una fase di ristrutturazione e di svolta radicali.

Alla storiografia (ora non più) sovietica, il compito di trarne i riscontri opportuni.

* [Dal testo della presente relazione è stata estrapolata, con il consenso dell'autore, la parte riguardante gli aspetti generali della storiografia sovietica, che è stata pubblicata a parte con il titolo *Alcuni momenti della storiografia sovietica sull'età contemporanea*, in «Trimestre», 4, 1993, pp. 357-67. A questo testo si rinvia, dunque, anche per le conclusioni di Lisovskij in merito alle attese e alle difficoltà che si prospettano per chi attualmente faccia la professione di storico in Russia, compresi, ovviamente, gli studiosi dell'Italia contemporanea].

[1] G. Sandomirskij, *Il fascismo*, parte I e II, Mosca, 1923; cfr. anche D. Antonov, *Articoli sul fascismo in Italia*, Mosca, 1923.

[2] Cfr. AA.VV., *Il fascismo mondiale*, Mosca, 1923.

[3] Ivi, p. 99.

[4] Ivi, pp. 104-05.

[5] L'articolo fu pubblicato in «Vestnik Kommunističeskoj Akademii», XIX, 1927.

[6] R.A. Averbuch, *L'Italia nella prima e nella seconda guerra mondiale*, Mosca-Leningrado, 1946.

[7] S. Viŝnev, *L'economia militare dell'Italia fascista*, Mosca, 1946.

[8] S.M. Slobodskoj, *La sostanza sociale del fascismo*, Mosca, 1928.

[9] Id., *Il fascismo italiano e il suo fallimento*, Mosca, 1946 [trad. it.: *Storia del fascismo*, Roma, 1962].

[10] Carolina Misiano, assieme a N.E. Zastenker e I.V. Grigorjeva, prese parte a una vivace polemica, scoppiata all'Università di Mosca, a proposito dei ceti medi: a contrastare le loro posizioni c'era un gruppo di «dogmatici-ortodossi», spalleggiato dal locale comitato del partito.

[11] Breve parte della monografia è stata ora pubblicata nella miscellanea, edita dall'Università degli Urali, *L'Europa nel sistema dei rapporti internazionali (1917-1945)*, Sverdlovsk, 1990, pp. 106-16.

[12] Cfr. *L'Italia e l'Europa*, II, Mosca, 1990, pp. 348-75.

[13] Ad esempio, nel concludere la riflessione sulle caratteristiche della politica del Comintern, Lisovskij scriveva: «la sostituzione del principio democratico di autonomia con il principio autoritario di subordinazione dei partiti comunisti nazionali a un rigido controllo centralizzato e la frequente assunzione di decisioni contrastanti con la logica del loro sviluppo interno portavano inevitabilmente a conseguenze funeste per il movimento operaio».

[14] Cfr. B.R. Lopuchov, *La lotta della classe operaia italiana contro il fascismo*, Mosca, 1959; K.E. Kirova, *Il movimento rivoluzionario in Italia. 1914-1917*, Mosca, 1962; N.P. Komolova, *Lotte di classe nelle campagne italiane*, Mosca, 1963.

[15] Cfr. B.R. Lopuchov, *La formazione del partito comunista italiano*, Mosca, 1962; Id., *Antonio Gramsci*, Mosca, 1963; G.S. Filatov, *I comunisti italiani nella Resistenza*, Mosca, 1963.

[16] Cfr. Z.P. Jakimoviĉ, *L'influenza della Grande Rivoluzione Socialista d'Ottobre sul movimento rivoluzionario in Italia*, Mosca, 1968.

[17] Cfr. B.R. Lopuchov, *Il fascismo e il movimento operaio in Italia (1919-1929)*, Mosca, 1968.

[18] K.F. Misiano (a cura di), *Antonio Gramsci. Opere scelte*, 3 voll., Mosca, 1957-59.

[19] I.V. Grigorieva, K.F. Misiano e G.P. Smirnov (a cura di), *Antonio Gramsci. Opere scelte*, Mosca, 1980.

[20] La lettera, come si ricorderà, è stata pubblicata per la prima volta in «Rinascita», 22, 1964, pp. 18 ss.

[21] Cfr. *I problemi del movimento operaio*, Atti del Convegno internazionale scientifico (Mosca, 12-15 aprile 1967), Mosca, 1968.

[22] Tra i titoli più significativi, oltre a quelli citati alla precedente nota 15, cfr: E.L. Egherman, *I «Quaderni del carcere» di Antonio Gramsci*, in «Lavori dell'Istituto di Lingue straniere», I, 10, Mosca, 1949; K.F. Misiano, *La Grande Rivoluzione Socialista d'Ottobre e i problemi del movimento operaio italiano nelle opere di Antonio Gramsci. 1919-1920*, in «Storia nuova e contemporanea», 2, 1957; N.P. Komolova, in *Il IV Convegno degli storici italo-sovietici*, Mosca, 1972, pp. 443-52; K.G. Cholodkovskij, *Gli appunti di Gramsci su «Americanismo e fordismo»*, in «Problemi della storia d'Italia», 1972, pp. 170-203; M.N. Gretskij, *Antonio Gramsci politico e pensatore*, Mosca, 1991.

[23] I.V. Grigorieva, *La concezione storica di Antonio Gramsci*, Mosca, 1968.

[24] C.I. Kin, *Mito, realtà, letteratura. Appunti italiani*, Mosca, 1968.

[25] In S.D. Skazkin, K.F. Misiano e S.I. Dorofeev (a cura di), *Storia d'Italia*, 3 voll., Mosca, 1970-1971, 2, pp. 525-50, 3, pp. 431-506.

[26] C.I. Kin, *Chiaroscuri italiani. Appunti sulla letteratura e la cultura nell'Italia moderna*, Mosca, 1975.

[27] Id., *Romanzi dell'anno tragico*, in «Voprosi literaturi», 1, 1979, pp. 58-102.

[28] Id., *Mosaici italiani*, Mosca, 1980.

[29] Id., *Alchimia e realtà. La lotta delle idee nella cultura italiana moderna*, Mosca, 1984.

[30] Cfr. Id., *L'Italia alla fine del secolo XIX: i destini di uomini e teorie*, Mosca, 1978, e *L'Italia a cavallo dei due secoli. Momenti della storia del pensiero politico-sociale*, Mosca, 1980.

[31] K.G. Cholodkovskij, *Il movimento operaio in Italia*, Mosca, 1969.

[32] I.B. Levin, *Il movimento operaio in Italia. 1966-1976. Problemi e tendenze delle lotte di sciopero*, Mosca, 1983.

[33] *Ibid.*, pp. 21-2.

[34] *Ibid.*, p. 307.

[35] *Ibid.*, pp. 224-25.

[36] N.P. Komolova, *Storia dell'Italia contemporanea. Manuale per gli insegnanti*, Mosca, 1970.

[37] Nel secondo e terzo volume, relativi al Risorgimento e alla storia dell'Italia unita, sono raccolti, oltre ai già citati contributi di Cecilia Kin, saggi dei maggiori italianisti sovietici: V.S. Bondarciuk, V. Nevler, I.V. Grigorieva, K.F. Misiano, Z.P. Jakimoviĉ, K.E. Kirova, K.V. Kobiljanski, B.R. Lopuchov, G.S. Filatov, N.P. Komolova, S.I. Dorofeev.

[38] G.S. Filatov, *La campagna orientale di Mussolini*, Mosca, 1968 [trad. it.: Milano, 1979].

[39] Id., *Il fallimento del fascismo italiano*, Mosca, 1973 [trad. it.: *La caduta del fascismo*, prefazione di A. Scalpelli, Milano, 1980].

[40] G.S. Filatov - B.R. Lopuchov (a cura di), *Storia del fascismo nell'Europa occidentale*, Mosca, 1981. Cfr. anche N.P. Komolova - G.S. Filatov, *Problemi del fascismo e dell'antifascismo nella storiografia moderna*, in *La critica della storiografia moderna borghese e riformista*, Mosca, 1974.

[41] G.S. Filatov, *La tipologia dei regimi fascisti e la particolarità del fascismo italiano*, in AA.VV., *Il fascismo e i regimi antidemocratici in Europa*, Mosca, 1984.

[42] Id., *I rapporti diplomatici sovietico-italiani nel 1924-1934*, in «Problemi della storia d'Italia», 1983, pp. 7-28.

[43] Id., *Il fascismo, il neofascismo e la lotta antifascista in Italia*, Mosca, 1984.

[44] Cfr. V.P. Ljubin, *L'Italia alla vigilia dell'intervento nella prima guerra mondiale (verso il crollo dello Stato liberale)*, Mosca, 1982.

[45] Si tratta dell'edizione aggiornata (Mosca, 1979) del lavoro pubblicato da Kirova nel 1962 (cfr. *antea*, nota 14).

[46] Cfr. M.A. Dodolev, *L'opposizione democratica e il movimento operaio in Italia. 1922-1926*,

Mosca, 1975; Id., *Il movimento antifascista in Italia nel primo periodo della dittatura fascista (1922-1926)*, Mosca, 1979; Z.P. Jakimoviĉ, *Il movimento operaio e socialista in Italia. 1922-1926*, Mosca, 1975.

[47] Cfr. A.S. Protopopov, *La politica estera dell'Italia dopo la seconda guerra mondiale*, Mosca, 1963; K.E. Kirova, *L'espansione italiana nel Mediterraneo orientale (all'inizio del XX secolo)*, Mosca, 1973.

[48] Cfr. V.A. Trofimov, *Il colonialismo e il neocolonialismo italiani: la storia e l'attualità*, Mosca, 1979; O.V. Serova, *Dalla Triplice alleanza all'Intesa. La politica dell'Italia nei Balcani*, Mosca, 1979; Id., *La «questione romana» e gli indirizzi della politica estera italiana alla fine del XIX secolo*, in «Problemi della storia d'Italia», 1983, pp. 200-13; P.A. Vares, *Roma e Washington. Storia di partners ineguali*, Mosca, 1983; V.I. Gantman, in AA.VV., *L'Italia*, Mosca, 1983, *ad indicem*; I.M. Tsibizova, *Sulla storia dell'espansionismo italiano in Europa. La penetrazione in Albania all'inizio degli anni Venti del XX secolo*, in AA.VV., *L'Italia e l'Europa*, I, Mosca, 1990, pp. 259-86; G.A. Otyrba, *La politica alleata in Italia. 1943-1944*, ivi, pp. 327-34.

[49] Oltre al già citato saggio di Filatov (cfr. *antea*, nota 42), si veda: A. Vanin, *Le relazioni sovietico-italiane: problemi, tendenze, prospettive*, Mosca, 1982; T.V. Zonova, *Le relazioni sovietico-italiane negli anni Settanta del XX secolo*, in AA.VV., *La politica leninista di pace e sicurezza dei popoli. Dal XV al XXVI Congresso del Pcus*, Mosca, 1985; A. Vinogradov, *Le relazioni sovietico-italiane nella fase attuale (1978-1988)*, in AA.VV., *L'Italia e l'Europa*, cit., pp. 185-207.

[50] Cfr., ad esempio: I.V. Grigorieva - G.S. Filatov, *La storiografia italiana*, in AA.VV., *La storiografia sulla storia contemporanea e moderna nei paesi dell'Europa e dell'America*, Mosca, 1968; I.V. Grigorieva, *La storiografia italiana*, ivi, Mosca, 1977.

[51] AA.VV., *L'Italia nelle opere degli storici sovietici*, Mosca, 1989.

[52] Oltre ai già citati lavori di Lopuchov, Komolova e Filatov, cfr.: P.J. Rachŝmir, *La storiografia borghese sul fascismo in Europa occidentale* (tesi di dottorato), Perm, 1975, e Id., *La storiografia sul fascismo in Europa occidentale*, in AA.VV., *La storia del fascismo nell'Europa*.

[53] Cfr. V.I. Michailenko, *La storiografia italiana sulle origini e la natura del fascismo*, Sverdlovsk, 1985 e Id., *Il fascismo italiano. Le principali questioni storiografiche*, Sverdlovsk, 1987.

[54] A maggior ragione desta stupore il persistere, qua e là, di veri e propri residui del passato: ad esempio, nell'introduzione sono frequenti i riferimenti alla relazione politica del Segretario generale del CC del PCUS, o ai documenti dell'ultimo Congresso del partito (il XXVII); ovvero (p. 207), l'autore non solo non cerca di discutere in alcun modo la definizione del fascismo a suo tempo data dal Comintern, bensì dichiara di ritenerla fondamentale per l'attività di ricerca degli studiosi marxisti.

[55] A titolo esemplificativo, cfr.: V.P. Gaiduk, *La Democrazia cristiana in Italia (gli anni '60-'70)*, Mosca, 1985; E.S. Tokareva, *Gruppi cattolici antifascisti in Italia tra la fine degli anni Venti e l'inizio degli anni Trenta del XX secolo*, in «Problemi della storia d'Italia», 1987, pp. 102-15, e Id., *Il Vaticano e l'Italia fascista (1926-1931)*, in AA.VV., *L'Italia e l'Europa*, cit., 2, pp. 287-326.

[56] B.K. Lopuchov, *L'evoluzione del potere borghese in Italia. La prima metà del XX secolo*, Mosca, 1986.

[57] Oltre ai numerosi titoli già citati, di Lopuchov voglio qui ricordare il volume *Storia del regime fascista in Italia*, Mosca, 1977.

[58] K.G. Cholodkovskij, *L'Italia: masse e politica. L'evoluzione della coscienza politica e sociale dei lavoratori. 1945-1985*, Mosca, 1989.

[59] L'impressione altamente positiva suscitata dalla lettura del libro di Cholodkovskij è, però, in parte attenuata dal fatto che l'autore ignora l'influenza che hanno avuto sulla coscienza sociale e civile degli italiani i fattori esterni: la cultura americana ed europea in una prima fase, il crollo dell'URSS e il tramonto dell'ideologia comunista successivamente.

[60] J.P. Lisovskij, *L'Italia dal fascismo alla democrazia (Le strade difficili della ricostruzione post-bellica)*, Mosca, 1990.

ROSLYN PESMAN COOPER

DALL'AUSTRALIA

Le opere australiane di storia dell'Italia moderna e contemporanea appartengono a una categoria diversa rispetto a quelle della storiografia di Stati Uniti, Gran Bretagna, Francia e dell'URSS-Russia, paesi che nei confronti dell'Italia vantano una tradizione di rapporti reciproci di ben più vasta consistenza e influenza. I rapporti tra l'Australia e l'Italia, invece, si fecero reciprocamente rilevanti solo per un breve periodo di circa vent'anni, dal 1950 al 1970, quando l'Italia del dopoguerra divenne un'importante fonte di immigrazione per l'Australia e per la sua politica a questo riguardo. Lo studio della storia italiana in Australia è il naturale riflesso di tale rapporto, risultandone, di conseguenza assai limitato.

Nelle università australiane si insegna soprattutto storia dell'Europa moderna e la storia dell'Italia è stata sempre un settore minore di questo insegnamento. Per fare un esempio, nel 1977, dei ventisei interventi presentati alla conferenza biennale dell'Associazione Australasiatica per la Storia dell'Europa moderna, solo uno era sull'Italia[1]. Al momento attuale, presso il Dipartimento di storia dell'Università di Sydney, che conta numerosi specialisti di storia dell'Italia rinascimentale, di storia moderna spagnola, francese, tedesca e dell'Europa orientale, manca un docente di storia dell'Italia contemporanea. Neppure a Melbourne, la seconda città australiana per grandezza, sede di quattro università, vi è alcuno specialista di storia dell'Italia moderna. Richard Bosworth dell'Università di Western Australia, Don Dignan in Queensland, John Molony all'Australian National University a Canberra, Austin Gough, un tempo all'Università di Adelaide, e Mark Thornton all'Università di Western Sydney sono gli unici storici dell'Italia moderna e contemporanea che lavorano in università australiane. Infine, chi scrive queste note, si interessa di storia italiana del Rinascimento, e ha studiato il modo in cui la politica e la storia italiana sono recepite in Australia[2].

Altri studiosi della realtà italiana si trovano presso i Dipartimenti di Scienze Politiche, di Antropologia e di Economia. Le vicende politiche e la società dell'Italia contemporanea hanno, a dire il vero, suscitato un notevole interesse in alcuni di loro: Alastair Davidson ha scritto molto su Gramsci e sul PCI, David Moss sul terrorismo e il banditismo in Sardegna e, più recentemente, sulle reazioni al problema dell'AIDS, Silvio Trambaiolo sulla crisi degli anni settanta e Ian Grosart su quella degli anni ottanta[3]; Linda Weiss ha dedicato diversi studi al ruolo della piccola impresa nell'economia italiana, mentre Joseph Halevi ha scritto su quello dei sindacati[4]; infine, Diarmund McGuire sta attualmente studiando i movimenti sociali e pacifisti e l'antropologa Alison Leitch le comunità minerarie di Carrara.

È difficile trovare un filo comune che colleghi il lavoro di tutti questi studiosi, se si prescinde dal fatto che la maggior parte di loro è stata per un certo tempo in Italia, ha imparato l'italiano e ha instaurato dei legami con questo paese. Va subito sottolineato come essi siano fondamentalmente degli isolati, si occupino di materie diverse e abbiano anche convinzioni ideologiche di natura e portata diverse. Non esiste una scuola di italianistica, né, tanto meno, un modo tipicamente australiano di affrontare lo studio dell'Italia.

Richard Bosworth, che ha cercato di spiegare la mancanza di interesse da parte degli australiani per l'Italia moderna, attribuisce questo disinteresse al carattere essenzialmente monoculturale della società australiana, ai suoi legami tradizionali di dipendenza intellettuale, come pure economica, politica e militare dalla Gran Bretagna, e anche, al fascino che un paese, debole e isolato come l'Australia, sente per il potere e il successo di uno più grande[5]. Così si spiega come siano state le rivoluzioni francese e russa, Hitler e Stalin, a colpire l'immaginazione australiana piuttosto che l'Italia, «la minore tra le grandi potenze».

Bosworth ritiene, altresì, che l'immigrazione avrebbe dovuto alimentare l'interesse per le «diverse Italie» da cui gli immigranti provenivano: ma così non è stato. È vero che i processi di immigrazione hanno attratto l'attenzione di molti studiosi; ma ciò ha riguardato soprattutto demografi e sociologi, i quali hanno concentrato la loro attenzione sugli immigranti dopo il loro arrivo. La parola «migrant», un'invenzione linguistica tipicamente australiana, riflette la mentalità locale: i «migranti» non sono né emigranti né immigrati; quando sono sbarcati sul suolo australiano, essi si sono lasciati le rispettive origini alle spalle. Solo da quando l'immigrazione italiana in Australia è praticamente finita, gli storici hanno iniziato a prendere in considerazione e a scrivere sulle «diverse Italie» e sulle storie che gli immigrati si sono lasciati dietro, o che hanno portato con sé[6]. Nel complesso, quanti oggi studiano gli emigranti italiani, hanno circoscritto il campo delle ricerche all'Australia. L'unica eccezione è Don Dignan, che sta lavorando sull'immigrazione in Francia[7].

Un altro motivo per cui la storiografia australiana ha trascurato l'Italia contemporanea è da individuarsi nel grande, glorioso e affascinante passato, che rappresenta per questo paese una benedizione e, nello stesso tempo, una maledizione. Negli anni di espansione delle università australiane, dal 1950 al 1970, le discipline di studio riguardanti l'Italia incontrarono notevole successo. Ma i giovani dottorandi australiani e i docenti universitari attratti dall'Italia preferivano la patina dell'Italia passata, quella medioevale e rinascimentale. Numerosi studiosi australiani contribuirono, così, notevolmente ad accrescere la conoscenza di queste aree della storia italiana[8]: infatti, si può parlare di una vera e propria scuola di studi del Rinascimento, nata, in definitiva, per influsso di Max Crawford, professore di storia all'Università di Melbourne dal 1937 al 1971.

L'Australia fu fondata come colonia britannica. Dalla Gran Bretagna vennero perciò non solo i colonizzatori bianchi, ma anche il modo di vedere il mondo, i pregiudizi, gli interessi e le tradizioni culturali. Il presente multiculturale, però, fa sentire il bisogno di riscoprire o ricostruire un passato altrettanto multiculturale; soprattutto, dal momento che studi recenti lasciano chiaramente intendere come la popolazione dell'Australia, già nel primo secolo di colonizzazione, fosse molto più varia di quanto si ritenesse comunemente e che aspetti e tradizioni della cultura europea circolassero nella cerchia delle persone colte. I coloni, infatti, leggevano Dante e Manzoni, celebravano i trionfi di Garibaldi, e, durante i loro viaggi in Europa, passeggiavano nelle gallerie di Firenze e tra le rovine di Roma[9]. Ma questi interessi per l'Italia intaccavano appena l'egemonia culturale della Gran Bretagna: anzi, a dire il vero, ne facevano parte. Le preoccupazioni dei coloni per l'Italia sono state, per lungo tempo, poco meno che un riflesso di quelle nella madrepatria.

Gli studi di storia italiana in Australia sono molto legati alle

Università. In quanto società nuova nel XIX secolo, ovviamente l'Australia non poteva inizialmente esprimere alcun interesse per la storia. Durante la prima metà del secolo della colonizzazione, i giovani appartenenti ai ristretti gruppi di élite erano mandati in Inghilterra a completare la loro istruzione. Per impedire questa prima manifestazione di emigrazione di cervelli e per accrescere, al contempo, la consistenza dei ceti professionali, i colonizzatori decisero di fondare proprie università, a Sydney nel 1850 e a Melbourne nel 1853. L'insegnamento della storia nelle università australiane è iniziato ufficialmente nel 1891 quando il ventisettenne George Arnold Wood arrivò da Oxford per ricoprire la cattedra di storia all'Università di Sydney. Undici anni dopo, fu nominato un professore di storia all'Università di Melbourne.

L'insegnamento dell'italiano doveva attendere molto di più: solo nel 1930 le università australiane iniziarono a offrire una qualche forma di insegnamento; ma si dovette aspettare il dopoguerra per la nomina di veri e propri docenti di italiano e per la creazione di specifici dipartimenti.

Dal momento del proprio arrivo all'Università di Sydney, Wood insegnò storia inglese ed europea: i suoi interessi per quella italiana erano piuttosto limitati e si concentravano soprattutto su San Francesco (durante un viaggio in Italia era andato in pellegrinaggio ad Assisi)[10].

Quando i dipartimenti di storia si ingrandirono, la maggior parte dei nuovi membri, fossero essi australiani di nascita o emigrati come Wood, si era formata in Inghilterra, di solito a Oxford o a Cambridge. Perciò, quando gli australiani iniziarono a studiare la storia dell'Europa, nei primi decenni del XX secolo, il loro interesse era stato stimolato in Inghilterra e non in Australia, per cui scrivevano nella più pura tradizione storiografica britannica.

Il giovane Keith Hancock fu tra i primi a dimostrare un certo interesse per la storia dell'Italia moderna. Più tardi doveva diventare Sir Keith Hancock, noto studioso di storia del Commonwealth e di questioni internazionali. Il suo primo libro, scritto mentre era presso lo «All Souls College» di Oxford, fu uno studio su Bettino Ricasoli[11]. Hancock, che era andato a Oxford con una borsa di studio Rhodes e durante le vacanze estive aveva fatto lunghe passeggiate in Toscana, ha poi spiegato nell'autobiografia come era nato il suo interesse per la storia dell'Italia contemporanea: al pari di quasi tutti gli studiosi australiani di storia italiana (anche di quella antica), aveva scelto questo argomento, in parte, perché gli offriva «un giustificato motivo per visitare con una certa frequenza la Toscana e per vivere appieno la [sua] particolare propensione alla bella vita»; dove, per «bella vita», egli qui intendeva la possibilità di aver accesso ai vini del Brolio! [12]. Per altra parte, a determinarlo era stato anche il momento storico del suo primo incontro con l'Italia: correva, infatti, il fatidico 1922-23 ed egli stesso raccontò più tardi di aver provato fin da allora una forte avversione per il fascismo. Le parole di Mussolini e le azioni delle sue squadracce «offendevano gravemente le mie più profonde convinzioni politiche» e distruggevano, infangandone la sostanza, «tutti i valori che io avevo sostenuto fin dai miei lontani giorni di Melbourne»[13]. Egli si era, quindi, interrogato sul dilemma «dopo Mazzini, come è possibile un Mussolini?», e aveva lungamente riflettuto sulle interpretazioni tradizionali del Risorgimento, secondo le quali «democrazia» e «nazionalità» erano due cause ideali strettamente connesse: cioè, «i patrioti del Risorgimento erano in egual misura desiderosi di conseguire le libertà costituzionali e l'Unità nazionale»[14]. Se, invece, alcuni di questi patrioti (e neppure pochi) avevano accettato il programma costituzionale solo perché era la via più breve e sicura per portare a termine il programma nazionalistico, allora il fascismo non era «solo una rivolta perversa» contro il liberalismo, bensì rappresentava l'aggravarsi di tendenze già operanti nel nazionalismo del XIX secolo. Perciò Hancock ammirava tanto il «puritanesimo di ferro» e lo spirito di autodedizione di Ricasoli, mentre era in qualche modo sospettoso nei confronti del nazionalismo risorgimentale[15]. In conclusione, le sue preferenze personali andavano a Ferdinando Ranalli: «l'unico in tutta Firenze a essersi reso pienamente conto dei pericoli insiti nell'affermazione indissolubile dei principi di libertà e nazionalità e ad aver dubitato, da subito, di quanto le forze nazionaliste avessero realmente a cuore la libertà dello spirito umano».

E su questi temi, nel 1941, Hancock svolse l'annuale conferenza italiana all'Accademia Britannica, muovendo dall'osservazione che l'invito gli era giunto proprio quando l'Italia aveva attaccato la Francia. Egli non riteneva, però, che tutti gli italiani fossero responsabili: c'erano sempre «italiani che non seguivano il gregge» e Ranalli era stato uno di loro[16]. La conferenza all'Accademia Britannica fu l'ultimo intervento pubblico di Hancock sull'Italia: in seguito, ha lasciato la materia della giovinezza per lavorare su questioni più vicine al suo paese di origine.

Le memorie di Hancock sul periodo trascorso in Italia rivelano chiaramente, non solo la sua avversione al fascismo, ma anche quanto egli condividesse il senso di superiorità nei confronti degli italiani, tipico dei britannici. Atteggiamenti simili si possono trovare nelle opere di Stephen Roberts, che nel 1929 subentrò a Wood come professore di storia all'Università di Sydney[17].

Roberts non era uno specialista di storia europea, sebbene abbia dato grande impulso alla materia e il suo interesse per questioni internazionali lo portasse a fare un viaggio in Germania nel 1936, dal quale ricavò il libro *The House that Hitler Built* (London, 1937). Egli scrisse anche un manuale di storia generale dell'Europa moderna, pubblicato per la prima volta nel 1933, che ebbe un influsso notevole su un'intera generazione, dal momento che diventò il libro di testo comunemente adottato dagli istituti di istruzione superiore nell'ultimo anno di scuola[18]. A dire il vero, per le vicende italiane vi si dimostrava un interesse e un rispetto del tutto approssimativi: il periodo liberale veniva condannato per la corruzione che lo aveva caratterizzato e da cui era dipesa l'arretratezza politica ed economica del paese, e agli italiani si rimproverava di aver «sempre conservato una fiducia infantile nei loro governanti». L'intera storia unitaria (si trattasse del Risorgimento nel XIX secolo o del fascismo nel XX) veniva per lo più spiegata sulla base del «carattere nazionale» e di quanto mai generiche motivazioni di ordine sentimentale ed emotivo[19].

Negli anni venti e trenta il fascismo continuò a suscitare un notevole interesse negli ambienti australiani colti[20]. Walter Murdoch, un professore di letteratura all'Università di Western Australia che nel 1927 aveva trascorso circa cinque mesi in Italia, attaccò duramente il regime fascista nella stampa locale: l'attacco fu raccolto oltreoceano e portato a conoscenza di uno dei più importanti profughi antifascisti, Gaetano Salvemini[21]. Un altro studioso interessato all'Italia fascista fu Colin Badger, che, come Stephen Roberts, dopo la laurea studiò alla London School of Economics. A suo giudizio, Mussolini era lo strumento di un gruppo di industriali e proprietari terrieri particolarmente avidi e la sua risposta alla domanda su come fosse possibile Mussolini dopo Mazzini, riecheggiava quella di Hancock: il Risorgimento era stato soprattutto un movimento nazionalista, non liberale[22].

Nel 1929 all'Università di Sydney il premio per il miglior saggio di storia venne vinto da un saggio su Mussolini che, sulla scia di quanto andava scrivendo Salvemini, confutava l'opinione che il dittatore avrebbe salvato l'Italia dal caos e dal bolscevismo, dato che questi non rappresentavano un pericolo reale[23].

Le opere di Roberts, Murdoch e Badger erano lette solo in Australia; fu un'allieva di Roberts, Margot Henze, la prima, a parte Hancock, a pubblicare in Inghilterra: recatasi a completare gli studi alla London School of Economics, scrisse, sotto la guida di Harold Laski, un saggio sull'Italia liberale[24]. Ancora una volta, come già era accaduto per Hancock e per Badger, il problema consisteva nello spiegare l'ascesa del fascismo: coerente coll'opinione britannica prevalente, Henze attribuiva la responsabilità al vecchio gruppo dirigente politico (Giolitti incluso). Henze tornò poi a insegnare all'Università di Sydney, ma morì poco dopo, troppo presto per poter far sentire il proprio influsso.

A Sydney la storia dell'Italia contemporanea, intesa come materia di studio autonoma, non venne insegnata né fatta oggetto di ricerca fino al 1969, quando Richard Bosworth ha cominciato a insegnare. Egli, che ricerca e scrive ormai da quasi un quarto di secolo, ha dato il contributo finora più vasto alla storiografia australiana sull'Italia contemporanea.

Bosworth ha personalmente riconosciuto di essersi imbattuto per caso nella storia italiana: all'Università di Sydney aveva discusso una tesi sull'atteggiamento dei conservatori inglesi nei confronti del fascismo italiano prima della invasione dell'Etiopia; successivamente era andato a Cambridge dove aveva portato a termine un dottorato di ricerca sulla politica britannica nei confronti dell'Italia dal 1902 al 1915. Dopo di allora, tutti i suoi lavori più importanti hanno riguardato la politica estera dell'Italia liberale: soprattutto i due studi *Italy, the Least of the Great Powers: Italian foreign policy before the First World War* (Cambridge, 1979) e *Italy and the Approach of the First World War* (London, 1983)[25].

Nel primo libro Boswort si concentra sui quattro anni dal 1910 al 1914, durante i quali Antonino di San Giuliano guidò la politica estera dell'Italia. Lo scopo di San Giuliano era quello di far accettare la rivendicazione italiana del diritto a una posizione pari a quella delle altre grandi potenze. Il Ministro degli affari esteri non faceva altro che mettere in pratica un mito caro all'Italia di allora, secondo il quale l'Italia era una grande potenza e perciò doveva prendersi delle colonie, crearsi un impero oltremare e partecipare alle guerre delle grandi potenze. Ma San Giuliano, come del resto Giolitti, era fin troppo consapevole di quanto il mito fosse lontano dalla realtà: e la realtà era che le risorse materiali dell'Italia non la mettevano certo in una posizione di parità nei confronti delle altre potenze; inoltre la sua posizione dipendeva dalla disponibilità da parte di queste a riconoscerle un tale ruolo: un atto di generosità dovuto al riconoscimento nostalgico della grandezza e dell'importanza che l'Italia aveva avuto nel passato. Il grosso divario tra mito e realtà stava a dimostrare che le ambizioni dell'Italia di agire come una grande potenza non erano affatto sincere «e spesso esse erano la causa di una politica che, alla prova dei fatti, si rivelava ambivalente, tortuosa e, ancora una volta, rozzamente sleale»[26].

Bosworth ha applicato all'Italia la tesi di Fritz Fischer in base alla quale la politica tedesca, che ha portato alla seconda guerra mondiale, era stata influenzata più da problemi interni che dalla politica estera, per giungere, però, a conclusioni affatto opposte: in una qualche misura, cioè, l'Italia esisteva per avere una politica estera. Nella sua analisi della politica e delle istituzioni liberali e dei gruppi di pressione interessati alla politica estera, Bosworth sostiene che le principali strutture della società (quali, il mondo degli affari, l'esercito, la stampa) ebbero in Italia scarsa influenza sugli indirizzi diplomatici: questi, a suo dire, erano sotto il controllo quasi esclusivo del primo ministro e del Ministro degli affari esteri, con l'appoggio e il sostegno degli intellettuali.

Simili conclusioni sulla politica estera liberale portano Bosworth a discutere il rapporto tra l'Italia liberale e quella fascista e sul ruolo del fascismo nella storia italiana. È sua opinione che la politica estera di Mussolini non fosse né fascista né totalitaria, ma semplicemente tradizionale e nazionalista: essa si differenziava da quella dei predecessori non per gli scopi e per i presupposti, ma per lo stile e nel modo in cui fondeva insieme «il caso, le opportunità e la professionalità»[27]. Anche se, viene da commentare, lo stile è di gran lunga più importante di quanto l'illustre studioso anglo-australiano sia disposto a riconoscere.

Coerente con la propria convinzione che lo studio della storia incominci dallo studio di chi scrive la storia, Bosworth è inoltre intervenuto sulla storiografia italiana, mettendo in rilievo quelli che considera siano gli stretti legami, in Italia come altrove, tra le opere di storia della diplomazia e lo Stato, e ponendo l'accento sulla continuità della professione di storico nel passaggio, dal fascismo alla Repubblica[28].

Va pure detto che, nelle sue opere, Bosworth unisce, in modo talvolta paradossale, un'accorata ricerca documentaria e un palese coinvolgimento personale: egli finisce così per assumere una posizione di stampo intransigentemente moralistico, che lo porta a criticare e condannare la politica estera dell'Italia. Un tale atteggiamento ha suscitato non poche reazioni negative tra gli storici italiani – e non solo italiani[29]: Sergio Romano, ad esempio, ha osservato che Bosworth scrive con la passione di chi partecipa personalmente ai fatti che descrive, di chi non vuole riconoscere la lezione di Machiavelli sul ruolo della «necessità». Per Romano, lo storico australiano si ricollega alla tradizione storiografica liberale inglese promossa da Trevelyan, che prese alla lettera il discorso umanitario e universalistico del Risorgimento, ma ignorò il bisogno profondo di grandezza che ad esso si accompagnava. L'Italia veniva, perciò, condannata per aver tradito l'immagine e gli ideali, che il liberalismo inglese aveva ad essa attribuito[30]. Nella sua risentita denuncia di *Italy, the Least of the Great Powers*, Rosario Romeo situava Bosworth nel gruppo degli studiosi del mondo accademico britannico che odiano l'Italia[31].

Bosworth certamente non gradisce – e forse giustamente – di essere relegato tra le fila degli studiosi britannici. Egli ha condannato duramente l'atteggiamento degli inglesi, usi a considerare l'Italia e gli italiani come fossero esseri inferiori, dei bambini che debbono essere guidati verso il loro vero destino dall'istitutrice britannica[32]; ha criticato le opere di Denis Mack Smith, valutato un discepolo di Trevelyan, benché poi lo giudichi ancora più pessimista[33]; e, infine, ha condannato la tendenza degli italianisti di origine e/o tradizione britanniche – in Gran Bretagna, come nelle colonie – a concentrarsi sul passato romantico dell'Italia, rifuggendo dal presente – oscuro perché presente. Benché sia pur vero che è a Oxbridge dove Bosworth ritorna regolarmente, e che con Mack Smith egli abbia molto in comune, a cominciare dallo stile (e non è cosa da poco), che dà l'impressione di non voler prendere il mondo troppo sul serio: insomma, il modello storiografico di Bosworth è A.J.P. Taylor, il maestro (anglo-sassone) dei messaggi molto seri, comunicati in modo leggero.

Ma dietro il moralismo di Bosworth non vi sono solamente la tradizione del liberalismo britannico e ciò che Romeo definisce «impudenza coloniale». Bosworth ritiene, infatti, che una delle funzioni principali degli storici sia quella di ridimensionare i miti e cita, facendolo proprio, l'avvertimento dato agli storici da Peter Geyl, che afferma che il loro compito è «demolire i miti nonostante coloro che vi sono contrari»[34].

Bosworth non ha attaccato solo i miti dell'Italia – grande potenza o del fascismo – parentesi: egli ha cercato anche di dimostrare tutta l'ambiguità della Resistenza, un'ambiguità sottesa alla realizzazione dell'*arco costituzionale*. Una delle critiche principali che egli muove a Denis Mack Smith riguarda la propensione dello storico inglese ad addossare a Mussolini tutta la responsabilità per le avventure imperiali del fascismo e per l'entrata in guerra dell'Italia, in quanto il duce avrebbe usato il proprio potere di controllo della propaganda per trascinare il paese con sé. Pur non essendo d'accordo con alcuni aspetti della biografia di Renzo De Felice (come per esempio il rapporto tra grande guerra e fascismo), Bosworth, tuttavia, condivide le opinioni dello storico italiano sul consenso al regime in Italia negli anni trenta e sulla debolezza dell'opposizione; e approva, perciò, con entusiasmo il fatto che, nell'*Intervista sull'Antifascismo*, Giorgio Amendola metta in dubbio la validità dell'identificazione di tutti i partiti italiani non fascisti con la Resistenza, dato che il numero di quanti vi parteciparono fu sempre piccolo e, soprattutto, che per lo più essi erano comunisti[35].

Per Bosworth il fascismo non fu una parentesi nella storia italiana, perché sotto il regime non cambiarono né le masse, né la classe dirigente. E se dopo il 1945 l'Italia assomiglia a quella che era prima del 1922, questo avviene perché né il ventennio fascista né la Democrazia cristiana e i loro alleati hanno veramente messo in discussione i modelli tradizionali di controllo sociale propri delle classi dirigenti. Nonostante il fallimento di un reale rinnovamento in Italia nel 1943 (e nonostante non si avverta soluzione di continuità con la prospettiva nazionalistica per quanto concerne gli studi di storia della politica estera), Bosworth sostiene che l'avvento della Repubblica rappresenti l'apice del successo della storia italiana. Nel 1943 si era finalmente imparata la lezione che l'Italia non era una grande potenza: la Repubblica era quindi diventata una sorta di «paese felice senza storia e senza politica estera»[36].

Rimane aperto il problema del perché Bosworth riveli tanta amarezza quando smaschera i miti delle classi dirigenti di una società in cui non è coinvolto personalmente: A.J.P. Taylor, dopotutto, era inglese, e Fritz Fischer, tedesco.

Da convinto *social democrat*, Bosworth accetta il concetto gramsciano di «rivoluzione mancata» e condivide la distinzione tra *Italia legale* e *Italia reale*. La critica che muove alle classi dirigenti si basa, in ultima analisi, sul fatto che esse hanno trascurato e ampiamente sfruttato le masse rurali, che si sono viste costrette a emigrare a milioni. Mentre la classe dirigente restava attaccata al proprio sogno impossibile, il popolo italiano, con l'emigrazione, portava a compimento la sua politica estera. L'esodo della popolazione delle diverse Italie aveva in sé il potenziale per espandere la civiltà e il commercio italiani; un potenziale che, invece, fu totalmente ignorato: gli effetti immediati dell'emigrazione furono quasi del tutto negativi per l'immagine dell'Italia all'estero. Bosworth ritiene che ora, forse, sia giunto il momento di riconoscere la validità della resistenza di cui il popolo italiano ha dato prova nei confronti dell'opera di «nazionalizzazione delle masse». Anche per ciò egli si dice convinto che sia indispensabile prestare una crescente attenzione allo studio dei processi migratori che, nel secolo successivo al Risorgimento, rappresentarono una specie di politica di massa alternativa a quella dell'élite[37]. E se Bosworth, a questo punto, non sta costruendo i suoi nuovi miti, perlomeno inizia a mitizzare l'*Italia reale* sfruttata e oppressa.

L'interesse di Bosworth per questa politica alternativa, la sua difesa dell'*Italia reale* contro l'*Italia legale*, e la sua propensione a una visione romantica delle classi subalterne italiane, sia in Italia sia all'estero, lo hanno portato negli anni settanta a studiare e a scrivere sugli immigrati italiani in Australia[38]. Il suo atteggiamento, già così fortemente critico, si fa ancora più aspro, una volta posto a confronto con la sua patria: in particolare, con l'antintellettualismo, il monoculturalismo e l'anglocentrismo che predominano, e continuano a predominare, nella società australiana, e con la tendenza delle classi dirigenti politiche e accademiche australiane a ignorare la storia, la politica e la cultura dei paesi d'origine degli immigrati[39]. Un fenomeno tanto più grave, solo che si pensi che uno su quattro cittadini australiani è nato fuori dell'Australia.

Bosworth ha accompagnato il proprio «evangelismo retorico» con un largo numero di iniziative e si è sempre dato da fare, sia nell'ambito della comunità accademica australiana sia al di fuori di essa, per far conoscere l'Italia contemporanea, la sua storia, la sua politica e la sua cultura: per esempio, ha presentato il film *Novecento* di Bertolucci e ha recensito ampiamente l'ultimo volume di Renzo De Felice, mettendo in rilievo le differenze tra questi e Mack Smith (in estrema sintesi: uno che prende Mussolini troppo sul serio, l'altro, invece, non abbastanza). Con grande generosità (e molte illusioni) si è impegnato a spiegare alla classe dirigente locale come gli italiani prendano sul serio i propri intellettuali: come molti anglosassoni appassionati dell'Italia, Bosworth è rimasto affascinato (e lo ha invidiato) dal (presunto) prestigio e dal profilo pubblico che gli intellettuali godono in Italia[40]. Pertanto, è stato sempre molto attivo nella sua crociata per mettere gli intellettuali australiani in contatto con la cultura accademica italiana: prima, quando era all'Università di Sydney, mediante la Frederick May Foundation e le conferenze internazionali sull'*Italia contemporanea e le tradizioni culturali italiane*, e anche dopo, quando si è trasferito all'Università di Western Australia. Infine ha contribuito attivamente a organizzare visite di studio e di lavoro in Australia di numerosi storici italiani: Renzo De Felice, Giuliano Procacci, Giorgio Spini, Emilio Gentile, Sergio Bertelli, Luigi Goglia, Piero Melograni, Luisa Passerini, Ercole Sori, Gianfausto Rosoli.

Se dietro all'impegno storiografico di Bosworth è abbastanza esplicito il desiderio di essere un A.J.P. Taylor degli antipodi, un distruttore anticonformista di miti, gli altri studiosi, appartenenti al piccolo gruppo degli italianisti australiani, muovono da esperienze diverse. Nel caso di John Molony furono senza dubbio gli studi compiuti a Roma, per diventare sacerdote, a portarlo a studiare i caratteri del cattolicesimo politico italiano.

Il suo primo libro fu un vero shock per l'ortodossia dominante nella chiesa australiana, la quale era solita attribuire alle proprie origini, fondamenta e premesse dottrinarie essenzialmente irlandesi: vi si sosteneva, invece, che, già durante il pontificato di Pio IX, la chiesa australiana – al pari di quella irlandese – era stata completamente romanizzata[41].

Alcuni anni più tardi, Molony raccontò la storia della fondazione, della breve vita e della infelice fine del Partito popolare italiano, ponendovi al centro la figura di don Luigi Sturzo[42]. L'intento espressamente dichiarato del volume è di accertare perché il PPI venne così rapidamente e facilmente eliminato e quale fu il suo ruolo nell'avvento e nell'affermazione del fascismo (e da chi dipese la sua strategia politica a quel riguardo). Le conclusioni a cui esso perviene esonerano don Sturzo da ogni responsabilità per il crollo della democrazia liberale italiana: Sturzo seppe, infatti, rimanere fedele ai propri ideali democratici, malgrado la grande disponibilità al compromesso di cui diedero prova i «politicanti» presenti nel suo partito e in Vaticano. Quest'ultimo, da tempo ormai favorevole ai conservatori e ai capitalisti, aveva finito per accettare senza troppe difficoltà il fascismo, per la guerra che esso aveva dichiarato al socialismo e al comunismo e per le promesse che faceva di risolvere la «questione romana», mentre guardava con sempre maggior sospetto al Partito popolare. Nel ritratto a tutto tondo di uno Sturzo interamente assorbito dalle preoccupazioni di giustizia sociale in favore delle masse rurali del Mezzogiorno e osteggiato tanto dalle gerarchie ecclesiastiche quanto dalle sinistre (in particolare i socialisti, duramente criticati per essersi alienati il favore popolare), sfuggono del tutto all'autore i limiti del prete di Caltagirone, incapace di comprendere la realtà operaia del Nord industriale e le potenzialità del movimento sindacale, compreso quello degli impiegati. Il volume costituisce, comunque, un'eccezione; nel senso che la storiografia australiana sull'Italia contemporanea, più che per i cattolici, ha mostrato interesse per il fascismo (come già si è detto) e, poi, per il comunismo.

Alastair Davidson – un docente di scienza della politica alla Monash University di Melbourne, che da adolescente ha vissuto a Roma e dopo gli studi in Australia ha frequentato la facoltà di scienze politiche dell'Università di Torino, mantenendo validi contatti con il mondo accademico italiano – ha lavorato a lungo sulla storia del PCI, da Gramsci all'eurocomunismo, sforzandosi, al pari di Bosworth, di interpretare le vicende della politica italiana per il pubblico australiano[43]. In seguito a una attiva partecipazione, sia personale che teorica[44], ai movimenti radicali vecchi e nuovi della fine degli anni sessanta, nel 1967-68 Davidson ha scritto per la «Australian New Left Review» una serie di articoli su Gramsci, successivamente riediti in un volume, che comprendeva anche una prima scelta di scritti gramsciani[45]: una pubblicazione che ha notevolmente contribuito alla conoscenza del comunista italiano, ma che risulta fortemente condizionata dal luogo e dalla data di edizione (non a caso vi sono contenuti attacchi indiretti al movimento laburista australiano e alla sua cultura populista ed egualitarista, che non lasciava spazio agli intellettuali di tipo gramsciano).

Dieci anni dopo, Davidson ha pubblicato uno studio di più ampio respiro su Gramsci[46], nel quale ha confermato il proprio distacco da ogni modellistica politologica di tipo astratto, in favore di un approccio metodologico storiografico fondato sull'ipotesi che

Gramsci – al pari di qualsiasi altro pensatore o militante politico – potesse essere compreso correttamente solo nel contesto reale della propria formazione. Perciò la biografia intellettuale prende l'avvio dalla rievocazione della Sardegna a cavallo del secolo, soffermandosi a lungo sul sardismo del futuro rivoluzionario prima di passare a considerare gli influssi intellettuali, che su di lui agirono dall'inizio del periodo torinese fino al suo arresto. A questo punto la narrazione si interrompe (dando così poco spazio alle riflessioni dei *Quaderni*), non senza avere prima, da un lato, ridimensionato tanto l'influenza teorica leninista, quanto l'entità del rapporto con il comunismo sovietico, e dall'altro, invece, avendo posto in rilievo la centralità fondamentale dell'esperienza consigliare nel complesso dell'attività successiva.

Nel 1982 Davidson è passato a studiare la storia del PCI a partire dalla morte di Gramsci[47]. Il libro – ancora una volta segnato dal momento e dal luogo di pubblicazione – risulta caratterizzato da una evidente partecipazione personale che porta l'autore a esprimere consenso e solidarietà all'argomento trattato e a fare del proprio intervento scientifico quasi un programma di impegno politico. L'intento esplicito è infatti quello di dimostrare come la ragione della grande forza e del successo del PCI sia da ricercarsi nel legame che esso ha via via saputo costruire con le masse[48]; un risultato reso possibile dal suo progressivo distacco dai moduli leninisti, che si è accompagnato di pari passo alla crescente influenza del pensiero di Gramsci, consentendo così allo stesso partito di rompere alla fine l'iniziale isolamento. Per concludere, mi pare evidente che la maggiore preoccupazione dell'autore sia quella di costruire una lunga tradizione gramsciana, che attraversi la storia del comunismo italiano innervandone ideologicamente la struttura politica.

Il previsto secondo volume della storia del PCI di Davidson non è ancora uscito (e forse ormai è anche passato il momento per la sua pubblicazione); ma è pur sempre possibile farsene un'idea sulla base di suoi precedenti interventi[49]: per una decina d'anni, a partire dalla «svolta di Salerno», la politica di collaborazione-cooperazione del partito (nella prospettiva togliattiana della *via democratica al socialismo*) raccoglie un costante incremento di voti: poi, nel 1955-56, il gruppo dirigente avvia con maggiore decisione il processo di emancipazione dall'URSS e dal leninismo, che giungerà, però, a effettivo compimento solo nel decennio successivo; ne consegue la definitiva affermazione della linea gramsciana, secondo la quale gli uomini sono artefici della propria storia e la rivoluzione può aver luogo solamente quando è fatta propria dalle grandi masse, cioè quando esse stesse se ne fanno promotrici e protagoniste convinte: per questo motivo il PCI aveva scelto la via del «compromesso storico».

Come ho già accennato, più recentemente, Davidson ha scritto sui rapporti tra il PCI e il movimento femminista italiano[50]. In Australia la storia delle donne italiane non è stata molto studiata, pur riscontrandosi un certo interesse in proposito[51], come si può notare dai numerosi seminari di studio organizzati sull'argomento dal Dipartimento di italiano de La Trobe University di Melbourne nel 1989 e nel 1992, ai quali hanno preso parte anche studiose e specialiste venute dall'Italia (come Tina Lagostena Bassi, Franca Bimbi e Paola Di Cori).

David Moss, che come Davidson mantiene stretti rapporti con l'Università di Torino, è l'autore della più completa ricerca sul terrorismo di sinistra in Italia, che sia stata pubblicata in lingua inglese[52]. Studioso di solida formazione antropologica – e, pertanto, anche disposto a leggere e analizzare le vicende del mondo «come rappresentazione» (per dirla con Goffman) –, Moss muove dalla considerazione del carattere particolare che assume la violenza politica in Italia e la distingue rispetto alle altre forme di terrorismo attive nel recente passato (e nel presente) dell'Europa occidentale (Spagna, Irlanda del Nord, Germania occidentale). A suo parere, il primo e principale elemento di distinzione del caso italiano consiste nell'assenza di compattezza e di sostanziale unità d'azione che caratterizza sia coloro i quali promossero ed esercitarono l'uso della violenza politica, sia quanti vi si opposero: i primi erano divisi sulle finalità e gli obiettivi rispetto alla dinamica dei conflitti sociali e dei rapporti politici, i secondi non erano d'accordo sulla definizione della natura stessa del terrorismo. La particolarità della situazione è dovuta al fatto che i terroristi italiani – diversamente, ad esempio, da quelli dell'IRA o dell'ETA – non avevano un'entità di riferimento, in grado di assicurare loro un'identità politica più alta e più forte della chiamata alle armi. La pratica della violenza finiva, dunque, per diventare di per sé un fattore di identità e veniva poi giustificata sulla base di motivi di carattere sociale quanto mai complessi e non di rado assai diversificati. Tutto ciò ha consentito allo Stato di sconfiggere definitivamente il terrorismo (almeno, di quel tipo), grazie anche al fenomeno dei «pentiti» e dei «dissociati»; questi, a loro volta, hanno determinato una sorta di inversione di tendenza nella dinamica dei rapporti con lo Stato, fino ad allora basati sul binomio azione-repressione, dal momento che le autorità hanno dovuto provvedere a creare nuove forme di reintegrazione sociale.

Le ultime osservazioni introducono alla parte conclusiva del volume, dedicata a valutare l'effetto che gli «anni di piombo» hanno avuto sull'insieme dell'apparato politico-istituzionale e sull'insieme della società italiana: indubbiamente, il sistema nel suo complesso è potuto sopravvivere senza drastiche restrizioni alle libertà civili e ai diritti umani, ma, altrettanto indubbiamente, l'impegno dei movimenti, che dal '68 in poi si erano battuti per un ampliamento e rafforzamento di quelle stesse libertà e di quegli stessi diritti, venne gravemente ritardato, sicché si può ben dire che la violenza politica, nell'immediato, ha sortito un esito conservatore. Se poi la situazione sarebbe potuta evolversi diversamente qualora non ci fosse stato l'apporto del terrorismo, è questione sulla quale Moss, con grande equilibrio e senso dell'opportunità, evita di pronunciarsi[53].

L'interpretazione che della storia dell'Italia contemporanea viene proposta all'estero non si risolve certamente nella storiografia scientifica, bensì dipende anche dall'attività didattica e da quella di divulgazione, che cercano di venire incontro all'interesse del più vasto pubblico. La Frederick May Foundation, fin dalla sua fondazione nel 1976, si è impegnata attivamente – con convegni, seminari e con una propria pubblicazione, «Altro Polo» – per offrire una tribuna efficace di informazione e di discussione sull'Italia moderna e contemporanea. Per circa un decennio, dalla metà degli anni settanta in avanti, questo complesso di iniziative ha suscitato attenzione ed entusiasmo; nello stesso periodo, sulla stampa e sugli altri *mass-media* si affrontavano con interesse e serietà temi e problemi della storia, della politica e della società italiana.

Oggi, l'atmosfera è molto diversa. La fine dell'emigrazione italiana in Australia, da un lato, e l'invecchiamento e la prossima scomparsa della prima generazione di italo-australiani (di quelli, cioè, nati in Italia), dall'altro, hanno l'effetto di allentare assai, fin quasi a reciderli, i legami più forti tra i due paesi: l'interesse per l'Australia da parte dell'Italia – l'Italia, che ha di fronte un futuro tutto racchiuso nell'Europa unita – va declinando; d'altro canto, per l'Australia – che sta certamente sottraendosi al modello monoculturale inglese e cerca la propria strada affrancandosi dalla monarchia e dalla bandiera della Gran Bretagna, per rinchiudersi nel mito che il proprio futuro sia in Asia – l'Italia sembra avere scarsa importanza, al di là di una settimana trascorsa in Toscana.

Ciò malgrado, a questo punto, l'Australia può diventare un modello per l'Italia: per l'Italia, che da paese di emigrazione si sta trasformando in paese di immigrazione. Per due secoli, gli australiani di discendenza europea hanno visitato l'Italia *en touristes*, mentre una serie di scrittori, artisti e musicisti veniva a cercarvi l'ispirazione. Oggi è l'Italia che, forse, ha qualcosa da imparare dall'Australia: dalla sua esperienza di paese di immigrazione di massa e dalla capacità dimostrata nel costruire una società multiculturale tollerante e pacifica, ancorché lontana dall'essere egualitaria.

[1] Cfr. R.J. Bosworth, *Why Watermelons Belong on the Left: The Italian General Election of 1976*, Australian Outlook, December 31, 1977, p. 359.

[2] Cfr. R. Pesman Cooper, *Garibaldi e l'Australia*, in «Rassegna Storica del Risorgimento», LXXII, 1985, pp. 205-13; Id., *Australian Perception of Fascist Italy*, in «Journal of Australian Studies», 27, 1990, pp. 19-31; Id., *«We need a Mussolini». Australian Perception of Fascist Italy*, in «Australian Journal of Politics and History», 39, 1993, pp. 348-66.

[3] Di Davidson e di Moss si dirà in seguito. Per Trambaiolo, a titolo esemplificativo, cfr. S. Trambaiolo, *The Italian Crisis and the Intellectuals*, in R. Bosworth - G. Rizzo (a cura di), «Altro Polo. Intellectuals and their ideas in contemporary Italy», Frederick May Foundation for Italian Studies, University of Sydney, 1983, pp. 97-108; per Grosart, si veda I. Grosart, *Governing in the Eighties? The Italian Experience*, in I. Grosart - S. Trambaiolo (a cura di), «Altro Polo. Studies of Contemporary Italy», Frederick May Foundation for Italian Studies, Sydney, 1988, pp. 41-54.

[4] Per Weiss, si veda L. Weiss, *Creating Capitalism: The State and Small Business since 1945*, Oxford and New York, 1988; per Halevi si veda J. Halevi, *Italy's Labour Movement: Growth and Decline*, in P. Groenewegen - J. Halevi (a cura di), «Altro Polo. Italian Economies Past and Present», Frederick May Foundation for Italian Studies, Sydney, 1983, pp. 167-82.

[5] R.J. Bosworth, *The Historiography of Modern Italy. Recent Developments*, in «Australian Journal of Politics and History», 23, 1977, p. 41.

[6] In proposito si vedano G. Cresciani, *Fascism, Anti-Fascism and Italians in Australian 1922-1945*, Canberra, 1980 [trad. it.: *Fascismo, antifascismo e gli italiani in Australia (1922-1945)*, Roma, 1979]; S. Lindsay Thompson, *Australian Through Italian Eyes: A Study of Settlers Returning from Australia to Italy*, Melbourne, 1980, e, di minor successo, R. Pascoe, *Buongiorno Australia*, Melbourne, 1987.

[7] Cfr. D. Dignan, *Europe's Melting Pot: a Century of Large-scale Immigration into France*, in «Ethnic and Racial Studies», 4, 2, 1981, pp. 137-52.

[8] Si veda R.J. Bosworth, *Italian History and Australian Universities*, in «Il Risorgimento», 3, 1983, pp. 203-04.

[9] In proposito, si veda: R. Pesman Cooper, *Visitatori australiani in Italia (1850-1914)*, in E. Bianchi (a cura di), *Geografie private. I Resoconti di viaggio come lettura del territorio*, Milano, 1985, pp. 241-59; Id., *Garibaldi e l'Australia*, cit.; Id., *Sir Samuel Griffith, Dante and the Italian Presence in Nineteenth-century Australian Literary Culture*, in «Australian Literary Studies», 14, 1989, pp. 199-215.

[10] Cfr. R.M. Crawford, *A Bit of a Rebel. The Life and Work of George Arnold Wood*, Sydney, 1975; Bosworth, *Italian History*, cit., p. 201. Sugli studi di storia dell'Europa moderna in Australasia, cfr. J. Moses, *The Doing of Modern European History in Australasia*, in «Bullettin of the Australian Historical Association», 57, 1988, pp. 20-33.

[11] W.K. Hancock, *Ricasoli and the Risorgimento in Tuscany*, London, 1926 [Maturi cita il lavoro di Hancock classificandolo tra gli esempi della storiografia inglese sul Risorgimento «da Trevelyan a Mack Smith». Cfr. W. Maturi, *Interpretazioni del Risorgimento. Lezioni di storia della storiografia*, prefazione di E. Sestan, Torino, 1962, p. 674].

[12] W.K. Hancock, *Country and Calling*, London, 1954. Si veda anche Bosworth, *Italian History*, cit., pp. 201-03.

[13] Hancock, *Country and Calling*, cit., pp. 93-94.

[14] *Ibid.*, pp. 92-93.

[15] Cfr. Bosworth, *Italian History*, cit., p. 202.

[16] Cfr. W.K. Hancock, *A Lonely Patriot: Ferdinando Ranalli*, «Proceedings of the British Academy», XXVII (1941).

[17] Su Roberts, si veda J. Moses, *The Doing of Modern European History*, cit., pp. 20-8.

[18] S.H. Roberts, *History of Europe*, Sydney, 1933.

[19] A titolo esemplificativo, cfr. *ibid.*, pp. 417 e 541 (dove si parla, rispettivamente, della nascita della «Giovane Italia» e della marcia su Roma). Riguardo alle reazioni negative suscitate tra gli italiani in patria da un così evidente disprezzo, cfr. M. Miserocchi, *Australia continente minorenne*, Milano, 1940 (in particolare p. 132).

[20] Cfr. Pesman Cooper, *Australian Tourists in Fascist Italy*, cit.

[21] Riportato in Id., *«We need a Mussolini»*, cit.

[22] C. Badger, *The Juridicial Position of the Italian Fascist Party*, in «Australian Quarterly», December 1935, pp. 39-44; Id., *A Study in Italian Nationalism, Giuseppe Mazzini*, in «Australian Quarterly», September 1936, pp. 70-80.

[23] H.M. Cromarty, *Mussolini* (Beauchamp Prize for Historical Subject), MS, Fisher Library, University of Sydney, 1929.

[24] Cfr. M. Henze, *Prefascist Italy. The Rise and Fall of the Parliamentary Regime*, London, 1939.

[25] R.J. Bosworth, *Italy, the Least of the Great Powers: Italian Foreign Policy Before the First World War*, Cambridge, 1979 [trad. it.: *La politica estera dell'età giolittiana*, Roma, 1985].

[26] *Ibid.*, p. 299.

[27] *Ibid.*, p. 418.

[28] Cfr. Id., *Italy's Historians and the Myth of Fascism*, in R. Langhorne (a cura di), *Diplomacy and Intelligence during the Second World War. Essays in Honour of F.H. Hinsley*, Cambridge, 1985.

[29] Si veda in particolare, R. Romeo, *Da Cambridge, con vera disistima*, «Il Giornale dei libri», 13 novembre 1980.

[30] S. Romano, *Le ambizioni sbagliate*, «Relazioni Internazionali», 17 novembre 1984, 40-41, pp. 507-08.

[31] Romeo, *Da Cambridge*, cit.

[32] Si veda, per esempio, il suo volume *Italy and the Approach*, cit., pp. 2-5.

[33] Cfr. R.J. Bosworth, *Denis Mack Smith and the Third Italy*, in «The International History Review», XII, 1990, pp. 782-92.

[34] Id., *Bernardo Bertolucci, 1900 and the Myth of Fascism*, in «European History Quarterly», 19, 1989, p. 57.

[35] Cfr. Id., *In the Green Corner, Denis Mack Smith, in the Red? Black? Corner Renzo De Felice*, in «Teaching History», August 1977, pp. 41-3.

[36] Id., *Mito e linguaggio nella politica estera italiana*, in R.J. Bosworth - S. Romano (a cura di), *La Politica estera italiana 1860-1985*, Bologna, 1991.

[37] *Ibid.*, pp. 48-49.

[38] Si veda, ad esempio, J. Wilton - R. Bosworth, *Old Worlds and New Australia: a History of non-British Migration to Australia Since the Second World War*, Ringwood, Vic., 1984.

[39] Cfr. R.J. Bosworth, *The Historiography of Modern Italy*, cit., p. 41.

[40] A questo proposito, di Bosworth si vedano già citati: *Bernardo Bertolucci, 1900 and the Myth of Fascism*; *In the Green Corner, Denis Mack Smith, in the Red? Black? Corner Renzo De Felice*; *Why Watermelons Belong on the Left: The Italian General Election of 1976*; *The Historiography of Modern Italy*.

[41] Cfr. J. Molony, *The Roman Mould of the Australian Catholic Church*, Melbourne, 1969. Una conferma della validità delle tesi sostenute nel volume veniva anche dalla realtà della stessa chiesa australiana al tempo della sua pubblicazione: tutti e sei gli arcivescovi (come pure undici vescovi su diciassette) avevano studiato a Roma presso il collegio di Propaganda Fidei. L'ascendenza romana contribuisce a spiegare il fervore con cui una parte della gerarchia australiana ha sempre difeso l'Italia (soprattutto i suoi regimi più conservatori) e ci aiuta a comprendere come mai, ancora dopo il 1940, l'arcivescovo Duhig di Brisbane e l'arcivescovo Moran di Melbourne mantenessero l'appoggio dato a Mussolini (in proposito cfr. il mio *We Need a Mussolini?*, cit.). L'attenzione per l'Italia e la sua politica favorì anche la nascita della DC in versione locale (Democratic Labour Party), che ebbe tra i suoi fondatori Bartolomeo Santamaria, figlio di immigrati dalle isole Eolie. Accanto agli studi di Molony, merita di essere segnalato il libro di Austin Gough, professore all'Università di Adelaide, dedicato al pontificato di Pio IX negli anni del Vaticano I e della caduta del potere temporale (con particolare riguardo al dissenso tra la curia romana e la chiesa di Francia): A. Gough, *Paris and Rome*, Oxford, 1986.

[42] Cfr. J. Molony, *The Emergence of Political Catholicism in Italy: Partito Popolare 1919-1926*, London, 1977.

[43] È anche intervenuto sulla storia del Partito comunista australiano e sugli aspetti costituzionali della formazione dello Stato in Australia; cfr. A. Davidson, *The Invisible State. The Formation of the Australian State*, Cambridge, 1991.

[44] Cfr. R. Gordon (a cura di), *The Australian New Left. Critical Essays and Strategy*, Melbourne, 1970.

[45] Cfr. A. Davidson, *Antonio Gramsci. The Man and his Ideas*, Sydney, 1982.

[46] Cfr. Id., *Antonio Gramsci. Towards an Intellectual Biography*, London, 1977.

[47] Cfr. Id., *The Theory and Practice of Italian Communism*, vol. I, London, 1982.

[48] *Ibid.*, p. 1.

[49] Ad esempio, si veda Id., *The Italian Communist Party and the Elections: The Name of the Game is «Compromise»*, in L. Maesel (a cura di), *Campaign Techniques. Elections and Values in Contemporary Democracies*, London, 1976.

[50] Cfr. A. Davidson, *The Italian Women's Movement and the Italian Communist Party, 1945-1985*, in Ch. Jennet - R.G. Stewart (a cura di), *Politics of the Future. The Role of Social Movements*, Melbourne, 1989.

[51] In proposito, cfr. anche: I. Grosart, *The Italian Women's Movement and the Future*, (testo manoscritto), e G. Kaplan, *Contemporary European Feminism*, London, 1992 (in particolare, il cap. *Italy*, pp. 229-57).

[52] Cfr. D. Moss, *The Politics of Left-Wing Violence in Italy. 1969-1985*, London, 1989; dello stesso autore si vedano anche: *The Kidnapping of Aldo Moro*, in «Archives européennes de sociologie», XXII, 1981, pp. 265-95, e *Analysing Italian Political Violence as a Sequence of Communicative Acts: The Red Brigades. 1970-1982*, in «Social Analysis», 13, 1983, pp. 84-111.

[53] Vorrei, infine, segnalare che è attualmente in corso di elaborazione una tesi di dottorato (autore: Mark Thornton) sull'atteggiamento del PCI di fronte al fenomeno del terrorismo.

HATSUSHI KITAHARA

DAL GIAPPONE

1. Prima di entrare nel vivo dell'argomento* ed esaminare le ultime tendenze degli studi giapponesi riguardanti la storia italiana contemporanea, vorrei fare un passo indietro: dopo la prima guerra mondiale, in Italia nasce il movimento fascista e si instaura il governo di Mussolini. Una parte della nazione giapponese rivolge allora la propria attenzione agli avvenimenti italiani: vengono pubblicati alcuni testi che esaltano l'attività di Mussolini e il tentativo di progetto corporativistico del governo fascista. Nel frattempo avanza nel paese il processo di militarizzazione sotto il regime imperiale e si vanno perdendo le libertà politiche fondamentali. In questo clima lo storico giapponese Hani pubblica il volumetto *Croce – filosofo civile* (1939), nel quale espone lo sviluppo del pensiero di Croce, passando in rassegna i suoi scritti e dando forte risalto al pensatore italiano quale filosofo della libertà: questa immagine di Croce, formatasi attraverso l'opera di Hani, rimarrà a lungo radicata nella memoria degli intellettuali giapponesi.

I rapporti tra i nostri due paesi si vanno, poi, facendo sempre più stretti e nel 1940 viene stipulato il Patto tripartito: l'Italia e il Giappone entrano come alleati nella guerra dalla quale usciranno sconfitti e distrutti, ma, prima della fine del conflitto, l'Italia prova l'esperienza della resistenza armata, che il Giappone non proverà mai. Questa esperienza porta a una delle differenze fondamentali tra i nostri due paesi: in Giappone la figura dell'imperatore è mantenuta, mentre in Italia la monarchia viene abolita e si istituisce la Repubblica.

All'inizio del secondo dopoguerra vengono presentati in Giappone film come *Roma città aperta*, *Paisà*, *Ladri di biciclette* ecc.; il neorealismo italiano colpisce molto gli spettatori giapponesi: è probabilmente il loro primo contatto con la cultura italiana. Intanto nel campo della letteratura vengono tradotte opere di narrativa, quali *Fontamara* di Ignazio Silone, *Cristo si è fermato ad Eboli* di Carlo Levi e *Il cielo è rosso* di Giuseppe Berto. Attraverso i film e la letteratura, i giapponesi cominciano a comprendere la dura realtà della società italiana e ne rimangono profondamente impressionati. Tuttavia, tale interesse verso l'Italia non va oltre un approccio superficiale e dovranno passare diversi anni perché si approfondisca ulteriormente. Intorno al 1956 negli ambienti della sinistra giapponese era argomento di discussione la linea politica formulata da Palmiro Togliatti, che proponeva la lotta democratica per l'applicazione della Costituzione repubblicana, nel senso di conseguire un ampliamento della democrazia e un progresso nella direzione del socialismo, mediante l'attuazione delle riforme di struttura previste dalla Costituzione stessa.

Negli stessi anni si forma in Giappone un gruppo che sostiene la linea assunta dal Partito comunista italiano all'interno del movimento comunista internazionale, che, dopo l'avvio del processo di *destalinizzazione*, si trovava in una situazione molto confusa. Così nasce nell'ambiente politico giapponese di allora l'interesse per l'attività e le dottrine politiche del PCI: viene presentata la Costituzione Italiana, vengono tradotti gli articoli di Togliatti e diffuse informazioni sulle iniziative comuniste e, come per un processo naturale, si arriva alla scoperta di Gramsci, i cui scritti entrano in Giappone intorno al 1960, quando ancora la storia e la società italiane contemporanee erano quasi sconosciute. È proprio il contatto con Gramsci che ha fornito lo stimolo maggiore allo studio della storia italiana contemporanea.

All'inizio l'interesse verso Gramsci era dettato da motivi politici, ma la lettura delle *Lettere* e dei *Quaderni* fa spostare l'attenzione verso la storia, la società e la cultura italiane: si comincia a sentire come primaria la necessità di studiare questi temi, anche al fine di meglio comprendere Gramsci.

Nei primi anni sessanta un altro motivo importante che spinge a studiare la storia italiana in Giappone è la volontà di chiarire la dimensione storica del Rinnovamento Meiji, che aveva portato alla nascita nel 1868 del nuovo Stato giapponese. Durante gli anni quaranta e cinquanta c'era stata in proposito una appassionata discussione, legata a sua volta al dibattito sulla transizione dal feudalesimo al capitalismo: se tale trasformazione dovesse essere considerata una rivoluzione borghese o la formazione di uno Stato di tipo assolutistico. Questo desiderio di fare chiarezza porta gli studiosi giapponesi di storia europea ad occuparsi in particolare del passaggio dall'assolutismo alla rivoluzione borghese e del processo di transizione dal feudalesimo al capitalismo. Essi si dedicano allo studio delle rivoluzioni inglesi e di quella francese, mettendole a confronto con il Rinnovamento Meiji, cercando, al contempo, di chiarire le basi sociali dei gruppi che detenevano il potere politico, le forme della proprietà terriera, l'eventuale esistenza di una rivoluzione agraria, la trasformazione dei rapporti produttivi, e così via. Evidentemente, questo modo di affrontare il problema trovava il proprio fondamento nel pensiero storico marxista, che interpreta la storia come un processo di evoluzione dal feudalesimo attraverso il capitalismo verso il socialismo. Tuttavia, questa impostazione metodologica presentava alcuni inconvenienti: essi vedono la politica come un riflesso dell'economia e considerano la storia come lo sviluppo di un singolo paese.

Per ovviare a queste limitazioni, gli studiosi delle generazioni successive avanzarono la proposta di considerare il Rinnovamento Meiji in rapporto agli avvenimenti internazionali dello stesso periodo: si è imposta, quindi, l'esigenza di studiare la formazione dello Stato unitario in Italia e in Germania.

2. Anch'io ho cominciato a occuparmi di storia italiana verso il 1960. Fino ad allora non esistevano studi sul Risorgimento in Giappone, a parte i testi scolastici e divulgativi, che presentavano in modo convenzionale la capacità diplomatica di Cavour, l'azione inflessibile di Mazzini e le imprese eroiche di Garibaldi, senza prendere in considerazione il contesto economico e sociale. Rendendomi conto quindi dell'esigenza di nuovi orientamenti di ricerca, misi mano allo studio del Risorgimento. In tali condizioni dovevo però cercare la mia strada a tentoni e la prima guida che ebbi a disposizione fu *Il Risorgimento* di Gramsci. Era appena iniziata in quegli anni la pubblicazione della rivista «Studi storici», che conteneva articoli molto stimolanti sulle tendenze recenti in Italia, erano già usciti i primi volumi della *Storia dell'Italia moderna* di Giorgio Candeloro, un'opera che svolse per me una funzione di grande utilità, anche per le ampie note bibliografiche che si trovano alla fine di ogni volume, ed erano inoltre già stati pubblicati studi molto interessanti di Saitta, Galante Garrone e Della Peruta sulle origini

del Risorgimento, sul giacobinismo italiano, su Filippo Buonarroti e su Mazzini e i democratici. Devo a queste opere l'avanzamento dei miei studi che ha consentito la pubblicazione del saggio *Il Risorgimento italiano e la nascita dello Stato unitario*[1].

Come dicevo prima la presentazione del pensiero di Gramsci ha dato un potente impulso agli studi sulla storia dell'Italia contemporanea. Ciò significa però che si è partiti da Gramsci senza passare attraverso la consultazione della storiografia di tradizione crociana. L'idea che noi ci eravamo fatti di Croce era quella semplicemente di filosofo della libertà, null'altro: nelle nostre conoscenze, Croce è arrivato dopo Gramsci, che lo aveva combattuto, criticato e si era impegnato a superarlo. Ma proprio leggendo Gramsci non si poteva fare a meno di rendersi conto di quanto fosse grande la figura di Croce, non soltanto nella storiografia, ma anche nella cultura politica dell'Italia contemporanea. Sentendo quindi pressante l'esigenza di conoscere il pensiero di Croce, che aveva esercitato una così grande influenza sulla società italiana, mi sono dedicato a studiare la filosofia dello spirito e la sua concezione della storia, come storia etico-politica[2]: un lavoro, per il quale devo molto a *Politica e cultura* di Norberto Bobbio.

Sempre durante gli anni sessanta vengono pubblicati in Giappone alcuni studi sulla storia della Costituzione Italiana in chiave politologica e studi di taglio sociologico sulla questione meridionale. Tuttavia dobbiamo aspettare la prima metà degli anni settanta per vedere dei giovani studiosi incominciare a occuparsi della storia italiana moderna e contemporanea: Fujisawa su Mazzini[3], Toyoshita sull'intervento dell'Italia nella prima guerra mondiale[4], Kiryū sul fascismo[5], Murakami sul movimento cattolico[6] e Sakai sull'agricoltura italiana[7]. Tutti argomenti che non erano mai stati trattati precedentemente in Giappone. In tal senso questi lavori pionieristici presentavano una serie di difficoltà, di fronte alle quali era essenziale mantenere una chiara coscienza dell'impostazione dei problemi. A questo proposito un elemento fondamentale è rappresentato dal cattolicesimo, che nella società giapponese non ha avuto una grande influenza né a livello politico né a livello culturale: per noi giapponesi i problemi suscitati dal cattolicesimo sono difficilmente comprensibili, ma al tempo stesso la loro comprensione ci è indispensabile per capire la società e la storia italiane. In tal senso, se si considerano le differenze religiose e culturali tra i nostri due paesi, si comprenderà come lo studio di Murakami sul movimento cattolico assuma un significato di grande importanza.

Un altro elemento di grande interesse è stato messo in luce da Sakai, il quale ha notato che Italia e Giappone hanno la caratteristica comune rappresentata dal permanere di rapporti strutturali semifeudali in agricoltura: da ciò non si deve solamente dedurre un'arretratezza dello sviluppo economico, ma piuttosto si deve cercare di vedere come i rapporti feudali rimasti in vita nell'agricoltura trovino un inserimento nel sistema di produzione capitalistica. Partendo da queste premesse, Sakai si dedica alla ricerca del rapporto fra agricoltura e processo di formazione del capitalismo in Italia: basandosi sul materiale raccolto ed elaborato dalla inchiesta Jacini, egli compie una documentata analisi della grande azienda capitalistica lombarda, della mezzadria toscana e del latifondo meridionale.

In questi anni ciascun autore sceglie il proprio argomento di studio a seconda degli interessi individuali, basandosi sulla bibliografia italiana e gettando così le basi per il lavoro futuro. Tuttavia, nonostante la proliferazione di nuovi studi, manca una visione generale che comprenda tutta la storia italiana contemporanea. È proprio allora che insieme ai miei colleghi Yughe, che si occupa di storia antica, Shimizu, di storia medievale, Morita, di storia moderna, decidemmo di scrivere una storia completa dell'Italia dall'antichità ad oggi. Consultando le più recenti esperienze a riguardo della storiografia italiana, come la *Storia d'Italia* edita da Einaudi, abbiamo faticosamente prodotto un volume sulla storia generale d'Italia[8], che finora rimane l'unico nel suo genere, sì da costituire un punto di riferimento e una guida utile per chi intenda occuparsi di storia italiana.

Nella seconda metà degli anni settanta si moltiplicano gli storici italianisti: Kōghe scrive su Cattaneo[9], Shibano sui moti popolari a Roma nel '48[10], Toda su Malatesta e l'anarchismo[11], Baba su Giolitti[12] e Takahashi sul fascismo[13].

Man mano che il numero degli italianisti giapponesi aumentava, maturava anche una certa tendenza a riunirsi. Nel 1978 si costituiva, con sede a Tokyo, l'Associazione Giapponese di Studi Storici sull'Italia Moderna e Contemporanea, che al momento della sua fondazione raccoglieva una trentina di ricercatori, non solo di storia, ma anche di scienza della politica, di economia, di sociologia ecc.: i membri residenti a Tokyo organizzano un incontro di studio al mese e ogni anno si tiene un congresso nazionale di studi storici sull'Italia.

Alla fine degli anni settanta sono anche cominciati gli scambi tra studiosi italiani e giapponesi: nel dicembre del 1980 si tenne un seminario italo-giapponese di studi storici a cui prese parte anche Nicola Tranfaglia, il quale si dimostrò favorevolmente sorpreso dall'entusiasmo e dal fervore degli studiosi giapponesi, pieni di speranza per il futuro dell'Associazione[14].

3. A questo punto è opportuno fare una breve considerazione sulle tendenze, affermatesi durante gli anni settanta e ottanta, degli studi giapponesi sulla storia europea.

Dopo il '68, nel campo degli studi sul movimento operaio e socialista, l'attenzione degli storici si sposta progressivamente dai partiti politici e dalle organizzazioni sindacali a tematiche differenti, come ad esempio l'autonomia e la spontaneità del movimento popolare e operaio: ci si rende conto dell'esistenza di una cultura popolare, distinta da quella d'élite, e si intraprende a studiarla. Le nuove tematiche e metodologie della scuola delle *Annales* raggiungono e influenzano anche il Giappone: vengono presentati e tradotti i saggi pubblicati dalla rivista francese sulla storia della famiglia, della popolazione, dei matrimoni, della mentalità, delle malattie, della criminalità, delle streghe, degli scampanati. Per questa via la storia si incontra con l'antropologia, così che ci si viene a trovare in una stagione di elaborazione di nuovi indirizzi e tematiche negli studi storici. La coesistenza dei fattori di tradizione e di modernità, il superamento dell'idea di progresso come era stata intesa fino ad allora, la concezione del prevalere della permanenza rispetto al mutamento, sono elementi che influenzano la coscienza degli storici. Si verifica così una situazione analoga a quella esposta da Barbagallo quando parla delle vicende italiane:

> Alla crisi dei grandi punti di riferimento della cultura storica liberale – Stato, nazione, cittadinanza – si aggiunge ora l'affievolimento dei parametri essenziali della storiografia marxista e gramsciana: capitalismo, socialismo, imperialismo, rivoluzione, classe [...] recuperando e privilegiando le dimensioni del privato, del quotidiano, del locale, del marginale[15].

Tale tendenza si manifesta soprattutto nel campo degli studi sulla storia della Francia e della Gran Bretagna. Gli italianisti sono consapevoli delle novità introdotte dagli indirizzi storiografici più recenti e ne hanno seguito gli sviluppi sulle principali riviste storiche italiane, (da «Studi storici», a «Italia contemporanea», a «Movimento operaio e socialista», alla «Rivista di storia contemporanea», a «Quaderni storici», fino a «Passato e presente» e «Società e storia», per citarne alcune tra quelle più seguite). Tuttavia gli studi sull'Italia, per noi, erano appena nati ed era necessario approfondire le nostre conoscenze di base; quindi, a parte rare eccezioni, la nostra impostazione metodologica rimaneva piuttosto al di fuori dalle nuove tematiche e dal dibattito ad esse relativo.

In quel momento l'attenzione degli storici giapponesi si rivolgeva soprattutto al fascismo. Mentre in Italia era in corso l'accesa discussione intorno all'interpretazione di De Felice e all'uso che egli faceva delle fonti, in Giappone veniva presentata, in traduzione, la sua *Intervista sul fascismo*, che passò quasi inosservata. Alcuni esponenti della citata Associazione di italianisti iniziarono uno studio collettivo, che ebbe per risultato il libro a più voci *Il fascismo italiano. Rivoluzione dei combattenti e Stato dei produttori*[16]. Anche se i termini del dibattito italiano vi sono puntualmente colti, il volume si limita a riportare le diverse posizioni senza porle in un reale confronto tra di loro: il risultato è un'opera tinta di colore defeliciano nel suo stesso titolo, che io per altro non condivido. Tre sono gli obiettivi principali di quest'ampia e approfondita indagine sul fascismo italiano: 1) chiarire i motivi che hanno portato alla formazione del fascismo proprio in Italia; 2) determinare che cosa abbia permesso al fascismo di mantenere il dominio dittatoriale per vent'anni; 3) individuare quale fosse il vero obiettivo del fascismo. I contributi, che hanno cercato di fare luce su questi punti, sono articolati in otto capitoli: 1) Storia e struttura del Partito Nazionale Fascista (Takahashi), 2) Mussolini (Murakami), 3) Dal sindacalismo rivoluzionario al corporativismo (Kiryū), 4) Capitalismo in Italia e fascismo (Maruyama), 5) Fascismo e chiesa cattolica (Murakami), 6) Fascistizzazione della cultura e intellettuali (Morio), 7) L'educazione durante il periodo fascista (Tanabe), 8) La politica culturale fascista (Shibano).

È comunque inevitabile la dipendenza di quest'opera dalla vasta e ricca bibliografia italiana: ad esempio il rapporto tra fascismo e cultura, in parte connesso al problema del consenso, era un argomento molto discusso in Italia in questo periodo, e quindi i capitoli suddetti riguardanti la cultura sono stati elaborati sulla base degli studi di Gabriele Turi (*Il fascismo e il consenso degli intellettuali,* su Gentile e sull'«Enciclopedia Italiana») e di Victoria de Grazia (*Consenso e cultura di massa nell'Italia fascista*, sull'organizzazione del dopolavoro). Ad ogni modo, bisogna riconoscere che si è trattato del primo serio lavoro giapponese sul fascismo italiano e che esso ha gettato le basi del lavoro futuro.

Nel 1985 si tenne a Roma il primo Convegno italo-giapponese di studi storici, che aveva per tema «Lo Stato liberale italiano e l'età Meiji»[17] (come è noto, il periodo di regno dell'imperatore omonimo, che va dal 1868 al 1912). Considerato che lo Stato unitario si era formato negli stessi anni in Italia e in Giappone, l'intento del Convegno è stato quello di offrire un contributo all'analisi comparata della politica, dell'economia, della società e della cultura di questi due paesi dopo l'Unità.

Sebbene la discussione non sia stata molto vivace, dal momento che gli interventi dei relatori riguardavano le rispettive realtà, questo incontro ha segnato una tappa fondamentale per dare inizio a un effettivo confronto e aprire la strada a futuri studi di storia comparata. A questo proposito, considero di notevole interesse due interventi di italianisti giapponesi che hanno inteso raffrontare le differenti situazioni nel campo della politica e in quello dell'educazione.

Baba ha notato che, a differenza dell'Italia, dove il regime di monarchia parlamentare già godeva sotto lo Statuto Albertino di un certo qual consenso nella classe politica, il Giappone era ancora privo di una Costituzione, cioè mancava completamente del fondamento del liberalismo politico. Nel 1889 finalmente il governo Meiji promulgò la Costituzione e l'anno seguente venne convocato il parlamento, che ebbe però un potere estremamente limitato, in quanto il governo ne era del tutto indipendente. Da queste considerazioni, Baba trae la conclusione che «i regimi politici dei due paesi, pur essendo così costituiti ed assumendo ambedue la forma di monarchia parlamentare, mostrano tuttavia una grande differenza. Mentre in Giappone si sviluppava [...] una politica partitica senza il parlamentarismo, in Italia si andò sviluppando una politica parlamentare senza la politica partitica, cioè, il trasformismo»[18].

L'altro intervento significativo è quello di Murakami, che mette invece a confronto i due paesi per ciò che riguarda l'istruzione popolare e la formazione di una coscienza nazionale di massa: il governo italiano doveva competere con la chiesa cattolica per il controllo dell'educazione e questo non gli consentiva di avere il monopolio dell'apparato scolastico come strumento ideologico per la «nazionalizzazione» delle masse popolari, rimaste sotto l'influenza della cultura cattolica. In Giappone, invece, il governo Meiji, libero da condizionamenti culturali da parte delle organizzazioni religiose, poté monopolizzare l'educazione del popolo, imperniandola sulla figura del Tenno, cioè dell'imperatore, quale simbolo dell'integrazione nazional-statale del Giappone[19].

Il secondo Convegno italo-giapponese di studi storici, dal titolo *La nascita della nazione. Italia e Giappone 1861-1919* (gli atti, però, non sono stati pubblicati), si è tenuto a Tokyo nel 1987 ed è stato diviso in vari temi: educazione e scuola, società agricole e condizione contadina, sistema delle relazioni industriali, struttura del potere, emigrazione, industrializzazione e urbanizzazione.

4. Dalla metà degli anni ottanta in poi, gli studiosi che nel corso degli anni precedenti avevano condotto ricerche approfondite sull'Italia contemporanea, hanno cominciato a pubblicarne i risultati in monografie specifiche. Pur coscienti delle numerose lacune ancora esistenti, possiamo affermare di aver superato la fase preparatoria e di essere ormai entrati nella fase della ricerca scientifica vera e propria. Per dare un'idea della situazione attuale in Giappone, farò qui un elenco delle attività degli italianisti.

Sakai ha raccolto i suoi saggi sull'agricoltura e lo sviluppo del capitalismo in Italia. Anche se non si tratta di studi di storia propriamente comparata, la problematica comparativa è sempre sottintesa nel suo pensiero[20].

Murakami ha approfondito il proprio lavoro sul cattolicesimo politico italiano, pubblicando un saggio sulla storia del Partito popolare italiano, inteso ad analizzare l'attività delle basi locali del PPI, più che quella dei suoi gruppi dirigenti[21].

Sul Risorgimento a parte la biografia di Garibaldi, scritta in forma divulgativa da Fujisawa[22], non si segnalano, purtroppo, altre opere.

Toda ha pubblicato in italiano la sua opera sulla formazione giovanile di Malatesta[23].

Toyoshita ha scritto un lavoro sulla politica di occupazione degli Alleati in Italia[24].

Nel frattempo l'attenzione per Gramsci non si era affievolita: in occasione del cinquantesimo anniversario della sua morte, si è tenuto a Tokyo un simposio internazionale di studi gramsciani, i cui atti sono stati pubblicati con il titolo *Gramsci e il nostro tempo*[25].

Sempre sul pensiero di Gramsci, Takemura e Kataghiri hanno pubblicato altri saggi[26]; mentre Atori ha cercato di analizzare la politica contemporanea giapponese servendosi del concetto gramsciano di rivoluzione passiva[27].

Nel campo della riflessione metodologica, Uemura ha analizzato la concezione storiografica di Croce, De Martino e Ginzburg[28].

L'opera di Takeyama sulla mafia tende a vedere il fenomeno mafioso come arcaico o, comunque, residuale di passati sistemi strutturali e non lo valuta adeguatamente come fenomeno contemporaneo al processo di modernizzazione della società siciliana[29].

Assieme al medievista Shimizu, ho curato una raccolta di saggi dal titolo *Lineamenti di storia italiana*[30]. Si tratta di un'opera destinata al grande pubblico, il cui significato generale può essere efficacemente reso da una frase che Barbagallo ha scritto a proposito della *Storia d'Italia* edita da Einaudi: «Storia nazionale quindi non più come storia dell'Unità, di motivi unitari, ma come storia della diversità, dei contrasti, come costituzione di una rinnovata egemonia culturale e politica»[31]. La raccolta è divisa in diversi capitoli, in cui ogni autore tratta liberamente il proprio argomento: *Il Rinascimento come cultura cittadina* (Shimizu), *Riforma e popolo* (Morio), *Il brigantaggio nel Meridione* (Fujisawa), *Stato unitario e realtà locali* (Kitahara), *La vita sociale sotto il fascismo* (Shibano), *Gli italiani in America* (Yamada) ecc.

Tale modo di interpretare la storia nazionale fornisce lo spunto all'avvio di una storia delle regioni e delle città ed è per questa strada che sono giunto a interessarmi della storia della Sicilia, a sua volta collegata alla questione meridionale[32]. In Italia la storia della Sicilia sembra uno dei campi di ricerca più ricchi di novità, come risulta dal volume *La Sicilia*, a cura di Maurice Aymard e Giuseppe Giarrizzo nella collana *Le Regioni dall'Unità a oggi* edita da Einaudi, che ho trovato molto stimolante. Con la nascita di questi nuovi interessi, e in relazione anche all'accresciuta attenzione verso gli studi di storia sociale, prevedo un aumento degli studi sulla storia regionale e delle città, che in Giappone è stata finora monopolio degli storici dell'architettura[33].

Inoltre questa tendenza ha finito per trovare altri punti di incontro con l'antropologia e ha indubbiamente contribuito alla presentazione in Giappone dei lavori di De Martino *Il mondo magico* e *Sud e Magia*[34].

Per quanto riguarda le altre tendenze più recenti, posso dire che vi si evidenzia una certa attenzione per la storia politica dell'Italia repubblicana[35]: sia gli elementi di similitudine con la situazione giapponese (in particolare: la lunga permanenza di un solo partito al potere e l'esistenza di diverse correnti, con diverse linee politiche, all'interno di quello stesso partito), sia gli elementi di differenziazione (in particolare: l'esistenza di governi di coalizione, mai avutisi finora in Giappone, e il ruolo politico fondamentale svolto dal PCI), sono tutti aspetti della storia italiana che attirano l'interesse degli studiosi giapponesi. Purtroppo mancano ancora studi di analogo livello sulla storia della Resistenza, cioè il momento storico di transizione fra il crollo del fascismo e l'avvento della Repubblica: tutto ciò che possiamo trovare è la traduzione delle *Lettere di condannati a morte della Resistenza italiana* e qualche breve articolo[36].

Durante gli ultimi trent'anni gli studi storici sull'Italia contemporanea hanno fatto grandi progressi[37], ma rispetto a quelli su Gran Bretagna, Francia, Germania e Russia presentano un certo ritardo. Tuttavia le occasioni di soggiornare in Italia e quindi le possibilità di consultazione diretta delle fonti per i giovani ricercatori giapponesi sono notevolmente aumentate negli ultimi tempi.

Se proseguiranno le ricerche a carattere comparato e verrà attuato un confronto aperto e costante tra le attività culturali dei nostri due paesi, è dato sperare, in un prossimo futuro, nella comparsa di studi originali, in cui si esprima una coscienza delle problematiche in discussione da un punto di vista giapponese.

Riconosco che questo mio intervento si presenta con un carattere prevalentemente informativo, e me ne scuso, ma in ciò si riflette proprio la situazione giapponese attuale.

* [Una prima stesura della relazione di H. Kitahara è stata pubblicata in «Studi Storici», 1, 1993, pp. 83-94, con il titolo *La storia dell'Italia contemporanea nella storiografia giapponese.*]

[1] A. Kitahara, *Risorgimento to tōitus-kokka no seritsu*, in «Iwanami sekai Rekisi Kōza», vol. 20, 1971.

[2] Id., *Croce no seiji-shisō: jiyūsyughi to fascism* (Il pensiero politico di Benedetto Croce: liberalismo e fascismo), I-II, in «Shisō», 535, 1969, 1970, p. 553.

[3] F. Fujisawa, *Mazzini to seinen e-no uttae* (Mazzini e il suo appello ai giovani), I-II, in «Italia Gakkay-shi», 22, 1974; 26, 1978; 27, 1979.

[4] N. Toyoshita, *Italia no sansen kettei katei* (L'intervento dell'Italia nella prima guerra mondiale), in «Hōgaku Ronsō», vol. 90, 1971.

[5] N. Kiryū, *Fascism hatten no danmen* (L'origine del fascismo nella Valle Padana), in «Shakai Shisō», voll. 2-3, 1972 (anche in «Quaterly Journal of Social Thought», autunno 1972, pp. 95-123); *Fascist kumiai* (Storia dei sindacati fascisti), in «Italia Gakkai-shi», 24, 1976; *Kyodotai kokka* (Lo Stato corporativo), in «Seiyōshi-gaku», 106, 1977.

[6] S. Murakami, *Italia catholic undō no hi-dakyōsyughi* (Gli intransigenti nel movimento cattolico italiano), in «Seiyōsigaku», 93, 1974; *Italia catholic undō no taisyūteki kiban* (La base popolare del movimento cattolico italiano), in «Italia Gakkai-shi», 26, 1978.

[7] K. Sakai, *Kindai Lombardia dai-nōjyō keiei no rekishiteki seikaku* (La grande azienda agricola nella Lombardia moderna), in «Tochi-seido shigaku», 1974, 65; *Kindai Toscana seppan-keiei no kōzō* (La struttura della mezzadria nella Toscana moderna), in «Nōgyō Keizai Kenkyu», vol. 48, 1976, 1; *Italia nanbu no latifundium no kōzō* (Il latifondo meridionale nell'età moderna), in «Syakai Keizaisi-gaku», vol. 42, 5, 1976.

[8] T. Yughe, K. Shimizu, T. Morita, A. Kitahara, *Storia d'Italia*, Tokyo, 1976.

[9] I. Kōghe, *Carlo Cattaneo kenkyu* (Studi su Carlo Cattaneo), in «Hōgaku Ronsō», vol. 100, 1976, 2; vol. 100, 1977, 4; vol. 101, 1977, 6; vol. 103, 1978, 1; vol. 103, 1978, 6.

[10] H. Shibano, *1848-49 kakumei no Roma minsyū undō* (Il movimento popolare romano nella rivoluzione del 1848-49), in «Syakai Unod-shi», 9, 1981.

[11] M. Toda, *Malatesta o meguru nan-ō karano tegami* (Lettera dall'Europa meridionale intorno a Errico Malatesta), in «Siryū», 17, 1976; *1871: Napoli seinen gunzō to Malatesta* (1871: i giovani napoletani e Errico Malatesta), in «Nichi-i Bunka Kenkyū», 20, 1982.

[12] Y. Baba, *Giolitti taisei no kiki* (La crisi del regime giolittiano), in «Syakaikagaku-kenkyū», vol. 31, 1979, 2; 1980, 4; *Italia ghikaiseiji no kiki to fascism* (La crisi del sistema parlamentare e il fascismo), in «Fascism Jidai no Kokka to Syakai», vol. 7, 1979.

[13] S. Takahashi, *Italia fascism to kōgyōkai* (Il fascismo italiano e gli industriali), in «Hodaku-Zasshi», vol. 24, 1-4, 1978-79.

[14] N. Tranfaglia, *I giapponesi importano la nostra storia*, «La Stampa - Tuttolibri», 17 gennaio 1981.

[15] F. Barbagallo, *L'azione parallela*, Napoli, 1990, pp. 75-76.

[16] AA.VV., *Italia fascism: Senshi no Kakumei Seisansya no Kokka*, Tokyo, 1985.

[17] Cfr. *Lo Stato liberale italiano e l'età Meiji*, Atti del I Convegno Italo-Giapponese di studi storici (Roma, 23-27 settembre 1985), Roma, 1987.

[18] Y. Baba, *Lo stato liberale e lo stato di Meiji*, ivi, p. 233.

[19] S. Murakami, *Nazionalizzazione delle masse e istruzione popolare*, ivi, pp. 243-44.

[20] K. Sakai, *Kindai Italia nōgyō no siteki tenkai* (Lo sviluppo storico dell'agricoltura nell'Italia moderna), Nagoya, 1988.

[21] S. Murakami, *Ken-i to fukujyū: catholic seitō to fascism* (Autorità e obbedienza: un partito cattolico e il fascismo), Nagoya, 1989.

[22] F. Fujisawa, *Aka-syatsu no eiyū Garibaldi* (Garibaldi. L'eroe in camicia rossa), Tokyo, 1987.

[23] M. Toda, *Errico Malatesta da Mazzini a Bakunin*, Napoli, 1988.

[24] N. Toyoshita, *Italia senryōsi jyosetsu* (L'occupazione degli Alleati in Italia), Tokyo, 1984.

[25] AA.VV., *Gramsci to ghendai*, Tokyo, 1988.

[26] E. Takemura, *Ghendai-shi ni okeru Gramsci* (Gramsci nella società contemporanea), Tokyo, 1989; K. Kataghiri, *Gramsci no sekai* (Il mondo di Gramsci), Tokyo, 1991.

[27] F. Atori, *Gramsci to Ghendai nihon seiji* (Gramsci e la politica giapponese contemporanea), Tokyo, 1990.

[28] T. Uemura, *Clio no tekagami* (Lo specchio di Clio), Tokyo, 1989.

[29] H. Takeyama, *Mafia*, Tokyo, 1988.

[30] K. Shimizu - A. Kitahara (a cura di), *Gaisetsu Italia-si*, Tokyo, 1988.

[31] Barbagallo, *L'azione parallela*, cit., p. 72.

[32] A. Kitahara, *Sicilia minzoku no sinwa* (Sicilianismo e «nazione» siciliana), in «Minzoku no Sekaisi», vol. 9, 1990; *Sicilia*, in «Sekaisi heno Toi», vol. 8, 1990.

[33] H. Jin-nai, *Toshi o yomu: Italia* (Leggere le città d'Italia), Tokyo, 1988.

[34] Cfr. proposito A. Kitahara, *Minani Italia no jettatura* (Jettatura nel Sud), in «Rekisi no metodologie», 1984, e Uemura, *Clio no tekagami*, cit.

[35] Y. Baba, *Rekisiteki dakyo ka Kenryoku syōaku ka* (Il compromesso storico o la conquista del potere), in «Rengō Seiji», II, 1984; S. Murakami, *Hosyutō no dilemma* (Il dilemma del partito conservatore), in «Kokusai-kenkyu», 5, 1988.

[36] A. Kitahara, *Italia no Resistance* (La Resistenza italiana), in «Fascism Jidai no Kokka to Syakai», 8, 1980; K. Suzuki, *Napoli no 4 kkakan* (Le quattro giornate di Napoli), in «Kensyū Yoteki», 32, 1989; K. Suzuki, *Italia resistance* (La Resistenza Italiana), in «Kensyū Yoteki», 33, 1990.

[37] A titolo informativo, si fornisce qui appresso l'elenco delle opere italiane di storia contemporanea tradotte in giapponese (in parentesi: nome del traduttore e anno di pubblicazione della traduzione giapponese): G. Fiori, *Vita di Antonio Gramsci*, Bari, 1967 (Michirō Fujisawa, 1972); R. De Felice, *Intervista sul fascismo*, Bari, 1975 (Tomokazu Nisikawa e Sin-ichirō Murakami, 1979); P. Spriano, *L'occupazione delle fabbriche: settembre 1920*, Torino, 1964 (Naotake Kiryū, 1980); G. Procacci, *Storia degli italiani*, Bari, 1968 (Narahiko Toyoshita e altri, 1984); P. Farneti, *La democrazia in Italia tra crisi e innovazione*, Torino, 1978 (Yasuo Baba, 1984); G. Fabiani, *L'agricoltura in Italia tra sviluppo e crisi (1945-1977)*, Bologna, 1979 (Kazuo Tomiyanne e Ken-ichi Sakay, 1985); C. Ginzburg, *Miti Emblemi Spie*, Torino, 1986 (Hirohide Takeyama, 1988); Id., *Il giudice e lo storico*, Torino, 1991 (Tadao Uemura, 1992).

VICTORIA DE GRAZIA

DAGLI STATI UNITI D'AMERICA

1. Per un americano colto, ma sprovvisto di una specifica formazione storica, l'Italia del XX secolo è il paese del paradosso. Gli è difficile capire come la sua grande civiltà possa conciliarsi con i massacri della mafia o la violenza dei brigatisti, per non parlare dei due decenni di dittatura fascista. Né gli è più facile capire come un paese, ancora non molto tempo fa tanto povero da dover spedire nel mondo masse di emigranti, abbia oggi livelli di benessere eccezionalmente alti. O ancora: come multinazionali aggressive, quali la Fiat e la Benetton, possano coesistere con un governo permanentemente in crisi e una amministrazione inefficiente e corrotta. Fino a poco tempo fa l'Italia destava meraviglia per avere il più grande partito comunista dell'Occidente capitalistico, anche se questo poteva suscitare qualche preoccupazione dal punto di vista della collocazione internazionale del paese. In quanto patria del cattolicesimo si poteva essere indotti a guardare all'Italia come a un paese ascetico, impregnato di forti valori familiari. Ma gli italiani colpiscono per uno stile di vita edonistico, con un tasso di crescita demografica che è il più basso d'Europa.

Sono questi alcuni dei paradossi che continuano a fare dell'Italia un argomento attraente, spesso soggetto di cronaca, anche se non oggetto di uno studio continuato. Fino a quando la storia politica ha avuto il primo posto nell'istruzione universitaria e lo Stato nazione è stato il principale oggetto di studio, l'Italia ha mantenuto una posizione di riguardo. Fino agli anni sessanta i dipartimenti di storia delle maggiori università offrivano corsi di storia italiana, i lavori di tipo comparato non potevano non prendere in esame il caso italiano e l'elenco delle persone che scrivevano di storia d'Italia, se non esteso, era certo prestigioso. Basti pensare a studiosi come H. Stuart

Hughes, Shephard B. Clough, Charles Delzell, Richard Webster e A. William Salomone, tutti provvisti di una posizione di prestigio all'interno dell'accademia americana[1].

All'inizio degli anni ottanta la situazione muta visibilmente: la storia d'Italia nel XX secolo, come campo di ricerca accademica ben delineata, sta ormai scomparendo, ed è difficile immaginare un suo eventuale ripristino, almeno nei termini tradizionali di una storia politica. Contrariamente a quanto avviene per la Francia, la Germania e la Gran Bretagna, la ricerca sulla storia d'Italia dispone di poche risorse, non si avvantaggia di alcuna rivista specializzata, e pochi sono gli studenti che si specializzano in questo campo dopo la prima laurea (*Bachelor of Arts*). Ma ciò che è più preoccupante, l'Italia non suscita più alcun dibattito storiografico, diversamente da quanto accadeva negli anni 1960-80, quando la revisione del giudizio sul fascismo e la ripresa della sinistra erano oggetto di discussione permanente.

Mi sembra che questo declino debba essere analizzato in una doppia prospettiva: la prima relativa ai forti cambiamenti che si sono determinati in America per quanto riguarda il gusto e le metodologie storiografiche[2]; la seconda relativa alla crisi che si è prodotta in Italia negli studi di storia contemporanea. In effetti la fioritura di studi italiani che si ha in USA durante gli anni sessanta e settanta va di pari passo con una rinascita in Italia degli studi di storia contemporanea. Penso ai dibattiti sul fascismo, sul fallimento del liberalismo e sul ritardo dell'industrializzazione, che si sviluppano spesso con schieramenti esplicitamente politici.

Si trattava allora di una ricerca non priva di orizzonti internazionali. L'indirizzo marxista, ad esempio, cerca un contatto con la scuola delle *Annales*, con la nuova cliometrica USA e con la storia sociale di provenienza anglo-americana per dare battaglia alle posizioni liberali e cattoliche, più tradizionali e conservatrici, e sprovincializzare l'insieme della ricerca storica italiana. Questi dibattiti, per il fatto di essere influenzati dagli orientamenti politici della guerra fredda, sono anche facilmente accessibili a un pubblico straniero e riscuotono molta simpatia fra quegli storici americani che vogliono uscire da una visuale prettamente storiografica, improntata dal «consensus», ossia da una prospettiva che mette enfasi sull'eccezionalità della storia statunitense. La dimensione comparata comincia ad affievolirsi negli anni settanta, aprendo la strada a un processo di «riprovincializzazione» della storiografia italiana, che va di pari passo con il ridimensionamento del campo della storiografia negli USA.

Per illuminare questo doppio movimento voglio soffermarmi su tre punti:

1) La configurazione della ricerca storica negli USA, e come questa incida sulla portata degli studi sull'Italia contemporanea.

2) Le innovazioni che si sono prodotte nella storiografia americana, soprattutto per quanto riguarda gli studi sul genere e le realtà etniche, che possono avere una rilevanza anche nell'ottica degli studi italiani.

3) La difficoltà che si è registrata nella storiografia italiana a cogliere e definire la peculiarità dello sviluppo storico nazionale.

Il carattere dell'epoca contemporanea e i suoi risvolti a livello dello Stato nazionale rimangono sempre un problema aperto. Se ci rivolgiamo alla storiografia tedesca più recente, ad esempio, vediamo che la particolare collocazione della Germania nel processo di modernizzazione ha animato negli ultimi anni il dibattito e la produzione più significativa. Il tema è stato presente anche nella produzione francese e inglese, con una larga gamma di questioni che va dal processo di formazione dello Stato nazione al ruolo dell'istituto familiare. Non si può dire che altrettano sia avvenuto in Italia, nonostante l'esistenza di una serie di «ambiguità» strutturali della storia d'Italia, che vanno dal carattere dualistico del suo sviluppo alla sua collocazione tra continentale e mediterranea, in parte centro e in parte periferia dello sviluppo capitalistico. Si tratta di un vuoto di analisi che mi sembra meriti una particolare attenzione.

2. Per comprendere l'origine del declino dell'Italia nel panorama degli studi storici americani è importante anzitutto tenere presente come si definiscono in USA la professionalità dello storico e i temi della ricerca. Basti pensare alla AHA (*American Historical Association*) con i suoi 16.091 membri; una istituzione provinciale e cosmopolita nello stesso tempo, intellettualmente aperta a tutte le novità, ma insieme assai angusta e tradizionale nella delimitazione dei rispettivi campi di studio. E ancora: da una parte promotrice disinteressata di ogni sorta di ricerca, dall'altra sottilmente politicizzata e fortemente sensibile agli orientamenti del mercato, quando si tratta di posti di lavoro, pubblicazione di libri, borse di studio, concessione di titoli di merito[3]. Gli studi di specializzazione, compresa la tesi per il dottorato, implicano un lavoro di sei-sette anni (anche se mai abbastanza lungo per compensare le lacune

normalmente accumulate nella fase precedente del *curriculum* universitario). Se intorno al sesto anno lo studente è in grado di trovare un posto di lavoro – che, normalmente, implica l'insegnamento di sei corsi all'anno – il suo prossimo obiettivo sarà quello della revisione della tesi, per ottenere la *tenure*, [ovvero, il diritto alla garanzia del posto di lavoro] dalla istituzione da cui è stato assunto. Per ottenere un posto garantito, che dà accesso a una posizione assolutamente privilegiata nel mercato del lavoro, bisogna quanto meno aver pubblicato il primo libro, normalmente basato sulla tesi di dottorato rivista innumerevoli volte, per un tempo complessivo di lavoro che abbraccia mediamente un periodo di dieci anni. In mancanza di *tenure*, si è costretti a rivolgersi a istituzioni di livello più basso, o ad abbandonare l'accademia in quanto tale.

Questo lungo processo di formazione, che garantisce dei buoni livelli di artigianato intellettuale, anche se non alti gradi di tempestività culturale, è fortemente condizionato dallo stato del mercato del lavoro nel campo dell'insegnamento universitario. In periodi di vacche magre, come nella situazione attuale e come era negli anni settanta, le istituzioni accademiche fanno scelte conservatrici per quanto riguarda la definizione dell'incarico d'insegnamento, l'assegnazione di borse di studio, o la pubblicazione di libri. Si tende a favorire le specializzazioni più importanti dal punto di vista dell'insegnamento agli *undergraduates*, ciò che significa (a eccezione del Nord-Est del paese dove vivono consistenti comunità italo-americane) escludere la storia d'Italia dal novero delle opzioni. Analogo il comportamento degli studenti, sempre estremamente attenti al potenziale valore di mercato della loro specializzazione intellettuale.

Nella presente congiuntura le fortune degli studi italiani sono contraddittorie. Da una parte l'accademia americana continua a guardare all'Italia come a un campo di studi importanti, soprattutto per quanto riguarda il Rinascimento e il Medioevo. Conseguentemente «The American Historical Review», organo ufficiale della AHA, e il meno ufficiale «Journal of Modern History» sono sempre alla ricerca di articoli e di recensioni di libri sulla storia d'Italia, per mantenere un equilibrio con l'attenzione che portano a Germania, Francia e Inghilterra. Gli specialisti di storia italiana allestiscono con cura repertori bibliografici, guide e dizionari per facilitare l'insegnamento[4]. Ma ancora, la definizione di un posto di insegnamento in termini di tema piuttosto che di nazione (storia delle donne, storia globale, storia della cultura, invece di storia dell'Inghilterra, della

Francia, o della Germania) può favorire l'assunzione di studiosi che, pur essendosi specializzati, ad esempio, con un lavoro sulle donne in Italia, insegneranno di fatto storia delle donne; o che, pur avendo scritto sulla politica culturale del fascismo, insegneranno storia della cultura in generale.

D'altra parte, studenti particolarmente dotati sono scoraggiati dallo studio dell'Italia contemporanea per la deplorevole mancanza di insegnamento delle lingue straniere nelle scuole secondarie, per la mancanza di fondi di ricerca e per la consapevolezza del fatto che fare ricerca in Italia, oltre a essere eccezionalmente costoso, è particolarmente difficile per lo stato di prostrazione in cui si trovano archivi, biblioteche e altre simili istituzioni di ricerca. Infine, il pensionamento di tutto un gruppo di studiosi più anziani, a cui si devono lavori importanti su liberalismo, fascismo e sinistra italiana, ha lasciato il campo a una generazione più fortemente specializzata, e spesso collocata in istituzioni di più basso livello. Sebbene per questo aspetto non si trovino in una situazione molto diversa da quella dei loro colleghi specialisti di storia francesce o tedesca, gli italianisti mancano di una rete di collegamenti bene articolata, di riviste specializzate e di conferenze prestigiose che favoriscono i settori più forti.

Alcune di queste anomalie generate dal contesto istituzionale americano sono di per sé evidenti, solo che scrutiamo le notizie di coloro che hanno sottoscritto nel 1992 la «Newsletter» della *Society for Italian Historical Studies*, affiliata alla AHA[5]. Vi troviamo ad esempio l'avviso ben pubblicizzato che Louise Tilly, professore alla New School for Social Research, è stata eletta alla carica prestigiosa di presidente dell'AHA. Tilly aveva cominciato a studiare la classe operaia milanese lavorando con David Landes ad Harvard, ma la sua fama di studiosa è legata a ricerche di tipo comparato su donne, famiglia e lavoro in Francia e Germania[6]. Nello stesso numero delle «Newsletters» siamo informati che il suo atteso libro su *Politics and class in Milan, 1881-1901*[7] è finalmente uscito. La ricerca meticolosa sottesa al libro fa riferimento ai dibattiti italiani degli anni settanta (Procacci, Berta, Merli) e alla produzione tedesca dello stesso periodo (Hunecke): ma il suo punto di riferimento concettuale è dato dal dibattito di scienza sociale degli anni ottanta sul modo in cui Stato e partiti interferiscono nella formazione delle classi, facilitando od osteggiando una rappresentazione della classe operaia nel contesto nazionale. Visto che né storici italiani, né storici americani dell'Italia hanno partecipato a questa ricerca, che ha puntato soprattutto sul Nord-Europa, è difficile immaginare quale risonanza possa avere un libro come questo nel campo degli studi italiani[8].

Sempre nello stesso numero delle «Newsletters» sono altresì elencati i titoli di diciassette tesi di laurea in storia italiana in fase di lavorazione, cinque delle quali in storia contemporanea. Si tratta di un insieme eclettico: le prigioni nel periodo liberale, la «Civiltà cattolica», la questione etnica in Galles e nella Valle d'Aosta. Significativamente le due ricerche più ambiziose dimostrano come il lavoro più innovativo si stia sviluppando in rapporto e in dialogo con altre aree disciplinari. Una di queste tesi, che è svolta presso il dipartimento di Berkeley e affronta il problema della pianificazione urbana in Libia durante il fascismo, è influenzata dai lavori di Giorgio Ciucci e degli altri storici dell'architettura dell'Università di Venezia e dell'antropologo culturale Paul Rabinow. L'altra, che è svolta nel dipartimento di storia della Rutgers University, affronta il problema della politica dell'alimentazione nel periodo tra le due guerre, ispirandosi al campo specifico di studi sulle politiche dello Stato sociale e della cultura del consumo[9].

3. Se si sposta lo sguardo dal campo della storia nel senso più stretto, si vede che le maggiori innovazioni provengono dunque da un approccio interdisciplinare.

Un importante campo di ricerca riguarda non l'Italia, ma quella che si potrebbe definire l'«Italianità». Sebbene ci si riferisca in questo caso al ruolo dell'etnia nella società americana, piuttosto che alla questione della identità nazionale recentemente discussa da Silvio Lanaro e altri in Italia, i due terreni di studio potrebbero rivelarsi meno distanti di quanto possa sembrare inizialmente in ragione della diversità delle metodologie e dei contesti nazionali. Alla fine degli anni ottanta, la comunità italo-americana rappresentava il 5 per cento della popolazione USA. Cinque milioni di italiani erano venuti in America tra il 1820 e il 1970 (con un flusso migratorio secondo soltanto a quello tedesco), due milioni dei quali nel decennio 1901-1910, provenienti nella misura dell'80 per cento dal Mezzogiorno. In questo senso l'esperienza italo-americana rappresenta un terreno importante di studio dei processi di raggruppamento etnico e di formazione delle classi. Negli anni sessanta, quando divenne chiaro che l'assimilazione degli emigranti non procedeva secondo l'immagine ottimistica del *melting-pot* e che l'etnia tornava a fungere da importante fattore di aggregazione comunitaria, ma anche di conflitto, gli italo-americani divennero oggetto di ricerca, spesso da parte degli americani di origine italiana.

Questi studi si sono organizzati attorno a due temi. Il primo, relativo alla formazione della classe operaia, si è rifatto ai lavori di alcune personalità di rilievo della nuova storia sociale, come Herbert Gutman, David Montgomery, E.P. Thompson (seppure in modo più indiretto), e ha posto in luce l'interazione tra solidarietà etnica e coscienza di classe da un lato, la resistenza a integrarsi nella società capitalistica americana, dall'altro[10]. Il secondo tema è costituito dal tentativo di spiegare e collocare la tessera italiana all'interno del «mosaico etnico» – per usare la nuova metafora sostitutiva del *melting-pot*. In questo caso, abbandonato il tema dell'estinzione dell'etnicità, si è insistito sulla sua continua evoluzione come tramite di formazione di identità collettive e individuali[11]. In questo senso il problema dell'etnia si presenta contiguo alla nozione di *The Making of Tradition*, così come è stata proposta da Eric Hobsbawm e Terrence Ranger[12]. La conclusione è che se la connotazione etnica nel senso originario del termine diminuisce, rendendo gli atteggiamenti degli italiani non diversi da quelli degli altri gruppi di provenienza europea, l'eredità italiana è costantemente reinventata per promuovere un senso di identità e di differenza, ma anche per competere con gli altri gruppi.

Questo approccio garantisce una maggiore interconnessione tra Europa e America, tra Italia ed emigranti italiani e tra coloro che studiano il problema dell'identità nazionale in USA e in Italia. Il fatto che il tasso di rientro in Italia degli emigranti sia il più alto in assoluto è stato invocato per argomentare l'esistenza di una interpretazione più flessibile del concetto di ordine dello Stato nazione, ma anche per presentare la diaspora dell'emigrazione come un aspetto permanente dello sviluppo capitalistico mondiale[13]. E questo vale sia per il movimento migratorio che dall'area mediterranea si dirige verso l'Italia, che per l'emigrazione interna italiana, sia per l'emigrazione italiana in Europa, sia, infine, per l'emigrazione transoceanica del secolo scorso[14].

L'ossessione americana per le radici (*roots*) è determinante anche per capire un altro campo di studi italiani costituitosi più recentemente: la storia tragica delle comunità ebraiche nel nuovo ordine nazista. Negli Stati Uniti, dove una consistente popolazione ebraica è largamente rappresentata nelle università e nell'editoria, l'Olocausto è diventato un elemento di periodizzazione della storia mondiale, ormai familiare sia al più grande pubblico, attraverso programmi televisivi, luoghi della memoria e iniziative editoriali di massa, sia agli storici, in virtù di una vera e propria proliferazione di corsi universitari, riviste e monografie. Il punto di partenza di questi studi è dato dalla considerazione del fatto che nonostante l'antisemitismo ufficiale del regime fascista, la popolazione ebraica è sopravvissuta in Italia meglio che altrove. Dei 44.500 cittadini definiti ebrei secondo le leggi vigenti, 7.682 sono periti durante la seconda guerra mondiale, la maggior parte dei quali nei campi di sterminio nazisti. Certo non mancò una collaborazione italiana al progetto della soluzione finale: ma il tasso di sopravvivenza della popolazione ebraica italiana, l'83 per cento, non è superato che dalla Danimarca, dalla Finlandia e dalla Bulgaria.

Anche se probabilmente non danno alle ricerche già condotte dalla storiografia italiana il riconoscimento dovuto[15], questi nuovi studi offrono spunti importanti sul comportamento dell'italiano medio, e sul funzionamento delle burocrazie civili e militari. Per esempio Susan Zuccotti sottolinea, in modo non del tutto convincente, il ruolo positivo svolto dalla rete associativa cattolica, nonostante le ben note tergiversazioni di Pio XII. Mentre lo storico inglese Steinberg ricorda le tradizioni del liberalismo risorgimentale e sottolinea la gelosa difesa di proprie speciali prerogative da parte delle gerarchie militari, dinanzi all'invadenza tedesca, e l'avanzato grado di assimilazione degli ebrei nell'esercito e nelle altre istituzioni pubbliche, per spiegare la protezione concessa agli ebrei in tutti i territori balcanici occupati da forze italiane[16].

Ma hanno ancora un certo rilievo argomenti di tipo «essenzialista», facenti riferimento al carattere anarchico della vita sociale italiana, come ostacolo per una conseguente attuazione del programma antisemita, o all'«umanità di un popolo antico e civile», per riprendere l'espressione di Hannah Arendt. Ci può essere qualcosa di vero qui, se l'argomento è presentato come caratterizzazione del tipo di modernizzazione attraversata dalla società civile e dallo Stato italiano. Se vogliamo assumere fino in fondo la tesi che il giudeocidio (secondo la terminologia di Arno Mayer[17]) è un momento che definisce la civilizzazione contemporanea, dobbiamo capire meglio perché in Italia, diversamente da quanto è avvenuto in Francia e Germania, la forza di coercizione dello Stato non è stata impiegata per obbiettivi razziali, almeno nei confronti degli ebrei. Il problema è tutt'altro che irrilevante per comprendere la natura del senso di nazionalità degli italiani, e della loro interpretazione del sistema dei diritti e dei doveri impliciti nella cittadinanza.

Anche gli studi sul genere, che costituiscono oggi una parte così importante della produzione accademica americana, hanno sollevato nuove domande su aspetti non secondari della storia della società italiana. Ad esempio come riconciliare l'apparente acquiescenza «da madonninne» delle donne italiane con la loro larga partecipazione ai movimenti di massa. Del resto l'interesse iniziale della storiografia femminista americana per la riscoperta del passato delle donne non era forse l'approccio più appropriato allo studio della storia d'Italia, sebbene questa prospettiva abbia favorito il formarsi di un positivo apprezzamento degli scritti di Franca Pieroni Bortolotti, contribuendo così alla produzione di studi su importanti figure di donne laiche e socialiste, sulle mondine, per non parlare dello studio di Judith Hellman sulle relazioni tra neo-femminismo e comunismo[18]. Inoltre, in base a nuovi studi sulla demografia e la famiglia, sono state corrette alcune visioni troppo semplicistiche, come, ad esempio, l'idea che la famiglia estesa fosse inevitabilmente condannata, per effetto dei processi di urbanizzazione, a trasformarsi in famiglia nucleare. Si è sottolineato, di contro, che il coresindenzialismo è in certi casi funzionale alla modernizzazione[19]. Nello stesso tempo è caduta l'idea che le famiglie italiane fossero tutte egualmente ampie e che le campagne demografiche di Mussolini avessero effettivamente influenzato il tasso di natalità[20].

È un difetto della storia delle donne il fatto di essersi concentrata sul rapporto tra donne e società patriarcali, dimenticando talvolta la specificità dei contesti nazionali. Nel mio ultimo studio *How fascism ruled women: Italy 1922-1945*[21] ho sostenuto che il fascismo non aveva una strategia ben definita nei confronti della «questione femminile», ma che agiva, come accadeva in altri paesi, secondo una nozione di cittadinanza femminile. Comunque, in ragione delle strategie economiche del regime, basate sull'idea di una economia il più possibile autosufficiente e sulla compressione dei salari e dei consumi, il fascismo definì una propria peculiare forma di discriminazione, al centro della quale stava lo sfruttamento sistematico della donna, come lavoratrice, come madre, come capofamiglia; per sostenere questa tesi mi sono avvalsa di tre tipi di comparazione: tra donna e uomo, tra fascismo e prefascismo, e tra donne italiane e donne di altri paesi.

Lo studio della sinistra italiana, precedentemente una delle aree di ricerca più consistenti, sta invece scomparendo. Negli anni sessanta, ma forse anche prima, la sinistra americana rimase affascinata da quella che è stata fino a poco tempo fa la più grande forza politica di sinistra dell'Occidente. In un paese in cui non esisteva traccia di movimento socialista, la sinistra italiana rappresentava un modello di umanitarismo e di dure conquiste, di rituali populisti e di sofisticazione intellettuale. Il campo di ricerca si estendeva dall'avventura di Sapri al terrorismo brigatista, dall'anarchismo del XIX secolo alle strategie comuniste e socialiste di oggi[22].

I primi a cogliere la novità rappresentata dal PCI, specialmente rispetto al partito comunista francese, furono i marxisti: in particolare John Cammett, il cui lavoro su *Antonio Gramsci and the Origins of Italian Communism* del 1967[23] doveva introdurre il suo amico e allora collega di dipartimento alla Rutgers University, Eugene Genovese, al problema dell'egemonia, determinando così effetti di lungo periodo sulla storiografia della nuova sinistra americana. La sfida veniva raccolta dagli scienziati politici con il libro di Sidney Tarrow *Peasant Communism in Southern Italy*, ancora del 1967[24], che assai precocemente metteva in luce le contraddizioni proprie di un partito di massa della sinistra alla ricerca di un consenso assai distante dalla sua naturale base operaia. La nascita dell'eurocomunismo, che sembrava finalmente trasformare il PCI in un normale partito di opposizione socialdemocratica, dando vita anche in Italia alla formazione di un sistema bipartitico, concentrò l'attenzione di un gruppo di giovani scienziati sociali dell'area Boston-New Haven, tra cui Peter Lange, Steven Hellman e Charles Sabel, i cui lavori hanno incontrato in Italia attenzione e simpatia[25]. Questo indirizzo di ricerca si è dissolto con la sconfitta del progetto eurocomunista.

È comunque interessante sottolineare che da quando l'interesse per la sinistra organizzata è venuto meno – e ciò avviene in modo definitivo con il collasso dell'URSS – la fortuna di Gramsci è andata incontro a una sorta di riqualificazione. Staccati dal loro retroterra politico, e dalla tradizione marxista di cui sono parte, gli scritti di Gramsci cominciano a ispirare studi di storia culturale con inflessione *radical*. Le pubblicazioni in lingua inglese si moltiplicano, mentre il vocabolario delle scienze sociali si arricchisce della più tipica terminologia gramsciana: subalterno, egemonia, guerra di posizione, rivoluzione passiva, intellettuale tradizionale e intellettuale organico[26].

La presenza di Gramsci nella storiografia americana diviene in un certo senso anche più esplicita che in Italia, soprattutto in ragione dello studio di Genovese, *Roll Jordan Roll*[27], dedicato all'analisi dei legami di interdipendenza tra schiavi e padroni nel Sud di prima della guerra civile. In qualche misura la nozione di egemonia viene assimilata a quella di integrazione, mancando una precisa comprensione del fatto che il concetto gramsciano è intimamente legato al problema di una ristrutturazione dei rapporti tra Stato e società civile. Nell'uso che la storiografia americana fa del concetto di egemonia, non ci si allontana molto dalla nozione di equilibrio sociale propria del funzionalismo parsonsiano, o, se si vuole, dal concetto foucaultiano di discorso[28]. E tuttavia rimane estremamente interessante il fatto che la capacità tipica del pensiero gramsciano di cogliere la molteplicità di dimensioni, che il dominio culturale assume nelle società complesse, abbia attirato l'attenzione di giovani studiosi volti ad afferrare le forme intensamente simboliche di cui la cultura del consumo si ammanta nel capitalismo del XX secolo. In questa prospettiva Gramsci è un pensatore del moderno, che, al pari di Marx e Weber, cerca di spiegare la realtà sociale attraverso la formulazione di leggi generali, e insieme del post-moderno, nella misura in cui il suo pensiero è in grado di cogliere le forme della differenza e della complessità[29]. La sua fortuna sarà ulteriormente stimolata dalla traduzione in inglese della edizione critica dei *Quaderni*, di cui è già uscito il primo volume presso la Columbia University Press.

4. Qualunque giudizio si voglia dare sulla politica della sinistra italiana, è difficile negare il fatto che l'opposizione aperta nei confronti degli ordinamenti politici ed economici dominanti, che essa ha mantenuto fino alla metà degli anni settanta, ha rappresentato un importante fattore di stimolo della riflessione storiografica sia in Italia che all'estero.

Senza voler mitizzare gli anni settanta, voglio ricordare rapidamente le maggiori questioni che vennero allora poste sul tappeto e cercare una spiegazione al fatto che questa sorta di programma di lavoro non ha conosciuto successivamente alcuno sviluppo di rilievo, così come è avvenuto invece in altri paesi. L'attenzione fu allora concentrata sul fallimento del liberalismo italiano, con particolare attenzione alla fase che dalla crisi del giolittismo porta all'affermazione del fascismo. Gli storici americani si sono dimostrati capaci di sviluppare su questo terreno una notevole mole di lavoro, tra l'altro stimolati da Gaetano Salvemini, in esilio negli USA durante il fascismo, dall'economista della Columbia University Carl Schmidt, che pubblica nel 1938 il suo libro intitolato *L'aratro e la spada*, e dallo scienziato politico Herbert Schneider, che analizza le strutture dello Stato corporativo[30]. Negli anni sessanta, inoltre, l'importanza di un approccio marcatamente comparato è richiamata con forza nella storiografia americana sia da Barrington Moore (*Le origini sociali della dittatura e della democrazia*), che da Alexander Gerschenkron, il quale, come è noto, dà al caso italiano un posto di particolare rilievo nel proprio modello interpretativo dello sviluppo industriale europeo, certamente anche sulla base dello stimolo intellettuale rappresentato dall'approccio comparato suggerito dagli scritti sul Risorgimento di Gramsci[31]. Ma negli anni sessanta guardano con insistenza al caso italiano anche gli studiosi delle relazioni internazionali, che adottano allora un approccio revisionista. Penso in particolare all'analisi condotta da Arno Mayer del conflitto tra «forze dell'ordine» e «forze del movimento» nell'Europa della pace di Versailles, ormai alle prese con l'ordinamento internazionale di tipo bilaterale, provocato dalla Rivoluzione d'ottobre[32].

Il lavoro di Charles Maier *Recasting Bourgeois Europe*, pubblicato nel 1975[33], può essere considerato un importante punto di arrivo di questa corrente di studi. Ma non si possono certo dimenticare i lavori di Roland Sarti sulla Confindustria sotto il fascismo del 1971[34], o il già citato studio di Richard Webster sull'imperialismo italiano[35]. È in questo contesto di studi che nacquero il mio *The culture of consent: Mass organisation of leisure under fascist rule* pubblicato nel 1981, e la ricerca intrapresa da Anthony Cardoza, allievo di Arno Mayer, sulla politica agraria nel bolognese[36]. Il mio problema principale era quello di capire come la dittatura fascista avesse affrontato il problema, comune a tutte le democrazie a partire dal primo dopoguerra, di integrare le masse. Secondo la mia analisi si erano determinati cambiamenti strutturali, che rendevano il fascismo costituzionalmente più moderno del precedente regime liberale, soprattutto in riferimento alla capacità dello Stato di influenzare la società civile: le istituzioni governative si sostituivano in qualche modo alla rete di associazioni volontarie, che generano consenso nelle società più avanzate. Il problema di Cardoza era quello di vedere gli agrari di Bologna non come reazionari, ma come modernizzatori, uniti al blocco urbano in una coalizione antirivoluzionaria, per riuscire in seguito a far valere i loro interessi di gruppo nello Stato corporativo.

Questi contributi appaiono oggi come interventi nella più ampia tematica del ruolo dei regimi autoritari nei processi di modernizzazione. In una prima fase gli storici americani sono stati portati a interpretare il fascismo come modernizzatore, seppure con grandi ambiguità: non c'è stato chi lo vedesse come regime reazionario in senso stretto. Simmetricamente opposta l'analisi del nazismo suggerita negli anni settanta dallo storico Hans-Ulrich Wehler e dalla scuola di Bielefeld, secondo cui la eccezionalità del percorso tedesco doveva essere ricercata nel peso determinante esercitato da residui di tipo feudale. È noto come proprio contro questo paradigma, che identifica modernizzazione e democratizzazione, si siano schierati i due storici inglesi David Blackbourn e Geoff Eley, sostenendo che il carattere progressivamente contradditorio e conflittuale assunto dalla storia tedesca dopo il 1870 deve essere ricercato proprio nella intensità e rapidità dello sviluppo capitalistico. Negando l'esistenza di un *Sonderweg* i due storici inglesi hanno sostenuto che il problema delle particolarità di uno sviluppo nazionale può essere colto solo nel quadro di una vasta analisi comparatistica, non condizionata dall'assunzione più o meno esplicita di termini di paragone privilegiati (il caso inglese), secondo l'analisi degli storici di impostazione liberale della repubblica federale[37].

Sfortunatamente questo dibattito è rimasto privo di echi nella storiografia italiana. Già all'inizio degli anni sessanta, Rosario Romeo – in ciò distinguendosi profondamente da tutto l'approcio del Gerschenkron – negava in linea di principio l'utilità di qualsiasi analisi comparata dello sviluppo capitalistico italiano, ritenendosi pago degli effetti di modernizzazione da esso prodotti[38]. Un decennio dopo la stessa operazione veniva ripetuta da Renzo De Felice nella interpretazione del movimento e del regime fascista. Il fascismo è interpretato come un fenomeno *sui generis* e la sua storia deve essere studiata in termini di «ducismo» ossia della particolare arte di governo adottata da Mussolini. Gli studi sul fascismo hanno continuato così a essere esclusivamente dominati in Italia dal problema del consenso, in ottemperanza a un paradigma che ormai s'identifica con una vera e propria struttura di potere accademico.

Negli USA, sulla base dei modelli esistenti di storia sociale e di storia della cultura, si analizzano casi di dissenso nella vita di ogni giorno e si prendono in esame le iniziative culturali di particolari istituzioni fasciste, dal settore della vita associativa giovanile alla promozione di mostre[39]. Collegandosi agli studi sul cinematografo di buon livello pubblicati in Italia (quali, ad esempio, quelli di Gian Piero Brunetta), vari studiosi hanno affrontato il tema del cinema, non tanto come istituzione, quanto come apparato ideologico[40]. In queste ricerche si è cercato soprattutto di documentare i micropoteri esercitati dal fascismo attraverso le istituzioni culturali, sicché è finito per restare sostanzialmente in ombra il quadro più generale, rappresentato dalla ristrutturazione di tipo autoritario dell'insieme della vita pubblica che procede per due decenni.

Questo vuoto di analisi, che domina ormai tutti gli studi italiani sul fascismo, anche quelli di impronta revisionista, può, almeno in parte, spiegare le aporie insite nel tentativo, da parte dello storico inglese Paul Ginsborg, di porre il tema del mancato riformismo al centro della storia d'Italia dopo il 1945.

In generale mi sembra che il problema del riformismo, come quello della dittatura nella storia d'Italia, non possa essere affrontato senza fare riferimento a condizioni che stanno dietro alla formazione dello Stato moderno.

In particolare, due questioni meritano ancora di essere prese in considerazione per cogliere la peculiarità del caso italiano.

Si tratta, innanzitutto, di riportare al centro dell'attenzione il problema degli apparati burocratici dello Stato, quale strumento che una borghesia frammentata si è data per autorganizzarsi a esclusione della classe operaia e dei contadini. Questa dipendenza della borghesia italiana dal politico si accentua durante il fascismo, allorché lo Stato è, insieme, lo strumento di controllo dell'espansione dei diritti di cittadinanza e il mezzo per stimolare l'accumulazione capitalistica. Con il secondo dopoguerra la Democrazia cristiana, incrementando ulteriormente l'apparato dello Stato eretto dal fascismo e usufruendo dell'attiva cooperazione della chiesa cattolica, riesce a costruire una coalizione estremamente vasta ed eterogenea, che abbraccia operai, contadini, ceti medi e industriali. La politica di redistribuzione è intesa sostanzialmente come espediente di contenimento politico della sinistra e di consolidamento del blocco storico fra governo e Meridione.

In secondo luogo, lo studio della famiglia: sia come via per introdurre un problema del genere nello studio della vita pubblica, sia per capire le ragioni di un'anomalia del processo di modernizzazione in Italia, ossia la forte permanenza dei «valori familiari». Quanto meno fin dagli anni trenta si invoca un ruolo della famiglia per contenere gli effetti sociali e politici negativi indotti da una strategia di accumulazione fondata sui bassi salari. La strategia democristiana, tesa a stabilire la famiglia come «fortezza dentro lo Stato», insiste ancora più esplicitamente sul significato economico dei legami familiari: si tratti delle rimesse degli emigranti, dell'autosfruttamento nella conduzione di piccole imprese sia nella città che nella campagna, della costituzione di un reddito familiare più remunerativo, dell'accesso alle risorse rese disponibili dalle politiche dello Stato sociale. In definitiva la singolare persistenza dei legami familiari si configura come qualcosa di più che una risorsa politica addizionale della Democrazia cristiana. Potrebbe essere anche la forma di resistenza di un paese dinanzi al deterioramento progressivo della qualità della vita civile, per non parlare della litigiosità sempre più rumorosa di un sistema politico inefficiente.

5. Se si guarda all'Italia attraverso le lenti della storiografia americana l'immagine del paese è caleidoscopica: i punti di osservazione sono tanti e tanto diversi da rendere problematica l'esistenza di una immagine unitaria dell'Italia. La sprovincializzazione dei due approcci – quello americano e quello italiano – sarebbe sicuramente utile per fare più luce: ma in entrambi i casi fare maggiormente i conti con le peculiarità del caso italiano significa inevitabilmente adottare, senza pentimenti e ritorni, un'ottica di analisi comparata, in assenza della quale, domandarsi quale sia l'immagine dell'Italia nello specchio di culture altre, può risultare un esercizio puramente narcisistico.

[1] Stuart Hughes, professore di storia alla Harvard University, ora in pensione, è l'autore di *The United States and Italy*, Cambridge, 1980[3] [trad. it.: *Italia e Stati Uniti. Un secolo di storia italiana vista da un americano*, Firenze, 1946] insieme ad altri saggi di storia delle idee e della cultura, quali i ben noti *Coscienza e società* [*Storia delle idee in Europa dal 1890 al 1930*, Torino, 1967] e *Da sponda a sponda* [*L'emigrazione degli intellettuali europei e lo studio della società contemporanea (1930-1965)*, Bologna, 1977], con capitoli dedicati a Pareto, Gramsci ecc.; Shepard Clough, anch'egli in pensione, insegnava alla Columbia University ed è autore di *The Economic History of Modern Italy* [trad. it.: *Storia dell'economia italiana dal 1861 ad oggi*, Bologna, 1965]; William A. Salomone insegnava alla Rochester University ed è l'autore di *Democracy in the Making: The Political Scene in the Giolittian Era*, Philadelphia, 1945 (nuova ed., Philadelphia, 1960) [trad. it.: *L'età giolittiana,*, prefazione di G. Salvemini, Torino, 1949 (nuova ed., Firenze, 1989)] e di *Italy from the Risorgimento: An Inquiry into the Origins of the Totalitarian State*, Garden City, 1970; Charles Delzell insegnava alla Vanderbilt University ed è l'autore di *Mussolini's Enemies: The Italian Anti-fascist Resistance*, Princeton, 1961 [trad. it.: *I nemici di Mussolini*, Torino, 1966]; Richard Webster, che si è da poco ritirato dal Dipartimento di storia della University of California a Berkeley, è l'autore di *The Cross and the*

Fasces: Christian Democracy and Fascism in Italy, Stanford, 1960 [trad. it.: *La croce e i fasci. Cattolici e fascismo in Italia*, Milano, 1964] e di *Industrial Imperialism in Italy, 1908-1915*, Berkeley, 1974 [trad. it.: *L'imperialismo industriale italiano*, Torino, 1974].

[2] Per un quadro di ciò che viene definito come la «svolta linguistica» (ossia, *linguistic turn*), cfr. L. Hunt (a cura di), *The New Cultural History*, Berkeley, 1989.

[3] Cfr. P. Novick, *That Noble Dream: The «Objectivity Question» and the American Historical Pression*, Cambridge, 1988.

[4] Cfr. Ch.F. Delzell, *Italy in the Twentieth Century*, Washington DC, 1980; Ph.V. Cannistraro, *The Historical Dictionary of Italian Fascism*, Westport-London, 1982; F.C. Coppa, *Dictionary of Modern Italian History*, Westport-London, 1985; R. Sarti, *A Select Bibliography of English-Language Books on Modern Italian History*, Amberst, Mass., 1989.

[5] Cfr. *Society for Italian Historical Studies*, in «Newsletter», 30, 1992.

[6] Con Joan W. Scott, Louise Tilly è autrice di *Women, Work and Family*, New York, 1978 [trad. it.: *Donne, lavoro, famiglia nell'evoluzione della società capitalistica*, Bari, 1981].

[7] L. Tilly, *Politics and class in Milan, 1881-1901*, New York, 1992.

[8] Si può confrontare il lavoro di Tilly, ad esempio, con D.H. Bell, *Sesto San Giovanni: Workers, Culture and Politics in an Italian Town. 1880-1920*, New Brunswick, 1986, la cui problematica, derivata dallo storico sociale americano Herbert Gutman, punta sulla formazione di una cultura della resistenza.

[9] Mi riferisco alle tesi in corso di svolgimento, rispettivamente di K. von Henneberg su *Architecture and City Planning in Fascist Colonial Libia* (presso il Department of History, University of California, Berkeley) e di C. Heltosky su *Politics and Culture of Food in Interwar in Italy* (presso il Department of History, Rutgers University).

[10] Cfr. E. Ewen, *Immigrant Women in the Land of Dollars: Life and Culture on the Lower East Side. 1890-1925*, New York, 1985; V. Yans Mc Laughlin, *Family and Community: Italian Immigration in Buffalo. 1890-1930*, Ithaca, 1977.

[11] In proposito si rinvia a W. Sollors, *Beyond the Etnicity: Consent and Descent in American Culture*, New York and London, e a Id., *Introduction. The Invention of Etnicity*, in Id. (a cura di), *The Invention of Etnicity*, New York.

[12] E. Hobsbawm - T. Ranger, *The Making of Tradition*, Cambridge, 1983 [trad. it.: *L'invenzione della tradizione*, Torino, 1989].

[13] In proposito si veda D. Cinel, *The National Integration of Italian Return Migration. 1870-1920*, New York and Cambridge, 1991; cfr. anche: Id., *From Sicily to San Francisco: The Immigrant Experience*, Stanford, 1982.

[14] S. Baily - F. Ramella, *One family. Two Worlds: An Italian Family's Correspondence across the Atlantic. 1901-1922*, New Brunswick, 1988.

[15] Il riferimento è all'opera di R. De Felice, *Storia degli ebrei italiani sotto il fascismo*, Torino, 1961 [nuova ed. ampliata: Torino, 1993].

[16] Cfr. H.S. Hughes, *Prisoners of Hope: The Silver Age of the Italian Jews. 1924-1974*, Cambridge, 1983 [trad. it.: *Prigionieri della speranza. Alla ricerca della identità ebraica nella letteratura italiana contemporanea*, Bologna, 1983]; I. Herzer (a cura di), *The Italian Refuge: The Rescue of Jews during the Holocaust*, Washington DC, 1989; M. Michaelis, *Mussolini and the Jews: German-Italian Relations and The Jewish Question in Italy*, New York and London, 1978 [trad. it.: *Mussolini e la questione ebraica*, Milano, 1982]; J. Steinberg, *All or Nothing: The Axis and the Holocaust. 1941-1943*, London-New York, 1990 (nuova ed.: London, 1992); S. Zuccotti, *The Italians and the Holocaust: Persecution, Rescue and Survival*, New York, 1987 [trad. it.: *L'olocausto in Italia*, Milano, 1988].

[17] A.J. Mayer, *Why did the Heavens not Darken? The «Final Solution» in History*, New York, 1988.

[18] Cfr. E. Zappi, *If Eight Hours Seem too Few: Mobilization and Women Workers in the Italian Rice Fields*, Albany, 1991; J. Slaughter (a cura di), *European Women on the Left: Socialism, Feminism and the Problems faced by Political Women. 1880 to the Present*, Westport, 1981; J.A. Hellman, *Journeys Among Women: Feminism in Five Italian Cities*, New York, 1987. M. Gibson, *Prostitution and the State in Italy. 1860-1910*, New Brunswick, 1988, segue, invece, un altro filone della storiografia femminista, la legislazione sulla sessualità [di Id., sullo

stesso argomento, cfr. in it.: *Marginalità convergenti. L'immagine borghese della prostituta in Italia. 1850-1915*, in T. Pitch (a cura di), *Diritto e rovescio. Studi sulle donne e il controllo sociale*, Napoli, 1987]. In mancanza d'altro, il lettore di lingua inglese si serve anche dell'idiosincratico libro di L. Chiavola Birnbaum, *Liberazione della Donna: Feminism in Italy*, Middleton, 1986.

[19] L'elenco di studi di taglio storico, ma ispirati all'antropologia, è lungo. Oltre ai volumi di D.I. Kertzer, *Family Life in Central Italy. 1880-1910: Sharecropping, Wage Labor and Coresidence*, New Brunswick, 1984 [in it.: *Famiglia contadina e urbanizzazione. Studio di una comunità alla periferia di Bologna. 1880-1910*, Bologna, 1981] e *The Family in Italy from Antiquity to the Present*, New Haven, 1991 [di Id., con M. Barbagli (a cura di), adesso, cfr. anche, in it.: *Storia della famiglia italiana. 1750-1950*, Bologna, 1992], cfr.: R.M. Bell, *Fate and Honor, Family and Village: Demographic and Cultural Change in Rural Italy since 1800*, Chicago, 1979; D. Pitkin, *The House that Giacomo Built: History of an Italian Family*, New York, 1985; J. e P. Schneider, *Sex and Respectability in an Age of Fertility Decline: A sicilian Case Study*, in «Social Science and Medicine», 33, 1991.

[20] Id., *Demographic Transition in a Sicilian Rural Town*, in «Journal of Family History», 1984, pp. 258-69.

[21] V. de Grazia, *Haw Fascism Ruled Women: Italy 1922-1945*, Berkeley, 1992 [trad. it.: *Le donne nel regime fascista*, Venezia, 1993].

[22] Alcuni esempi: J. Barkan, *Visions of Emancipation: The Italian Workers's Movement since 1945*, Westport, affronta il problema del potere di attrazione della sinistra extraparlamentare; D.I. Kertzer, *Comrades and Christians: Religion and Political Struggle in Communist Italy*, Cambridge, 1980 (nuova ed. riveduta: Waveland Press, 1990), porta attenzione a ciò che potrebbe sembrare un paradosso, il comunista-cattolico. S.M. Di Scala dimostra simpatia per il riformismo italiano (*Dilemmas of Italian Socialism: The Politics of Filippo Turati*, Amherst, 1980) e, soprattutto, per il modello craxiano (*Renewing Italian Socialism: Nenni to Craxi*, New York, 1988). Il diffuso interesse per queste problematiche ha favorito la pubblicazione di un testo ad uso della didattica universitaria: A. De Grand, *The Italian Left in the Twentieth Century: A History of the Socialist and Communist Parties*, Bloomington, 1989. De Grand è anche autore di *In Stalin's Shadow: Angelo Tasca and the Crisis of the Left in Italy and France*, Northern Illinois University Press, 1986. E. Wagner-Pacifici (*The Moro Morality Play: Terrorism as social Drama*, Chicago, 1986) e R. Drake (*The Revolutionary Mistique and Terrorism in Contemporary Italy*, Bloomington, 1989) hanno studiato il terrorismo di sinistra.

[23] J. Cammett, *Antonio Gramsci and the Origins of Italian Communism*, Stanford, 1967.

[24] S. Tarrow, *Peasant Communism in Southern Italy*, New Haven, 1967 [trad. it.: *Partito comunista e contadini nel Mezzogiorno*, Torino, 1973].

[25] Cfr. S. Hellman, *Italian Communism in Transition: The Rise and Fall of the Historic Compromise in Turin. 1975-1980*, New York, 1988; P.M. Lange, *Unions, Change and Crisis: French and Italian Union Strategy and the Political Economy. 1945-1980*, Boston, 1982 [con lo stesso titolo, di Id., G. Ross e M. Vannicelli: London, 1984]; P.M. Lange - M. Vannicelli (a cura di), *The Communist Parties of Italy, France and Spain: Postwar Change and Continuity*, London, 1981; Ch. Sabel, *Work and Politics: The Division of Labor in Industry*, New York-Cambridge, 1982.

[26] Cfr. J. Cammett (a cura di), *Bibliografia gramsciana. 1922-1988*, Roma, 1991.

[27] E. Genovese, *Roll Jordan Roll: The World the Slaves Made*, New York, 1972 [in it.: *L'economia politica della schiavitù. Studi sull'economia e la società del sud schiavista*, Torino, 1972, e *Neri d'America*, Roma, 1977].

[28] T.J. Jackson Lears, *The Concept of Cultural Egemony: Problems and Possibilities*, in «American Historical Review», 3, 1985, pp. 567-93.

[29] Cfr. R. Holub, *Antonio Gramsci: Beyond Marxism and Postmodernism*, New York, 1992.

[30] Cfr. C.Th. Schmidt, *The Plough and the Sword: Labour, Land and Property in Fascist Italy*, New York, 1938, e Id., *The Corporate State in Action. Italy under Fascism*, New York-Toronto, 1939; H.W. Schneider, *Making the Fascist State*, New York, 1928, e *Id.*, *The Fascist Government of Italy*, New York, 1936.

[31] A. Gerschenkron, *Economic Backwardness in Historical Perspective*, Cambridge, 1962 [trad. it.: *Il problema storico dell'arretratezza economica*, Torino, 1965].

[32] A.J. Mayer, *Wilson vs. Lenin: Political Origins of the New Diplomacy. 1917-1918*, Cleveland, 1964; Id., *Politics and Diplomacy of Peacemaking: Containment and Counterrevolution at Versailles. 1918-1919*, New York, 1967.

[33] Ch. Maier, *Recasting Bourgeois Europe*, Princeton, 1975 [trad. it.: *La rifondazione dell'Europa borghese. Francia, Germania e Italia nel decennio sucessivo alla prima guerra mondiale*, Roma-Bari, 1979].

[34] R. Sarti, *Fascism and the Industrial Leadership in Italy. 1919-1940* [trad. it.: *Fascismo e grande industria: 1919-1940*, Milano, 1977].

[35] Cfr. nota 1.

[36] Cfr. V. de Grazia, *Consenso e cultura di massa nell'Italia fascista. L'organizzazione del dopolavoro*, Bari, 1981, e A.L. Cardoza, *Agrarian Elites and Italian Fascism: The Province of Bologna. 1901-1926*, Princeton, 1982.

[37] D. Blackbourn - G. Eley, *The Peculiarities of German History*, New York e Oxford, 1984.

[38] Devo questo spunto a L. Paggi (a cura di), *Americanismo e riformismo*, Torino, 1989 (soprattutto, pp. XI-XIV), approfondito in ulteriori discussioni con il curatore.

[39] Cfr., ad esempio: T. Koon, *Believe, Obey, Fight: Political Socialization of Youth in Fascist Italy. 1922-1943*, Chapel Hill, 1985.

[40] In proposito, cfr. M. Landy, *Fascism in Film: The Italian Commercial Cinema. 1931-1943*, Princeton, 1986, e J. Hay, *Popular Film Culture in Fascist Italy*, Bloomington, 1987.

GLI AUTORI

MAURICE AYMARD, EHESS, Paris

PIERRE MILZA, Centre d'Histoire de l'Europe du Vingtiènne Siècle, Fondation Nationale des Sciences Politiques, Paris

WOLFGANG SCHIEDER, Università di Köln

JOHN A. DAVIS, Università del Connecticut

ISMAEL SAZ, Università di Valencia

ILTCHO DIMITROV, Università di Sofia

JAROSLAV KUDRNA, Università J.E. Purkine, Brno

STANISLAW SIERPOWSKI, Università di Poznan

DAN BERINDEI, Università di Bucureşti

ISTVÁN G. TÓTH, Accademia delle Scienze, Budapest

YURI P. LISOVSKIJ, Istituto per le ricerche socioeconomiche comparate, Moscva

ROSLYN PESMAN COOPER, Università di Sidney

HATSUSHI KITAHARA, Hokkaido University, Sapporo

VICTORIA DE GRAZIA, Columbia University, New York

INDICE DEI NOMI

Finito di stampare nel mese di ottobre 1995
per conto di Marsilio Editori® in Venezia
da Grafiche TPM s.r.l., Padova